MESSAGES
메시지

THE COMMUNICATION SKILLS BOOK

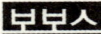

MESSAGES

메시지

THE COMMUNICATION SKILLS BOOK

*

매튜 맥케이 | 마사 데이비스 | 패트릭 패닝

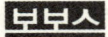
보보스

MESSAGES

2003년 9월 22일 초판 1쇄 인쇄
2003년 9월 25일 초판 1쇄 발행

지은이 | 매튜 맥케이, 마사 데이비스, 패트릭 패닝
옮긴이 | 이재봉
펴낸이 | 김경용

펴낸곳 | 도서출판 보보스
주　소 | 서울시 마포구 서교동 449-43 국일빌딩 303호
전　화 | (대표)02-333-3773
팩　스 | 02-333-7958
홈페이지 | http ://bobosbook.co.kr
출판등록 | 2002년 6월 14일(제10-2407호)

ISBN | 89-953445-0-4 (03320)

＊ 잘못된 책은 구입한 서점에서 바꾸어 드립니다.

|서문|

대화란 학교나 직장에서 반드시 사용해야 하는 많은 기술 중의 하나이다. 개인의 행복은 대화 구사능력에 의해 결정되는 경우가 많다. 효과적인 대화를 할 수 있는 사람은 친구와 좋은 관계를 유지할 수 있다. 직장에서도 인정을 받는다. 자녀들로부터 존경을 받으며 신뢰도 얻는다. 원하는 이성도 만날 수 있다.

대화를 효과적으로 하지 못하면 생활의 중요한 어떤 부분에 반드시 문제가 발생하게 된다. 직장에서는 능률적으로 대화하다가 집에 오면 저녁 식탁에서 소리를 지르게 된다. 애정이라고는 전혀 없는 성 관계를 가지게 된다. 여러 직장을 전전해야 할 수도 있고 직장 동료들로부터 따돌림을 받을 수도 있다. 즐거운 파티를 가졌는지는 모르지만 끝날 때는 혼자 집에 가야 한다.

효과적인 대화는 생활을 즐겁게 한다. 그러나 어디서도 그 방법을 가르쳐 주지 않는다. 부모는 별로 좋은 학습대상이 아니다. 학교에서는 프랑스어나 삼각법 같은 것만 가르친다. 주위에서도 원하는 것, 분노, 숨기고 싶은 두려움 같은 것을 어떻게 표현해야 하는지를 가르쳐 주지 않을 것이다. 미움의 감정 없이 공정하게 상대방에 맞서는 방법과 적극적으로 듣는 방법, 짐작하지 않고도 상대방의 의미를 '찾아낼 수' 있는 방법들을 누가 가르쳐 주겠는가.

사실은 이런 기술은 널리 알려져 있고 사용되고 있다. 이런 기술은 적시, 적소, 적량으로 가르칠 수 있으며 또한 가르쳐야 한다. 예를 들면, 젊은이들에게는 자신의 미래의 10대 아들이 학교를 빼먹는다든지, 딸이 가출해 버리는 사태를 막기 위해 부모의 입장에서 효과적으로 자녀들과 대화하는 방법을 학교에서 가르쳐야 한다. 대학에서는 정규과정의 의사소통 과정에 대화의 기술만을 가르치는 과정이 포함되어야 한다.

이 책은 대화 기술의 정수만을 모은 책이다. 실제적인 대화의 기술을 배울 수 있도록 관련 사례와 연습 과정을 함축하여 모아놓았다. 이 책은 대화는 어떤 것이라는 것을 알려 주는 것이 아니라 실제적인 대화 방법을 가르쳐 줄 것이다. 그리고 이론적인 부분은 특정 대화의 기술에 대해 직접적인 이해를 도울 수 있는 경우에만 수록하였고 대부분 실습 위주로 기술하였다.

이 개정판의 목록을 잘 살펴보면 이 책에서는 주로 기술적인 문제를 다루었음을 알게 될 것이다. 처음 3장은 기본 기술(Basic Skill)에 관한 것이다. 대부분의 사람들은 잘 듣는 방법과 생각, 그리고 느낌을 표현하는 방법과 마음속에 있는 말을 설명하는 방법을 알고 싶어한다.

다음의 6장은 고급 기술(Advanced Skill)에 관한 것으로 신체 움직임을 이용하는 방법, 준(準) 언어와 소리가 가진 정보를 해독하는 방법, 숨어있는 주제들을 찾는 방법, 대화할 때 상호관계분석(Transactional Analysis)을 사용하는 방법, 명확한 대화를 하는 방법, 상이한 문화간, 성별간의 괴리를 줄이는 방법 등을 포함하고 있다.

다음의 3장은 대화에서 발생하는 마찰 관리, 자기 주장, 공정한 다툼, 협상에 관한 것이다. 다음 2개의 장에서는 사회 구성원과의 대화기술(Social Skill)에 관한 것으로 조급한 판단의 유혹을 극복하는 방법과 상대방과 교제하는 방법을 이야기한다.

가족 구성원간의 대화기술(Family Skill)에서는 배우자와 자녀 등 모든 가족과의 대화방법을 가르쳐 줄 것이다.

마지막 4개의 장에서는 소규모 모임에서 연설이나 인터뷰를 할 때 사람들에게 영향을 미치기 위한 효과적인 대화 방법을 가르쳐 준다.

먼저 이 책의 기본기술과 고급기술에 관한 부분을 읽어야 하며 그 다음에 자기의 관계와 생활에 적절한 특정 부분을 읽어야 한다. 그리고 그냥 읽기만 하는 것은 바람직하지 않다. 그저 읽기만 한다면 이 책의 핵심인 '대화는 기술이다.' 라는 요점을 놓치게 된다. 기술의 습득은 경험을 통해서만 가능하다. 실습해 보라. 책에서 제시한대로 실습을 해야만 이러한 기술들이 자기 것이 된다.

Popular Mechanics (註:기계공학 전문지로서 역학, 기계학, 응용학을 두루 다루고 있는 월간지) 지난 호를 몇 번 읽었다고 해서 능숙한 목공이 될 수 있는 건 아닌 것처럼, 교제 방법의 장을 정독한다고 해서 유창하고 매혹적인 대화자가 될 수는 없다. 실습을 통해서 배운다는 것은 대화의 기술이나 목공이나 스키강습이나 악기연주 모두에게 적용되는 이치이다. 이 책은 지식을 가르쳐 준다. 그러나 배운 내용을 일상에서 실습에 옮겨야만 한다.

　지식정보화 시대에서 '말 잘하기'는 새로운 지적자산으로 평가받고 있다. 재산이 없는 것은 용납되어도 표현을 못하는 것은 용납이 안된다고 한다. 말 한마디로 천냥 빚을 갚는 시대에서 말 한마디로 천 억불을 버는 시대를 맞이했다.

　말은 자아실현을 완성시키는 도구이기도 하다. 말을 잘하기 위해서는 대화의 기술을 연마해야 한다.

　기술? 이것은 하루아침에 이루어지는 것은 아니다. 마치 운동선수가 훈련을 하는 것처럼 끊임없는 연습과 쉬지 않는 훈련과 혼신의 힘을 다하는 노력이 함께 이루어져야 한다.

　말을 잘하기 위한 다양한 책이 하루에도 수십 권씩 쏟아져 나오고 있지만 정확한 커리큘럼이 아쉬웠는데 이번에 보보스 출판사에서 출간된 이 책은 방향제시가 분명하여 말을 잘하고 싶어하는 사람들의 욕구를 충족시키기에 충분하다고 생각한다.

　구체적이고, 실제적인 내용으로 꾸며져 있어 독자 스스로가 쉽게 공부할 수 있는 교과서 같은 책이다. 또한 조직적이면서 체계적인 내용이 말을 잘할 수 있도록 도와주는 역할을 하고 있어 이 책이 요구하는대로 연습하고 실습하면 누구나 파워풀 스피커가 될 수 있다고 생각한다.

개인과의 대화, 소그룹 내에서의 대화, 대중을 움직이는 연설에 이르기까지 다양한 말의 장면을 꼼꼼하면서도 세심하게 짚어주었다는 것이 이 책의 강점이다.

이 책은 말하기의 가장 기초가 되는 기본기술에서부터 고급기술, 마찰 해소기술, 사회 구성원과의 대화기술, 가족 구성원과의 대화기술, 대중과의 대화기술 면담에 이르기까지 다양하면서도 구체적으로 번역되어져 모든 사람들에게 스피치 교과서로의 부족함이 없다고 생각하기에 적극 추천하고 싶다.

- 국제 스피치 언어학원장, 한국 스피치 지도사 협회 회장 송미옥
(www.speech21.co.kr)

Contents

Contents

Contents

Contents

Contents

기본기술

Basic Skills ···→ I

1. 듣기
···→ Listening

당신이 파티에 갔다. 거기 모인 사람들은 일상적인 이야기를 하고, 불평도 늘어놓고, 승진한 사실을 자랑하기도 할 것이다. 사람들은 자기 이야기를 하고 싶어 안달하지만 어느 순간 상대의 말을 듣고 있지 않다는 사실을 발견할 것이다. 대화는 지속되지만 상대방의 시선은 엉뚱한 곳을 헤매고 있다. 아마 다음 할 말을 연습하고 있는지도 모른다. 마치 "네가 나의 말을 들어주어야 나도 너의 말을 들어 줄 테야."라고 묵시적으로 합의한 것 같아 보인다. 누구도 상대의 말을 듣지도 않고, 더 잘 알게 되지도 않으면서 집으로 향한다면 파티에 모인 이유가 무엇이겠는가.

듣기는 관계 형성과 유지를 위해 반드시 필요한 핵심적인 기술이다. 만약 듣기를 잘 한다면 상대방의 관심을 끌 수 있다. 친구들은 당신을 신뢰할 것이고 우정은 깊어질 것이다. 상대방이 원하는 것, 상처, 분노의 원인이 무엇인지를 잘 듣고 이해한다면 성공가능성은 더욱 높아질 것이다. 사람들이 당신을 높이 평가하여 옆에 있으려고 하기 때문에 당신은 '행운아'가 될 것이다.

　사람의 말을 듣지 않는 사람은 다른 사람을 싫증나게 한다. 자신에 대해서만 관심이 있기 때문이다. 친구나 애인은 "당신의 말에는 별로 관심이 없어요." 라는 변심의 메시지를 보내 올 것이다. 결과적으로 외롭고 버림받았다는 느낌을 가지게 될 것이다. 다른 사람의 말을 잘 듣지 않는 사람의 비극은 문제의 해결방법을 잘 알지 못한다는 것이다. 이런 사람들은 관심을 끌기 위해 향수나 화장수를 바꾸고, 새 옷을 사고, 재미있게 보이려고 노력하고, '흥미 있는' 사실들을 이야기 하지만 중요한 문제는 여전히 남아 있다. 말을 들어주는 사람들이 자신의 말에 대해 전혀 만족하지 않기 때문에 말을 해도 즐겁지가 않다는 것이다.

　듣지 않는 것은 위험하다. 중요한 정보를 놓칠 수도 있고 문제가 눈앞에 다가와도 인식하지 못한다. 상대방이 한 일을 이해하기 위해서는 짐작하기나 추측을 함으로써 부족한 듣기 기술을 보충해야 한다.

　듣는다는 것은 약속이며 찬사이다. 상대방이 느끼는 것과 그들의 세계관을 이해하겠다고 약속을 하는 것이다. 당신의 편견, 믿음, 열망, 자기 이익은 잠시 접어 두고 상대방의 눈을 통해 세상을 바라보겠다는 것이다. 상대방의 관점에서 보려고 노력하는 것은 중요하다. 듣는다는 것은 찬사이다. 왜냐하면 "나는 당신의 생활과 경험이 중요하다는 것을 알기 때문에 당신에게 일어난 일들을 존중합니다." 라고 말하는 것이기 때문이다. 듣기를 통해 찬사를 보내는 당신에게는 대부분 애정과 감사가 돌아오기 마련이다.

_ 진짜 듣기와 듣는 척 하기

　상대방이 말할 때 입을 다물고 있다고 해서 진짜 듣고 있는 것은 아니다. 진짜 듣기를 하려면 다음의 4가지 중 한가지 이상을 해야 한다.

1. 상대방을 이해한다.
2. 상대방과 같이 즐거워한다.
3. 무엇을 배운다.
4. 도움이나 위로를 준다.

누군가를 이해하려면 진심에서 들어야 한다. 즐거운 대화를 하고 싶거나 무엇을 배우려 한다면 적극적인 듣기를 하는 것은 당연한 일이다. 상대방이 설명하는 감정에 대해 도움을 주고 싶다면 들어야 한다. 진짜 듣기를 하기 위해서는 그렇게 하기를 원해야 하며, 그렇게 시도해야 한다.

듣는 척 하는 것도 진짜 듣는 것처럼 보인다. 속으론 듣지 않지만 말하는 상대방의 요구에는 부응해야 하므로 듣는 척만 하는 것이다. 듣는 척 하는 이유는 다음과 같다.

1. 상대방이 하는 말에 흥미가 있는 척해서 자신을 좋아하게 만들고 싶다.
2. 거절당할 지도 모르는 위험에 처해 있다는 경고를 받았다.
3. 상대가 말하는 것 중에 몇 가지 정보만 듣고 나머지는 모두 무시하고자 한다.
4. 다음 할 말을 생각하기 위해 시간을 벌고 싶다.
5. 내가 반이라도 듣는 것처럼 보여야 내 말을 들어줄 것이다.
6. 상대방의 허점을 찾거나 이용하기 위해서 듣는다.
7. 논쟁 중에서 약점을 찾아냄으로써 자신이 항상 맞다는 것을 보

여주려 하거나 상대방에 대한 공격수단을 찾기 위해 듣는다.

8. 사람들이 당신이 원하는 방향으로 행동하는지를 관찰하기 위해 듣는 척 한다.

9. 훌륭하고 친절하고 멋진 사람은 그렇게 하므로 반이라도 들어야 한다.

10. 상대방에게 상처를 주거나 공격을 할 방법을 모르기 때문에 반은 듣는 척 한다.

(연습)

듣는 척 하는 경우가 있다. 듣는 척 하는 경우는 진짜 듣는(이해와 즐거움과 배움과 도움을 주기 위한 의도를 가진) 경우보다 문제가 많이 발생한다. 일반적으로 진짜 듣는 경우가 많아질수록 서로의 관계는 좋아진다. 당신의 일상에서 중요한 역할을 하는 사람들에 대해 진짜 듣는 경우와 듣는 척 하는 경우를 비교 평가해 보라. 다음 중에서 진짜로 들었던 경우의 비율을 측정해 보라.

〈직장〉		〈가정〉	
상사	_____%	배우자	_____%
동료		자 녀	
_____ _____%		_____ _____%	
_____ _____%		_____ _____%	
_____ _____%		_____ _____%	
하급자		룸메이트 _____ _____%	

------------------- -------%	〈친구〉
------------------- -------%	가장 좋은친구_____ _____%
------------------- -------%	동성 친구
〈친척〉	------------------- -------%
어머니 _____%	------------------- -------%
아버지 _____%	------------------- -------%
형제 남매	이성 친구
------------------- -------%	------------------- -------%
------------------- -------%	------------------- -------%
기타	------------------- -------%
------------------- -------%	------------------- -------%

이러한 정보를 활용하기 위해 다음의 질둔을 자신에게 해보자.

1. 누구 말을 가장 잘 들어주는가.

2. 누구 말에 대해 듣는 척 하는가.

3. 듣기를 쉽게 하거나 어렵게 만드는 장애물은 무엇인가.

4. 당신이 진짜 듣기를 좀 더 해야겠다고 생각하고 있는 사람은 누구인가.

_듣기를 방해하는 장애물들

듣기를 방해하는 장애물은 12가지이다. 이 중 일부는 몇 번이나 되풀이 해서 사용하고 있는 익숙한 방법들로써 특정한 사람이나 상황을 반박하기 위해서 사용되고 있다. 많은 사람들이 듣기 장애물을 사용하고 있으므로 당신이 익숙하게 사용하고 있는 사실에 대해 염려할 필요는 없다. 이번 기회를 통하여 실제로 사용하고 있는 장애물이 무엇인지를 확실히 알아 두면 된다.

비교하기

누가 머리가 좋고, 누가 더 능력이 있고, 더 건전한 생각을 가진 사람인지에 대해 항상 비교 평가하는 경우에는 듣기 어렵다. 어떤 사람은 누가 더 심한 상처를 받았고, 누가 더 큰 피해자인지를 비교하려고 한다. 누군가 말을 하고 있을 때 자신에게 이렇게 묻는다. "나도 그 정도로 잘할 수 있을까?" "나는 정말 열심히 일했어." "그는 이 일이 얼마나 힘든 일인 줄 몰라." "나는 더 많이 벌어." "내 아이들이 훨씬 더 똑똑하지." 비교하는데 너무나 몰두하기 때문에 많은 것을 들을 수 없는 것이다.

짐작하기

짐작하기를 잘 하는 사람도 상대방의 말을 들으려 하지 않는다. 즉, 말자체를 신뢰하지 않는 것이다. 그가 알고 싶은 것은 상대방의 속마음이며 숨겨져 있는 느낌이다. "그녀는 그 영화를 보고싶다고 말했지만 마음속으로는 피곤해서 쉬고 싶을 거야. 만약 그녀가 가지 않겠다고 했을 때 억지로 가자고 하면 분명히 싫어 할거야." 짐작하기를 잘 하는 사람들은 상대방이 사용하는 용어보다는 상대방의 억양이나 미묘한 느낌에 더 관심을 가진다. 그래서 진심을 알아내려고 하는 것이다.

짐작하기는 상대방이 어떤 반응을 보이는지에 대한 가정을 세우는 것이다. "분명히 그녀는 나의 지저분한 피부를 보고 있을 꺼야." "그녀는 내가 멍청하다고 생각하고 있었겠지." "그녀는 내가 부끄럼이 많다고 퇴짜를 놓은 거야." 이러한 생각들은 직관이나 예감, 막연한 불안감에서 나오는 것으로 상대방이 진정 당신에게 말하려는 것과는 관련성이 별로 없는 경우가 많다.

연습하기

다음에 할 말을 마음속으로 연습한다면 상대방의 말을 듣지 못할 것이다. 당신은 다음 할 말을 정하고 정리하는 일에만 온통 관심을 집중하고 있다. 상대방에게 나는 흥미가 있다고 보여야 하지만 당신의 마음은 잠시 동안 할 이야기를 찾아야 하고 대화의 요점도 찾아야 하므로 마음은 다른 곳에 있게 된다. 어떤 사람은 대화의 모든 연결과정을 연습하기도 한다. "내가 말하면 다음은 그의 차례이지. 그 다음은 내 차례구나."

여과하기

여과해서 듣는 것은 관심의 대상이 상대방이 아니라 특정 상황이라는 의미이다. 상대가 화가 났거나, 기분이 나쁘거나, 감정적으로 위험한 상황인 경우에만 상대방에게 관심을 갖는 것이다. 만약 대화 내용에 감정이 포함되어있지 않으면 대화에 집중하지 않는다. 이런 장애물을 가지고 있는 어머니들은 아들이 학교에서 또 싸움을 했는지에 대해서만 알려고 하며, 만약 싸움을 하지 않았다면 다행이라고 생각하면서 쇼핑 목록이나 작성할 것이다. 보통 젊은 남자들은 자기 여자 친구가 어떤 기분인지를 금방 알아낼 수 있다. 그러나 여자친구가 오늘 하루 행복했었다고 말한다면 남자들은 다른 곳을 두리번거리게 된다.

어떤 사람들은 특정 내용, 예를 들면 위협, 부정, 비판, 불유쾌한 내용에 관한 대화를 회피하기 위해 여과해서 듣는다. 여과해서 듣기를 하게 되면 이런 말들은 듣지 않았다고 생각하겠지만 이유는 그게 아니라 기억을 못하기 때문이다.

단정하기

부정적인 꼬리표는 매우 영향력이 크다. 사전에 상대방이 '멍청하다, 바보다, 자격이 없다' 라고 판단하였다면 그의 말에 별로 관심을 기울이지 않게 된다. 당신은 이미 그들을 평가절하한 것이다. 어떤 연설에 대해 이미 비도덕적이고, 위선적이며, 파시스트 같고, 좌경이고, 미친 내용이라고 판단한다면 더 이상 듣기를 하지 않고 '무릎 반사' 같은 무심한 반응만 보이게 된다. 듣기의 기본 규칙 하나는 반드시 메시지에 들어 있는 내용을 듣고 평가한 후 최종 판단을 내리라는 것이다.

꿈꾸기

당신은 반만 듣고 반은 흘려 버리는 스타일이라고 하자. 그렇다면 누군가 했던 한마디에 갑자기 당신의 과거 경험이 되살아나게 될 것이다. 옆집 여자가 해고당한 이야기를 할 때, 순간 당신한테도 사무실에서 커피를 마시면서 카드 게임을 하다가 해고당한 일이 번쩍 지나가게 된다. 그래 맞

아. 카드 게임은 정말 좋은 놀이야. 몇 해전에 신촌에서 밤새 즐긴 적도 있었지. 순간 당신은 당신의 이웃이 "이해할 줄 알았어요. 하지만 내 남편한텐 이야기하지 말아요." 라고 말할 때가 되어서야 다시 대화로 돌아온다.

보통은 지루한 대화나 화를 돋우는 대화를 할 때는 꿈을 꾸는 경향이 있다. 모든 사람은 꿈을 꾼다. 어떤 때는 헤라클레스 같은 의지가 있어야만 그 꿈에서 벗어 날 수도 있다. 대화할 때 다른 생각을 하는 경우가 특정인에게서 계속 발생한다면 그 사람을 알고자 하거나 이해하려는 의지가 부족하다는 의미이다. 그리고 적어도 그 사람이 하는 말은 가치가 없다고 선언하는 것과 마찬가지이다.

자기 위주로 생각하기

이런 사람은 상대방에게 들은 모든 이야기를 자신의 경험에 비추어 이야기하는 경향이 있다. 상대방이 자신의 치통에 대해서 이야기할 때 당신은 함몰된 잇몸 때문에 수술 받은 기억을 떠올린다. 그리고 상대방의 말이 끝나기도 전에 자신의 이야기를 시작한다. 상대방이 하는 모든 말은 당신이 과거에 느꼈던 것과 했던 일, 그리고 고통받았던 경험을 기억 나게 한다. 이렇게 자기 이야기만 신나게 하는 사람은 상대방의 말에 귀를 기울이거나 알려고 노력하지 않는다.

충고하기

당신은 정말 조언을 주고 제안하기에 바쁜 문제 해결사이다. 올바른 충고를 하기 위해선 몇 마디만 들어도 무슨 일인지 다 안다. 멋진 제안내용

을 생각하고 "한번 해봐." 라고 상대에게 권유하는 당신은 중요한 것을
놓치고 있다. 상대방의 느낌과 그의 고통을 알지 못한다는 것이다. 상대
방은 당신이 무심한 듯 보이기 때문에 외로움을 떨쳐 버리지 못한다.

말다툼하기

　이 부분은 논쟁이나 말다툼에 관한 것이다. 당신이 너무나 빨리 반대
의사를 표명하기 때문에 상대방은 당신이 듣고 있지 않다는 것을 안다.
사실은 당신이 관심을 가지는 부분은 상대방을 반대할 의견을 찾아내는
것이다. 뚜렷한 자기 신념이 있거나, 분명하게 선호하는 것이 있다면 당
신의 입장은 매우 강할 수밖에. 말다툼을 피하기 위해서는 처음부터 들은
말로 돌아가서 이해한 다음, 동의 가능한 부분을 찾아보는 것이다.

　상대방을 헐뜯는 것도 말다툼과 유사하다. 상대방의 견해를 깎아 내리
기 위해서 신랄하고 빈정거리는 말을 사용한다. 영희가 철수에게 생물과
목에 문제가 있다고 이야기한다고 가정해 보자. 철수가 이야기한다. "도
대체 언제쯤이면 그 수업을 그만둘 만한 머리를 가질 수 있냐?" 승훈이
TV 소리가 너무 크다고 윤미에게 이야기한다. 그러자 그녀는 "또 그 판에
박힌 TV 얘기야?" 라고 답변한다. 헐뜯기는 결혼생활에서 흔히 볼 수 있
는 장애물이다. 서로가 잘 알고 있는 장황한 이야기가 오고 간다면 대화
는 금방 틀에 박힌 형태로 흐르게 된다.

　또 다른 말다툼의 형태는 상대방의 말의 의미를 평가절하 하는 것이다.
이런 사람들은 칭찬에 인색하다. "정말 나는 아무 짓도 안 했어…다 망했
다고? 그게 도대체 무슨 말이야…그렇게 말하는 것은 좋지만 정말 난 이
해하기가 어렵네." 상대방을 칭찬해야 하는 순간에 헐뜯기 시작하는 것

은 헐뜯기의 기본적인 방법이다.

나는 맞다고 생각하기

자기생각이 무조건 맞다고 생각하는 사람들이 있다. 이런 사람들은 사실을 왜곡하고, 소리 지르고, 변명하고, 트집잡고, 과거 잘못을 끄집어내는 등 어떤 행위를 해서라도 자신이 틀린 사실을 회피하려고 한다. 자신에 대한 비판은 듣지 않고, 바로 잡으려고 하지도 않으며, 권유도 받아들이지 않는다. 자신의 믿음은 흔들리지 않는다. 자신의 실수를 실수라고 인정하지 않는 것이 바로 실수다.

탈선하기

또 하나의 듣기 장애물은 대화도중에 갑자기 이야기주제를 바꾸는 것이다. 듣기에 지루하거나 불편한 내용이 나오는 경우 대화의 기차를 탈선시켜 버리는 것이다. 또 다른 탈선 방법은 그냥 농담으로 받아들이는 것이다. 다시 말해 상대방이 무엇이라고 하든지 농담으로 받아들이거나 어물쩍 넘어가는 것인데 그 이유는 상대방이 하는 심각한 말에 대해 불편을 느끼거나 초조해 지기 때문이다.

달래기

"맞아…맞아…그렇지…나도 알아…물론 너는…그럴 수가…그래…정말?" 당신이 좋은 사람이고, 상냥한 사람이고, 도움을 줄 수 있는 사람이란 것을 보여 주고 싶으면 상대방의 말에 무조건 동의하면 된다. 그러나 반은 듣고 반은 흘려 보내는 이런 사람은 장단은 맞추지만 정말 듣고 있는 것은 아니다. 상대의 말을 잘 이해하고 검토하기보다는 달래고만 있는 것이다.

이제 각 장애물을 알게 되었으니 당신은 어떤 타입인지 알 것이다. 아래의 빈칸에 당신이 듣지 않으려고 사용하는 일반적인 방법을 나열해 보라.

장애물을 알았다면 당신으로 하여금 그런 장애물을 사용하게 만드는 사람이 누구인지 아래 표에서 찾아 보라. 또한 일반적으로 어떤 사람이나 집단에 대해 이러한 장애물을 가지고 있는지 찾아 보라. 예를 들면 당신의 어머니와 말다툼을 하고, 당신의 친한 친구의 말에는 엉뚱한 말을 하고, 직장 상사에게는 칭찬이나 예행연습을 하고, 자녀들에게는 많은 충고를 한다 등이다.

_듣기 장애물을 알아내는 연습

(연습)
당신의 일생에 중요한 사람들을 나열하고 당신이 일반적으로 사용하는 듣기 장애물을 기입해 보라. 그리고 당신은 상대방에게 한 개 이상의 장애물을 사용하고 있다는 것을 기억하라.

	〈상대방〉	〈장애물〉

직장

상사

동료

\- \- -

\- \- -

\- \- -

하급자

\- \- -

\- \- -

\- \- -

친척

어머니 \- -

아버지 \- -

형제 남매들

\- \- -

\- \- -

기타

\- \- -

----------------------------------   ----------------------------------

----------------------------------   ----------------------------------

가정
배우자

자녀   ----------------------------------

----------------------------------   ----------------------------------

----------------------------------   ----------------------------------

----------------------------------   ----------------------------------

룸메이트

친구
가장 친한 친구   ----------------------------------

동성 친구

----------------------------------   ----------------------------------

----------------------------------   ----------------------------------

----------------------------------   ----------------------------------

이성 친구

----------------------------------   ----------------------------------

----------------------------------   ----------------------------------

----------------------------------   ----------------------------------

(연습)

당신의 듣기 장애물의 형태를 잘 살펴 보라. 집에서 자주 사용하는가, 아니면 직장에서 더 사용하는가. 동성친구에게 더 사용하는가, 아니면 이성 친구? 당신에게 이러한 상황을 만드는 사람은 누구이며 어떤 상황에서 주로 사용하는가? 당신이 주로 사용하는 방법은 한가지인가, 아니면 상황이나 사람에 따라 여러 가지를 사용하는가?

당신이 찾은 장애물들을 체계적으로 조사하기 위하여 하루 정도 다음의 다섯 단계를 시도해 보라. 이 연습의 목적은 장애물들을 제거하기 위한 것이 아니라 당신이 언제 어떻게 이러한 장애물들을 사용하는지 알아보기 위해서임을 명심하라.

1. 당신이 가장 많이 사용하는 장애물은?

----

2. 그런 장애물을 몇 번 사용하였는지 그 횟수를 종이에 기록하라.

----

3. 당신이 그런 장애물을 가장 많이 사용한 사람은?

----

4. 그런 장애물을 사용하게 된 이야기 주제나 상황을 기록하라.

----

5. 장애물을 사용할 때 당신의 느낌은?

　(해당사항은 모두 동그라미 한다.)

　지루함,　초조,　분노,　상처,　질투,　실망,　다급함,　축 처짐,
　비평,　흥분,　정신이 팔렸음,　공격당함,　피곤,　그 외

당신이 장애물을 찾았을 때마다 이 방법을 반복하라. 특정 일에 사용했던 장애물을 계속 추적해 보라.

(연습)

보다 많은 것을 알고 나서 당신이 몇 가지의 장애물을 없애고자 한다면 이 틀정도는 다음과 같은 연습을 해 보라.

1. 듣기 장애물을 제거하고 싶은 중요한 사람을 선택한다.
   ----
2. 첫날 상대방에게 몇 번의 장애물을 사용하였는지 기록한다.
   ----
3. 장애물을 몇 가지 사용하였는가?
   ----
4. 그 장애물을 사용하게 된 이야기 주제나 상황을 기록하라.

   ----
5. 두 번째 날, 의식적으로 장애물 전술을 사용하지 않으려고 노력하라. 그 대신 바꾸어 말하기를 하라(다음 장 참조). 진정으로 듣기 위해 노력하라. 장애물을 제거하였을 때 어떤 느낌이 들었는지, 어떤 일이 발생했는지 기록해 본다(주의: 기적이 일어나지는 않을 것이다. 하지만 장애물을 50%만 제거해도 성공한 것이 아닌가).

처음에는 초조하고, 지루하고, 화도 날 것이다. 하지만 한가지 장애물을 제거하면 다른 장애물도 제거 할 수 있다. 대화가 거북해질 수도 있지만 당신이 가지고 있던 장애물이 무엇이었는지 알게 될 것이다. 벌어진 일에 대해 과학자처럼 객관적으로 관찰하라. 장애물을 제거했을 때 과거보다 기분이 좋아졌는지 생각해 보라. 만약 그렇지 않다면 일주일을 더 해 보라. 당신이 얼마나 잘 듣고 있는지 검토하는 습관에 익숙해지고 있는지를 주시하라.

_ 효과적인 듣기방법 네 가지

적극적으로 듣기

아무 말도 하지 않고 가만히 듣고만 있다고 해서 듣기를 잘 하는 것은 아니다. 그건 시체도 잘할 수 있다. 잘 듣기 위해서는 적극적으로 대화에 참여해야 한다. 대화 내용을 전부 이해하려면 질문도 하고 피드백도 해야 한다. 대화를 주고받아야만 상대가 말한 것을 모두 이해하게 된다. 소극적으로 듣기만 하는 것을 피하고 대화의 협력자가 되어야 한다. 여기 잘 들을 수 있는 방법이 있다.

바꾸어 말하기
바꾸어 말하기란 상대방이 한 말을 당신이 생각한 용어로 말하는 것이다. 바꾸어 말하기는 정말 좋은 듣기 방법이다. 그렇게 하면 상대방의 말을 방해하지 않으면서 이해하고 알게 된다. 바꾸어 말하기를 하기 위해서는 다음과 같은 유도용어를 사용해야 한다. "내가 들은 바로는 당신의 말은…다시 말해서…당신이 기본적으로 느낀 것은…내가 이해하기로는 당신에게 생긴 일은…일어난 일이란…그런 의미인가요…?" 상대방이 중요하다고 말한 부분에 대해서는 언제나 바꾸어 말하기를 해야 한다. 그렇게 하면 다음의 다섯 가지 결실을 얻게 될 것이다.

1. 상대방은 자기가 하는 말을 정말 듣고 있다는 것을 알게 된다.
2. 화가 치미는 것을 막아서 위기를 해소시킨다.
3. 대화 주제가 엉뚱한 곳으로 흐르는 것을 막는다. 잘못된 가정이나 실수, 해석의 오류에 대해서는 말하는 순간 바로 잡을 수 있다.
4. 자기가 한 말을 기억할 수 있다.
5. 비교, 결정, 말 연습, 말다툼, 조언, 탈선, 꿈꾸기가 어렵게 된다. 사실상 바꾸어 말하기는 모든 듣기 장애물의 해독제이다.

이러한 듣기 장애 요소들을 제거하는 것이 멋지다는 것을 알면서도 왜 사람들은 그렇게 하지 않을까? 반드시 그렇게 해야 한다. 하지만 학교에서는 그런 기본 기술을 가르쳐 주지 않기 때문에 대부분의 사람들은 다른 사람의 예를 통해서 듣기 기술을 배운다. 그런데 정말 나쁜 예들이 많다.

(연습)

바꾸어 말하기 연습은 다음처럼 하면 된다. 친구 한 명을 선택한다. 그리고 듣기 기술을 개선하고자 한다고 설명해 준다. 친구에게 자신의 생애에 중요했던 일을 이야기하라고 한다. 그리고 상대방이 말하는 중간에 바꾸어 말하기를 하는 것이다. 지금까지 들은 말을 맞게 듣고 있는지를 당신이 들은 대로 이야기 해 준다. 당신이 바꾸어 말하기를 할 때마다 당신이 정말 이해했는지를 친구가 지적하도록 하라. 당신이 한 말을 친구가 바로 잡아 주면 다시 당신은 그 말에 대해 바꾸어 말하기를 한다. 친구가 당신이 한 말에 대해 만족할 때까지 바꾸어 말하기를 반복한다.

혼란이 사라지고 자신이 한 말이 맞다고 할 때까지는 얼마나 많은 시간이 소요되는지를 알게 되면 놀랄 것이다. 인식 오류는 아주 쉽게 발생한다.

명확히 이해하기

말의 의미를 명확하게 이해하려면 바꾸어 말하기를 해야 한다. 분명히 이해할 때까지 질문을 계속하는 것이다. 상대가 한 말을 완전히 이해하려면 정보와 배경에 대해서 좀 더 많은 질문을 해야만 한다. 명확히 이해하기 위해서는 듣기에 집중해야 하고, 그렇게 함으로써 모호한 일반 사실에 대해 더 많이 이해하게 된다. 그럼으로써 과거 사건에 대한 생각과 느낌을 말하는 사람의 입장에서 들을 수 있게 된다. 명확하게 이해를 하면 상대방도 당신이 흥미를 가지고 있다는 것을 알게 된다. "당신을 알고 이해하기 위해 기꺼이 노력하겠다."라는 메시지를 보내는 것이기 때문이다.

피드백

적극적으로 듣기를 하려면 피드백을 해야 한다. 들은 말에 대해 바꾸어 말하기를 하고 명확히 이해하여 다행스럽게도 상대방의 말을 이해하였다고 하자. 이제는 당신의 관점을 이야기 할 때이다. 편견 없이 당신의 생각과 느낌, 그리고 알고 있는 것을 이야기해야 한다. 그렇지만 말다툼이나 자기 경험에 빗대어 이야기해서는 안 된다. 당신이 느낀 진심을 이야기하라는 것이다.

이번에는 당신의 인식능력을 실험해 보자. 당신은 상대방의 신체의 움직임을 보았고 목소리의 높낮이를 들었다. 그런데 그 말 중에 정말 이해하지 못하는 부분이 있을 것이다. 지금까지 듣고 난 말에 대해 당신이 내린 결론도 있을 것이다. 당신의 인식능력을 점검하기 위해 보고들은 것을 잠시동안 다음과 같이 정리해 보자. "당신이 어떻게 느끼고 있는지 이해해요. (상세히 설명하면서) 당신이 느끼는 것이 이것인가요?" "당신의 말을 듣고 보니 나는 정말로(당신이 느낀 바를 설명) 그런 일이 일어 난 것인지 믿어지지 않는군요." 상대방이 동의여부에 관계없이 당신의 직감이 맞는지를 알 수 있다.

피드백을 하면 상대방도 자신이 한 말이 어떻게 받아들여지고 있는지 알 수 있다. 그리고 실수와 잘못된 인식을 바로 잡게 해준다. 상대방에게도 당신의 신선하고 가치 있는 견해를 들어 볼 수 있는 좋은 기회가 될 것이다.

피드백을 할 때는 다음과 같은 세 가지 규칙을 지켜야 한다. 즉시, 솔직히, 따뜻한 마음에서 해야 한다는 것이다. 즉시 해야 한다는 의미는 당신이 바꾸어 말하기와 명확화 과정을 통하여 상대방의 의미를 이해하는 즉시 해야 한다는 것이다. '즉시' 하지 않고 몇 시간이 지나면 피드백의 가치는 떨어지기 마련이다. '솔직하게' 라는 의미는 누가 버지니아 울프를 두려워하랴 에 나오는 반응이 아니라 당신의 진심 어린 반응을 보여 주라는 것이다. 하지만 상대방을 비난하려 하면 안 된다. 잔인하게 반응한다면 진정한 마음이라고 해도 효과가 없다. 당신의 피드백은 솔직하면서 도움이 되어야 한다. 상대방에게 상처를 주거나 자기방어를 하지 않도록 하면서, 당신이 하고 싶은 말을 할 수 있을 정도로 다정하게 이야기해야 한다. 예를 들면 "당신이 나한테 아직 이야기하지 않은 부분이 있는 것 같군

요." 라는 표현이 "나에게 비밀을 이야기하지 않았죠." 보다 더 도움을 주
는 것 같이 들린다. "정말 당신의 실수라고 말 할 수도 있겠네요." 라는 말
이 "정말 바보였군요." 라는 것보다 훨씬 따뜻한 표현이다.

감정을 이입해서 듣기

감정을 이입해서 들을 때는 오직 한가지의 필요조건이 있다. 모든 사람
은 살아 남기 위해 노력한다는 사실을 인식하는 것이다. 모든 말하는 상
대를 좋아하고 그의 의견에 동의해 줄 필요는 없지만 모두가 투쟁을 하고
있는 존재라는 것을 인정하는 것이다. 사람은 개일의 한 순간마다 심리
적, 육체적 생존을 위해 투쟁한다. 모든 생각, 모든 결정, 모든 순간이 당
신이 실재한다는 것을 보여 주고 있다.

분노, 무관심, 부정, 폭력적 행동 모두가 고통(죽음)을 최소화하면서 생
활해 나가기 위한 전략들이다. 어떤 사람들은 남들보다 더 나은 생존전략
을 가지고 있다. 어떤 사람들은 고통스러울 정도로 무능력해서 하는 일마
다 엉망으로 만들어 버리기도 한다. 이러한 것들은 신체적 사망 때까지
지속되는 것이 아니라 치명적인 우울증이나 불안심리로 인한 심리적 사
망에 의해 일찍 없어지기도 한다.

감정을 이입해서 듣는다는 의미는 자신에게 다음과 같이 말을 해야 한
다는 것이다. "수긍하기는 어렵지만 이 사람도 살기 위해 몸부림치는 또
하나의 인간이야." 자신에게 이렇게 물어보라. "결국은 실패할지라도 그
의 믿음이나 결정이 어떻게 그의 불안감을 해소하고 만족감도 주는 것일
까?"

상대방이 화가 나 있거나, 비난하거나 자기 연민에 빠져서 헤매고 있다
면 당신의 듣기 능력이 저하되는 것은 자연스러운 일이다. 이때 다음과

같은 세 가지 질문을 해보라.

1. (분노 등의) 원인은 무엇일까?
2. 이 사람이 처한 위험은 무엇인가?
3. 이 사람이 요구하는 것은 무엇인가?

마음을 열고 듣기

심판을 하거나 실수를 찾으려고만 한다면 잘 들을 수가 없다. 당신이 상대방이나 상대의 생각을 밀어내 버리려는 생각만 한다면 들어오는 모든 정보는 들어오는 순간부터 엉망으로 섞여 버리게 된다. 말을 들을 때는 정선하여 들어야 한다. 의미가 있는 말을 골라내고, 거짓말이거나 바보스러운 말은 내버려야 한다. 상대방의 '어리석은 일들'을 모아서 기억해 둔다면 나중에는 자신도 이런 어리석음을 가지게 될 것이다. 자기 만족적인 심판의 대가는 다음과 같다.

1. 잘못된 의견이라고 판명되었을 경우 그 사실을 마지막으로 알게 되는 사람은 당신이다.
2. 지적 성장을 할 수 없다. 왜냐하면 과거의 관점에서만 듣기 때문이다.
3. 의견이 다르다는 이유 때문에 도움을 얻을 수 있는 사람들을 쫓아 버리게 된다.
4. 말다툼을 하게 되어 듣지를 못하기 때문에 사람들과 멀어지게 된다.
5. 중요한 정보를 놓치게 된다.

마음을 열고 듣는다는 것은 누구에게나 어려운 일이다. 당신의 신성한 황소가 햄버거 재료로 사용되었다는 것을 듣고 싶어하지 않을 것이다. 당신이 몰랐던 자신의 모습에 대해 듣고 싶지도 않을 것이다. 신통치 않게 생각했던 사람이 의미 있는 말을 했다는 것에 대해 믿고 싶지 않을 것이다. 인간이 논쟁을 하려 하고 큰 목소리로 상대를 제압하기 원하는 것은 천성이다.

잘못될 가능성에 대한 두려움은 마음을 열고 듣지 못하는 가장 큰 원인이다. 왜냐하면 당신의 의견과 믿음은 자기 존중의지와 깊이 연관되어 있기 때문이다. 잘못 생각한다는 것을 바보스럽거나, 나쁘거나, 쓸모 없다라고 볼 수도 있다. 그러나 자신의 믿음과 의견은 누군가 부정하거나 수정하기 전까지만 가지게 되는 일시적인 가정이라고 여길 수 있다면 아주 큰 진전이라고 할 수 있다. 자기 존중이란 자신의 의견을 내세운다고 성취되는 것이 아니라, 무엇보다 진실을 찾으려는 모습으로 자신의 모습을 개선하겠다는 노력이 있어야만 가능한 것이다.

마음을 열고 듣는 기술은 학습을 통해 배울 수 있다. 신뢰할 수 있는 친구와 함께 다음과 같은 입장 바꾸기 실습을 해 보라. 민감하지 않은 과거의 논쟁거리를 하나 선택한다. 먼저 자신의 본래 입장에서 대화를 한다. 다음에는 입장을 바꾸어 대화를 한다. 상대방의 입장에 대해 확신을 가지고 당신의 원래 견해에 대해 반박을 한다. 상대방의 입장에서 이기기 위해 노력해 보라. 자신이 반대했던 견해에 완전히 몰입될 때까지 계속해 본다. 마지막으로 겪은 내용에 서로 의견을 교환해 보라.

그렇지만 모든 경우에 대해 입장 바꾸기를 실습해 볼 수는 없다. 마음을 열고 모든 것을 바라볼 수 있도록 연습하려면 문화인류학자처럼 행동하는 것이다. 지금 이야기하고 있는 사람을 다른 행성이나 다른 나라에서 온 사람이라고 상상해 보라. 그들은 다른 관습과 종교, 그리고 사고방식을 가지고 있다. 당신은 문화인류학자이기 때문에 그것을 모두 이해하려고 노력해야 한다. 당신의 임무는 그들의 견해가 이치에 맞는지를 알아보고 그들의 견해는 그들의 세계관과 역사, 그리고 특정한 사회체제와 어떻게 일치하는지를 알아보는 것이다.

마음을 열고 듣기 위한 가장 중요한 규칙은 문장 전체 혹은 모든 대화를 듣고 판단하는 것이다. 불충분한 정보에 의한 성급한 평가는 설득력이 부족하기 때문이다.

인식하며 듣기

인식하며 듣는 방법에는 두 가지가 있다. 첫 번째 방법은 사건이나 사람에 대해 알고 있는 내용에 대해 당신이 들은 말과 실제 사실들을 비교해 보는 것이다. 판단은 하지 않아야 하며, 단순히 대화내용이 기존 사실과 일치하는지를 확인해 보는 것이다.

인식하면서 듣는 두 번째 방법은 말하는 내용과 관찰 내용이 일치하는지를 알아보는 것이다. 목소리의 높낮이와 강조 부분과 얼굴 표정, 태도 등이 그의 대화내용과 잘 맞는지를 보는 것이다. 만약 상대방이 미소를 짓고, 손을 머리 뒤로 대고, 뒤로 편안히 기대면서 자신의 부친이 사망했다고 이야기한다면 그의 말은 믿을 수 없을 것이다. 즉 일치성이 부족한 것이다. 만약 신체와 얼굴, 목소리, 그리고 말이 서로 일치하지 않으면 듣는 입장인 당신이 해야 하는 일은 어긋나는 부분에 대해 명확한 피드백을 하는 것이다. 만약 당신이 그런 불일치를 무시해 버린다면 당신은 불완전하거나 혼란스러운 메시지를 보유하게 된다.

불일치한 점을 발견하는 방법을 배우고 싶다면 TV의 코미디 프로를 보라고 권한다. 대부분의 유머는 말의 내용과 행동이 일치하지 않다는 데서 유래하기 때문이다.

_ 완벽한 듣기 방법

자기 말을 잘 들어주기를 바라는 사람은 당신이 듣고 있는지 확인하고 싶어한다. 여기 완전하게 듣는 사람이 되는 방법이 있다.

1. 눈과 눈을 계속 마주친다.
2. 몸을 약간 앞으로 숙인다.
3. 고개를 끄덕이거나 바꾸어 말하기를 하여 상대방의 입장을 지지 해 준다.
4. 질문을 함으로써 의미를 명확히 한다.
5. 논쟁이 발생하면 신속하게 끝을 낸다.
6. 화가 나고 당황하더라도 상대방이 하는 말을 이해하겠다고 다짐 한다.

_ 동반자간 듣기 방법

듣는 기술을 가장 중요하게 사용할 수 있을 때가 바로 당신의 파트너와 대화 할 때이다. 호혜적 의사소통 (Reciprocal Communication) 과정은 서로가 진심을 가지고 들을 수 있는 체계를 제공한다. 이 방식은 의견이 일치하지 않은 주제에 대해 당신과 상대방이 토론할 때 차례로 화자와 청취자 입장을 5분 정도씩 바꾸어 가면서 시도해 보는 것이다.

| 당신이 말하는 입장인 경우 |

1. 당신의 견해를 짧고 함축적으로 설명한다.
2. 비난하지 않고 도움을 요구한다. 파트너의 실수에 대해 책망하거나 자꾸 강조하지 않는다.
3. 당신의 관점과 경험에 의해 이야기한다. 당신이 원하는 것과 당신이 느끼고 있는 것에 초점을 맞춘다.

| 당신이 듣는 입장인 경우 |

1. 최대한 관심을 기울여서 파트너의 느낌과 의견, 그리고 요구사항을 듣는다.
2. 파트너가 한 말에 대해 반대하거나, 논쟁하거나, 바로 잡으려고 하지 않는다.
3. 문제에 대한 질문은 논쟁이나 반대를 위한 것이 아니라 명확한 이해를 위해서만 한다.

먼저 화자가 자신의 입장에서 5분 동안 말을 하고 난 후, 듣는 사람은 바꾸어 말하기 기술을 이용하여 그 말을 요약한다. 만약 듣는 사람의 요약 내용 중에 중요한 부분이 빠졌거나 잘못 이해한 부분이 있다면 말하는 사람은 듣는 사람이 완전히 이해할 때까지 명확히 설명을 한다.

첫 번째 대화가 끝난 후 이제 입장을 바꾼다. 화자가 청취자가 되고 청취자는 화자가 되는 것이다. 두 번째로 말하는 사람이 만족할 때까지 앞의 지시 내용을 따라 한다.

호혜적 의사소통은 논쟁을 일으키는 어떠한 문제에 대해서도 실제적으로 응용할 수 있다. 이 방법이 좋은 이유는 대화의 속도를 늦추어서 파트너의 요구사항이나 느낌을 명확히 이해하게 함으로써 발생 가능한 마찰을 줄일 수 있다는 점에 있다.

2. 자기 공개
···✈ Self-Disclosure

자신의 숨겨진 부분을 보여 주는 것은 낙하산 없이 고공낙하 하는 것처럼 두려운 일이다. 사람들은 거절당하거나 인정받지 못할 것이라고 예상하기 때문에 비밀을 숨긴다. 그러나 이런 행동 때문에 놓치는 것이 더 많다. 자기 비밀을 밝히면 관계는 활성화되고 친근감도 증진된다. 서로의 관계가 명확해지고 즐겁게 된다. 자기의 숨겨진 부분을 보여주지 않는다면 당신은 자신만의 영역에서 벗어나지 못할 것이다.

사람은 자신의 숨겨진 모습을 어떠한 형태로든지 드러내기 마련이다. 다른 사람과 함께 있을 때 당신은 이미 무엇인가를 보여주고 있다는 의미이다. 주변 사람에게 보여주지 않으려고 한다 해도 이미 당신의 침묵이나 자세는 무엇인가를 표현하고 있다. 문제는 당신이 숨겨진 부분을 보여줄 것인가의 여부가 아니라 어떻게 하면 적절하고 효과적으로 보여줄 수 있을 것인가 이다.

이 장의 목적은 '자기 공개란 간단히 자신의 정보에 대해 대화하는 것이다.' 라는 말의 의미를 인식하게 하는데 있다. 이 간단한 정의는 중요한 의미를 가지고 있다. 대화를 하기 위해서는 당신의 숨겨진 모습을 보게 되는 또 다른 사람이 있어야 한다는 것이다. 일지나 일기에 자기 반성의 글을 쓰는 것은 자기 공개에 해당되지 않는다. 자기 공개를 위한 대화에는 비언어적 수단인 신체의 움직임, 자세, 목소리의 높낮이도 포함된다. 비언어적 대화수단에는 의도하지 않은 수많은 정보가 포함되어 있다.

이 정의에서 '정보' 란 밝힌 내용이 상대방에게는 전혀 새로운 내용으로써 과거의 화제나 이야기의 재탕이 아니어야 한다. 정보의 형태는 당신이 관찰한 내용이거나 알아낸 내용, 과거나 현재의 느낌, 자신이나 다른 사람에 관한 당신의 생각, 과거나 현재의 욕망이나 요구사항 등에 관한 것이다.

이 정의에서 핵심 단어는 '자신' 이다. 여기서 자신이란 진정한 자신의 모습이란 의미이다. 자기 공개란 거짓말이나 왜곡, 매력적인 가면으로 자신을 감추는 것이 아니다. 자기 공개의 의미를 명확히 이해하기 위해서 당신의 전체모습을 원이라고 상상하고 다음과 같이 사분면으로 나누어 보자.

(Johari Window, presented in Luft, Joseph. Group Process: An Introduction to Group Dynamics. Palo Alto, CA: National Press Books, 1984)

첫 번째 사분면은 공개된 자신(Open Self)이다. 자신이 이미 인식하고 있는 행동이나 말이다. 두 번째 사분면은 눈 먼 자신(Blind Self)이며 남들은 발견할 수 있지만 자신은 모르고 있는 습관, 매너리즘, 자기 방어 방식, 도피전략 같은 것이다. 세 번째 사분면은 숨겨진 자신(Hidden Self)으로 당신이 비밀로 간직하고 있는 생각이나 느낌, 욕망 같은 것을 의미한다. 네 번째 사분면은 알려져 있지 않은 자신(Unknown Self)의 모습으로, 알려지지 않았다고 정의한 것처럼 우리는 이 부분의 존재에 대해 가정만 할 뿐이며 무의식이나 잠재의식이라고 부르고 있다. 꿈이나 약물에 의한 환각, 신비 체험 등은 자신도 모르는 모습이 있다는 강력한 증거이다.

물론 이 4가지 요소들은 고정되어 있지 않다. 관찰, 생각, 느낌, 원하는 것들은 하루 일상을 살아가면서 언제나 이리 저리 옮겨 다닌다. 당신이 외부세계에 대해보고 듣고 만지는 것들은 숨겨진 자신에 들어가게 된다. 만약 그 중 일부를 잊어버린다면 그 부분은 알려지지 않는 자신에 포함이 된다. 어떤 경험에 의하여 자신도 모르는 사이에 특이한 버릇이 생긴다면 눈 먼 자신이 된다. 당신이 기억은 하고 있지만 한번도 사실을 밝힌 적이 없다면 숨겨진 자신이 된다. 다른 사람에게 보여주는 모습이 어떤지 자신도 알고 있다면 그 부분은 공개된 자신이 된다. 어느 날 당신이 세상을 살아가는 통찰력을 가지게 된다면 이 통찰력은 눈 먼 자신에서 숨겨진 자신으로 옮겨가게 된다. 이 통찰력을 다른 사람에게 보여 주었다면 공개된 자신으로 다시 이동하게 된다.

이 장에서 학습한 내용은 당신의 관찰내용과 느낌, 생각, 그리고 요구사항에 대한 정보가 숨겨진 자신으로부터 공개된 자신으로 이동하는 것에 관한 것이다. 이렇게 하는 것이 바로 자기 공개이다. 만약 당신이 자기 공개에 익숙해진다면 공개된 부분은 다른 부분보다 훨씬 크게 될 것이다.

이 자기 공개의 부분이 커질수록 그 결과로 더 많은 보상을 받게 될 것이다.

_자기 공개의 결과

자신의 숨겨진 모습을 드러내는 것은 분명히 어려운 일이다. 당신은 "왜 이유를 설명하기 위해 머리를 썩혀야 하지? 왜 위험을 감수해야 하지?" 라고 자주 생각할 것이다. 그렇지만 다른 사람들과 가깝게 지내고 싶다면 그들에게 자신의 모습을 계속 보여주어야 한다. 자신의 모습을 털어놓음으로써 발생할 수 있는 가치 있는 문제점은 다음과 같다.

자신에 대해 더 많이 알게 된다.

당신도 자신의 모습에 대해 외부에 알려진 만큼만 알고 있다는 것은 이율 배반적이지만 사실이다. 자신의 생각이나 느낌, 요구사항은 말로 설명하기 전까지는 자신에게도 모호하기 때문이다. 다른 사람을 이해시키기 위해서는 명확화, 정의 내리기, 설명 및 결론 과정이 필요하다. 예를 들면, 당신이 자신의 요구 사항을 설명하면 상대방은 당신 요구의 형태와 색깔을 알 수 있게 되어 부족한 부분을 알려주고, 문제를 일으킬 수 있는 불일치 부분을 지적할 수 있게 된다.

더욱 친근한 관계가 된다.

친근한 관계의 기본은 서로에 대해 잘 알게 되는 것이다. 자신의 본래 모습을 기꺼이 서로에게 보여 준다면 상승효과까지 더해져서 관계는 더욱 깊어진다. 어느 한쪽이나 양쪽이 모두 서로 많은 부분을 숨긴다면 그 관계는 얕고 불만족스러울 것이다.

대화를 증진시킨다.

자신의 숨겨진 부분을 보여 주면 상대방도 보여 주기 마련이다. 당신이 상대방에게 필요한 존재가 되면 그에 따라 상대방도 자신의 모습을 보여 줄 것이다. 이런 경우, 서로 특별하게 절친하지 않았던 사람들간에도 대화의 영역이 넓어지게 된다. 주어진 화제에 대한 대화의 깊이도 더욱 깊어진다. 그러므로 다른 사람으로부터 단순한 정보나 의견, 그 이상의 무엇도 얻게 된다. 느낌과 깊게 새겨져 있는 확신, 요구사항을 기꺼이 서로 공유하게 될 것이다.

죄의식을 덜어 준다.

죄의식이란 과거에 저지른 일이나 실패에 대해 느끼는 분노와 앙갚음에 대한 두려움이 혼합된 감정상태다. 죄의식은 대부분 비합리적이며 고통스럽다. 고통을 완화하는 한가지 방법은 솔직히 사실을 털어놓는 것이다. 생각했던 것이나 저지른 일을 털어놓는 것은 두 가지 측면에서 죄의식을 덜어 주게 된다. (1) 자신의 죄를 덮기 위해 애쓸 필요가 없다. (2) 자신이 죄의식을 느꼈던 부분을 털어놓음으로써 보다 객관적으로 볼 수 있게 된다. 당신의 죄가 용서받을 수 있는 정도인지, 규정이나 가치 기준이 너무 가혹한 것인지, 정말 용서 할 수 없을 정도인지에 대한 상대방의 의견도 얻을 수 있다.

잘못을 저지른 내용에 대해 털어놓는 일을 돕는 제도에는 가톨릭의 고해성사, 개신교의 신앙간증, 알코올 중독 프로그램에서 자신이 알코올 중독자라는 것을 고백하는 것, 그리고 충격적 사건에 의해 입은 정신적인 상처 치료법 등이 있다. 하지만 반드시 목사나 전문 치료사만이 털어놓기에 의한 정신적 치료를 해 주는 것은 아니다. 좋은 친구만 있어도 충분하다.

소진되는 에너지

중요한 정보를 마음속에 숨기려면 많은 에너지를 사용해야 한다. 직장에서 해고당한 후 보통 때처럼 집에 가지만 가족들에게 이런 상황을 이야기하지 않고 있다고 생각해 보라. 무슨 일이 일어날까. 부인의 머리 모양이 바뀐 것이나, 당신이 가장 좋아하는 반찬이 식탁에 있는 것이나 욕탕의 색깔이 바뀐 것을 알지 못할 것이다. 왜냐하면 비밀을 숨겨야 하기 때문에 도무지 다른 일에는 관심이 가지 않는 것이다. 말도 하지 않고 밖에 나가지도 않고 신경질이나 낼 것이다. 재미있는 것은 아무 것도 없다. 생활은 짐일 뿐이다. 모든 에너지가 소진되어 스스로 채워 넣기 전까지는 그냥 걸어다니는 시체나 마찬가지다.

대화가 없다거나 지루하거나 중간에 자꾸 끊어진다고 느낀다면 당신이 뭔가 숨기고 있는 것이 아닌가 하고 물어 보라. 아마 설명하지 않은 느낌이나 요구 사항들이 부글거리고 있을 것이다. 그런 마음이 자연히 가라앉기 전까지는 계속 남아 있을 것이며 대화는 그냥 장례식의 추도사 같은 느낌만 들것이다. 숨겨진 부분을 보여 주기 위해서는 말을 하는 방법 밖에 없다. 느낌이나 요구사항을 자꾸 숨기려 한다면 관계마저 소원하게 되는 단계에 이르게 될 것이다.

_자기 공개의 방해요소

자기 공개는 많은 이점을 가지고 있음에도 불구하고 왜 사람들은 항상 자신의 모든 일을 모든 다른 사람에게 말하지 않을까? 사실, 자기 공개를 하지 못하게 하는 강력한 원인이 있기 때문에 숨겨진 자신 속에 자신을 묶어 두고 있다.

자기 공개에 대한 사회적 편견이 그 원인중의 하나다. 자신에 대해 다른 사람에게 너무 많이 이야기하는 것이나 자신의 가족이외의 사람에게 자신의 감정이나 요구사항을 이야기하는 것은 '좋은 것' 이 아니라고 생각하는 것이 그것이다.

자기 공개의 결과에 대한 두려움 때문에 하지 못하는 경우도 있다. 거절이나 처벌, 다른 사람들이 뒤에서 수근거리게 되는 것, 심지어는 그것을 이용할지도 모른다는 두려움이 그것이다. 어떤 이는 웃을 것이고, 어떤 이는 안 된다고 할 것이며, 어떤 이는 당신을 떠나가 버릴지도 모른다. 만약 당신이 부정적인 특성을 이야기하면 상대방은 당신의 다른 부분까지 부정적으로 보게 될 수도 있다. 긍정적인 특성을 이야기하면 허풍 떨고 있다고 비난받을 수 있다. 정면으로 이런 사항에 대해 맞서려고 한다면 다른 사람의 문제에 대해 제안, 헌신, 지원, 참가 등을 해야 할 것이다. 자신에 대해 알게 되는 것은 두려운 것이다. 당신을 털어놓게 되면 즉각적으로 자신에 대해 더 잘 알게 되는 것이다. 자기도 모르는 모습 중에서, 불유쾌한 부분이 있을 지도 모르기 때문에 불안해하고 있다.

_ 최적의 자기 공개 단계

어떤 사람들은 사교적이며 다른 사람보다 더 긇은 것을 공개한다. 그들의 공개된 자아는 타인에 비해 상당히 크다.

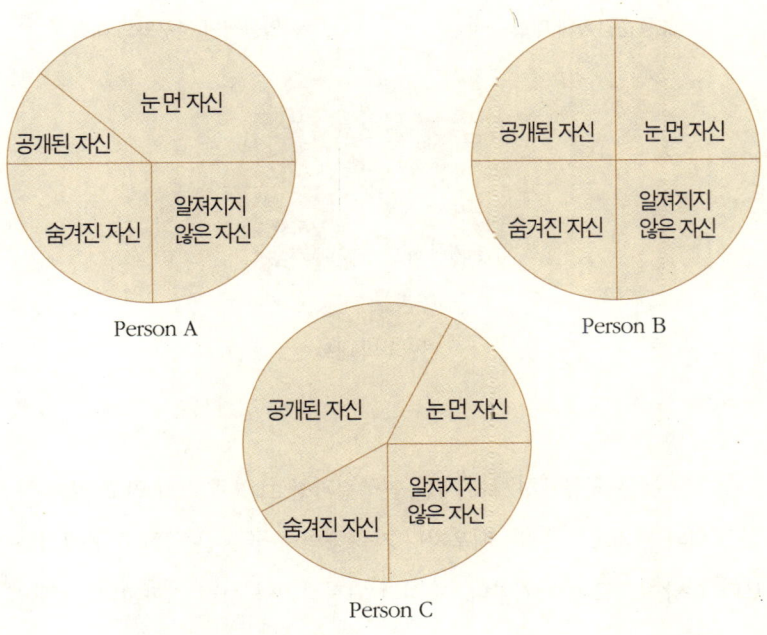

Person A

Person B

Person C

보여주는 부분의 크기는 사람에 따라 다르다. 바로 옆에 있는 사람보다
는 많이 보여 주거나 적게 보여준다는 일관된 성향이 있을지는 모르지만
개인적으로는 당신의 분위기나, 대상이나, 대화의 주제에 따라 공개의 수
준이 변화하기 마련이다. 다음은 동일한 사람이 다른 사람과 대화할 때의
모습을 그린 것이다.

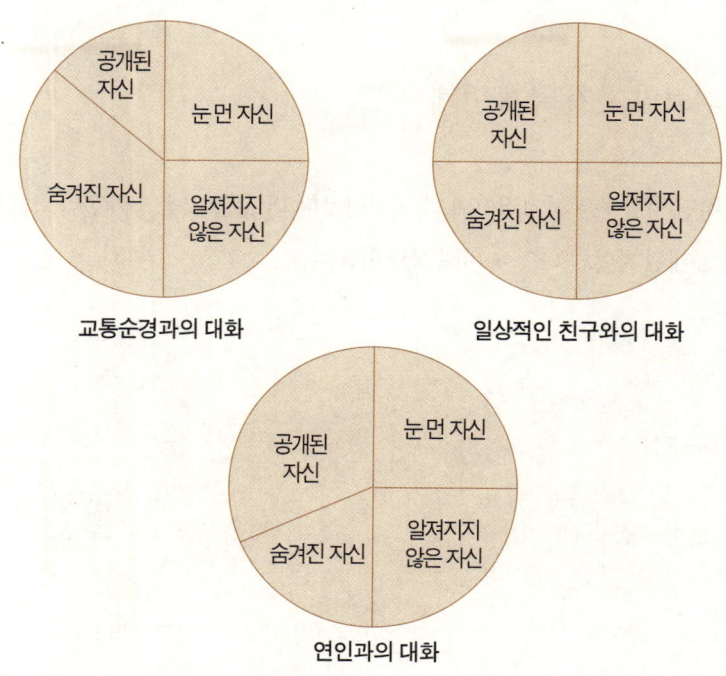

교통순경과의 대화   일상적인 친구와의 대화

연인과의 대화

숨겨진 부분을 공개하기에 대한 연구결과를 보면 우리가 알고 있는 상
식 범위와 거의 일치한다. 배우자나 가족중의 누구 혹은 친한 친구에게는
보다 개방적으로 이야기한다. 자신의 재정상태나 성적 취향보다는 옷이

나 음식선호도에 대해 더 잘 공개한다. 어떤 분위기에서는 어떤 이에게도 어떤 말도 하지 않는다. 17세부터 50세까지는 숨겨진 부분을 보여 주기 수준이 점차 상승하지만 50세 이후에는 줄어들게 된다.

숨겨진 부분을 얼마나 효과적으로 공개할 수 있는가는 언제 말할 것인 가와 누구에게 말할 것인가에 대한 균형을 잘 유지하는 가에 있다. 일반 적으로, 자신의 정보를 더 많이 공개할수록 의사 소통은 더욱 더 쉬워진 다. 눈 먼 부분이나 숨겨진 부분이 많을수록 의사소통은 비효율적이 된 다. 그러나 극단적으로 한 부분에 치우치는 것은 조심해야 한다. 공개된 자신이 너무 많다는 것은 말 많은 수다쟁이가 되는 것이며 너무 적으면 폐쇄적이고 비밀이 많은 사람이 되는 것이다. 눈 먼 자신 부분이 너무 많 으면 사회에 자신이 어떻게 보이는지에 대한 것을 망각한 경우이며, 알려 지지 않은 자신이 많은 경우에는 건달이거나 '정신 못 차리는 사람', '쫀 쫀한 사람' 등으로 보이게 될 것이다. 눈 먼 자신이 너무 적다면 자신에 대해서 분석하는 일에 중독된 사람이다. 숨겨진 자신이 너무 많다면 당신 은 숨으려고만 하는 사람이며 다가가기 어려운 사람이다. 너무 적다면 어 떠한 비밀도 같이 할 수 없는 신뢰할 수 없는 사람이다.

자기 공개수준을 평가하기

이 연습은 당신의 생활에 중요한 사람에게 어떻게 자신의 숨겨진 부분을
보여 줄 것인가에 대한 것이다. 왼쪽에 있는 각 항목을 읽고 당신의 부모와
친한 친구와 배우자에게 어떻게 이야기를 했는지 표시한다. 만약 해당되는
사람이 없다면 빈칸으로 남겨도 된다. 다음과 같은 기준을 사용한다.

0 이 부분에 대해서는 일체 이야기 한 바 없음.

1 일상적인 용어를 사용하여 이야기 한 적 있음.

　　이 사실에 대해 어느 정도 알고 있지만 전체 내용은 모름.

2 이 내용에 대해서 나의 관찰한 내용과 생각, 느낌, 요구 사항 등

　　모든 이야기를 다 했음.

X 이 내용에 대해 거짓말하였기 때문에 잘못 알고 있음.

　　다른 사람들은 이 부분에 대한 나의 모습을 잘못 알고 있음.

입맛과 취향

	어머니	아버지	배우자	자녀	가장 친한 남자친구	가장 친한 여자친구
1. 좋아하는 음식과 음료, 싫어하는 음식						
2. 좋아하는 음악과 싫어하는 음악						
3. 내가 좋아하는 읽을 거리						
4. 좋아하는 영화와 TV 프로그램의 종류						
5. 가장 좋아하는 집과 가구의 종류						
6. 가장 좋아하는 사교 모임						

태도와 의견

1. 종교에 대한 생각이나 느낌						
2. 인종 차별에 대한 견해						
3. 음주에 대한 개인적인 견해						
4. 성윤리에 대한 개인적인 견해						
5. 여자의 미와 매력에 대한 개인적 견해						
6. 바람직한 남자의 모습						

학업 (업무)에 관한 문제

1. 가장 즐거운 일						
2. 가장 싫은 일						
3. 나의 부족한 점이나 단점						
4. 나의 특별한 장점						
5. 나의 일에 대한 사람들의 평가에 대한 느낌						
6. 내가 하는 일에 대해 가장 바라는 일 또는 목표						

금전적인 문제

	어머니	아버지	배우자	자녀	가장 친한 남자친구	가장 친한 여자친구
1. 나의 수입						
2. 돈을 빌린다면 얼마나, 누구에게 빌릴 것인가.						
3. 저금을 하는지, 한다면 저금한 금액						
4. 돈을 빌려주었는지, 주었다면 대상은.						
5. 도박을 하는지, 한다면 얼마나.						
6. 나의 수입원 전부						

성격

1. 나의 성격 중에 내가 싫어하는 부분						
2. 내가 설명하기 어렵거나 통제하기 어려운 감정						
3. 현재의 성생활: 만족여부, 문제점, 상대방						
4. 내가 이성에게 매력적인지 아닌지에 대한 생각						
5. 과거나 현재 일 중에 내가 부끄러워하는 것들						

몸매

1. 나의 얼굴모습에 대한 생각						
2. 내가 동경하는 모습						
3. 나의 다리, 엉덩이, 허리, 몸무게, 가슴, 상반신에 대한 생각						
4. 건강 문제가 있는지의 여부						
5. 과거 병력이나 치료경력						
6. 몸매나 건강유지, 매력적으로 보이기 위한 특별한 노력을 기울이는지에 대한 여부						

당신이 어렵지 않게 이야기하는 주제는 어떤 것들인가? 1번과 2번 기입 결과를 비교해 본다. 그리고 거짓말을 하거나 침묵을 지키는 부분은 어떤 주제들인지 살펴 보라. 사실을 숨기기 위해 당신이 소비해야 하는 에너지가 얼마나 많은가?

이야기를 주로 하는 사람은 누구이며, 사실을 숨기는 사람은 누구인지를 살펴 보라. 가족 관계에서나 성적 관계를 갖는 사람에 대해 일관되게 나타나는 특징이 있는가.

당신이 집중하고 싶은 화제나 사람들에 대해 기록해 두었다가 다음의 실습에 참고를 하라.

_ 자기 공개 실습

이 연습은 자기 공개에 대한 실습단계다. 이 과정은 먼저 자신의 생각이나 느낌, 요구사항에 대한 간단한 사실에 대해 이야기하는 것부터 출발하여 세 단계를 거치게 된다.

정보

이 연습과정에는 사실요소(facts)에 대해서만 다룬다. 아는 사람을 선정하고 그에게 당신의 직장이나 지난번 갔다 온 휴가, 또는 재미있었던 경험을 이야기한다. 시간, 장소, 했던 일, 누구와 한 일인지 등의 요소를 분명히 알려 준다. 자신의 느낌이나 의견은 배제한다. 아직까지 불편한 느낌이 없다면 다음 단계로 넘어 간다.

과거나 미래의 생각이나 요구사항

사실 요소들은 이야기의 한 부분이다. 두 번째 연습단계는 당신의 느낌이나 생각, 요구사항을 설명하는 연습 단계이다. 이번 단계에서는 자신의 음악적 취향, 종교적 신념, 일에 대한 열정, 재정상태, 자랑스러워하는 사실, 자신의 건강 등 앞에서 했던 평가 연습 내용 중에서 사용할 화제를 선택한다. 당신이 믿는 사람에게 그 화제에 대해 이야기한다. 사실 요소뿐아니라 그 일에 대한 당신의 생각, 느낌, 당신의 요구사항도 이야기한다.

지금 선택한 사람에게 현재상태의 생각이나 감정을 이야기하라는 것이 아니다. 과거나 미래에 관한 것을 가지고 실습하면 된다. 이제 이 부분에 대해 편안하게 느낀다면 다음 단계로 넘어 간다.

여기-지금의 대화

현재 당신이 처해있는 느낌과 요구사항에 대해 상대방과 의견을 나누는 위험을 감수해야 하는 이 단계는 자신의 숨겨진 모습을 보여 주는 과정 중에서 가장 어려운 단계이다.

예를 들면, 당신이 매력을 느끼는 사람에 대한 느낌이나 그의 반응에 대해 당신은 어떻게 생각하고 있는지, 숨기는 것이 무엇인지, 당신에게 매력을 느끼도록 하기 위해 당신의 이야기를 어떻게 꾸미고 있는지, 어떻게 대화를 시작하면 좋을지, 당신이 요구하는 것이 무엇인지, 당신의 감정에 대해 어느 정도 만족하는지 불안해하는지에 대해 이야기하는 것이다. 이 과정이야말로 자기 공개 과정 중에서 최종적이며 가장 만족을 주게 되는 부분이다. 이 부분에 대해서는 '자기 표현' 장에서 보다 상세히 다룰 것이다.

　여기-지금의 대화의 횟수를 점차 늘리기 위해서는 일주일동안 중점적으로 처리할 일을 한가지 정한다. 예를 들면, 대화가 미치는 영향에 대해 피드백을 주는 실습을 하는 것이다. 서서히 진행하라. 약간의 위협을 자신에게 가한다. 하지만 지금-여기에 대한 대화를 포기할 만큼 하지는 말아야 한다.

3. 자기 표현
···→ Expressing

아빠 : 오늘밤에 학교에서 열리는 학부모 모임에 가야 돼?

엄마 : 왜요? 가기 싫어요?

아빠 : 늘 가도 똑같은 소리만 하던데. 잘 모르겠어.

엄마 : 지난 번에 무슨 일이 있었어요?

아빠 : 아무것도 아냐. 주제 발표자의 말이 재미있긴 하던데. 하지만
잘 모르겠네. 오늘은 김 여사님이 발표하는 날인데.

엄마 : 그 부인이 하는 게 마음에 안 드는군요.

아빠 : 아니 괜찮아. 매우 조직적으로 하긴 하는데…. 아무 것도 아
냐. 갈려면 지금부터 서둘러야지.

아 빠는 또 한번의 끔찍한 저녁을 보내야 한다. 김 여사님은 패튼 장군 같
이 일을 하기 때문이다. 오늘의 주제 발표자는 '복합문화에 대한 인식'

에 대해 중얼거릴 것이다. 아빠가 만약 자신의 의사를 정확하게 표현하였다면 엄마를 설득해서 오늘 모임을 빼먹을 수도 있었고 아빠가 회의 방식을 바꾸려는 시도를 도와주도록 할 수도 있었을 것이다. 하지만 여기 나와 있는 것처럼 엄마는 아빠가 지루해 하는 원인이 무엇인지 모르기 때문에 그의 요구를 받아들일 수도 없었다.

이 장에서는 표현이 꼭 필요한 상황이거나 자신에게 중요한 사람에게 표현을 해야 하는 경우에 대해 이야기한다. 하지만 이건 푸줏간에서 좋은 부위를 달라고 요구하는 범주의 이야기가 아니다. 자신 내면의 경험을 어떻게 명료하고 완전하게 설명할 수 있는가에 관한 것이다.

_자기 표현방법 네 가지

상대방과의 대화내용에는 대부분 네 가지가 사용된다. 관찰 내용, 생각, 느낌, 요구사항을 표현하는 것이다. 각 영역에는 다른 설명방식을 사용하며 아주 다른 단어를 사용하기도 한다.

관찰 내용

이 영역은 자신의 감각이 느낀 내용에 대해 과학자, 탐정, TV 기술자들이 사용하는 언어로 표현하는 것이다. 추리나 참견, 결론은 없다. 그냥 단순한 사실 요소(facts)에 관한 것이다. 관찰한 내용을 표현하는 예는 다음과 같다.

1. Enquire(주 : 미국의 대중잡지)를 읽었는데 빙하기가 500년 내에

다시 시작할거라는 군.

2. 나의 옛 주소는 신사동 1996번지야.

3. 그녀는 흰색 주름장식이 달린 쉬폰 드레스를 입을 거야.

4. 오늘 아침 내 토스터가 박살이 났어.

5. 내가 양평을 떠날 때는 무척 더웠었어. 가벼운 바람이 들판에 불었었고 천둥구름이 북쪽에서부터 나타났었지.

이러한 문장들은 순전히 사람들이 들었던 것, 읽었던 것, 혹은 개인적으로 겪었던 경험들에 관한 것이다. 만약 앞에서 아빠에게 학부모 모임에서 관찰한 내용을 이야기하라고 했다면 회의시간이 너무 길고, 김 여사는 참석한 사람들의 의견을 묻지도 않고 주제 발표자를 선정했으며, 선생님과 학부모사이의 문제점에 대한 토론도 없었다고 지적했을 것이다.

생각

생각이란 결론을 의미하며 들은 것, 읽은 것, 관찰한 것으로부터 얻게 되는 추론을 의미한다. 생각이란 관찰 내용을 종합적으로 보려는 시도이며, 무슨 일이 벌어지고 있는지를 알게 하고 사건이 발생한 이유와 원인을 이해하게 한다. 또한 생각을 하게 되면 나쁜 것, 좋은 것, 잘못된 것, 바른 것을 결정할 수 있는 가치 평가를 구체적으로 할 수 있게 된다. 신념, 의견, 가설 등은 결론의 다양한 형태이다. 다음은 그 예이다.

1. 성공적인 결혼생활을 하기 위해서는 이기심을 버려야 한다. (신념)

2. 나는 우주가 끊임없이 폭발하고 사라지고, 폭발하고 사라지고 있

다고 생각한다. (가설)

3. 그는 그녀를 두려워하고 있는 것이 틀림없어. 그 여자가 곁에 있으면 항상 신경을 쓰는 것 같아. (가설)

4. 시럽은 로그 캐빈 제품이 최고야. (가설)

5. 그녀를 그만 만난다고 결심한 것은 잘못된 거야. (가치 판단)

앞에서 아빠가 학부모 모임에 대한 자신의 생각을 설명할 수 있었다면 김 여사는 자기 멋대로 결정하고, 뽐내기나 한다고 말했을 것이다. 그는 그녀가 학교 당국과 친하기 때문에 문제들을 멋대로 무시해 버린다는 의견을 제시할지도 모른다.

느낌

가장 어려운 단계는 느낌을 표현하는 단계이다. 어떤 사람은 당신의 느낌에 대해 듣고 싶지 않을 것이다. 어떤 이는 자기가 좋아하는 부분만 들을 것이다. 이혼한 다음에 느끼고 있는 울적한 기분에 대해서는 알고 싶어할지 모르지만 당신이 죽음에 대해 느끼고 있는 두려움에 대해서는 아닐 수 있다. 화를 내는 것은 듣는 사람의 자기 존중의식을 위협하는 것이므로 느낌을 가장 상하게 한다.

사람들은 감정적 대응에 대해 위협이나 놀라움을 느끼므로, 자신의 느낌을 밖으로 나타내지 않겠다고 결정할 수도 있다. 그러나 느낌은 당신을 유일하고 특별한 사람으로 만들어 주는 매우 중요한 요소이다. 느낌을 나누어 가진다는 것은 친근감을 쌓아 가는 것과 같다. 당신을 화나게 하거나, 놀라게 하거나, 즐겁게 하는 것이 무엇인지를 다른 사람으로 하여금 알게 한다면 두 가지 일이 발생한다. 상대방은 더욱 당신의 감정에 빠져들게 되고 이해할 것이며, 자신의 행동을 당신의 요구에 맞도록 수정할 것이다.

느낌을 설명하는 문장의 예는 다음과 같다.

1. 나는 정말 그 남자가 그리워. 그가 미국으로 떠났을 때 정말 상실감이 컸었어.
2. 내가 너를 멸시했다는 생각이 나를 괴롭히는 군.
3. 나는 혼자 집에 있을 때 등뼈가 위부터 아래까지 욱신거려서 불안의 파도가 밀려왔다.
4. 당신을 보면 기쁨의 등불이 켜집니다. 나는 믿을 수 없을 만큼 애정의 황홀함을 느낍니다.
5. 나의 반응을 체크해 보니 놀라고 약간 화도 나 있네요.

느낌을 설명하는 문장은 관찰 내용이나 가치판단, 의견과 다르다는 것에 주의하라. 예를 들면, "나는 가끔 당신이 고집이 매우 세다는 느낌이 든다." 라는 말은 느낌과는 아무런 상관이 없다. 다만 약간 과장된 판단의 말일 뿐이다.

만약 앞에서 남자가 여자에게 자신의 느낌을 표현했다면 그는 회의가 지루하며 김 여사에게 화도 난다고 말했을 것이다. 그는 또한 학교의 교과과정이 적절하지 않으며 아무런 조치가 취해지지 않고 있는데 대해 실망했다고 말했을 것이다.

요구

당신이 무엇을 바라고 있는지는 당신 밖에 모른다. 당신은 자신에 대해서는 가장 권위 있는 전문가이다. 그러나 자신의 요구사항의 표현을 금기로 여기고 있을지도 모른다. 당신은 가족이나 친구들이 당신의 요구에 대해 늘 민감하고 모든 것을 다 알고 있으면 하고 바랄 것이다. "나를 진정 사랑한다면 뭐가 잘못되었다는 것을 알아야지." 라는 문장은 가장 많이 사용되는 가정이다. 무엇을 요구해야 한다는 것을 불편하게 생각한다면 대부분 화를 내거나 미움의 감정을 표현하게 된다. 그 화난 감정이란 "내가 왜 부탁해야 하지? 내가 이렇게 하도록 만든 네가 나빠." 라는 의미이다.

요구내용을 표현하지 않으면서 친근한 관계를 유지하려고 하는 것은 마치 운전대를 사용하지 않고 차를 운전하려는 것과 같다. 속도는 낼 수 있지만 도로에 구멍이 나 있어도 방향을 바꿀 수 없는 것이다. 관계란 서로 원하는 바를 분명하고 협조적으로 설명을 할 때 변화하고, 수용되며, 발전된다. 요구사항에 대한 문장은 다음과 같다.

1. 7시까지 집에 올 수 있겠지. 정말 같이 영화 보러 가고 싶어.
2. 난 완전히 녹초야. 나 대신 설거지와 애들 재우는 것을 해 줄 수 있어?
3. 이번 주말에는 혼자 보내고 싶어. 일요일 밤에 만나도 괜찮지?
4. 내가 시간을 낼 테니까 같이 앉아서 이 일을 끝내자.
5. 나를 잠시동안만 안아 줘.

요구는 가치 저하나 판단이 아니다. 비난하거나 실수를 요구하는 것도 아니다. 당신이 필요로 하는 도움이나 당신을 즐겁게 해주는 것에 대한 간단한 문장일 뿐이다.

앞에서의 대화에서 남자가 정말 원하는 것은 휴식이며 그녀와 둘만 지내고 싶다는 말일 것이다. "오늘 밤 불이나 밝히고 꼭 붙어 지냅시다."

_ 완전 메시지

완전 메시지에는 관찰 내용, 생각, 느낌, 요구 등 4가지가 반드시 포함되어 있어야 한다. 친근한 관계가 되려면 완전 메시지를 사용해야 한다. 아무리 가까운 친구, 배우자, 가족이라 해도 당신의 모든 경험을 공유하고 있어야만 진정한 당신의 모습을 알게 된다. 무엇이든 빼지 말고, 화난 것을 덮어 버리지 않으며, 요구내용을 억제하지 말아야 한다는 의미이다. 관찰 내용에 대해 정확히 피드백을 하며, 추론과 결론을 명확히 말해주며, 이 모든 것에 대한 느낌을 말해 주며, 무엇을 원하거나 변화가 필요하다면 솔직하게 요구하거나 제안해야 한다.

4개 요소 중 일부분이 생략되어 전달되는 메시지가 부분 메시지 (Partial Message) 이다. 부분 메시지는 혼란과 불신을 초래한다. 사람들은 무엇이 생략되었다는 느낌을 가지게 되지만 그것이 무엇인지 분명하게 모른다. 느낌이나 희망에 의해서만 심판을 하는 사람은 무시당할 것이다. 당신이 실망하고 상처받은 이유를 설명하지 않고 성난 목소리만 낸다면 상대방은 당신의 말을 들으려고 하지 않을 것이다. 또한 관찰도 없는 결론에 대해서는 의심할 것이다. 느낌과 가정들을 표현하지도 않은 상태에서 무엇을 요구하는 것에 대해 불편하게 느낄 것이다.

모든 관계나 상황에 대해 완전 메시지를 사용할 필요는 없다. 자동차 정비기사와 효과적으로 대화할 때는 마음속의 느낌을 이야기하거나 감정적 요구에 대해 토론할 필요가 없을 것이다. 친근한 관계인 경우에도 메시지의 대부분은 정보에 관한 것이다. 그렇지만 무엇이 생략되거나 불분명한 부분메시지는 위험을 초래할 수 있다. 가까워지기 위해서 반드시 거쳐야 하는 복잡한 문제를 표현할 때 이런 메시지를 사용하게 되면 함정에 빠질 수 있기 때문이다. 당신이 사용하고 있는 메시지가 완전 메시지인지, 부분 메시지인지를 알기 위해서는 다음의 질문을 해 보면 알 수 있다.

1. 내가 실제적으로 알고 있는 사실에 근거하여 표현하고 있는가? 내가 관찰한 것, 읽은 것, 들은 것에 근거한 것인가?
2. 나의 추론과 결론이라고 할 수 있는 부분을 명확하게 표현하는가?
3. 원망이나 심판을 하지 않고 나의 느낌을 표현하고 있는가?
4. 원망이나 심판을 하지 않고 나의 요구사항을 말하고 있는가?

_혼성 메시지

4가지 요소를 섞어서 사용하거나 잘못 사용한 경우 혼성상태가 발생한다. 느낌과 생각과 관찰내용이 복합된 말을 사용하는 것의 예를 들면 당신의 딸에게 "그 낡은 옷을 또 입었구나." 라고 하는 것이다. 당신이 해야 하는 것은 다음과 같이 세 가지로 분명하게 분리하여 말해야 하는 것이다.

1. 그 옷은 헤졌고 잉크 자국은 절대로 지워지지 않았구나. (관찰내용)
2. 일요일에 할아버지를 만나러 갈 예정인데 그 옷을 입고 가는 것은 좋지 않아. (생각)
3. 네가 그런 옷을 입는데도 아무런 말도 하지 않는다면 할아버지는 내가 나쁜 부모라고 생각하실 꺼야. 그 생각 때문에 내가 걱정된다. (느낌)

혼성 메시지는 가장 좋은 경우에는 상대방을 혼란스럽게 하고 가장 나쁜 경우에는 서로의 관계를 멀어지게 한다. "당신 부인이 당신에게 오렌지 두개를 주는 걸 봤어." 라는 문장은 관찰내용과 요구사항이 뒤섞여 있어서 혼란을 준다. 요구사항에 대한 암시만 주고 있기 때문에 듣는 사람은 자기가 들은 내용에 호소내용이 숨겨져 있는지 판단을 해야 하기 때문이다. "개 먹이를 주는 동안 저녁이 다 식어 버렸어." 라는 관찰 내용에 관한 문장의 밑 부분에는 분노와 판단이 들어 있으므로 서로의 관계를 소원하게 한다("개보다는 나한테 더 신경을 써야 해."라는 의미를 내포하고 있기 때문이다).

혼성 메시지는 문장 일부분이 생략된 부분 메시지와는 다르다. 문장에는 분노와 결론과 요구사항이 포함되지 않는다. 말 그대로인 것 같지만 뭔가를 변장시키거나 숨기고 있는 것이다. 다음은 혼성 메시지의 예문들이다.

1. "좀 인간적으로 굴어 보지 그래." 이 말에는 요구사항과 가치판단 (생각)이 뒤섞여 있다. 전 문장은 아마 다음과 같을 것이다. "말을

별로 하지 않는군요. 그나마 말을 할 땐 부드럽고 낮은 목소리로 하더군요(관찰내용). 내 생각에는 당신은 감정이 없다는데 대해 전혀 신경을 쓰지 않는다는 것으로 보입니다(생각). 나는 가슴이 아파요(감정). 내가 정말 바라는 것은 당신이 나에게 이야기를 하는 것입니다(요구사항).

2. "집에 올 때마다 데려 오는 남자가 다르네. 정말 재주도 좋아." 신랄한 말투로 이야기한다면 이 내용어는 관찰내용과 가치 판단(생각)이 혼합된 문장이 된다. 전체 문장은 다음과 같을 것이다. "집에 올 때 항상 다른 남자를 데려 오는 구나(관찰내용). 너무 냉담하거나 애정이 얕은 것 아니야?(생각) 너의 친구가 마음에 들기도 전에 다시는 못 보게 된다는 것은 걱정스럽고 실망스럽구나(감정). 평생의 동반자를 빨리 찾는 게 좋겠다(요구사항).

3. "너의 문제가 뭐냐하면 일하는 건 싫어하면서 돈만 밝히는 거야(생각)." 이 문장에는 느낌과 가치판단이 뒤섞여 있다. 전체 문장은 다음과 같을 것이다. "지난 2주 동안 6번이나 지각을 했군(관찰내용). 일을 별로 하지 않으려고 하는 것 같아(생각). 지각하는 사람에게는 나는 화가 나(느낌). 한 달에 한번 이상 늦지 않도록 해(요구사항).

4. "집에 가고 싶어…두통이 또 시작되었어." 이 문장을 모임에서 화난 목소리로 이야기한다면 느낌과 요구사항이 뒤섞여 있다고 볼 수 있다. 정말 하고 싶은 이야기는 "날 혼자 내버려두는군(관찰내

용). 나를 별로 상관하지도 않고 대화에 끼어 주지도 않아(생각).
마음이 아프고 화가 나(느낌). 나한테 더 이상 관심을 기울이지 않
으면 나는 그만 가고 싶어(요구사항).

5. "아침 식사 내내 한마디도 하지 않고 모자를 쓰고 회사에 가더니
   집에 와서는 술 한잔 마시고 신문이나 뒤적이다가 골프나 당신 비
   서의 각선미 이야기나 하다 TV 앞에서 골아 떨어져요. 항상 이런
   식이죠." 이 경우는 관찰내용이 느낌과 섞여있는 경우이다. 이 문
   장은 여러 사실들을 늘어놓은 것 같지만 말하는 사람이 정말 하고
   싶은 말은 "나는 외롭고 화가 나요. 나한테 관심 좀 기울여요." 이
   다.

당신이 가장 쉽게 혼란스러운 메시지를 사용하려면 간단하고 직접적인
문장을 사용하면서 감정과 전혀 다른 말투를 사용하는 것이다. "더 이상
사람들과 인터뷰하고 싶지 않아요. 벌써 충분히 했어요." 이 말을 사무적
이거나 혹은 매우 화난 목소리로 이야기 할 수 있다. 한편으로는 분명히
요구에 관한 메시지이다. 다른 한편으로는 인식되지 않는 분노가 포함되
어 있다. 혼성 메시지를 피하는 방법은 의사 소통의 4가지 부분을 분리하
여 설명하는 것이다.

_자신만의 메시지를 준비하기

자기 인식

부분 메시지나 혼성 메시지를 보내지 않고 항상 완전 메시지만 보내려면 자신의 내적 경험을 주의해서 보아야 한다. 관찰내용, 생각, 느낌, 요구사항이 무엇인가? 대화의 목적이 무엇인가? 방금 한 말이 정말 당신이 하려고 했던 말인가? 말하기를 두려워하는 이유가 므엇인가? 대화하기 위해서 당신은 무엇을 필요로 하는가?

자기 인식을 위해서는 완전 메시지를 익숙하게 사용할 수 있도록 연습해야 한다. 당신이 전달하고자 하는 메시지 내용이 명확하고 뚜렷해지기까지 마음속으로 되풀이 해보라. 관찰한 내용과 추측하고 믿고 있는 내용을 서로 분리한다. 느낌을 알고 그것을 말할 수 있는 방법을 찾아본다. 위협을 하지 않으면서 당신의 요구사항을 표현할 수 있는 방법을 찾아본다.

타인에 대한 인식

중요한 메시지를 보내기 전에 청중의 수준에 대한 분석부터 해야 한다. 당신의 친구가 실직했다면 당신이 낮은 임금수준에 대해 통렬하게 비판한다고 해도 듣지 않을 것이다. 다른 사람의 상태는 어떠한가? 그는 마음이 다급한 상태인가? 고통을 받고 있는가? 화가 나 있는가? 들을 준비가 되어있는가?

다른 사람을 인식한다는 말은 다른 사람에게 말을 할 때도 상대방의 반응 즉 표정, 눈 마주치기, 신체언어에 대해 주의해서 보아야 한다는 의미이다. 그가 질문을 하는가? 피드백을 하는가? 그냥 무심하게 앉아 있기만 하는가?

장소에 대한 인식

중요한 메시지는 대부분 주위에 아무도 없고 방해받지 않는 경우에 전달된다. 우연히 듣게 되는 정보는 대개 전체 정보를 다 포함하지 않기 때문에 본래 의미가 왜곡될 수 있다. 다른 사람에게 알려 줄 때 정보내용을 멋대로 요약하거나 숨기고 싶은 부분을 삭제해 버린다면 부분적이거나 거짓정보가 포함된 메시지가 되어 버린다. 대화하기에 좋은 환경을 찾으려면 다음의 규칙에 부합되는 곳을 찾아야 한다.
  1. 프라이버시가 보장되는 곳
  2. 타인에게 방해받지 않는 곳
  3. 정신적으로나 육체적으로 편안한 곳
  4. 방해받지 않고 조용한 곳

_완전 메시지의 실습

다음의 연습에서는 각 문장에서 숨기고 있는 본래의 메시지를 찾아본다. 일인칭 문장을 사용한다("내가 알기로 너는 계속 침묵을 지켰다").

  1. "당신 또 열 받았군." (어느 정도 불안하고 상처받은 사실을 숨긴 화난 목소리. 아내는 남편이 집에 늦게 오는 바람에 지금 30분 동

안 아무 말도 하지 않고 있음.)

- 관찰내용

- 생각

- 느낌

- 요구사항
----

2. "이런 이야기 계속 해도 되나요?" (연인관계로 발전한 두 사람이
   갑자기 아이들과 결혼에 대한 환상을 이야기하게 되었다. 화자는
   파트너가 자신의 말에 대해 강요받고 있다는 느낌을 주게 될까 불
   안해하고 있으며 이제 그 대화를 끝내려고 한다.)

- 관찰내용

- 생각

- 느낌

- 요구사항
----

3. "자기 시대가 지나가 버리면 변화가 있기 마련이지." (한 남자가
   자기가 직장을 그만두게 된 이유를 설명하고 있다. 승진에서 누락
   되었고 좋은 직장을 찾기에는 나이가 많아서 실망하고 두려워하
   고 있다. 14살 된 자신의 딸을 이해시키려고 한다.)

- 관찰내용

- 생각

• 느낌

• 요구사항
----

4. '나 여기 있어요. 그렇죠?' (직장 상사가 요구한 일을 근무시간이
   지나서도 계속 하고 있는 것에 대해 어떻게 생각하느냐고 그의 상
   사가 물었을 때 이렇게 말한다. 그는 그의 10살 짜리 자녀의 연극
   공연을 놓쳤으며 집에서 뒤풀이 할 때까지는 가려고 하고 있다.)

• 관찰내용

• 생각

• 느낌

• 요구사항
----

5. "알아요. 안다고요. 말하지 않아도 다 알고 있어요." (16살 자녀가
   그의 부모로부터 곧 있을 기말고사에 대한 이야기를 네 번씩이나
   듣고 나서 간섭이 너무 심하다고 느끼면서 하는 말.)

• 관찰내용

• 생각

• 느낌

• 요구사항

위의 메시지에 담겨있는 완전한 내용은 다음과 같다. 당신이 작성한 내
용과 비교해 보라.

1. 내가 집에 온 이후로 아무런 말도 하지 않는 것은 당신이 화났다는 말이지. 계속 그렇게 나오면 나도 화를 낼지도 몰라. 그러지 말고 내가 왜 늦은지에 대해 이야기합시다.

2. 만난 지 2주밖에 안되었는데 평생 같이 살겠다는 공상을 하고 있군요. 우리 둘 중 하나는 겁이 나서 뒤로 물러 설 것 같아서 두려워요. 이런 이야기를 해도 괜찮은가요?

3. 내가 이 직장에 근무한지 오래 되었지만 이 직업을 좋아 한 적은 정말 없었단다. 나이가 많아지면서도 계속 자기가 싫어하는 일을 하고 있다는 것은 좋은 일이 아니야. 나는 점점 실망을 많이 했고 내가 좋다고 생각하는 직업을 가지고 싶었어. 나에겐 힘든 일이야. 너의 도움이 필요해.

4. 우리 10살 꼬마가 하는 연극을 놓쳤어요. 나는 거기 갔어야 하는데 정말 실망스럽네요. 하지만 집에서 하는 뒤풀이를 도와주려면 9시 까진 집에 가야 해요.

5. 벌써 4번이나 그 말을 했어요. 제가 ㅂ-보에다가 무책임하다고 생각하시는 거죠. 내가 감시당하고 있다고 생각하면 화가 나요. 제가 알아서 할 테니까 만약 이번 시험을 망치게 되면 그때 이야기해요.

부분적이거나 혼성된 메시지를 사용하지 않고 완전 메시지를 사용하려면 연습을 해야 한다. 다음과 같이 연습해 본다.

1. 신뢰할 수 있는 친구나 가족을 선택한다.
2. 완전 메시지의 개념을 설명한다.

3. 연습할 시간을 정한다.

4. 말하고 싶은 주제를 선정한다. 특히 감정적으로 자신에게 중요했던 일을 선택한다. 그 내용의 발생 시점이 과거든 현재든 관계없으며 다른 사람이든 지금 자신을 도와주려는 사람의 일이든 상관이 없다.

5. 선택한 주제에 대하여 완전 메시지의 4가지 요소인 발생한 내용의 관찰내용과 자신의 생각과 결론, 그리고 거기에 대해 느낀 점, 그리고 자신이 처한 사항을 모두 구분하여 이야기한다.

6. 다음은 파트너에게 자신이 들은 것을 요소를 구분하여 되풀이하여 이야기하라고 한다.

7. 상대방이 말한 것 중에 잘못된 것을 바로 잡아 준다.

8. 이번에는 파트너에게 자신의 경험을 동일한 과정을 이용하여 이야기하게 한다.

　그리고 당신 파트너에게 이제부터는 둘 사이의 모든 대화에 완전 메시지를 사용하여 말하겠다고 약속한다. 스스로에게도 최소 2주 동안은 완전 메시지를 사용하겠다고 다짐을 한다. 그리고 서로에게 들은 말과 빠진 부분이 있는지를 피드백 하도록 한다. 2주 후에 자신의 경험을 평가해 본다. 목표는 완전 메시지를 자연스럽게 사용할 수 있게 되는 것이다. 그리고 자신의 연습 프로그램의 대상자를 차츰 확대해 나간다. 이러한 연습을 되풀이하면 상황에 대한 인식력이 향상되어 완전 메시지에 필요한 내부 정보를 신속하게 찾을 수 있게 될 것이다.

_효과적인 표현을 하기 위한 규칙

직접적으로 말한다.

효과적인 자기 표현의 첫째 필요조건은 말을 해야 하는 시점이 언제인지를 아는 것이다. 즉 자신의 생각과 원하는 것을 사람들이 알고 있을 것이라고 가정하지 말라는 것이다.

말을 돌려서 이야기하는 것은 감정 에너지를 많이 소모하게 된다. 여기그 예가 있다. 어느 여자가 15년 동안 살아온 남편과 이혼을 하면서 밝힌이혼 사유는 남편이 자신의 감정을 거의 드러내지 않았기 때문이라고 불평을 하였다. "내가 부인을 사랑하는 것은 그녀도 알고 있다. 말이 필요없지 않는가. 분명한 사실인데 말이다." 그러나 분명히 그렇지 않았다. 그의 아내가 갈망한 것은 남편의 직접적인 애정표현이었다. 학교에서 성적이 좋지 않은 아들 때문에 스트레스를 받고 있는 여자가 있었다. 그런데그녀는 아들의 성적이 오르자 더 이상 잔소리를 하지 않았다. 그러나 그녀는 그의 아들이 그녀가 잔소리하지 않은 것에 고마워하지 않을 뿐 아니라 직접적인 인정을 받고 싶어한다는 것을 알게 된 후 놀라워했다. 자기의 은행 신용도 때문에 문제가 된 남자는 가족들에게 정원손질이나 집수리 같은 일을 요구하기 두려워한다. 그는 그러한 사실 때문에 고통을 받고 있으며 그의 가족에 대해 점점 더 짜증과 화만 내게 된다. 15살 짜리 딸은 그녀의 이혼한 어머니가 새로운 남자에게 관심을 가지게 되자 자기 방에 틀어 박혀 나오지 않았다. 그의 남자친구가 집에 찾아와도 두통이 있다면서 투덜대며 방에서 나오지 않았다. 늘 자녀들이 가장 소중하다고 말해왔던 그녀의 엄마는 그냥 자기의 딸이 좀 당황하고 있는 것이라고 생각하면서 곧 극복할 것이라고 생각해 버린 것이다.

위의 예시는 정말 중요한 말을 해야 하는데도 그것을 모르고 있는 경우에 대한 것이다. 여기서, 그들은 자신이 느끼고 있다는 것을 상대방이 이미 알고 있다고 생각한다. 직접적으로 대화하라는 의미는 어떠한 가정도 미리 세우지 말라는 것이다. 그 대신 인간은 상대방의 마음을 알아채는 데 서툴며, 당신 마음속에 가지고 있는 생각을 거의 알아채지 못하고 있다고 가정해야 한다는 것이다.

어떤 사람들은 지금이야말로 대화가 필요한 시점이라는 것을 알고 있다. 그렇지만 대화를 두려워한다. 대신에 암시를 주거나 대상자가 알기를 희망하면서 제3자에게만 사실을 이야기한다. 이러한 간접 대화는 위험하다. 암시를 주면 대부분 잘못 이해되거나 무시당하기 쉽다. 어느 여자가 TV를 보다가 광고만 나오면 소리를 줄였다. 그 뜻은 광고 나오는 시간동안 남편과 대화를 하고 싶다는 암시였다. 그때 남편은 신문의 스포츠 기사나 읽었는데 이 사실에 결국 그녀는 화를 냈다. 제3자에게 의사를 전달하는 것도 대단히 위험한데 그 이유는 당신의 메시지가 왜곡될 수 있기 때문이다. 또한 비록 메시지를 제대로 전달했다고 하더라도 당신이 가지고 있는 분노나 실망이나 애정까지는 느끼지 못하기 때문이다.

즉시 대화한다

상처를 받았거나, 화가 났거나, 뭔가 잘못된 것에 대해 변화를 주고 싶을 때 대화를 늦추게 되면 감정만 더 악화된다. 분노는 다소 진정되겠지만 실망감은 만성적인 짜증으로 바뀌게 된다. 지금 즉시 당신의 감정을 표현하지 않으면 나중에 그 말을 하는 경우 모호하거나 수동적-공격적

(passive-aggressive : 삐딱한 태도를 보이거나 자학적인 행동) 행동을 취하게 된다. 어느 여자가 그녀 동생의 집들이에 초대받지 못했다고 느꼈을 때는 몹시 화가 날 것이다. 그러나 그녀는 아무런 말도 하지 않았지만 동생과 놀이동산에 놀러 가는 약속을 깨버리거나 크리스마스 메일을 보내는 것을 '깜빡 잊어버렸다.'고 하게 될 것이다.

자신의 느낌을 표현하지 않고 그것을 마대자루에나 가득 채워두게 되면 조그마한 위반에도 그 동안 쌓였던 분노가 한꺼번에 쏟아지게 된다. 이러한 폭발 때문에 가족이나 친구관계는 멀어지게 된다. 어느 병원의 병동에 근무하는 비서는 동료들 간에 매우 위험하고 변덕이 심하다고 알려져 있었다. 수개월 동안 그녀는 다정하고 사려 깊고 남을 배려하려고 노력을 했다. 그렇지만 결국 별 것 아닌 비난에 대해 엄청난 불평과 분노를 쏟아내게 되었다.

즉각적인 대화는 다음과 같은 두 가지 이점이 있다. (1) 즉각적인 피드백을 받은 상대방으로 하여금 당신의 요구사항을 잘 알게 하고 그들의 행동을 당신에게 맞추도록 노력하게 한다. 왜냐하면 상대방의 행동(예를 들면, 과속운전에 대해)과 당신의 반응(짜증을 낸다)의 관계가 분명한 연관성을 가지기 때문이다. (2) 즉각적인 반응은 현재의 당신의 반응을 공유할 수 있게 하여 서로간의 친근감을 높여준다. 여기-지금 (Here-and-now) 대화방법은 서로의 관계를 더욱 즐겁게 하고 강화시킨다.

명확하게 표현한다.

당신의 생각과 느낌과 요구사항과 관찰내용을 완벽하고 명확하게 표현하는 것은 중요하다. 무엇을 생략하지 말아야 한다. 모호하거나 추상적인 말을 사용하여 사실을 적당히 얼버무려서는 안 된다. 어떤 사람들은 자신이 정말 하고 싶은 말을 하지 못하면서 두려워만 한다. 이런 사람들은 불명확하거나 이론적인 말만 횡설수설 늘어놓는다. 그가 가진 속마음을 알려면 상대방의 '떨림' 이나 심리 상황을 해석해야 한다. 어느 여자는 자기 남자 친구에게 공개된 장소에서의 신체적 접촉을 더 이상하지 말라고 하고 싶었으나 그러지 못했고 다만 그날은 "그럴 기분이 아니다." 라고 말했다. 그러자 그녀의 남자친구는 아마 그녀의 부모가 곧 그녀를 만나러 올 것이기 때문에 "성적인 접촉을 자제하고 있다."라고 생각했다. 이처럼 명확하지 않은 메시지로 인해 그녀의 남자 친구는 그녀의 거절의사가 다만 일시적인 기분 때문이라고 생각하게 되었고 그녀의 실제적인 요구를 절대로 알지 못하게 된 것이다.

자신의 메시지를 명확하게 표현하는 것은 정확한 인식으로부터 출발한다. 자신이 관찰한 것이 무엇인지 알아야 하며, 그 다음으로 어떻게 반응할 지를 알아야 한다. 바깥세계에서 들은 것이나 본 것을 당신내부의 생각, 느낌이라고 잘못 판단하기도 한다. 이러한 요소들을 분리해야만 당신자신을 명확하게 표현할 수 있게 된다.

다음은 자신의 모습을 명확히 표현하는 방법이다.

1. 의문문을 사용하지 않는다.

남편이 부인에게 : "왜 공부를 다시 시작하려 하는 거야? 당신은 아직 할 일이 많은 사람이지 않아?' 이 의문문에 숨겨진 내용은 다음과 같다. "학교에 다시 다니게 되면 당신이 바빠지니까 잘 볼 수 없어질 거야. 난 그게 싫어. 난 외로워지는 것이 싫단 말이야. 당신이 그러다 자신의 일을 가지게 되기라도 하면 우리들 생활에 대한 나의 통제력은 점점 약해지게

되겠지."

부인이 남편에게 : "당신 사장이 여는 오늘 저녁 모임에 꼭 얼굴을 내밀어야 해요?" 이 말에는 오늘 저녁은 쉬고 싶다는 것과 저녁 모임에서 어색하게 자리나 차지하고 있어야 한다는 것이 싫다는 마음을 속에 숨기고 있다. 자신의 의사를 정확하게 표현하지 않음으로써 그녀는 남편을 설득하는 데 실패하였을 뿐 아니라 그녀 남편 역시 부인의 요구사항을 놓치거나 간단히 무시해 버리게 된 것이다.

딸이 아버지에게 : "높이가 1미터 짜리 작은 크리스마스 나무를 올해도 사용할 건가요?" 당신 집 꼬마가 그냥 이 말만 한다는 것은 친구 집에서 본 각종 전구와 반짝이는 장식물이 달린 커다란 크리스마스 트리를 갖고 싶다는 뜻이다. 그리고 온 가족이 모두 함께 크리스마스 트리를 장식하면 정말 가족관계도 좋아질 것이라고 생각하는 것이다.

아버지가 아들에게 : "도대체 차 수리비가 왜 그렇게 비싸냐?" 아버지가 하고 싶은 말은 아들이 자기 분수도 모르고 살아가는 것과 어머니에게 갚지도 않을 돈을 자꾸 빌리려고 하는 것에 관한 것이다. 아버지는 아들이 돈에 대한 개념이 희박한 것을 걱정하고 있고 자신에게서 빠져나갈 변명만 하는데 대해 화가 난 것이다.

2. 메시지와 관련 표현은 일치해야 한다.

말의 내용과 목소리의 높낮이와 신체의 움직임은 모두 일치해야 한다. 연구원이 된 친구에게 축하의 메시지를 보낼 때는 목소리와 표정, 말은 모두 기쁨을 표시해야만 당신이 진정 기쁨을 표시하는 것이 된다. 만약 상대방이 찡그린 얼굴로 고맙다고 한다면 당신의 칭찬이 진심이 아니라는 것을 발견했다는 의미이다. 즉 어느 한 부분이 기쁨의 표현이 아니었던 것이다.

불일치는 대화를 혼란에 빠뜨린다. 관련 표현이 일치하면 명확성과 이해력이 향상된다. 하루종일 배달업무를 마치고 집에 온 남편이 가게에 가서 무엇을 급하게 사오라는 아내의 요구를 받고 하는 말이 "그럼, 무엇이든 해야지." 였다. 그러나 그의 목소리는 빈정거리는 말투였고 녹초가 된 표정이었다. 그의 부인은 그가 진정으로 하고 싶은 것을 알게 되었고 직접 물건을 사러갔다. 하지만 부인은 남편의 빈정거림에 화가 났고 결국은 설거지 문제로 말다툼을 하게 되었다. 어느 모델아가씨가 그의 친구에게서 남자친구와 생긴 문제에 대한 하소연을 들어 달라고 요구받았을 때 그러겠다고 하면서도 계속 거울을 바라보거나 의자 끝에 걸쳐 앉아 듣고 있다면 겉으로는 "정말 안됐다." 이지만 속으로는 "지루해. 빨리 끝내 줘." 라는 의미가 내포되어 있다.

3. 이중 메시지를 피한다.

강아지를 발로 차면서 동시에 귀엽다고 토닥거리는 것은 이중 메시지를 사용하는 것이다. 서로 모순되는 말을 동시에 하는 것이다. 남편이 아내에게 "정말 같이 가고 싶어. 혼자 가면 심심할 꺼야. 그렇지만 그 회의는 재미가 없어. 아마 당신은 지루해서 죽을 지경일 걸." 이것이 이중 메시지이다. 언뜻 보기에는 남편이 아내를 데려가고 싶어하는 것 같이 보이지만 실제로는 다음 문장에서 그녀가 오지 않기를 바라고 있다는 것을 표현하고 있다.

아버지가 아들에게 : "가서 잘 놀다 오너라. 하지만 전번 성적표를 보니까 낙제점수를 받았더구나. 이 일을 어떻게 할거냐?" 이 문장은 분명히 이중 메시지이긴 하지만 효과가 있을지는 의문이다. 양 문장사이의 연관성

이 불분명하기 때문에 아들은 아버지가 정말 하고 싶은 말이 무슨 말인지 모르고 집을 나서게 된다. "가까이 와. 가버려." 나 "너를 사랑해. 너를 미워해." 같은 문장은 극단적인 이중 메시지라고 할 수 있다. 이러한 대화는 부모와 자식간, 사랑하는 연인사이, 그리고 심리적 상처에 의한 고통을 겪는 경우에 발생한다.

4. 요구사항과 느낌을 분명히 표현한다.

자신의 느낌이나 요구사항을 정확하게 표현하지 않고 암시만 주는 것은 안전한 방법일 수 있다. 그러나 상대방을 혼란스럽게 한다. 친구가 친구에게 "왜 그 엉터리 같은 무료 진료소 자원봉사를 그만 두지 않아?" 이 말에 담긴 정확한 요구사항은 "서로 다투기에 급급한 진료소에서 악전고투하는 네가 염려된다. 자신을 망치고 있는 거야. 우리 예전처럼 함께 오후 시간을 보냈으면 좋겠어. 건강하게 지내면 좋겠고 나와 함께 좀더 많은 시간을 보내면 좋겠어."

남편이 아내에게 "교직원 모임에 참석한 교수님과 그 부인들을 보았을 때 그 기묘한 관계 때문에 진저리가 쳐 지더군." 했다면 정말 하고 싶은 말은 "그들은 행복해 보이지 않아. 우리는 정말 행복하고 나는 당신을 정말 사랑해."이다.

어머니가 딸에게 "이번 주에 네가 할머니를 만나러 갔으면 좋겠구나." 라고 했다면 직접적인 표현처럼 들리지만 속에는 할머니의 외로움에 대한 어머니의 죄책감과 불안감이 숨어있다. 할머니의 건강을 걱정하고 있지만 그 내용을 설명하지 않고 다만 딸에게 좀더 자주 방문하기를 조르고 있는 것이다.

연인이 연인에게 "전화 받는 동안 저녁식사가 다 식어 버렸어."라고 했다면 실제로는 "식사 도중에 전화를 그렇게 오래 하는 걸 보니 정말로 날 사랑하는지 모르겠어. 나는 상처받았고 배도 고파." 이다.

5. 관찰내용과 생각을 분리한다.

자신이 가지고 있는 판단, 이론, 신념, 의견은 직접 본 것이나 들은 것과는 분리해야 한다. "김 과장님과 또 낚시를 가셨군요." 라는 말은 관찰내용의 직접적인 표현이다. 그러나 김 과장과의 오랫동안의 앙숙관계를 고려한다면 이 말은 가시를 달고 있는 말이 된다. 이 문제에 대해서는 혼성 메시지에 관한 부분에서 더 상세하게 설명해 놓았다.

6. 한번에 한 가지씩만 집중하라.

딸의 남자친구의 흡연습관에 대해 이야기하는 도중에 갑자기 딸의 영어 시험에 대한 불평을 하지 말라는 것이다. 이야기하는 서로가 서로의 메시지에 대해 분명하고 완전한 이해가 있기 전까지는 다른 주제로 넘어가지 않아야 한다. 무슨 말을 해야 할지 중도에 혼란을 겪을 경우 다음과 같은 메시지를 사용한다. "어디까지 이야기했지?…도대체 우리가 무슨 말을 하고 있는 거야?…내가 무슨 말을 했는지 알겠어요? 내 생각에는 주제에서 벗어났어요."

솔직해야 한다.

솔직한 메시지란 말한 내용과 실제로 하고 싶은 말이 동일한 메시지를 말한다. 의도를 위장하거나 주제를 숨기는 것은 속임수와 같기 때문에 사람간의 친근감을 파괴한다. 자신이 솔직한 메시지를 사용하고 있는지를 확인하려면 다음의 두 요소를 검토하면 된다. (1) 내가 왜 이 사람에게 이 말을 하고 있지? (2) 내가 이 사람에게 하고싶은 말이 이 말인가? 아니면 다른 말이 있는가?

숨겨진 주제에 대해서는 다른 장에서 좀더 깊게 다루어 질 것이다. 이 방법을 쓰는 이유는 자신이 부적절하거나 자신의 가치에 대한 자신감이 부족하다는 느낌을 가지고 있기 때문이다. 사람들은 자신을 보호하려고 하기 때문에 자신의 원래 모습과 다른 어떤 이미지를 창조한다. 어떤 사람이 '나는 잘한다.' 라는 입장을 취한다. 이런 사람들의 대부분의 대화에는 자신을 자랑하는 부분이 들어 있다. 그와 대화하는 사람은 '나는 잘하지만 너는 아니야' 라는 게임을 해야 한다. 이런 사람들은 자신이 더 똑똑하고 강하고 성공적이라는 암시를 주기 위해 다른 사람을 때려눕히기에 바쁘다. '나는 구제불능이야, 나는 약하다, 나는 강하다, 나는 다 알고 있다.' 와 같은 주제는 상처받지 않으려는 사람들이 자주 사용하는 방어 수단이다. 그러나 이런 경우의 대화내용은 자신이 원래 의도했던 바와 다른 방향으로 나가기 쉽다. 표면상으로는 복잡하게 얽혀 있는 중동의 정치에 대해서 설명을 하고 있지만 진정한 목적은 당신이 정말 많이 알고 있다는 것을 보여 주는 것이다. 우리는 누구나 약간의 허영심에 대해서는 인정을 한다. 그러나 모든 대화가 그러한 주제를 바탕으로 진행된다면 자신이 정말 하고 싶은 말을 할 수가 없다.

솔직한 말은 진심을 이야기한다는 의미도 가지고 있다. 진정으로 요구하는 것과 느낌을 이야기해야 한다는 것이다. 상대방이 자신에게 관심을 기울이지 않아서 화가 난다면 피곤해서 집에 가야겠다고 말해서는 안 된다. 자신을 낮추면서 상대를 칭찬하거나 용기를 북돋아 주는 것도 바람직하지 않다. 부부관계의 문제 때문에 결혼문제전문 상담원에게 가야 할 일이 생긴 것에 대해 분노를 느낀다고 해서 상담원에게 상담을 받고 싶다고 돌려서 말하는 것은 좋지 않다. 당신의 배우자가 화난다는 표현보다 우울하다는 표현을 더 선호한다고 해서 그렇게 표현하면 안 된다. 여자친구의 남동생을 만나는 것이 정말 끔찍한 일이라면 즐겁다고 이야기하지 않아야 한다. 거짓말은 당신과 다른 사람의 관계를 소원하게 한다. 거짓말을 하면 당신의 요구사항과 느낌을 상대방이 알지 못하게 된다. 상대방을 불쾌하게 만들지 않으려고 하거나 자신을 보호하기 위하여 거짓말을 하는 것은 결국 가장 친한 친구와 같이 있어도 외로움을 느끼게 되는 결과를 낳게 된다.

협조적이어야 한다.

협조적 메시지란 상대방이 당신의 말을 들을 때 당신을 날려 버리고 싶다는 생각을 들지 않게 이야기하는 방법이다. 자신에게 물어 보라. 나의 메시지가 나를 방어하는 것처럼 들릴까 아니면 사실을 정확하게 표현하는 것일까? 나의 목적은 누구에게 상처를 주는 것인가 아니면 나의 중요성을 확대하기 위해서인가, 또는 대화를 위해서 인가?

공정한 싸움에 대한 장에서 분노를 다스릴 수 있는 단계별 방법을 찾아볼 것이다. 그렇지만 만약 당신이 상대방에게 상처를 줄 목적으로 메시지를 전달하려 한다면 다음의 6가지 전술을 사용하여야 한다.

1. 가장 널리 쓰이는 꼬리표

멍청이, 못난이, 이기주의자, 악마, 완전 바보, 비천함, 혐오스러움, 쓸모없는, 게으른 같은 단어는 상대방의 기분을 상하게 하기 좋은 단어들이다. 이러한 단어들은 "너는 바보고 겁쟁이고 술주정꾼이다." 같이 동시에 사용하면 엄청난 치명타가 될 수 있다. 상대방의 특정 행동에 대해 이러한 용어를 사용한다면 상대방을 철저히 비난하는 것이 된다.

2. 빈정거림

이러한 형태의 유머는 듣는 사람에게 자신을 경멸하고 있다는 생각을 하게 만든다. 그리고 분노나 상처받은 기분을 드러내 보이지 않기 위해 사용되기도 한다. 이 말을 듣는 사람은 가버리거나 화를 내게 될 것이다.

3. 과거를 들추어 냄

현재 상황의 명확한 이해를 방해하려면 과거의 사실을 들추어낸다. 이렇게 되면 현재의 딜레마가 무엇인지를 살펴보는 대신 과거의 상처나 배신의 기억을 더듬게 된다.

4. 부정적인 비교

"왜 당신은 당신의 친구처럼 너그럽지가 못해요?" "왜 다른 사람처럼 6시에 귀가하지 못해요?" "은화는 음악평가에서 A를 받았는데 너는 B도 못 받았니." 비교를 하는 것은 "너는 나빠."라는 메시지를 포함할 뿐 아니라 친구나 가족에 대한 열등감을 느끼게 만들기 때문에 치명적이다.

5. 심판을 수반하는 '너는' 메시지

이 방법은 죄를 책망하는 형태를 취하면서 상대를 공격하는 것이다. "나를 더 이상 사랑하지 않는군요." "내가 정말 필요할 때는 정작 없군요." "집안 일을 도와주지 않는군요." " 이 고물 자동차만큼 날 미치게 만드는군요."

6. 위협

지금 대화를 멈추기 원한다면 당장 나가서 커다란 총을 가지고 오면 된다. 나가라고 위협하든지, 그만두라고 위협하든지 무력을 사용하면 된다. 대화의 주제가 불편하다고 느끼면 주제를 바꾸기 위해 위협적인 행동을 하는 것은 매우 효과적이다.

협조적인 대화란 '이기고/지는' 혹은 '맞고/틀리는' 게임을 피하는 것이다. 서로의 의견에 대해 공감하고 이해하기 위해서가 아니라, 어느 쪽이 이기고 다른 쪽은 잘못되었다는 것을 찾아내기 위해 대화하는 것은 바람직하지 않다. 이런 의도에 의해 대화를 한다면 그 결과는 거의 분명하다. 진정한 대화를 하면 '이기고/지는' 게임에 의한 말다툼과 서로 소원한 관계를 초래하지 않고 서로간의 이해와 친밀감을 더하게 해준다. 자신에게 물어 보라. "내가 이기기를 원하는 것인가, 아니면 대화를 원하는 것인가? 내가 맞다는 것을 알려 주기 위해서인가, 아니면 상호 이해를 높이기 위해서인가?" 자신의 느낌을 숨기려 하거나 상대방에 대한 비판을 하려고 하는 의도가 보인다면 당신은 '이기고/지는' 게임을 하려고 하는 것일 것이다.

이기고/지는 게임을 피하려면 완전 메시지 법칙을 확실하게 준수하면 된다. 그리고 자신의 대화과정을 분명하게 관찰하면 이기고/지는 게임을 하고 있는지 알 수 있다. "나는 지금 불리한 입장이고 화가 나 있는 것 같다. 그런걸 보니 또 과거의 이기고/지는 증후군이 재발하는 모양이다."

고급 기술

Advanced Skills ···→ II

1. 신체 언어
····➤ Body Language

당신은 항상 다른 사람과 대화를 하고 있다. 또한 말을 하지 않고도 자신의 느낌과 태도를 나타낼 수 있다. 당신의 미소는 "나는 행복하다." 라는 의미이고, 얼굴을 찌푸리거나 팔짱을 끼고 있다는 것은 "나는 화가 났다." 라는 의미이다. 손가락으로 책상을 계속 두드리는 것은 "급해. 빨리 움직여." 라는 의미이다. 아무런 행동을 하지 않아도 뻣뻣하게 서 있으면서 아무 말도 하지 않고 있다는 것은 "나는 여기에 대해 이야기하고 싶지 않아. 혼자 있게 해 줘." 라는 의미이다.

말을 하지 않고 의사를 전달하는 방법은 (1) 표정이나 태도, 자세 등의 신체의 움직임을 이용하거나 (2) 상대방과의 유지하려는 거리에 의해 나타나는 공간 관계를 이용하는 것이다.

신체 언어를 이해한다는 것은 매우 중요한데 왜냐하면 대화의 50 퍼센트가 신체의 움직임에 의해 전달되기 때문이다. 알버트 메라비안 (Albert Merabian)은 부분별 메시지가 미치는 영향을 다음과 같이 구분해 놓았다.

7 %	언어(단어)
38 %	음성(크기, 빠르기, 음률 등)
55 %	신체의 움직임(대부분은 표정)

신체 언어에 관심을 가져야 하는 또 다른 이유는 언어에 의한 대화보다 신체의 움직임을 더 믿을 수 있기 때문이다. 예를 들면 당신의 어머니에게 "무슨 일 있어요?"라고 물었을 때, 당신의 어머니는 어깨를 으쓱하더니 더듬거리면서, "응, 아무 것도 아냐. 난 괜찮아."라고 말하고는 돌아선다면 그 말을 믿을 수가 없을 것이다. 아마도 당신은 어머니의 낙담한 듯한 신체의 움직임을 믿을 것이고 무슨 일이 일어났는지를 알려고 어머니를 조를 것이다.

능숙하게 비언어적 대화를 하려면 신체의 움직임들이 서로 일치해야 한다. 즉, 비언어적 신호는 같은 의미를 가지고 있는 신체의 움직임과 행동, 그리고 거기에 수반되는 말이 서로 일치해야 한다. 당신의 어머니가 어깨를 으쓱하고 얼굴을 찡그리더니 돌아서 가버리는 것은 서로간에 일치성이 있다. 이 모든 신체의 움직임은 "나는 실망했다." 혹은 "나는 걱정된다." 라는 의미를 가지고 있기 때문이다. 그러나 비언어적 신호는 그녀의 말과 일치하지 않았다. 당신이 눈치가 빠른 사람이라면 이러한 불일치성을 인식하고 더 많은 질문을 할 것이다.

비언어적 신호간에도 서로 일치하지 않는 것을 발견할 수 있다. 당신 근처에 서 있는 영업사원이 당신과 따뜻하고 강한 악수를 나누면서 웃고 있지만 눈이 마주치는 것을 피한다면 비언어적 신호간의 충돌은 감정의 충돌이 일어나고 있거나 불완전한 대화 때문일 것이다. 아마도 그 영업사원은 당신이 보증기간에 대해 묻지 않기 바라고 있을지 모른다. 혹은 자기의 상사를 보고 있거나 매장에 들어온 다른 손님에게 관심이 있는 것일 수도 있다.

비언어적 메시지가 일치하지 않고 있다는 것을 인식하고 있다면, 보다 효과적으로 대화를 할 수 있다. 예를 들면 당신은 지금 직장의 사기를 올릴 수 있는 좋은 방법을 가지고 있다. 그렇지만 회의시간에 뒤로 물러나서 의자에 구부리고 앉아 있어서 방어적으로 팔짱을 끼고 있고 눈을 아래로 깔고 있다면 언어적으로, "나는 정말 멋진 생각을 가지고 있어."라고 말할 지 모르지만 당신의 신체의 움직임은 "나를 무시해."라고 하고 있는 것이다.

자신이 사용하는 비언어적 신호를 알게 되면 자신의 신체 언어는 인식하지 못했던 느낌과 태도에 대한 엄청난 정보를 제공하는 수단이라는 것을 알게 될 것이다. 예를 들면 어색한 모임에 가게 되면 자신이 팔짱을 끼고 양 손가락은 자신의 이두박근을 강하게 압박하고 있는 자신을 발견하게 될 것이다. 이런 행동에 의해 자신이 긴장해 있고 방어적으로 행동한다는 사실을 알게 된다. 자신의 내부 상태에 대해서 알게 되면 긴장을 계속 유지하지 않고 완화시키려고 노력할 것이다.

그리고 비언어적 의사소통은 상황에 따라 표현하는 내용이 다르다. 특정한 신체의 움직임이나 표현은 상황에 따라 의미를 달리 한다는 것이다. 주차해 놓은 자기 차를 다른 차가 뒤에서 충돌하는 모습을 보는 순간 입을 가리는 것은 공포 때문이다. 그러나 지루한 강의시간에 그런 행동을 취하는 것은 지루함을 표현하는 것이다. 만약 경찰관에게 "아니, 경찰관 나으리, 나는 규정 속도를 준수하고 있었어요." 라고 하면서 이런 신체의 움직임을 취했다면 자신의 행동에 대해 미심쩍어 하거나 거짓말을 하고 있을 수 있다. 어떤 때는 현재의 처해진 상황을 다른 사람이 확인하지 못하는 수도 있다. 집을 나와서 자동차로 걸어가고 있다가 갑자기 입을 막으면서 다시 집으로 급하게 들어갔다고 하자. 당신이 집에 가스를 잠그지 않았다는 것이 생각나서 되돌아간다는 것을 누가 알겠는가.

_ 신체의 움직임

사회동역학(Social Kinetics)이나 신체 언어는 많은 경로를 통하여 배운다. 신체의 움직임은 특별한 훈련과정을 거치지 않고도 세대를 거쳐 전해지게 된다. 아버지가 목장에서 팔자 걸음을 걷는 것을 보고 자란 아들은 역시 팔자 걸음을 걷게 되고 그 딸은 어머니가 입을 막고 웃는 모습을 그대로 따라 하게 된다. 어떤 신체의 움직임은 특별한 그룹에서만 사용되기도 하고 어떤 행동은 특별한 지역이나 문화권에서만 사용되기도 한다. 그리고 어떤 행동은 전 영역에서 동일한 의미로 사용된다.

같은 문화권내에서는 구두 언어보다는 신체 언어가 더 유사하기 때문에 상이한 문화권간에는 상당한 혼란이 발생한다. 예를 들면 서구 문화권에서는 권위를 가지고 있는 사람이 무엇을 물어 볼 때 그의 눈을 계속하여 쳐다보는 것은 진실한 마음의 표현이다. 그러나 푸에토리코 사람에게 동일한 행동을 하면 불신을 표현하는 것이다. 그러므로 푸에토리코 사람이 존경심을 가지고 미국인을 대하게 되면 미국인에게는 신뢰감이 없다고 취급당할 것이다.

같은 문화권내에서도 개인에 따라 신체적 표현 방법이 다를 수 있다. 화가 났다는 표현을 할 때 어떤 사람은 갑자기 빠르게 몸을 움직이는 것으로 표현하지만 어떤 사람은 주목받을 만큼 이마를 찡그리거나 팔짱을 끼면서 뻣뻣하게 서 있는 행동으로 표현한다. 다른 사람의 독특한 느낌이나 태도에 대해 이해하게 되면 대화가 원활해진다.

신체의 움직임을 이용하면 여러 가지 대화의 목표를 달성 할 수 있다. 신체의 움직임은 자신의 태도를 보여주거나 느낌을 전달하는 것 이외에도 설명자(illustrators)와 기준자(regulators)가 될 수 있다. 설명자는 구두 대화와 같이 사용되거나 구두 대화의 내용을 증명해 주는 비언어적 신호이다. 푸줏간에 가서 "이것을 주시오."라고 표현하려면 그 고기 덩어리를 손으로 가리킨다. 아래위로 머리를 흔들면 긍정의 표시이며 옆으로 흔들면 부정의 표시이다. 당신은 무엇을 설명할 때 손으로 공중에 무엇을 그리기도 한다. 당신이 말로 표현하고자 하는 내용을 신체의 움직임으로 나타낼 수 있으며 강조하고 싶은 특별한 단어나 문장을 강조할 수도 있다.

기준자는 다른 사람이 말하는 것에 대한 감시와 통제를 하는 비언어적 신호이다. 상대방의 말을 들으면서 고개를 끄덕이는 것은 상대방의 말을 이해한다는 것과 상대방이 계속 말을 하기 바란다는 신호이다. 몸을 뒤로 기댄다던가 다른 곳을 본다는 것은 상대가 말을 그만하기를 바란다는 것이다. 눈꼬리를 올리는 것은 불신의 표시이며 상대방이 자신을 방어하여야만 하는 위치로 몰아 넣게 될 것이다. 민감한 사람은 상대방의 기준자에 맞추어 자신의 대화내용을 수정한다.

표정

자신의 신체 중에 가장 많은 것을 표현할 수 있는 도구는 얼굴이다. 잡지를 볼 때 사진 속 사람들의 행동하는 모습을 자세히 보라. 그 사람의 얼굴만 남기고 몸 부분은 손으로 가린다. 그 사람의 얼굴만 보면 무엇을 알 수 있는가? 그리고 당신이 놓쳐버린 정보는 무엇인가?

사진 속의 인물의 행동은 알 수 없지만 그 사람의 느낌이나 태도는 알 수 있을 것이다. 그 사람의 얼굴도 모두 덮고 눈만 남겨두더라도 그의 느낌이나 태도를 알 수 있다. 이번에는 입만 남기고 다른 부분을 모두 가려보라. 눈이나 입만 보더라도 그 인물이 가지고 있는 상당히 신뢰할 수 있을 정도의 감정을 눈치 챌 수 있을 것이다. 그렇지만 덮어 버리는 부분이 더 많아질수록 그 인물의 감정이나 태도를 알기가 힘들어 진다.

표정을 관찰하면서 그의 눈꼬리가 올라가 있는지 내려가 있는지, 이마에 주름이 있는지 없는지, 턱이 강하게 생겼는지 축 처져있는지 관찰해 보기를 권한다. 얼굴 색깔이 붉은지 창백한지에 대한 정보도 매우 유용한 정보가 될 수 있다.

경험 삼아서 사람을 만날 때 다양한 얼굴표정을 지어보라. 당신이 미소 짓거나 직접적으로 말을 붙여 본적이 없었던 사람에게 그렇게 해 보라. 당신의 친한 친구에게 말할 때 먼 공간을 쳐다보면서 말을 해 본다. 얼굴 표정을 바꾸지 않으면서 재미있는 이야기를 해 본다. 똑같은 이야기를 생기에 넘친 얼굴로 해 본다. 웃음을 띄면서 심각한 이야기를 해 본다. 이번에는 심각한 얼굴 표정을 하면서 동일한 이야기를 한다. 각 사례별로 자신이 느낀 점과 상대방의 반응을 잘 관찰한다. 말과 표정이 같았을 때와 달랐을 때 어떠한 차이점이 있었는가?

몸 동작

팔과 손

아마 주변의 사람들 중에 손동작을 많이 사용하면서 말하는 사람이 있을 것이다. 이런 사람들은 전화를 할 때에도 상대방이 전혀 보지 못하는데도 무의식적으로 무엇을 표시하거나 지시하기 위해 손을 사용한다. 무언가 혼란스러울 때 머리를 긁는다. 의심이 갈 때는 코를 만진다. 실망하거나 분노할 때 목을 만진다. 끼어 들고 싶을 때 귀를 툭툭 친다. 슬플 때는 손을 꼰다. 뭔가 기대를 할 땐 손을 비빈다. 준비가 되었다는 표시로 손을 무릎 위에 놓는다. 입술을 보면 초조한지가 나타난다. 손을 등뒤로 잡는 것은 통제를 위해서이다. 손을 머리 뒤로 깍지 끼는 것은 자신이 우월하다는 것이며 손을 주머니에 넣는 것은 무언가 하고 싶은 것을 숨기는 것이며, 주먹을 쥐는 것은 분노나 긴장했다는 표시이다. 손바닥을 위로하여 상대방에게 팔을 뻗는 것은 신뢰의 표시이며 어깨를 으쓱하는 것은 "내가 뭘 알겠어."라고 말하는 것이나 "난 어쩔 수 없어." 라고 하는 것이다. 가슴부분에 팔짱을 끼는 것은 뭔가 방어하고 싶거나, 더 이상 적극적으로 말을 하지 않고 싶을 때 하는 행동이다. 손과 팔은 '평화'나 '당신 먼저' 라는 단어나 문장을 사용한 것으로 해석할 수 있는 비언어적 상징이다.

발과 다리

발을 꼬지 않고 약간 벌리고 앉아 있다면 적극적으로 대화를 하고 싶다는 의미이다. 의자에 두 다리를 벌리고 앉아있다는 것은 지배적인 입장을 표현하는 것이며 한쪽 다리를 의자걸이에 걸치고 앉아 있다는 것은 무관심의 표시이다. 발목을 다른 다리의 무릎에 올려놓거나 발목을 교차하여 앉아 있는 것은 저항의 표시이다. 한쪽 다리를 다른 쪽에 올리고 앞뒤로 차는 것은 지루하거나 화가 났거나 실망의 표시이다. 사지의 모든 부분이 서로 교차되지 않는 경우에만 합의가 일어난다. 다리나 발끝이 가리키고 있는 방향에는 이 사람이 가장 흥미롭게 여기고 있는 대상이 있다.

자신이 어느 정도 신체의 움직임을 이용하여 의사소통을 하고 있는지 확인하려면 말 할 때 전혀 신체를 움직이지 않으면 된다. 마루바닥에 굳건하게 발을 대고 서서 손을 등뒤로 한다. 그리고 몇 마디 말을 한 다음 다시 신체의 움직임을 사용한다. 그리고 그 차이점을 비교해 본다. 손을 사용하지 못했을 때 어떤 느낌이었는지 그리고 대화에는 어떤 영향을 미쳤는지, 그리고 상대방은 무엇을 느꼈는지 알아본다.

자신의 기준자가 무엇인지 알아보는 또 다른 방법은 친구하고 이야기할 때 비언어적 표현 중에 기존에 사용했던 신체의 움직임과 전혀 다른 신체의 움직임을 사용해 보는 것이다.

1. 계속 말을 하라고 할 때

2. 속도를 내라고 할 때

3. 속도를 늦추라고 할 때

4. 요점을 말하라고 할 때

5. 요점에 대해 자세하게 부연하라고 할 때

6. 요점을 방어하려 할 때

7. 내가 말을 하고 싶을 때

8. 대화를 끝내고 싶을 때

자세와 호흡

앞으로 굽어진 자세는 어쩐지 '우울' 하거나 피곤하거나 열등감을 느끼고 있거나 주목을 받지 않기를 원하는 자세이다. 키가 큰 사람 중에 민감한 사람은 키가 작은 사람들에게 높게 보여서 겁주는 것을 피하기 위해 자세를 낮추기도 한다. 그러나 똑바른 자세는 구부정한 자세보다 일반적으로 사기가 높고, 자신감이 있으며, 보다 개방적임을 표시한다. 앞으로 기대는 것은 개방과 흥미 있음을 표현하는 것이며 뒤로 기대는 것은 흥미가 없거나 방어의 의미이다. 긴장하거나 경직된 자세는 자신을 방어하겠다는 의미이며 풀어진 자세는 개방을 의미한다.

호흡도 느낌과 태도를 알 수 있는 중요한 요소이다. 호흡이 빨라지는 것은 흥분이나 두려움, 초조감, 극단적인 기쁨, 그리고 불안을 나타낸다. 짧게 숨을 내쉬고 잠시 호흡을 멈추는 행동은 긴장이 누적되었기 때문에 발생한 불안감 때문이다. 상측 흉부에서 일어나는 얕은 호흡은 느낌과는 무관한 생각에 의한 것이다. 위장까지 가는 깊은 호흡은 느낌이나 행동과 직접 연관되어 있기가 쉽다.

사람들의 호흡하는 모습을 관찰하고 그대로 흉내내면 상대방에 대해 많은 것을 알아낼 수 있다. 가장 쉽게 상대방의 호흡 방식을 따라 하는 방법은 옷깃이 올라가고 내려가는 것을 따라 하는 것이다. 호흡의 깊이와 속도를 알아낸 다음, 잠시동안 그대로 따라 해 본다. 그렇게 하면 당신에게 어떠한 변화가 감지될 것이다. 어떤 느낌이 드는가? 어떤 사람들은 다른 사람의 감정을 알기 위해서 이러한 방법을 사용하기도 한다.

일상적으로 일어나는 여러 가지 일 중에서 자신의 호흡과 느낌에 대해 알아보기 위해 잠시 시간을 내어 본다. 당신이 하고 있는 여러 가지 호흡을 비교해 보라. 현재 호흡이 얕고 피곤하고 몸이 늘어질 때 호흡을 빨리, 깊게 해 본다. 어떠한 변화가 일어나는가? 호흡이 아주 빠르면서 초조감과 분노를 느끼고 있다면 수분동안 느리고 깊은 호흡을 시도해 본다. 호흡방법을 바꾸면 자신의 느낌도 바꿀 수 있다.

(연습)

TV에 나오는 사람들이 자신의 느낌을 표현하기 위해 어떠한 신체의 움직임을 사용하는지 관찰해 본다. 먼저 표정을 본 다음 손과 팔의 움직임을 관찰해 본다. 그리고 발과 손의 균형상태와 자세를 본다. 그리고 호흡을 관찰한다.

부분만을 관찰하면서 그 자체만으로 그 사람들의 감정을 어느 정도 이해할 수 있는지 살펴본다. 이번에는 그런 감정을 유발시킨 환경을 생각해 본다. 그런 행동을 하게 만드는 환경이 어떠한 환경인가.

신체 부분간에 어느 정도의 일치성이 있는가를 관찰하다. 모두 일치하는가? 같은 의미의 행동인가? 신체 부분별로 다른 의미가 담긴 메시지를 보내고 있지는 않는가?

마지막으로 신체에서 보내고 있는 비언어적 메시지와 언어적 메시지는 일치하는가? 불안이나 분노, 대화를 멈추고 싶은 감정 혹은 분명한 거짓말을 나타내는 어색한 불일치가 나타나지 않는가? 언어적 메시지에서 놓치고 있는 부분이 비언어적 부분에서 나타나지는 않는가?

_ 공간관계

공간학 (Proxemics) 이란 공간을 이용한 의사소통에 대해 연구하는 학문 분야이다. 대화하는 상대방과의 거리, 집안의 가구배치, 자신의 공간을 침입한 상대방에 대한 반응 등은 비언어적으로 매우 중요한 의미를 가진다.

공간학을 창시한 사람은 에드워드 홀(Edward T. Hall)이다. 그는 인류학자로써 다른 사람과 대화할 때 무의식적으로 사용하는 4종류의 독특한 영역을 (1) 친근한 거리 (2) 개인적 거리 (3) 사회적 거리 (4) 공공적 거리로 구분하여 설명하고 있다. 모든 사람은 자신이 개인적으로 정한 4종류의 풍선모양의 공간을 가지고 있다고 상상해 보라. 개인의 풍선 영역은 자기 앞쪽이 가장 크고 양옆과 뒤쪽은 작다. 각 영역은 다시 '가까운' 과 '먼' 하부영역으로 구분된다. 일반적으로 사람간의 거리가 멀수록 관계는 소원한 관계이다.

친근한 거리는 실제적으로 상대를 만질 수 있는 정도의 거리이며 자기 신체로부터 6인치부터 8인치(약 46센티 이내) 내의 공간이다. 이 공간은 연인이나 친한 친구, 부모와 자녀간의 거리이다. 만약 자신을 보호할 수 있는 비언어적 방어벽도 사용할 수 없는 상황에서 친근하지 않은 사람이 친근한 영역으로 들어온다면 대부분 당황하거나 위협을 느끼게 된다. 복잡한 버스나 엘리베이터 안에서 서로 접촉되는 것을 피할 수 없는 상황일 때 사람들은 서로 눈을 피하거나, 멀어지려고 하거나, 긴장하는 것을 관찰할 수 있다. 만약 눈이 마주치게 되더라도 대부분 짧은 순간이며 공손히 대하거나 상대를 침략하지 않겠다는 미소를 보내게 된다.

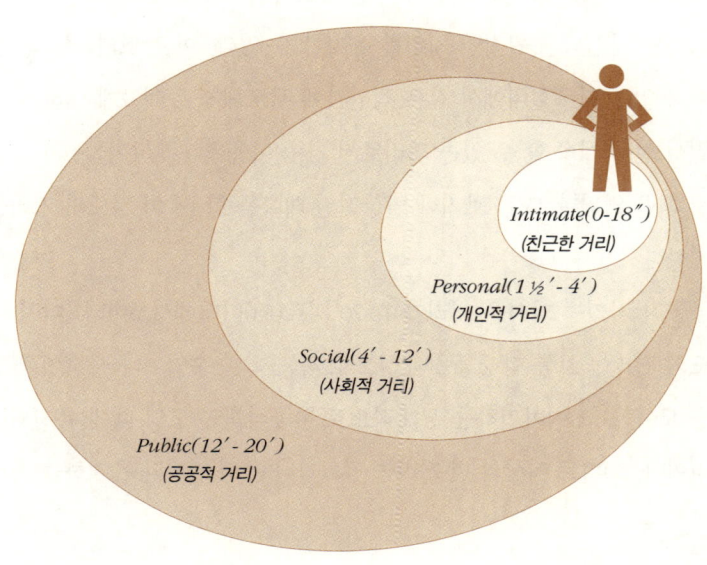

Intimate(0-18″)
(친근한 거리)

Personal(1½′ - 4′)
(개인적 거리)

Social(4′ - 12′)
(사회적 거리)

Public(12′ - 20′)
(공공적 거리)

개인적 공간은 모임에서 이야기하기 편한 거리로써, 당신의 배우자를 여전히 쉽게 만질 수 있는 정도의 1과 1/2 피트나 2와 1/2 피트 (46센티 이상 76센티 이내) 정도의 가까운 공간과, 서로 개인적인 이야기는 나눌 수는 있으나 서로 신체적으로 접촉하게 되는 위험은 피할 수 있는 2 와 1/2 과 4 피트(76센티 이상 1.2미터 이내) 정도의 먼 거리로 나눌 수 있다. 이 뒷부분의 거리는 어른의 팔정도의 거리이다.

사회적 공간은 가까운 부분이 4-7 피트(1.2미터 이상 2.1미터 이내) 정도이며 고객이나 영업점 점원들과 업무적 이야기를 할 때 유지하는 거리이다. 이 정도의 거리를 유지하는 것은 자기가 상대방을 잘 다루기 위해 유지하는 거리이기도 하다. 직장 상사는 자신의 지위가 높다는 것을 과시하기 위해 하급자와 이 정도의 거리를 유지한다. 더 먼 거리인 7-12피트 (2.1미터 이상 3.6미터 이내)는 보다 공적인 업무나 사회적 행위를 위해 유지하는 거리이다. 회사 사장이 자신의 책상에 앉아 있으면서 직원들과 이 정도의 거리를 유지하게 되면 사장이 앉아서 직원을 밑에서 위로 쳐다보더라도 자신의 우월적인 지위를 유지할 수 있다. 이 정도의 거리는 칸막이가 없는 사무실내에서 같은 직원간에 서로에게 무례하게 대하지 않으면서 일을 계속 할 수 있는 거리로써 자주 이용된다. 부부들은 자기 집에서 책을 읽거나 TV를 보거나 일상적인 대화를 할 때 이 정도의 거리를 유지한다.

공공적 거리는 가까운 거리가 12-20 피트(3.6미터에서 6미터) 이며 이 정도의 거리는 보통 학생들을 대상으로 하는 학과 수업이나 사장이 직원들을 모아 놓고 이야기하는 상대적으로 비공식적인 모임 때에 유지되는 거리이다. 20피트 이상의 먼 거리는 정치가나 유명 인사와 유지하는 거리이다.

이러한 4종류의 거리는 문화권이 상이한 경우 다르며, 다른 문화권의 사람들은 상대방의 공간 영역에 대한 이해가 부족하기 때문에 상대방의 의사를 잘못 해석하기도 한다. 예를 들면, 라틴 아메리카 출신들의 개인 공간은 앵글로아메리칸 보다 훨씬 짧다. 만약 이 두 문화권에서 온 두 사람이 방의 끝과 다른 끝에서 이야기를 시작한다면 라틴 출신은 자기가 편안하게 느끼는 개인적 공간으로 들어가기 위해 좀더 가까이 가려고 할 것이며 앵글로 출신은 자신의 친근한 거리로 들어오는 상대방에게 불편함을 느끼면서 그로부터 멀어지려고 할 것이다. 라틴 출신은 틀림없이 앵글로 출신이 냉정한 사람이라고 여기면서 방을 떠날 것이며 앵글로 출신은 라틴 사람이 너무 앞서 나간다고 인식하면서 나갈 것이다.

같은 문화권내에서도 개인적인 영역의 거리는 매우 다양하므로 잘못된 사람이 잘못된 영역으로 들어가게 되면 불편을 느끼게 된다. 홀의 모델은 다만 일반적인 기준을 제시할 뿐이다.

이성간의 오래된 이중기준도 공간에 의한 상호 행위에 적용될 수 있다. 여성은 다른 여성의 공간보다는 남성들의 공간에 더 쉽게 들어가는데 그 이유는 성적 유희의 가능성이 잠재되어 있기 때문이다. 그러나 만약 남성이 동일한 행위를 여성에게 한다면 여성들은 이러한 침범에 대해 무례한 행동이라고 생각한다. 직장 상사가 하급자와 친근한 거리에 서 있는 경우에도 동일한 기준을 적용할 수 있다.

상대방을 물건으로 취급했을 때는 보통 공간영역은 무시된다. 인간으로 취급하지 않을 경우 개인 영역에 들어가는 것은 제어를 받지 않는다. 의사와 간호사가 환자의 병에 대해 이야기 할 때 환자가 거기 있지 않은 것처럼 이야기 할 때는 환자는 인간이 아니다. 고집쟁이들이 흑인 웨이터 앞에서 인종 차별적인 이야기를 하거나 남성이 여성 직장동료 앞에서 선정적인 농담을 할 때도 이러한 경우이다. 이러한 경우에는 다른 사람의 인간성은 전혀 존중받지 못하고 있는 경우이다. 사람을 비인간적으로 취급하는 방법은 상대를 물건처럼 쳐다보거나 그의 앞에서 그에 대해 이야기하면서도 대화에 끼워주지 않는 경우이다.

텃세영역은 개인적 영역과 유사하다. 이 영역 내에서는 자신 소유의 구역처럼 편안하게 느끼면서 위험을 느끼지 않는다. 텃세영역은 집, 사무실, 가장 좋아하는 의자, 수 시간 내에 도착해서 수건을 펼쳐놓고 햇볕을 쪼일 수 있는 해변의 한 지점이 될 수도 있다. 자신의 텃세영역을 지키려는 본능은 동물들과 관련하여 더 많이 알려져 있지만 인간도 예외는 아니다. 거리의 건달부터 국가에 이르기까지 자신의 영역이 침범 당한다고 판단되면 자신의 텃세영역을 지키기 위해 강하게 반응한다.

(연습)

빈방 중간에 서서 상대방에게 서서히 당신에게 걸어오라고 한다. 불편함을 느끼는 그 순간 그 자리에서 멈추라고 한다. 자신이 편안한 거리라고 느끼는 거리가 되도록 상대방을 움직이게 한다. 바로 이 부분이 당신의 완충 영역이다. 당신이 편안하게 느꼈던 거리는 사람에 따라 달라지는가? 차이점을 설명할 수 있는가?

누군가 당신의 완충영역을 침범하였을 때에 대해 실험해 본다. 예를 들면 대기선이나 엘리베이터나 버스에서 '매우 가까이'에서 본다. 상대방의 반응은 어떤가? (조심스럽게 해야 하며 같은 성에 대해서만 시도하기를 권한다.)

하루동안 당신과 이야기했던 사람에 대해 당신과 상대방의 거리에 대해 기록해 둔다. 당신과 상대의 관계와 당신이 유지하려는 영역이 서로 일치하는가? 그렇지 않다면 이유를 설명해 보라.

2. 준(準)언어와 음성메시지
···➤ Paralanguage and Metamessages

준 언어(Paralanguage)란 언어적 맥락과는 분리될 수 있는 음성과 관련된 요소들이다. 말의 높이, 공명상태, 빠르기, 음량, 음률 등이 이에 해당된다. 준 언어는 자신의 감정이나 태도를 그대로 나타내 준다. 무슨 말을 하든지 당신이 내는 소리는 당신의 현재 상황과 느낌을 그대로 드러내는 것이다.

의도적으로 하고 싶은 말을 강조하기 위해 그 부분에서 음성의 음률이나 높이를 바꾸거나 특별한 언어적 수정자를 사용한다면 당신은 음을 이용한 메시지 보내는 방법을 사용하는 것이다. 음성메시지는 문장의 의미에 또 다른 의미를 부여하거나 부정하기도 한다. "물론, 우리는 너를 좋아한다." 라는 문장은 "우리는 너를 좋아한다." 와는 그 의미가 매우 다르다. 앞 문장에서 '우리는' 을 강조하고 '물론' 이란 용어를 사용한 것은 다른 사람은 그렇지 않을 수 있으며 당신의 개인적인 매력도 의심스럽다는 것을 암시하고 있다. 어떠한 악의 없는 단어나 음률의 변화를 통해서도 이러한 음성메시지를 만들 수 있다.

_ 준 언어의 구성요소

말 높이

성대를 압박하면 높은 음성을 낼 수 있다. 강렬한 기쁨과 두려움과 분노가 발생하면 음성이 올라간다. 우울하거나 피곤하거나 안정되어 있을 때는 성대근육이 풀려서 음성 높이는 낮아지게 된다. 일상적인 대화에서도 음성의 높이는 달라지며 강렬한 느낌을 표현해야 하는 경우 극단으로 치닫게 된다.

공명상태

공명정도는 성대와 가슴 모양에 의해 결정된다. 공명상태에 의해 음성의 풍부함이나 빈약함이 결정된다. 남성은 성대가 굵고 가슴이 크기 때문에 대부분 깊고 풍부한 음성을 낼 수 있다. 여성은 촘촘하고 가는 성대를 가지고 있기 때문에 가늘고 높은 음성을 낸다. 이러한 높이나 공명상태는 훈련을 해서 바꿀 수 있다. 가수 혹은 대중을 대상으로 연설을 하는 사람들은 대부분 연습을 통해 원하는 공명상태를 만들어 낸다. 가슴 깊은 곳에서 나오는 음성은 확고함과 자기확신과 강력함을 보여준다. 가늘고 높은 음성은 불안감과 허약함과 우유부단함을 의미한다.

명확한 음절 구분

당신은 음절을 똑바르게 구분하기 위해 어느 정도 주의를 기울이는가?

너무 긴장을 풀고 이야기해서 전반적으로 분명하지 않게 말하는가, 아니면 음절을 분명하게 띄어서 이야기하는가? 환경에 따라 음절구분 정도를 달리 하는 것도 유용하게 사용될 수 있다. 말을 약간 불분명하게 하거나 말끝을 흐리는 것은 편안함이나 친근감을 더해준다. 그러나 명확하고 단호한 강연을 해야 하는 이사회에서는 이러한 불분명한 음절구분은 적절하지 않다.

빠르기

말의 빠르기를 보면 상대의 감정이나 태도를 알 수 있다. 말을 빨리 하는 경우는 흥분한 상태이며 상대에게 적극적으로 설명하려 하거나 설득하려고 할 때이다. 그러나 말을 너무 빨리 하면 듣는 사람을 신경질적으로 만든다. 말이 빠르다는 것은 또한 불안함을 의미한다. 느리고 주저하는 듯한 말투는 게으르거나 관심이 없다는 의미로 받아들여 질 수 있다. 그러나 어떤 사람에게는 느린 말투가 오히려 신뢰, 사려 깊음, 관심의 표시로 보여지기도 한다.

말의 빠르기는 지역에 따라 다르다. 서울 출신들은 충청도 출신들보다 빠르게 말하는 경향이 있다. 대도시에서 자란 사람은 일반적으로 시골에서 자란 사람보다 말이 빠르다. 말이 빠르거나 느린 사람이 평소 빠르기와 반대로 말하는 경우는 실망하고 있다는 의미이다. 말이 빠른 사람이 오랫동안 말을 못하게 되면 거북함을 느끼게 되어 말이 느린 사람의 말을 중간에서 멈추게 한다. 그렇게 되면 말이 느린 사람은 대화의 속도를 따라 가기 힘들게 되어 결국 대화를 포기할 수도 있다.

음량

음성이 크다는 것은 긍정적인 의미에서 적극적이며 자신감을 나타낸다고 할 수 있다. 부정적인 의미에서 보면 전달하는 메시지가 공격을 위한 것이거나 자아(自我)나 신념을 과도하게 믿고 있다는 것을 암시한다. 지위가 높은 사람은 하급자의 음성보다 더 큰 목소리로 말한다. 큰 음성을 가진 사람이 이야기한다. "나는 여기 책임자야. 너는 내가 시킨 대로 해야 해." 부드러운 음성을 가진 사람이 이야기한다. "나를 공격하지 마시오. 나는 나의 위치를 알고 있어요. 난 아무런 힘도 없잖아요."

일상의 대화에서 부드러운 음성은 대부분 신뢰, 애정, 이해를 표현하고 있다 한편으로는 자신감 부족, 열등감, 전달하려는 내용이 중요하지 않다는 의미로 여겨지기도 한다. 그러나 부드러운 음성의 극단적 형태인 속삭임은 오히려 대화의 의미를 더욱 드러나게 한다. 속삭임은 특별히 친근하다는 의미로써, "너와 나만 알고 있다." 라는 의미이다. 또한 슬픔이나 두려움, 경외심을 표현할 때도 사용된다.

음률

음률은 문장의 특별한 단어에 대해 강조할 때 사용된다. "몇 시지?" 라는 질문을 할 때는 '시' 를 강조하게 된다. 만약 '몇' 에 강조를 한다면 음률을 망치게 된다. 하지만 다음에서 보듯이 음률을 달리 사용함에 따라 문장의 의미가 변한다는 것에 주의하라.

Am *I* happy! (강조의 감탄문)

Am I happy? (의문문)

이 문장에서 보면 강조 부분이 달라지면서 전체 문장은 열정적인 진술에서 의심과 불확실성을 담은 메시지로 바뀌게 된다.

모든 언어는 노래처럼 독특한 음률을 가지고 있다. 유아들은 말을 배우기 전에 자기 주위에 있는 어른들의 언어 음률을 먼저 따라 하게 된다. 나중에 언어를 배우기 시작하면 배운 단어들을 이미 알고 있는 음률에 맞추게 된다. 음률이란 매우 자연스러운 것이기 때문에 사람들은 관심을 별로 기울이지 않는다. 그러나 음률은 분명하게 보이지 않음에도 불구하고 매우 중요하다. 문장에서 강조하는 단어가 달라짐에 따라 문장의 의미가 확실하게 달라지게 된다. 음성메시지 장에서 음률과 음높이가 문장의 언어적 맥락보다 훨씬 더 포괄적인 의미를 가지고 있다는 것을 보여줄 것이다.

_준 언어의 변경

말의 높이, 공명상태, 빠르기, 음량, 음률을 사용하지 않고 말을 하게 되면 로봇이 말하는 것과 같은 형태로 말하는 것이다. 상대방은 당신의 말투에 대해 금방 싫증을 내게 되어 관심을 기울이지 않게 될 것이다. 그리고 하는 말의 내용도 지루한 내용일 것이라고 생각할 것이다. 자신이 사용하는 준 언어를 평가하고 자신이 어떻게 사용하고 있는지를 알기 위해서 당신의 일상적인 대화를 녹음해 보라. 객관적으로 평가하기 위해서 적어도 24시간이 지난 후에 녹음 내용을 들어본다. 이전에 녹음된 자신의 음성을 들어 본적이 없었다면 평소의 자신의 말투와 다르다고 생각하는 부분은 없애 버리고 자연스럽게 사용했다고 생각되는 부분만 남겨둔다.

녹음내용을 들으면서 다음의 질문에 대허 답해 보라.

　　1. 당신의 음성은 당신이 말하려는 내용을 반영하고 있는가?
　　2. 당신의 음성은 당신이 사용하는 단어들과 서로 일치하는가?
　　3. 당신의 음성 중에 당신이 싫어하는 부분은 어느 부분인가?

　　만약 당신의 준 언어 중에 바꾸고 싶은 부분이 있어서 그 부분을 바꾸고 싶다면 녹음기를 사용하여 반복 연습하라. 녹음을 하거나 녹음내용을 들으면서 항상 자신이 원하는 음성이 어떤 것인지를 상기하면서 여러 가지 음성을 내어 본다. 당신이 원래 가지고 있는 음성녹음내용을 친구에게 들려주고 당신 음성의 질에 대해 피드백을 받아 본다. 친구가 제안한 내용대로 음성을 내어 본다.

　　은경은 칵테일 바에서 일하고 있는데 그녀의 고객들이 팁을 매우 인색하게 준다는 것을 알게 되었다. 그러던 중 자신의 녹음된 음성을 들으면서 자신의 음성이 단조롭고 높은데다 높낮이가 없으며 콧소리까지 난다는 것을 발견했다. 또한 말을 너무 빨리 하고 여러 단어들을 분명하게 끊어서 발음하지 않아서 자신도 이해하기 어려웠다. 은경은 자신의 말투를 들으면서 자기보다 30살이나 나이가 많은, 매우 지루한 숙모의 말투와 비슷하다고 생각했다. 그 후로 은경은 한달 동안 자신의 음성을 녹음한 테이프를 매일 5분씩 들으면서 음성 훈련(다음의 세 단계)을 시작했다. 녹음을 들으면서 그녀는 호흡을 좀더 깊고 길게 하고 긴장된 성대를 풀어주는 훈련을 했다. 이에 따라 그녀 음성의 공명상태를 개선할 수 있었으며 높이, 빠르기, 음률을 다양하게 사용할 수 있게 되었다. 수입은 별로 나아지지 않았지만 그녀에게 데이트를 신청하는 매력적인 손님들이 나타나게 되었다.

신체와 음성 스트레치

인간의 신체는 음성을 내는 기관이다. 말의 높이, 공명상태, 음량 범위를 넓히기 위해서는 신체 근육을 풀어야만 한다. 음성이 너무 부드럽거나 공명이 너무 가늘거나 음성이 불쾌할 정도로 높거나, 혹은 낮거나 단조롭다면 다음의 훈련을 하면 음성의 영역을 넓히는데 매우 도움이 된다. 근육을 풀면 성대 훈련에 도움이 될 뿐 아니라 목구멍과 상층 흉부를 열게만든다.

먼저 넓고 크게 소리 내어 하품을 해 본다. 입을 최대한 벌린 다음 폐 속에 있는 공기를 모두 내 뱉는다. 그 다음 숨을 깊게 들이마신다. 하품을 하면서 목청을 높였다 낮췄다 해 본다. 수 분 후에 하품하면서 말을 해 본다.

음량의 조절

큰 음성이란 어느 정도를 말하는 것인가? 당신의 음성이 너무 크거나 부드럽다면 음량 조절을 위해 다음과 같은 훈련을 해야 한다. 시각적 감각과 음성적 감각을 연관지음으로써 각 상황에 맞는 적정한 음량을 낼 수 있게 된다.

주변에 있는 한 물체를 정해 놓고 '만진다' 라고 느리고 정확하게 말한다. 이때 음성으로 그 물체를 만진다고 상상한다. 이번에는 좀더 가까이 있는 물체를 선택한 다음 좀더 크게 '만진다' 라고 말한다. 이번에도 역시 음성으로 그 물체를 만진다고 상상한다. 이번에는 방안에 있는 다른 '만지려는' 물체를 찾아본다. 당신이 음성으로 그 물체를 만지려면 어느 정도 떨어져 있어야 하는가? 이런 훈련을 하면 다른 사람과 이야기 할 때 자신의 음량이 너무 작은지 아니면 너무 큰지를 알 수 있다.

명확한 음절구분과 빠르기

사람들이 당신의 말을 잘 이해하지 못한다면 단어 사용이 잘못된 경우 이외에는 말의 속도가 너무 빠르거나 속으로 중얼대기 때문이지만 음절을 명확하게 구분하는 훈련을 하면 이런 문제가 개선될 수 있다. 이 훈련을 하면 일상대화에서 말을 천천히 하게 되고 명확하게 발음하게 된다.

당신이 가장 좋아하는 격언이나 시나 구전등요나 심지어는 집 전화번호나 주소를 몇 번이고 반복하여 큰소리로 낭송한다. 천-천-히 말해야 한다. 모든 모음을 발음할 때 평소 보다 3배에서 4배 길게 발음한다. 모든 자음을 과장하여 말함으로써 ㅂ, ㅍ, ㅋ, ㅌ 같은 경음을 입술 위에서 폭발시킨다는 기분으로 발음한다.

_ 음성메시지

문장의 의미는 대부분 두 단계를 거쳐서 전달된다. 첫 단계는 일련의 단어에 의해서 의사 소통하는 기초적 정보전달단계이다. 두 번째 단계는 음성메시지라고 할 수 있는 대화자의 태도나 느낌으로 대화하는 단계이다. 음성메시지는 거의 모두가 음률, 높이, 그리고 언어적 수정자에 의하여 전달된다.

"너 오늘 늦어."라는 문장을 살펴보자. '늦어'라는 부분을 약간 높이는 억양을 사용한다면 놀라움을 표시한다. 또한 오늘 늦는 이유를 알고 싶다는 암시를 가지고 있다. '너'부분에 강조하는 음성메시지는 분노를 의미한다.

음성메시지가 사람간의 마찰 원인이 되는 경우가 상당히 많다. 표면적으로는 이성적이고 직접적인 문장이라고 해도 이면에 흐르는 음성메시지에는 비난과 적대감이 흐르고 있는 경우가 있다. "나는 도움을 주려고 해."라는 문장이 있다고 하자. 언어적 수정자인 '다만'을 문장에 삽입하고 억양을 강하게 한다면 음성메시지는 매우 달라진다. "나는 다만 도움을 주려고 해."라고 하는 의미는 상처받은 느낌과 방어적으로 대화하는 것이 되어 공격적인 말이 되어 버린다.

부정적 음성메시지에 의해 표출되는 분노와 불만을 방어하기란 매우 어렵다. 왜냐하면 공격방법이 매우 교묘해서 자신이 어떻게 하여 상처받게 되었는지도 모르는 경우가 있기 때문이다. 예를 들면 승철은 학교 기숙사에서 나와서 자기의 아파트로 입주하게 되었다. 아파트를 처음 방문한 어머니가 하는 말이, "물론, 이것은 너의 첫 아파트지."였다고 하자. 수정자인 '물론'을 추가하고 동사인 '지'에 강조를 두게 됨에 따라 음성메시지는 "여기는 별로 좋지 않구나. 처음 집을 고르니 다 그렇지 뭐."이다. 철수는 그 뒤로 그의 어머니한테 괜히 짜증을 부렸지만 왜 그렇게 되었는지는 잘 모를 수밖에 없었다.

자신의 음성메시지를 인식하는 방법과 다른 사람들의 부정적인 음성메시지를 다루는 방법을 배울 수 있다. 술책은 바로 음성메시지가 형성되고 있는지를 아는 것에 있다. 먼저 음률과 높이를 듣는다.

음성메시지의 음률과 높이

문장의 모든 단어를 동일하게 강조한다면 음성메시지는 없다고 볼 수 있다. 그러나 한 두 단어만 강조하면 자신의 감정상태의 많은 부분을 표현할 수 있다. 예를 들면, "잠시만 기다려." 라는 문장을 살펴보자. 모든 단어를 동일하게 강조한다면 이 문장은 보통의 단순 요구 문장이다. 그러나 '잠시만' 이나 '기다려' 라는 부분이 강조된다면 이 문장의 메시지 내에는 분노나 초조함이 들어 있다.

"나는 당신과 같이 집에 가지 않겠어." 라는 문장을 살펴보자. 어느 단어가 음률을 가지고 있는가에 따라서 음성메시지는 매우 달라지게 된다. "나는 당신과 같이 집에 가지 않겠어."라고 한다면 음성메시지는 "다른 사람은 너와 같이 가겠지만 나는 아냐." 이다. '집에' 라는 말을 강조한다면 "당신과 함께 다른 곳에는 갈 수 있지만 집은 아니야."라는 의미이며 '당신' 이란 단어를 강조한다면 "다른 사람과는 같이 가겠지만 분명히 너는 아니야." 이다. 강조를 어디에 두는가에 따라 문장의 의미가 매우 달라진다는 것을 보여 준다.

많은 칭찬의 말에는 숨겨진 음성메시지 가시가 있다. "당신은 달콤해." 라는 말은 음률과 높이에 따라 그 의미가 상당히 달라지게 된다. '당신은' 부분의 억양이 올라간다는 것은 놀라움 혹은 불신의 의미이다. '달콤해' 가 강조된다면 이 문장은 분명한 칭찬이나 애정의 문장이다. 빈정거림이나 깎아 내리는 음성메시지를 사용하려면 양 단어를 모두 강조하되 '달콤해' 의 억양을 내리면 된다.

어떤 음성메시지는 경고의 기능을 가지고 있다. '나의 의견은' 이라는 문구를 보자. '의견은' 이 강조된다면 자신의 의견에 반대해도 문제가 되지 않는다라는 메시지를 받는 것이다. '나의' 을 강하게 강조하는 이유는 "내 말 들어. 나에게 반박하지마."라는 메시지를 전달하는 것과 같다.

음성의 높이와 음률은 성적인 음성메시지에도 중요한 요소로 작용한다. 직장 여직원이 매력적이고 착 달라붙는 스웨터를 입고 왔을 때 남자직원이 "정말 멋진 스웨터를 입었군." 이라고 말했다. 일반적인 문장이지만 음성메시지는 암암리에 성적으로 유혹한다는 것이다.

구두 수정자

구두 수정자는 문장에 미묘한 의미를 더해 주는 특별한 단어들이다. 다음은 일반적으로 구두 수정자로 사용되는 단어들이다.

틀림없이	정말
다만	절대로
그저	아직
당연히	또다시
지금	가볍게
늦게	아마도

"물론", '나는 – 확신한다', '나는 – 추측한다' 와 같은 문구는 대부분 음성메시지를 내포하고 있다. '많은, 조금' 과 같이 양을 표시하는 단어 모두는 빈정거리는 음성메시지로 사용될 수 있다. "조금 엉망이구나." 라든가 "너를 기다리면서 조금 비에 젖었어." 처럼 말이다.

왼쪽 문장은 구두 수정자를 삽입한 경우이다. 오른쪽 문장은 각 수정자가 내포하고 있는 음성메시지를 보여 주고 있다.

이건 단지 게임이다.	넌 뭐가 잘못되었어. 너무 심각한 거 아냐?
넌 정말 최근에 피곤해 하는구나.	너에게 잘못된 점이 있어. 혹은 너는 문제가 있어.
나는 다만 솔직하다.	내가 솔직했던 점을 받아들이지 않는 다면 너는 잘못된 거야.
당연히 너는 오고 싶어한다.	네가 오고 싶어하지 않다면 넌 잘못된 거야.
아직 여기 있어요?	여기 있으면 안돼.
나는 그저 나의 주장을 관철하기 원한다.	당신이 이성적이 아니라면 뭔가 잘못된 거야.
너는 정말 조용하구나.	넌 너무 조용하구나. 그게 거슬려.
알았어. 진정해.	너 뭐가 잘못되었고 나를 화나게 하는 구나.
너는 너의 최선을 다했을 것이라고 확신한다.	네가 최선을 다하였는지는 의심스럽다.
자 이젠 뭘 원하지?	나한테 너무 많은 것을 요구하는군. 나의 인내를 테스트하는군.

구두 수정자에 의한 낮은 목소리에는 대부분 짜증과 비난이 포함되어 있다. 왼쪽의 문장들에서 수정자를 제외하고 문장을 읽어 보라. 그러면 그 문장들은 독설이나 거절의 의미가 사라진 원래의 단순한 문장이 되는

것을 알 수 있게 될 것이다.

_음성메시지에 대처하는 방법

음성메시지의 본래 기능은 직접 말하기 어려운 말을 암묵적으로 전달하는 것이다. 음성메시지는 은밀하게 공격하는 성향이 있으므로 반격을 어렵게 한다. 음성메시지의 공격에 대처하기 위해서는 다음의 두 단계 방법을 사용한다.

1. 메시지를 몇 번 반복하여 외어본다. 이때 음률과 높이를 듣고, 언어적 수정자를 사용하였는지 확인한다.
2. 상대방에게 당신이 음성메시지라고 생각하는 부분을 분명하게 말해 준다. 그리고 그 말이 정말 하고 싶었거나 느끼고 있는 내용이냐고 물어 본다.

여기서 두 번째 단계가 절대적으로 중요하다. 상대방이 가지고 있던 당신이 생각한 내용과 상대의 본래 심정을 확인하지 못한다면 계속해서 상대의 본래 마음이 무엇인지 알아내기 위해 고민해야 하기 때문이다. 그렇게 되면 진실이 무엇인지도 모르면서 자신이 생각하고 있던 음성메시지가 진실인 것처럼 행동하게 된다. 음성메시지를 실험하게 하는 것은 음성메시지를 많이 사용하는 사람에게 본래의 마음을 이야기하도록 하는데 도움을 준다. 상대방이 당신을 공격하려고 할 때 보다 직접적으로 자신의 의사를 밝히게 되는 것이다. 그러므로 음성메시지에 숨겨져 있는 생각과 느낌은 보다 공개적이고 솔직하게 드러나게 된다.

광진씨는 보통 늦게 까지 일을 하는 사람인데 음성메시지를 사용하는 사람에게 어떻게 대해야 하는지를 알고 있다. 그의 동료가 하는 말이, "자네 오늘밤에 또 늦게까지 일 할건가?" 였다. 이때 광진씨는 그가 하는 말을 다시 상기하여 볼 때 '자네' 부분의 억양이 올라갔고 '또' 라는 수정자를 사용하고있다는 것을 알게 되었다. 그러나 광진씨는 그가 하는 말이 "너만 늦게 일하면 우리입장이 곤란하다." 라는 비판의 말인지, 아니면 "몸조심해라." 라는 위로의 말인지를 알 수가 없었다. 그는 자신이 들었던 부정적인 음성메시지의 본래 의미를 확인하기 위하여 몇 번을 반복해서 말을 해 보았다. "늦게까지 일하는 나 때문에 그들이 짜증을 내는 것을 보니 내가 그들을 무안하게 만들고 있는 것은 아닐까?" 그렇지만 다행스럽게도 그들의 말이 진정 걱정 때문이란 것을 알게 되었다.

어떤 경우에는 숨겨진 음성메시지를 알기 위해서는 매우 많은 노력을 해야 하는 경우가 있다. 은화의 아버지는 매우 교묘하게 빈정거리는 말을 사용한다. "아직도…그 젊은 녀석에게 관심을 가지고 있느냐?" 라고 아버지가 물어 본다는 것에 대해 은화는 아버지는 늘 하던 것처럼 말대꾸를 허용하지 않겠구나 라고 받아들였다. 하지만 이번에는 그녀가 들은 말의 진심을 알아내기 위하여 몇 번이나 되풀이하여 기억해 보았다. 아버지의 말에는 '아직도' 라는 언어적 수정자가 들어 있었으며 그리고 잠시 말을 멈춘 다음 '젊은' 이라는 단어에 강조가 들어갔다는 점을 알게 되었다.

은화 : 아빠, 그 사람이 마음에 안 들어요?

아빠 : 그냥 주변에서 흔히 볼 수 있는 녀석이던데.

은화 : 아빠, 하지만 하시는 말씀을 들어브면 그 사람을 별로 좋아하

지 않는다는 느낌이 들어요. 내가 그 사람과 데이트하는 것
이 바보스럽다고 생각하시는 거죠?

아빠 : 내 생각엔 그는 괜찮은 것 같은데.

    은화는 아버지가 '같은데' 라는 말 때문에 아버지는 자기 남자친구를
별로 좋지 않게 생각하고 있다는 인상을 받게 되었다. 은화는 자기가 들
은 말을 보다 상세하게 분석해 보았다.

아빠 : 아빠, 제가 그와 아직도 데이트하는지를 물어 볼 때 '아직도'
      라는 단어에 강조를 특히 많이 했어요. '그 젊은 녀석' 이라
      고 한 것도 그 남자가 바보스럽다고 생각하시거나 우리가 사
      귀고 있다는 사실에 대해 좋지 않게 생각하시는 거라는 느낌
      이 들어요.

아빠 : 나는 그를 잘 모른다. 하지만 그는 나를 거슬리게 하는 구나.

    은화는 마침내 아버지의 진심을 알게 되었다. 수 분간 그들은 마음을
터놓고 부정적인 느낌에 대해서 이야기했다. 은화가 처음부터 방어적으
로 행동하지 않았다면 그의 아버지의 견해를 직접적으로 들을 수 있었으
며 대응도 할 수 있었을 것이다. 음성메시지를 사용할 필요도 없었을 것
이다.

3. 숨겨진 주제
···➤ Hidden Agenda

버스 안에서 우연히 들은 말 : "우리 남편은 대일 저녁에 내가 설거지 할 때 TV에 코를 박고 있어요. 내 발이 부러진다 해도 그는 거기에 있을 거예요. 그는 하루종일 일을 했다고 말하지요. 그렇지만 정말 일하는 것이 뭔지를 몰라요. 시장 가고, 쉴새 없이 애들을 돌보고, 식사를 3번 준비하고, 청소를 하지요. 내가 불평이라도 하면 "좀 쉬어요."라고 말해요. 그렇지만 일을 할 때면 완벽하게 하고 싶어요. 나는 너무 잘난 사람인 것 같아요."

어떤 부부와 함께 저녁식사를 하게 되었다. 남자가 책상에 앉아 있는 모습은 마치 연설대위에 있는 것처럼 바르게 앉아 있었다. 그는 정치에 관한 이야기를 하기 시작했다. 다음에는 경제에 관해서 이야기하더니, 금본위제도에 대한 이야기를 시작했다. 이번에는 운동에 대해서 이야기하더니 야구경기가 형편없다고 이야기했다. 이번엔 자녀 양육에 대해서 이야기하면서 자녀 양육의 7단계에 대해서 이야기했다. 이번 주제는 생태학이었고 오존층에 대해서 이야기했다. 저녁식사 내내 강의만 들은 것이다.

이런 사람들이 주변에 있을 것이다. 그들의 이야기와 의견은 언제나 똑 같은 숨겨진 주제가 있다. 자기들이 훌륭하고 똑똑하고 흠이 없으며 반박하지 못할 것이라는 것을 증명하는 것이다.

숨겨진 주제는 자신에 대해 만족하지 않는 사람들에게는 훌륭한 자기 방어수단으로 사용될 수 있다. 자신이 원하는 이미지를 창조함으로써 자신이 거절당하지 않도록 보호할 수 있다. 이런 주제를 반복하여 사용하게 되면 이런 주제가 당신의 중요한 가치가 되어 버릴 것이다.

숨겨진 주제를 사용하게 되면 서로에 대한 친근감은 완전히 사라져 버린다. 어느 누구도 당신의 진정한 모습을 보지 못한다. 상대가 보게 되는 것은 선택된 이야기와 계산된 의견들 뿐이다. 그들이 듣는 것은 당신이 얼마나 용감한지, 도움이 필요한지, 혹은 연약한지에 대한 것이다. 남들이 당신에 대해 뭐라고 하는지를 들으면 숨겨진 주제를 사용하는지, 그렇지 않은지를 알 수 있다. 당신에 관한 이야기가 모두 동일한 관점인가? 당신은 항상 무엇인가를 변명하려 하는가?

_ 8가지 주제

다음은 가장 많이 사용되는 숨겨진 주제들이다. 당신은 어디에 해당되는지 찾아 보라.

나는 잘한다.

당신은 모든 이야기의 영웅이다. 당신이 가장 소중하게 생각하는 가치에 대한 일화만 이야기한다. 상대방에게 당신의 재산이나 힘을 알려주고 싶어서 그에 관련된 이야기만 계속 한다. 당신이 힘이 있다던가 너그럽다는 것을 강조하기 위해서 그에 관련된 이야기를 한다. 자신이 잘한다고 생각하는 사람은 자신이 '상냥하고 감성적인 사람'이라고 생각한다. 이런 사람들은 자신의 무대에 서서 절대 남이 거절할 수 없는 멋진 역할을 수행하려고 한다. 하지만 그 사람의 진정한 모습은 아닌 경우가 많다. 이런 사람들은 자신의 상냥함을 나타내기 위해 그에 맞는 행동, 기억, 감성적 표현들을 사용한다. 다음은 '나는 잘한다.'를 나타내고자 하는 전형적인 표현들이다.

나는 정직하다.   나는 성공한 사람이다.

나는 일을 열심히 한다.   나는 강하다.

나는 용감하다.   나는 힘이 세다.

나는 충성심이 강하다.   나는 부자이다.

나는 너그럽다.   나는 자기 희생적이다.

나는 야망을 가지고 있다.   나는 모험을 좋아한다.

대부분의 사람들에게는 겉치레 경향이 있지단 나는 잘한다 주제는 그것보다 좀더 심한 경우이다. 자신의 좋은 부분만을 선택적으로 보여줌으로써 자신의 모습을 왜곡하여 보여 주게 된다. 그러므로 이런 사람들은 자기보다 훌륭하지 않다고 생각하는 사람들을 믿지 않는 경향이 있다.

〈나는 잘한다〉라는 사람들은 두 가지 심각한 불이익을 감수해야 한다. 첫째는 당신의 잘하는 부분에 대한 이야기만 들은 사람들은 그 부분에 대해서만 알고 있기 때문에 친해지기가 어렵다는 것이다. 둘째는 사람들은 당신에 대해 싫증을 느끼게 된다는 것이다. 똑같은 얼굴표정에, 똑같은 이야기만 하는데 대해 싫증을 느끼게 된다는 의미이다. 처음에는 당신의 말을 들어주겠지만 곧 당신을 떠나게 될 것이다.

나는 잘한다(하지만 당신은 아니다).

이런 사람들은 다른 사람들이 나쁘다는 것을 보여 줌으로써 자신은 문제가 없다는 것을 증명하려고 한다. "자신을 제외한 모든 사람은 바보이며, 경쟁력 없으며, 이기적이고, 비합리적이며, 게으르고, 겁먹거나 잘하고, 무감각하다." 그가 하는 모든 이야기는 이러한 주제를 다양하게 표현하고 있다. 자신이 하는 일은 항상 옳으며 이성적으로 생각하며 일을 잘 처리한다고 생각한다. 어느 간호사가 불평하기를, "나는 언제나 내 환자가 아닌 사람이 나한테 질문을 해도 기꺼이 도와주었다. 일이 많은 다른 간호사들도 도와준다. 그러나 다른 그 누가 날 도와 준 적이 있는가? 절대 없다."

〈나는 잘한다(하지만 당신은 아니다)〉를 표현하는 방법에는 여러 가지 종류가 있다. 그 한가지가 '비판의 암시'이다. 자신이 일을 열심히 하고 얼마나 양보를 잘하는 지를 말하는 사람은 다른 사람들은 게으르고 고집 스럽다는 것을 암시하려는 의도가 있다고 볼 수 있다. 또 다른 형태는 에릭 번 (Eric Berne)이 표현한 법정게임이라는 것이다. 이 내용은 자신의 배우자가 정말 끔찍하다고 말하는 사람들에 관한 것이다. 법정의 재판관 역할은 이웃이나 심리 상담원이나 당신 자녀중의 하나가 담당할 것이다. 또한 '당신이 아니었다면'이라고 하는 배우자 비난게임을 자주 하면 배우자의 행동을 제약하거나, 아무런 즐거움도 없는 생활을 하게 만든다는 것을 밝혀졌다.

〈나는 잘한다(하지만 당신은 아니다)〉 자기 자신에게는 자신에 대한 자긍심을 불러일으키지만 그 대가를 치러야만 한다. 당신의 가족이나 친구들은 당신에 의해 위협을 받거나 실망을 하게 되고 따라서 자신을 방어하는 기술을 가지게 될 것이다.

당신은 잘한다(그러나 나는 아니다).

이런 주제를 가장 간단하게 사용할 때는 놀릴 때이다. 보다 복잡한 형태로 사용되는 경우는 현명함, 아름다움, 힘이 센 사람들에 대한 숭배를 위해 사용되는 것이다. 숭배란 상대방과 비교하면서 자신을 낮출 때 사용되는 수단이다. "당신은 정말 잘했어. 당신이 최고야." "나도 당신 같은 담력과 배짱이 있다면 좋을 텐데. 다 날려 버릴까봐 겁이 나." "나는 사업을 잘할 수 있는 재능이 없나 봐. 당신이 하는 것을 보니까 당신은 정말 현명한 사람이야." 자신을 한 단계 낮추는 것은 상대방의 호감을 얻기 위해서거나 상대방을 한방 후려치기 위해서다. 〈당신은 잘한다(그러나 나는 아니다)〉를 사용하면 약간의 깊은 우정을 얻을 수 있다. 어떤 경우에는 상대의 분노와 거절을 미리 막기 위해서 사용되기도 한다. 상대방이 이미 당신에게 굴복하고 있다는 것을 안다면 화를 낼 수 없지 않을까? 이러한 주제는 불유쾌한 요구사항이나 기대를 막는데도 유용하다. 자기보다 열등하다고 생각하는 사람에게는 많은 것을 기대하지 않기 때문이다.

〈당신은 잘한다 (그러나 나는 아니다).〉는 대부분 낙담한 사람들이 잘 사용한다. "나는 틀렸다, 나쁘다, 멍청하다, 지겨운 사람이다, 사랑 받지 못한다. 제발 나를 불쌍하게 여겨 줘." 알코올 중독자나 만성 도박꾼, 바람기 많은 배우자들은 거절당하는 것을 막기 위해서거나 변화하지 않는 것에 대한 변명으로 "나는 나쁘다." 라는 말을 강조한다.

나는 구제불능이야. 괴로워.

이것은 피해를 입은 사람들이 주로 사용하는 주제이다. 불운이나 불공정, 학대에 관한 이야기가 주 이야기 대상이다. 무엇인가에 얽매이게 되었을 때, 탈출하고 싶지만 그럴 수가 없을 때, 개선의 여지가 없어 보일 때 사용하는 말이다. 이런 말에는 "내가 받고 있는 고통에서 왜 벗어나지 못하는가." 라든가 "묻지 마. 나는 책임이 없어." 라는 암시가 숨어 있다.

번(Berne)은 〈나는 구제불능이다〉에 대한 여러 가지 게임형태를 설명하고 있다. '이건 정말 끔찍하지' 라는 말은 자신의 배우자에 대해 불평할 때 흔히 사용하는 말이다. 자신이 받고 있는 불공정한 대우에 대한 해결방법이 없어 보인다. 당신은 '왜…알았어…하지만' 을 자신의 구제불능상태를 계속 유지하기 위해 사용한다. 이 게임에는 두 명이 참가해야 한다. 한쪽 사람이 자신의 구제불능상태에 대해 하나씩 이야기하면 상대방은 그에 대한 일련의 제안을 한다. 마지막에 구제불능상태의 사람은 그가 받는 고통은 그가 제어할 수 없는 것이며 지금까지의 대화는 자신에게 아무런 도움이 되지 않는다는 것을 입증하면 된다.

〈나는 구제불능이야. 괴로워〉의 고전적인 표현은 "왜 이런 일이 항상 나에게만 일어나지?" 이다. 위장장애를 가지고 있는 사람은 위장약을 가져오지 않았을 때마다 교통체증에 걸린다는 것에 대해 불평을 한다. "나에게 항상 일어나는 일이야. 좀 나아질만 하면 더 나쁜 일이 일어나 나를 실망시키지. 누가 내 샐러드에 후추를 집어넣는가 하면 판매실적이 곤두박질 치곤 하지. 항상 그래." 〈나는 구제불능이야. 괴로워〉라는 주제만 사용하고 있으면 해결을 두려워하게 되며 인생에 대한 중요한 결정을 할 때마다 고통을 겪어야 한다. "나는 못생겼어. 병이 났어. 너무 신경질적이야." 라는 생각에 사로 잡혀 있다면 변화의 기회를 영원히 놓치게 된다.

결혼 전에 이런 말들을 사용하였다면 혼인초기시절을 망치게 된다. 왜냐하면 과거의 배우자나 연인들에 대한 두려운 추억이 떠나지 않으며 지난날의 무기력하고 고통스러웠던 아픈 상처에 대한 연민이 강력하게 남게 되기 때문이다.

나는 잘못이 없다.

문제가 발생한 경우에 이 주제를 사용한다. 사람들은 자신들의 실패에 대해 많은 변명을 늘어놓는다. 또한 그 실패의 원인은 다른 이유와 다른 사람이라고 말한다. 이런 사람들의 기본적인 생각은 "나는 아무 짓도 하지 않았다." 이다. 결혼생활이 고통스러울 때 '나는 잘못이 없다.' 주제가 나타나기 쉽다. 배우자들은 그들의 결혼의 실패의 원인을 다른 곳에서 찾으려 한다. "그녀는 나한테 충분히 관심을 보이지 않았다." "그는 늘 집에 늦게 왔다." "우리가 여의도로 이사가지만 않았어도…" "그녀가 직장을 관두고 나서 달라졌어."

〈나는 잘못이 없다〉 에 대해 할 수 있는 게임은 '당신이 나를 이렇게 만들었어.' 이다. 상대방에게 제안사항이나 조언을 요구한 다음 그 조언대로 따라 한다. 그 다음에는 그 조언자에게 잘못된 결과에 대한 모든 비난을 퍼붓는 것이다. 이러한 방식은 당신이 어떠한 경우에도 책임이 없다는 심리적인 보험에 가입하는 것 같은 것이다.

나는 연약하다.

〈나는 연약하다〉의 기본적인 생각은 "나에게 상처를 주지마." 이다. 자신이 과거에 당했던 배신이나 받았던 상처에 대해 이야기한다. 이런 상황은 당신이 원하는 것은 보호라는 것을 분명하게 말하는 것과 같으며, 이 경우 상대방이 진정 하고 싶은 말을 듣지 못하게 된다. 자신의 일에 대해 부드럽고 상처받기 쉬운 말투로 이야기하면 상대방은 이런 사람을 매력적으로 생각하기도 한다. "오늘 학교에서 잘 지냈니? 네가 하루종일 친구도 없이 혼자 지냈다는 것을 들으면 나는 정말 화가 난단다." "너한테 일어나는 어떤 일도 나한테는 중요해. 하지만 내가 분개하는 말들을 꼭 나한테 해야 하니?" "울지 마세요. 또 두통이 시작되는 것 같아요." "우리 부모님은 항상 돈 버는 일에만 열중하셔. 우리는 그러지 말자."

나는 강하다.

자신의 심리적, 육체적 삶을 우격다짐으로 헤쳐나갈 수는 있다. 당신이 40명의 신입생 대표이며 정규 직업도 가지고 있다. 당신은 한 주에 40시간을 일하고 4명의 자녀를 키우고 식사를 준비하고 청소하고 지역 소아마비 구호기금 운동의 회장을 맡고 있다. 당신은 스트레스 많은 직장에 근무하고 있으며 주말에는 당신 혼자 12시간 동안 집수리를 한다.

이러한 사람들은 자신이 하고 있거나 했던 일들을 상대방에게 나열함으로써 일상적인 대화를 어렵게 만든다. 자신의 시간표를 몇 번이나 외우고 당신이 참가했던 모임과 현재하고 있는 일에 대해 상세하게 이야기하여 상대를 주눅들게 하고 대화가 끝나자 마자 곧 참가해야 하는 각종 모임에 대해 장황한 설명을 늘어 놓는다. 당신이 꼭 하고 싶은 말은 내가 그 누구보다 강하고, 열심히, 빠르게, 오래 일한다는 것이다. 많은 급여를 받기 때문에 당신은 선망의 대상이며 상대방은 당신을 비판하지도 못할 것이다. 당신이 너무 바쁘기 때문에 상대방은 물어 보고 싶은 것을 묻지도 못한다. 당신이 자신을 통제하고 많은 책임을 맡고 있지만, 가장 중요한 것은 비난을 받지 않는다는 것이다. 이러한 주제를 가지고 있는 사람들은 급속하게 파괴되기가 쉽다.

〈나는 강하다〉 라는 사람들은 고집스럽고, 위험하고, 어떤 때는 폭력적이기도 하다. 이런 사람들의 자세와 신체의 움직임과 말하는 내용에 의해 다른 사람들은 이 사람은 결코 이길 수 없는 사람이란 것을 알게 된다. "나를 공격하지마. 만약 그러면 나는 너를 파멸시킬 것이다." 라고 말하는 있는 것이다. 어떤 사람들은 〈나는 강하다〉는 이상적인 남성의 모습이라고 한다. 그러나 이러한 주제의 주요 목적은 매우 연약한 자기존중의지에 대해 상처받지 않거나 보호하기 위해서 이다. 이러한 사람들이 정말 '숨기는' 유일한 주제는 연약함이다. 자기 방어 뒤에는 거절을 두려워하고 자신의 가치에 대해 확신을 가지지 못하는 본래의 모습이 숨어 있다.

나는 모든 것을 알고 있다.

이런 사람들은 이 장의 초기에서 기술했던 식사시간에 끊임없이 연설을 하는 사람들이 가지고 있는 주제이다. 이러한 사람들의 대화의 목적은 정보를 알려 주거나 상대를 즐겁게 해주기 위해서가 아니라 자신이 얼마나 많은 지식이 있는가를 알려 주기 위해서이다. 〈나는 모든 것을 알고 있다〉는 사기를 높이거나 지식을 전달하려고 한다는 외적 모습을 띄고 있다. 당신은 종신 교사이며 상상으로나마 연단을 앞에 두고 있어야 마음이 놓인다. 이런 사람들은 다른 사람들과 가깝게 지내기 어렵다. 이러한 주제는 어린 학생들을 감동시키거나 겁을 줄 때 가장 효과가 있다. 하지만 동년배한테 사용한다면 얼마 지나지 않아서 당신의 친구들은 들으려 하지도 않을 것이며 고마워하지도 않을 것이다. 물론 진짜 강의할 때는 제외지만 말이다. 〈나는 모든 것을 알고 있다〉의 진짜 기능은 당신이 지식이 부족했다던가 적절하지 않았다는 과거의 수모를 다시 겪게 하지 않게 하는 것이다.

_ 주제 사용의 목적

주제 사용에는 두 가지 기능이 있다. 첫째는 자신이 현재 이 세상에서 취하고 있는 실제적인 입장을 구축하고 보존하는 것이다. 이러한 주제를 사용하게 되면 자신이 부족하다고 느끼고 있는 핵심적인 부분에 대해 대처할 수 있는 개인적인 전략을 가질 수 있게 된다. 〈나는 잘한다〉 주제를 사용하면서 자신의 가치를 주장할 수 있고, 〈나는 잘한다(그러나 너는 아니다)〉 주제를 사용하여 상대방을 헐뜯음으로써 자신의 가치를 높일 수 있다. 〈나는 강하다, 나는 연약하다, 나는 모든 것을 알고 있다〉를 사용함으로써 자신의 연약함을 보호할 수도 있다.

주제사용의 두 번째 기능은 마음속에 품어두고 있는 동기나 요구사항을 활성화시키는 것이다. 사귀고 싶은 친구가 있는데 친하게 지낼 수 있는 방법을 모를 때는 〈너는 잘한다 (그러나 나는 아니다)〉 라는 주제를 사용하여 상대를 추켜세우는 방법을 사용할 수 있다. 〈나는 구제불능이야. 괴로워〉 라는 입장으로부터는 안정과 도움을 호소할 수 있다. 〈나는 잘못이 없다〉 로부터 자신의 실패에 대한 변명을 구할 수 있다. "나는 우리의 결혼생활이 문제가 없도록 최선을 다했는데 당신은 아니었다." 라는 비난을 한번 생각해 보자. 그 내용에는 자신은 잘못이 없다는 것과 동시에 상대방으로 하여금 죄의식을 느끼게 하고 변화를 강요하는 내면적인 동기를 일으키려는 실제적인 입장을 이야기하고 있는 것이다.

이러한 주제들이 잘 받아들여지고 목적 달성에 도움을 주는 데는 의심의 여지가 없지만 결국은 이러한 조작이 당신을 고립시킬 것이다. 상대방이 안심하고 당신에게 드러놓은 장벽을 걷게 될 때는 당신의 진정한 모습을 알게 되고 받아들인 후이기 때문이다.

횟수세기

하루동안 당신이 몇 번이나 이러한 주제를 사용했는지 헤아려 보라. 자신이 한 이야기와 회상과 표현한 말을 모두 상기해 본다. 8가지 주제를 카드에 기입하고 해당 주제를 사용할 때마다 해당 사항에 표시해 본다.

이제 평가를 해보자. 당신의 행동에 중요한 영향을 미치는 주제가 발견되었다면 두 번째 날에도 시도해 본다. 이번에는 당신이 대화한 모든 사람들의 이름을 기입한다. 그리고 그 사람의 이름 옆에 당신이 말한 내용 중에 어느 주제를 어느 정도 사용했는지 비율을 적어 본다. 이러한 시도를 해본 어느 여성은 상사와 이야기 할 때 거의 80% 정도를 〈나는 잘한다

〉와 〈나는 잘못이 없다〉 주제를 혼합하여 이야기한다는 것을 알게 되었다. 그리고 자신의 동료들과는 대화의 30%가 〈나는 잘한다〉 주제를 사용하고 있다는 것을 알게 되었다. 그리고 집에서는 자녀들과의 대화에는 그런 주제가 없었으나 남편과의 대화에서는 20% 정도가 〈나는 잘한다(그러나 당신은 아니다)〉 주제를 사용하고 있다는 것을 알게 되었다(남편이 잔디손질을 거부하는데 대해 대화하였다).

결정하기

이런 연습을 해보면 당신이 주로 사용하는 주제가 무엇인지 알게 될 것이다. 만약 상대방과의 관계가 특정한 주제에 의해 지배받고 있다면 다음과 같은 4단계의 추가적인 행동을 할 필요가 있다.

1. 상대방에게 자신이 사용하는 주제를 알려준다. "내가 당신에게 말하는 것은 나의 영웅적인 행동에 관한 것이야. 나는 나의 이런 행동을 타파하고 싶어." "나는 항상 다른 이에게서 받은 상처에 대해서만 이야기했어. 이젠 좋은 면을 보여주고 싶어." "나는 항상 도움이 필요하다는 것처럼 보이기 위해 노력했어. 그러나 그건 나의 진정한 모습이 아니야."

2. 상대방에게 해당 주제를 사용하는지 주시하게 한다("또 내가 시작했군").

3. 사용하지 않겠다고 결심한 주제를 사용하지 않았을 때 무언가 좋은 것으로 보상하라.

4. 한가지 주제를 반복적으로 사용하고 있다면 마음속으로 새로운

입장에 대해 연습하라. 여기 그 예가 있다.

〈주제〉

나는 잘한다   "나는 장점과 단점을
                                            모두 가지고 있다.
                                            나는 이러한 양면을 모두 나의 모습
                                            이라고 받아들인다."

나는 잘한다(그러나 너는 아니다)   "내가 잘한다는 것을 알리기 위해
                                            너를 무너뜨릴 필요가 없다.
                                            이제 더 이상 남과 비교하는 일은
                                            하지 않을 것이다."

너는 잘한다(그러나 나는 아니다)   "나의 장점과 능력으로
                                            다른 사람들의 관심을 끌 수 있다.
                                            이제 변명은 하지 않겠다."

나는 구제 불능이다. 괴롭다.   "나의 일상은 즐거움과 고통,
                                            희망과 슬픔이 번갈아서 발생한다.
                                            나는 이런 사항을 인정한다."

나는 잘못이 없다   "누구도 완벽하지 않다.
                                            내가 내린 결정도
                                            잘못되는 경우가 있다."

나는 연약하다   "상대가 화를 내면
                                            나는 겁이 좀 난다.
                                            그러나 상대방의 말을 들어야 한다."

나는 강하다.

"나는 나 자신을 돌볼 수 있다.
내가 휴식을 가져도 사람들은
날 좋아할 것이다. 사람들을 겁나게
하지 않아도 나는 안전할 수 있다."

나는 모든 것을 알고 있다.

"나는 상대방의 말을 들을 것이며,
흥미를 가질 것이며 질문도
할 것이다. 세상에는 들어야 하고
발견해야 하는 재미있는 일이
많이 있다."

이러한 새로운 입장은 간단한 자기 지시적 형태를 띄고 있다는데 주목
해야 한다. 이러한 지시사항은 자신의 주제를 습관적으로 사용했던 상황
이 나타나면 주문처럼 여러 번 되풀이해야 한다. 심지어는 자신의 좌우명
으로 삼아서 욕실 거울에나 서류가방 안에 붙여 두어도 좋다.

4. 인간교류분석
···✈ Transactional Analysis

_부모, 어린이, 그리고 어른이 가진 메시지

인간교류분석이란 1960년대 초, 에릭 번 (Eric Berne)에 의해 최초로 소개된 이론으로 대화의 연구 방법이다. 번은 인간의 자아에 대한 상태는 부모, 어른, 어린이로 이루어진다고 했다. 어느 시점이든 당신의 모습은 이 상태중의 하나이며 이 상태가 당신의 행위에 영향을 미치게 된다. 그리고 당신이 부모, 어른, 어린이 중 어느 기능을 하고 있는가에 따라 당신의 대화방식은 눈에 띄게 달라지게 된다.

부모

내부에 들어있는 부모의 모습은 부모들이 어린 자녀에게 제공했던 규칙, 도덕적 금언, 어떻게 하라는 지시사항으로 이루어진 거대한 집합체라고 할 수 있다. 태어나서 5살 정도까지 받았던 이러한 규칙과 지시 사항들은 내부 녹음테이프에 저장되어 평생동안 영향을 미친다. 부모의 목소리가 녹음된 이 테이프에는 부모의 모든 의견이나 모든 좋아하는 금언들이 포함되어 있다. "게을러선 안 된다…잘난 척 하지 마라…다른 사람이 너를 바보 취급하게 하지 마라…결혼은 평생의 일이다…음식을 남기지 마라…부자들을 믿지 마라…모든 정치인들은 범죄자들이다…위험을 피하라…처음 보는 사람은 위험하다…사다리 밑으로 걷지 마라." 이러한 규율들은 어린 시절에는 위험을 예상할 수 있는 방법도 모르고 세상이 돌아가는 이치도 모르기 때문에 모두가 중요하다. 유아들은 '뜨겁다' 라는 말의 의미도 모르고 불꽃이 피부에 미치는 영향도 모르기 때문에 불 근처에 있을 때에는 강력한 행동통제가 필요하다.

부모의 규칙에는 '어떻게' 정보도 제공하고 있다. 악수를 하는 방법과 식사의 예절, 물잔을 채우는 방법, 대화의 방법, 이웃집을 방문할 때의 주의 사항 등을 가르쳐 준다. 이러한 규칙을 알게 됨으로써 첫 번째 사회와의 만남에 잘 대처할 수 있고 점진적으로 자신감을 가지고 사회로 나아갈 수 있게 되는 것이다.

여러 면에서 부모의 녹음테이프는 좋은 내용이며 도움이 된다. 이 말들은 생활의 체계를 잡아 준다. 어떤 부모들의 테이프 내용은 협조적이며 다정스럽다. 좋은 선생님처럼 그들이 말한 내용은 강제적이거나 공격적이 아닌 올바른 길을 상기시켜 준다. 부모가 엄격하거나 경직되어 있다면 마음속에 들어있는 부모도 똑같이 엄격하고 용서를 모르는 존재일 수 있다. 마음속에 들어 있는 부모가 가혹하고 남을 받아들일 줄 모르는 목소리를 가지고 있다면 어떤 절대적인 규칙에 의하여 우물쭈물하거나 통제

받고 있다고 느끼게 된다. 부모의 입장이 되어서 말을 하고 있는지를 판단하려면 '항상, 절대로, 그만, 하지마' 라는 단어들을 사용하는지를 보면 된다. 이러한 말에는 명령과 가치 판단으로 가득 차 있다. 엄격한 부모들은 특히 '끔찍한, 멍청한, 우스운, 얼간이' 같은 가치 판단의 단어들을 사용한다. 협조적인 부모들은 '완벽한, 훌륭한, 최고의' 라는 표현을 사용한다. 부모의 기능을 수행할 때는 '해야 하는 일' 과 '했어야 하는 일' 에 대해 말하는 경향이 있다. 해야 할 것과 반드시 해야 할 것에 대한 말은 부모의 입장에서 말하고 있다는 진정한 표시이다.

어린이

당신에게 부모의 모습이 내재 되어있는 것처럼 어린이의 모습도 들어있다. 어린이는 호기심 많고, 느끼고 싶고, 만지고 싶어하고, 새로운 세계를 경험하고 싶은 욕구로 가득 차 있다. 이 어린이는 발견과 충격에 대해 늘 굶주리고 있다. 그러나 그 어린이는 그의 부모에게는 만족스럽지 못하고 벌을 받아야 하며 부정적인 느낌을 가지고 있는 존재이기도 하다. 이 어린이는 벌써 어린 시절에 "나는 문제가 있어." 라고 자신을 규정하고 있다. 어른들이 설명을 하지도 않으면서 수없이 제재만 하였기 때문에 자신의 실체가 부정됨에 따라 이렇게 결정을 해 버리게 된다.

애정이나 사랑, 환희, 두려움, 분노, 그리고 무엇인가 잘못 되어 있다는 느낌들은 성장하면서 겪은 혼란으로부터 나온 것이며 이러한 감정들은 속에 있는 어린이의 일부분이라고 할 수 있다. 어린이는 건강한 욕구로 가득 차 있으면서도 필연적으로 발생하는 부모의 거부로부터 무방비상태이며 상처받기도 쉽다.

어린이의 입장에서 이야기하게 되면 열정적이고, 눈물도 잘 흘리고, 잘 토라지고, 언짢아하기도 하고, 칭얼거리기도 한다. 또한 허풍도 부리고 낄낄거리기도 하고 성적으로 흥분하기도 한다. '나는 싫어한다, 나는 원한다, 내가 왜?' 는 어린이가 잘 사용하는 문구이다. 어린이들은 너는 문제가 있다라는 말을 참지 못하며, 자신이 거절당했다고 생각하면 상처받고 분노한다.

어른

어린이가 가지고 있는 강렬한 느낌과 요구사항, 그리고 부모의 규칙과 명령간에서 기교를 부리고 있는 부분이 있다. 그것이 바로 어른 부분이다. 당신이 가지고 있는 어른은 컴퓨터나 정보처리센터처럼 당신의 바깥과 속에서 벌어지고 있는 사건들을 알아내어 분류하고 보관한다. 어른은 의사결정을 내린다. 그렇게 함으로써 바깥세계의 조건들을 조사하고 일어날 수 있는 결과들에 대한 예측을 하게 된다. 내부적으로는 어른은 부모의 조언을 듣고 어린이의 요구사항과 반응에 대해 듣는다.

인간교류분석의 주요 초점은 어른 부분을 강화하는데 있다. 어른부분은 자주 어린이나 부모들에 의해 압도당하거나 '오염' 되어 버린다. 검증을 거치지도 않은 강력한 느낌과 충동을 느끼고 있다면 어른은 지금 어린이에게 압도당하고 있다고 말할 수 있다. 이러한 느낌을 칭얼대거나, 불평하거나, 술 취한 울보가 되거나, 언짢아함으로써 표현한다. 돈을 낭비한다든가, 잘못된 성적 모험에 탐닉하는 것도 자극에 민감한 어린이가 우위를 점하고 있다는 것을 말하고 있다. 어른이 부모에 의하여 오염되어 있다면 그 결과는 의심 없는 편견으로 가득 차 있는 것이다. 엄격하고 검

중도 되지 않은 신념을 가지고 있다는 의미이다. 규율에 속박되어 있어서 평가하는 것도 허용하지 않는다. 그리고 자주 공격적이며 상대를 비난하는 방식을 취하면서 대화하곤 한다.

건강한 어른은 어린이의 요구가 무엇인지 알고 있으며 부모의 규칙도 알고 있다. 그러나 이 어른은 독립적으로 기능 한다. 즉 양 측면에 대해 방해하지도 않고 통제하지도 않으면서 의사소통을 한다.

어른의 입장에서 하는 대화는 직접적이고 솔직하다. 어른은 알고 있는 것과 모르고 있는 것, 진실과 거짓에 대해 설명하그, 질문하고, 가능성을 평가한다. 어른의 모습은 판단이나 신념이 아니라 의견에 가깝다. 어른은 사실을 알고 있으나 감정적으로 대응하지는 않는다.

_ 대화 분석

인간교류분석기술이란 어른, 어린이, 부모 중 어느 입장에서 말하는 지를 밝혀낼 수 있는 능력을 가지게 되는 것이다. 당신 아들이 짜증 부리는 것에 대해 상처받고 화가 나서 이야기하고 있다면 당신 속의 어린이가 지금 작동하고 있다는 의미일 것이다. 당신이 가차없이 위협을 가하고 경고를 하고 있다면 당신 속의 부모가 작동하고 있다는 의미이다. 토마스 해리스 (Thomas Harris) 는 그의 저서 《I'm OK You're OK.》에서 대화내용을 분석하기 위한 다음의 규칙을 제안하고 있다.

1. 당신의 어린이는 쉽게 상처받고 두려워한다는 것을 인정하며, 이
   러한 느낌을 표현하는 주요 방법들에는 어떤 것이 있는지를 알아

야 한다.

2. 당신 부모의 규칙, 금지명령, 고집스러운 사고 방식과 이러한 강
   제 명령을 표현하는 방법들을 알아야 한다.

해리스의 규칙이 의미하는 것은 부모와 어린이가 사용하고 있는 언어에 대해 귀를 기울여야 한다는 것이다. 어린이와 부모에 대해 감각적으로 이해하고 있다면 다른 사람의 자아 상태를 보다 쉽게 식별할 수 있게 된다. 다른 사람들도 엄격한 아버지를 표현할 때 다른 사람과 유사한 언어를 사용할 것이며 상대방의 어린이들도 다른 사람의 어린이처럼 화내고, 놀라고, 충동적으로 표현할 것이다.

다음은 현재 상태가 부모, 어린이, 어른 중에 어느 상태인지를 알 수 있도록 설계된 연습 내용이다. 이 연습의 목적을 달성하기 위해서 부모 모습은 협조적이 아닌 엄격한 부모의 모습에 초점을 맞춘다. 인간관계에서 발생하는 대부분의 갈등은 엄격한 부모에 의해서 발생하게 되므로 엄격한 부모의 말을 아는 것이 매우 중요하다. 이 연습내용에 등장하는 어린이는 건강한(자연스러운) 어린이보다는 문제가 있는(수동적인) 어린이여야 한다.

(연습)

다음의 진술이 부모, 어린이, 어른 중에 어디에 해당되는지 판단해 보라.

1. 난 안가, 다 끝났어. 그만해, 이번이 마지막이야 정말.

----

2. 너는 그냥 게으른 거야. 더 이상 좋은 말이 없어.

----

3. 빨리 움직여. 우리 늦었어.

----

4. 벌써 여기 세 시간이나 있었으면서도 하나도 해결하지 못했네.

----

5. 짐 싸는데 당신 도움이 필요해. 언제가 괜찮아.

----

6. 왜 나만 상점에 가야 하지?

----

7. 헤매지 말고 똑바로 서서 인생을 직시해라.

----

8. 오늘 저녁 제발 외식해요.

----

9. 그걸 화장이라고 했어? 꼭 죽은 잉어 같구나.

----

10. 우리 중에 누군가는 이 파티를 위해서 술을 더 마셔야겠네.

답안 : 1. 어린이 2. 부모 3. 부모 4. 부모 5. 어른 6. 어린이 7. 부모
　　　 8. 어린이 9. 부모 10. 어른

(연습)

다음의 문장을 부모, 어린이, 어른의 입장에서 써 본다.

1. 철수는 영희에게 늦으면 전화하라고 말하고 싶어한다. 그의 세 가
   지 자아에 따라 어떻게 자기가 원하는 내용을 말했을까?

   부모

   어른

   어린이
   ----

2. 윤미는 승훈에게 그가 저녁때 정치 모임에 가면 심심할 것이라고
   말하고 싶어한다. 윤미는 어떻게 자신의 세 가지 자아를 표현할
   까?

   부모

   어른

   어린이
   ----

3. 상철은 사장에게 봉급을 올려달라고 요구한다.

   부모

   어른

   어린이
   ----

4. 소고기가 너무 질기다고 푸줏간 주인에게 말하려고 한다. 이때 세
   종류의 자아는 어떻게 말을 할까.

부모

어른

어린이
----

5. 경수는 성미에게 그녀가 얼마나 차갑게 자신의 분노에 대해 설명을 하는지 놀랐다고 말하고 싶어한다.

부모

어른

어린이

답 : 다음의 내용과 당신의 부모, 어른, 어린이의 진술과 비교해 보라.

1. 부모 : 시간을 지키지 못한다면 최소한 전화해 줄 예의는 있어야지.

   어른 : 윤미야 네가 늦을 것 같으면 전화해 주면 정말 고맙겠어.

   어린이 : 왜 맨 날 나만 기다려야 돼? 네가 전화해 주면 안돼?

2. 부모 : 나 혼자 두고 늦게까지 모임에 참가하는 것은 생각이 없고 사려 깊지 못한 거예요.

   어른 : 당신이 저녁 모임에 나가면 나는 외로워요.

   어린이 : 내가 늦게까지 얼마나 외로워하는지 몰라요?

3. 부모 : 정말 기가 막힐 정도로 임금이 낮아요. 월급을 인상해 주세요.

   어른 : 나는 급여 인상을 요구합니다. 내가 원하는 금액은____입니다.

   어린이 : 난 돈 좀 더 받으면 좋겠어요. 그럴 자격이 있지 않나요?

4. 부모 : 이 따위 고기를 판다는 것이 믿어지지가 않아요. 이건 사기예요.

어른 : 지난번에 여기서 산 고기는 아주 질겼어요.

어린이 : 고기가 질긴 것은 싫어요. 난 식사를 망쳤어요.

5. 부모 : 그렇게 차갑게 대하는 것은 바보스럽고 더러운 행동이다.

어른 : 당신은 화날 때마다 아주 냉정해 지는군요. 그러한 냉정함 때문에 나는 놀랍니다.

어린이 : 왜 그렇게 냉정해 지는 거지? 왜 나한테 그래?

(연습)

다음의 어린이 말을 어른의 말로 바꾸어 본다.

1. 제발 나를 혼자 내버려두면 좋겠어.

    ----

2. 집에 10시까지 갈 수 있을까?

    ----

3. 나는 음식 만드는 것을 싫어해요.

    ----

4. 왜 내가 모든 일을 다 해야 하나요?

    ----

5. 왜 처음에는 첫 페이지를 읽어야 하나요?

답 : 다음의 문장과 비교해 본다.

1. 지금 혼자 있고 싶어요.

2. 집에 10시까지 가야 해요.

3. 음식 만들지 않는 것을 더 좋아합니다.

4. 나는 너무 일을 많이 해서 피곤해요.

5. 오늘은 먼저 첫 페이지를 읽고 싶어요.

(연습)

다음의 부모의 말을 어른의 말로 바꾸어 본다.

1. 정말 엉망으로 침대를 정리했구나.

    ----

2. 도대체 왜 그래. 정말 그 웃기게 생긴 찻잔을 사겠다는 거야?

    ----

3. 당장 일로 돌아가.

    ----

4. 정말 돈에 대해 짜다.

    ----

5. 탁자 위에 앉지 말아요.

답 : 다음의 문장과 비교해 본다.

1. 침대가 말끔하게 정리되어 있는 편이 더 낳겠구나.

2. 이 찻잔을 사려고 하는 동기가 무언지 알고 싶어.

3. 이제 작업을 시작할 때야.

4. 우리가 돈에 대해 다른 정책을 가지고 있으면 더 좋을 거야.

5. 그 식탁은 당신의 몸무게를 견디지 못할 꺼야.

이 연습을 통해서 징벌을 좋아하는 부모들은 명령하고 비난하고 공격하기 좋아한다는 것을 알게 되었다. 부모의 자아단계에는 비평적이거나 남을 평가하는 말을 많이 사용한다. 괜찮지 않은 어린이는 피해자가 되어 불평하고 토라진다. 어른은 남을 비난하거나 칭얼거리지 않으면서 명백하게 자기가 하려는 말을 한다.

_ 교류의 종류

칭찬의 교류

칭찬의 교류는 참가자가 서로 동일한 자아 상태에서 주고받는 메시지에서 나타난다. A의 메시지는 동일한 B의 자아 상태에게 전달되고 있다. 그리고 B의 메시지는 A와 동일한 자아상태에 대해서 전달된다.

첫째 칭찬의 교류는 동일한 자아 상태간의 대화이다.

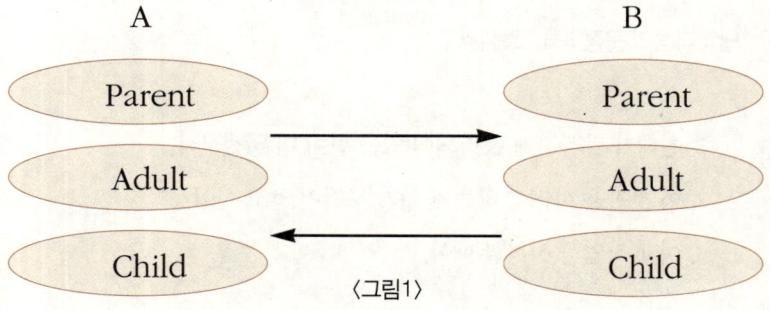

〈그림1〉

어른은 어른과 대화하고 부모는 부모와 대화하고 어린이는 어린이와
대화한다.

　둘째 칭찬의 교류형태는 상이한 자아 상태간 대화이지만 상대방의 현
재 상태에 대해 메시지를 전달하고 있는 경우이다.

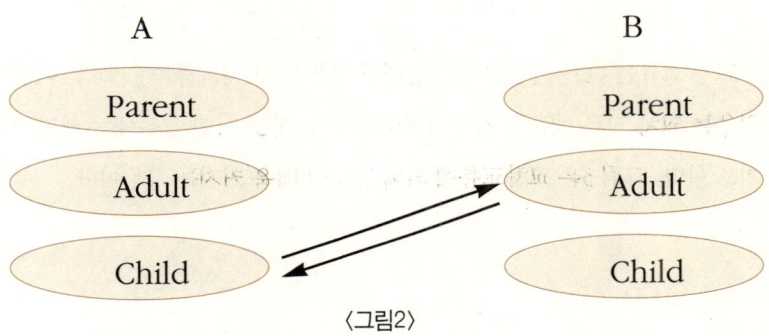

<그림2>

　이러한 모습의 전형은 어린이가 부모에게 이야기하는 것과 부모가 그
에 대해 자녀에게 응답하는 경우이다.

　A : 일단 소파를 사고 봅시다.
　B : 우리가 돈이 없다는 걸 알잖아요. 임대할 돈도 없어요.

　칭찬의 교류는 끊임없이 계속될 수 있다. 왜냐하면 마찰을 일으키지 않
기 때문이다. 사람들이 서로의 부모에게 이야기할 때는 언제나 합의에 도
달할 수 있다.

　A : 요즘 노동자들은 겉만 번지르르한 일만 해.
　B : 끔찍해요. 정말 그렇다니까요.

서로의 어린이한테 이야기할 때도 합의에 도달한다.

A : 학교 끝나자 말자 바로 집에 가기 싫어.

B : 정말 싫어. 즐거움을 모두 놓치게 되는 거야.

교차 교류

교차 교류는 다른 사람의 자아상태를 잘못 알고 대화하는 것이다. 어떤 경우는 교차 교류 때문에 갈등이 발생하기도 하고 어떤 경우에는 해결되기도 한다. 그림 3은 교차교류에 의해 갈등이 더욱 커지는 경우이다.

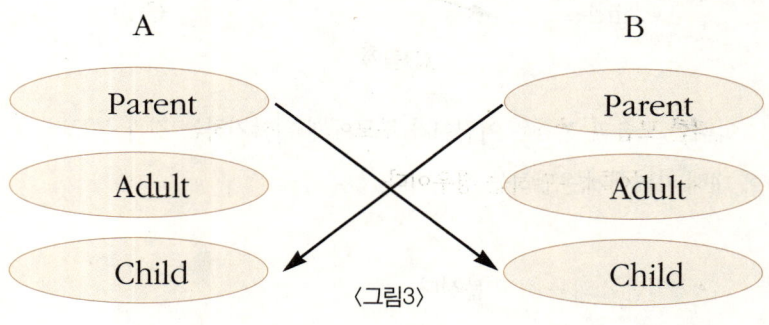

〈그림3〉

그림 3에서 엄격한 부모A는 어린이B에게 설교를 하고 있다. 그리고 부모B는 어린이A를 공격하고 있다. 여기 그 예가 있다.

A : 침대에 음식을 가져오지 말라고 말했지.

B : 가끔은 먹을 만한 음식을 만들어야 내가 밤새 간식거리를 먹지 않아도 되잖아요.

A와 B 모두 엄격한 부모의 입장에서 마음 약한 어린이 B를 공격하고 있다. 그 결과 어린이는 마음의 상처를 받게 되고 적대감만 더 키우게 된다.

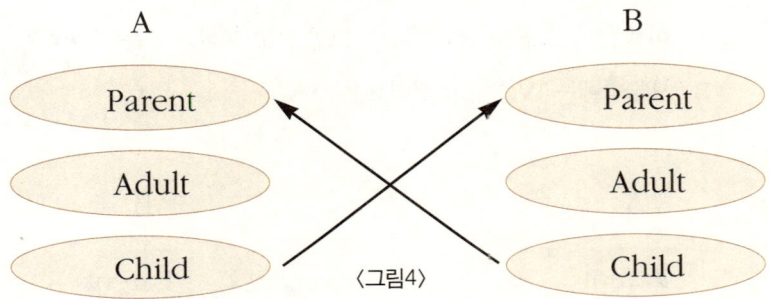

〈그림4〉

그림 4 에서 어린이A는 부모B에게 불평을 하고 있고, 어린이B는 부모A에게 불평을 하고 있다. 그 내용을 들어보자.

A : 난 프랑스영화가 싫어요. 왜 늘 프랑스영화만 보러 가요?
B : 네가 싫어한다면 더 이상 너와 같이 가야 할 이유가 없구나.

그림 5는 갈등이 순환되는 것을 막는 경우이다.

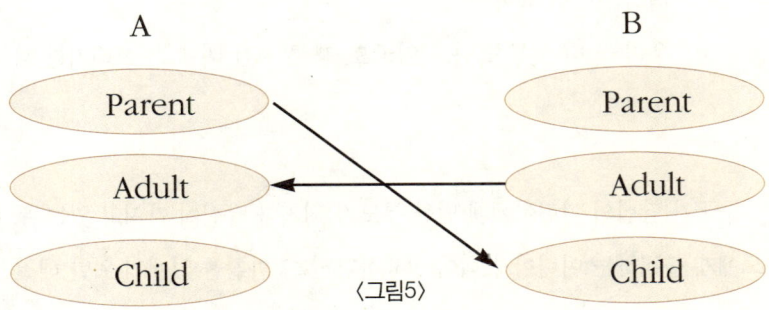

〈그림5〉

왼쪽에 있는 엄격한 부모A는 어린이B에게 설교하고 있다. 그러나 어른 B는 어른A와 대화하면서 갈등을 풀고 있다. 그들의 대화내용을 들어보자.

A : 이제 그만 그 끝도 없는 연속극 그만 보고 책이나 읽는 게 어때?
B : 오늘밤에는 TV를 보고 싶어요.

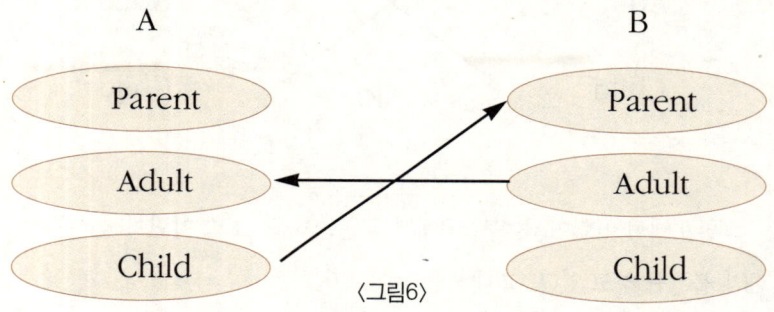

〈그림6〉

어린이 A는 부모 B에게 칭얼거리고 있다. 그러나 B는 마찰을 유발하지 않으려고 어른과 어른의 대화를 사용하고 있다. 그들의 대화내용은 다음과 같다.

A : 왜 늘 나만 쓰레기를 버려야 해? 당신이 하면 안돼? 나는 쓰레기 버리는 것이 싫어.
B : 우리 둘 다 업무를 하고 있군요. 빠른 시간 내에 그 쓰레기를 버 릴게요.

누군가 당신의 어린이에게 엄한 부모가 되거나 당신이 가지고 있는 부모에게 불평하는 어린이가 되어 설교한다면 그 마찰을 없애기 위한 해결

방법은 당신이 어른의 입장에 서는 것이다. 다음의 연습내용을 이용하여 실습해 본다.

1. 엄한 부모가 당신의 어린이에게 : 당신은 일을 끝내고 나서도 항상 기분 나빠하는 군.

당신의 어른 - 어른 응답 :

----

2. 어린이가 당신의 부모에게 : 우리도 다른 부부들처럼 춤추러 가면 안돼요?

당신의 어른 - 어른 응답 :

----

3. 엄한 부모가 당신의 어린이에게 : 책상이 엉망이니 무엇하나 찾을 수 없는 게 당연하지.

당신의 어른 - 어른 응답 :

----

4. 어린이가 당신의 부모에게 : 나한테 관심을 기울이지 않는다면 정말 싫어요.

당신의 어른 - 어른 응답 :

----

5. 엄한 부모가 당신의 어린이에게 : 정말 어처구니없는 말만 하는군.

당신의 어른 - 어른 응답 :

답〉 다음과 당신의 답변을 비교해 보라.

1. 나는 일한 다음에 피곤해요. 그렇지만 이게 당신을 화나게 하는지는 몰랐어요.
2. 나는 춤 솜씨가 좋지 않아요. 밖에 나가면 우리가 할 수 있는 다른 일도 있지 않을까요?
3. 나는 현재의 이 책상상태가 좋아요.
4. 지금 당신이 나의 관심을 필요로 한다는 것은 내가 알지 못했어요.
5. 당신에게는 그게 사리에 맞지 않을 지 모르지만 그것들이 나의 의견입니다.

내면 교류

세 번째의 교류형태는 에릭 번이 게임이라고 부르는 형태이다. 내면 교류란 동시에 두 종류의 자아상태가 관련되어있는 경우를 말한다. 예를 들면 표면적으로는 어른과 어른의 대화이지만 내면적으로 혹은 비언어적

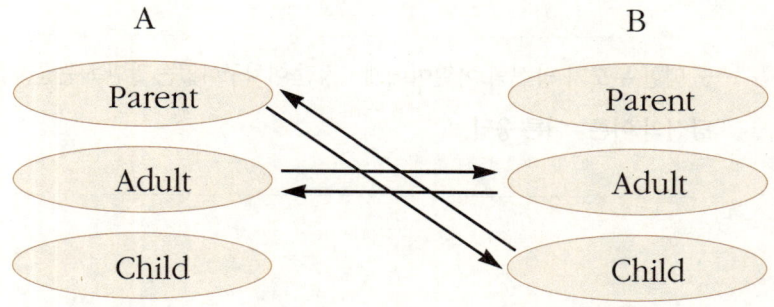

메시지로는 어른과 어린이의 대화를 하게 되는 경우이다.

영업사원A가 말한다. "이게 더 좋은 거지만 비싸서 권해 드리고 싶지 않군요." 차를 구매하려는 B가 말한다. "그게 바로 내가 사려는 거야. 그걸 사겠어요." 어른과 어른의 대화였지만 영업사원은 차 구매자의 어린이에게 미끼를 던진 것이다. 그는 "돈이 부족하실 텐데." 라면서 어린이에게 속임수를 사용하였고 어린이는 "아니, 살 수 있어." 라고 대답했다.

당신이 내면교류를 사용하고있는지 판단하려면 스스로에게 질문해 보라. "내가 이 사람이 해주기를 바라는 게 뭐지…내가 사용하려는 속임수는 뭐지?" 〈이제 너의 의도를 알았다. 이 자식아!〉 게임은 숨기고 있었던 호전적인 느낌이 어떻게 내면교류의 형쾌로 나타나는지를 보여준다. 사소한 계약위반에 대해서 어른A가 말한다. "너는 정말 잘못했어." 어른B가 말한다. "당신 말이 맞아요." 그러나 내면교류에서는 동시에 부모가 어린이에게 말하고 있다. 부모A가 말한다. "난 이게 실수라고 믿고 싶어." 어린이B가 말한다. "이제서야 알았어요." 어른A가 대답한다. "그래. 너를 한대 때려 주고 싶어." 어른들의 대화에서는 계약에 관련된 업무상의 대화였지만 내면교류가 동시에 진행도고 있었다.

_ 명료한 대화를 유지하는 방법

다음은 효과적인 대화를 하기 위한 교류분석 원칙이다.

1. 당신의 자아상태를 알아야 한다.
2. 당신이 보내고 있는 메시지의 자아상태를 알아야 한다.
3. 다른 사람이 가지고 있는 어린이를 이해하고 보호해 주어야 하며

그가 가지고 있는 "나는 문제가 있다."를 인정해야 한다.

4. 당신의 어린이를 보호한다. 상대방이 화가 나서 공격하려고 하면 안전한 상태로 피신한다.

5. 엄격한 부모의 상태에서 대화하면 안 된다. 누구도 그런 말을 듣고 싶어하지 않으며 상대방은 당신의 어린이상태를 끄집어내어 문제가 있다는 것을 공격하려고 할 것이다. 꼭 하고 싶다면 협력적인 부모나 어른이 되어야 한다.

6. 어른의 상태에서 문제와 갈등을 해결한다. 자신의 부모와 어린이에게 귀를 기울여야 하지만 문제를 해결할 때는 어른이 되어 대화하여야 한다.

7. 어른이 되어 있는 동안 정보를 분석한다. 대화를 분석하기 위해 10까지 세어 본다. 부모나 어린이는 자신의 말을 하고 싶어서 마구 소동을 일으킬 것이다. 부모나 어린이가 당신에게 요구하고 있는 충동적인 말로부터 당신이 진정 하고 싶은 말을 분류해 내는 것이 중요하다.

5. 명확한 언어사용
···✦ Clarifying Language

이 세상 모든 사람은 자신만의 세계관을 가지고 있다. 모든 사람들은 세상 일에 대한 특별한 그림과 모델을 가지고 있다. 농촌의 저소득가정에서 자란 사람과 도시의 고급주택가에서 자란 사람과는 확연하게 대비되는 세계관을 가지고 있을 가능성이 많다. 무식한 사람이든, 풍부한 상식의 소유자이든, 고아이든, 목사의 아들이든, A 학점만 받는 사람이든, 노력해도 낙제나 겨우 면하는 사람이든 간에 자신의 경험에 맞는 세계관을 가지게 될 것이다.

사람들은 자신의 관점에서 정말 중요한 일은 무엇이며, 무엇에 주의해야 하며, 무엇을 무시해야 하며, 사람들이 그런 일을 한 이유는 무엇이며, 어떤 결정이 가장 좋은 것인지를 판단한다. 개인의 세계관은 다른 사람들로 하여금 당신이 어떤 사람인지 알 수 있게 해 준다. D 학점이라도 받으려고 공부하는 사람은 학문을 중요시하는 사람이며 다른 사람들은 자기보다 머리가 좋고 자신감 있는 사람이라고 생각한다. 이런 사람은 열심히 일하는 사람을 존중하며 그렇지 않은 사람들은 게으르다고 여기면서 자신의 선천적인 특성을 계속 관리해 나간다.

사람들은 세상 모습 그대로를 받아들이고 있지 않고 있다. 자신이 가지고 있는 주관에 의해 세계의 모습을 받아들이는 것이다. 보는 것, 듣는 것, 느끼는 것은 개인의 사상이나 해석능력에 의해 바뀌게 된다. 그럼으로써 개인이 가지고 있는 세계에 대한 '사상'은 자신의 실체가 되는 것이다.

그러므로 세계 자체가 아닌, 개인의 관점은 의사결정과 그 한계범위가 결정된다. 개인은 자신의 세계관내에서 가장 좋은 결정을 내리려고 할 것이다. 아무리 다른 사람에게 이상하게 보일지라도, 자신의 관점에서 생성된 행위는 타당성을 가지게 된다.

실제 세상에 대한 모델을 잘못 선택하는 것은 흔한 일이다. 따라서 자신의 결정에는 한계가 있을 수밖에 없다. 만약 개인의 모델이 할 수 있는 것과 할 수 없는 것을 제한하는 엄격한 규칙으로 가득 차 있다면 선택범위는 제한 될 수밖에 없다. 가령 개인의 모델이 "나는 수학실력이 형편없어." "우리 장모님은 항상 날 싫어해." "모든 사람은 파티를 좋아하지." 같은 절대적인 판단으로 차 있을 수도 있다. "그녀는 날 멍청하다고 생각하고 있어." "그는 내가 너무 조용하다고 생각해." "그들은 내가 일을 너무 천천히 한다는 것을 알고 있어." 와 같이 상대방의 마음속을 짐작함으로써 자신의 행동을 제약할 수도 있다. 현실을 제약하고 왜곡하는 모델을 가지고 있다면 생활도 제약받을 수밖에 없다.

상대의 말을 듣고 대화하는 것도 당신이 가지고 있는 모델에 의해 결정된다. 다음의 대화를 살펴 보라.

미영 : 정말 빨리 결혼하고 싶어요. 그래서 정말 함께 가정을 일구어 야죠.

승호 : 그래. 그리고 그렇게 하기 위해선 안정적인 재정상태를 유지해야지.

미영 : 아파트는 싫어요. 산책도 할 수 있는 단독주택에 살고 싶어요.

승호 : 우리 둘 중에 한 명은 복학해야지. 그리고 다른 쪽은 그를 지원해야하구.

미영 : 사람들이 조용히 앉아서 서로 이야기 할 수 있는 멋진 응접실도 가지고 싶어요. 부부가 된 것을 느끼고 싶어요. 다른 부부들도 초대하구요.

승호 : 우리에겐 많은 가능성이 있지. 우리는 함께 어디든지 갈 수 있고 무엇이든 할 수 있어.

미영 : 그렇죠. 난 아이들을 위한 방이 충분하게 많으면 좋겠어요.

승호 : 그럼. 물론이지. 그렇지만 우리가 준비가 되어야 아이들을 가질 수 있지. 아직 할 일이 많이 있지.

미영과 승호는 아주 다른 결혼관을 가지고 있다. 미영은 결혼을 정착, 가정, 다른 부부들과의 사회적 교류, 자녀 등으로 판단하고 있지만 승호는 어쩔 수 없이 감수해야 하는 위험으로 생각하고 있다. 서로가 매우 다른 모델을 가지고 있다는 것을 발견한 두 사람은 상대방에 대해 매우 놀라게 될 것이다.

승호와 미영의 대화는 여러 가지 이야기로 구성되어 있다. 사람들은 동일한 단어를 사용하지만 의미는 다르게 사용하는 경우가 많다. 결혼, 가족, 사랑, 이기심, 의무, 공정성, 외로움 같은 단어는 개인적으로 특별하고 색다른 의미로 사용된다. 만약 누가 "나는 녹초가 되었어."라고 말했다. 이때 당신은 자신에게 "나는 '녹초가 되었다' 라는 의미를 알고 있어. 너무나 일을 많이 해서, 너무나 지쳐서 정말 피곤하다는 느낌을 가진다는 의미지."라고 말할 것이다. 그렇지만 녹초가 되었다고 말하는 사람은 완전히 다른 형태를 말하는 것일 수도 있다. 즉, 울분이나 혼란, 무력감 등의 표현일 수도 있다는 것이다.

상이한 일상 모델을 가지고 있는 사람들이 명확한 언어를 사용하여 상호 대화할 수 있는 방법은 리차드 밴들러 (Richard Bandler)와 존 그라인더 (John Grinder)에 의해 개발되었다. The Structure of Magic I 에서 개인적 모델을 개발하고 확장하는데 사용할 수 있도록 변형 문법의 여러 가지 개념들을 언어적 정보수집수단으로 사용하였다. 그들은 다음의 세 가지 중에서 한가지 이상을 사용해야만 공용의 언어형태가 실행될 수 있다고 설명하였다.

1. 다른 사람에게 당신의 모델을 이해하도록 강요하지 않는다.
2. 당신의 제한적인 모델을 사용하지 않는다.
3. 당신의 왜곡된 모델을 사용하지 않는다.

_모델 이해하기

사람들이 자신의 경험에 대해서 말을 하지만 다른 사람들이 완전하게 이해할 수 있도록 말할 수 있는 사람은 많지 않다. 왜냐하면 말하는 상대방의 모델은 숨겨져 있기 때문에 당신은 상대방과 같은 시각에서 대화하고 있다고 여기기 쉽고 그렇게 판단해 버리기 때문이다. 사실은 서로 다른 사람들은 서로 다른 경험을 가지고 있으므로 당신이 받아들인 의미와 다른 사람이 받아들인 의미가 같은 경우가 거의 없다고 할 수 있다. 다음의 4가지 중요한 언어방식은 상호간의 이해를 방해한다. 그 방식은 (1) 생략 (2) 모호한 대명사 (3) 모호한 동사 (4) 명사화이다.

생략이란 문장에서 일정부분을 완전하게 제외하는 것을 말한다. 상대방은 말하는 사람의 의미를 정확하게 모르면서 괄호부분을 가정으로 채워 넣게 된다. 생략된 부분에 대해서는 상대방에게 물어 보라. 예를 들면 말하는 사람이 "나는 행복해." 라고 말할 때 당신이 '무엇 때문에' '누구 때문에' 라고 물어 볼 수 있을 것이다. 다음은 일부가 생략된 문장이며 그 내용을 명확히 알 수 있도록 해 주는 질문의 예시들이다.

〈문장〉   〈질문〉

나는 혼란스럽다.   무엇 때문에? 누구 때문에?

나는 준비가 되어 있다. 무엇을 준비했나?

나의 기분이 나아졌다.   무엇 때문에? 좋아지기 전 상태는?

나는 도움이 필요해.   어떤 형태의 도움이 필요해?

영미는 너무해.   무엇이 너무해? 누구보다 더 나쁜 거지?

(연습)

생략된 내용을 명확히 하는 연습을 더 하기 위해서 다음 문장에서 생략된 부분을 찾기 위한 질문을 해 본다.

〈문장〉   〈질문〉

나는 슬프다.   -----------------------------------

제국이 무너졌다.   -----------------------------------

승호는 너무 좋다.   -----------------------------------

어떻게 해야 할지 모르겠어. -----------------------------------

진실은 정말 재주가 좋다. -----------------------------------

모호한 대명사 대명사를 모호하게 사용하게 되면 대부분 혼란스럽고 해석도 잘못하게 된다. 다음은 그 예이다.

〈문장〉	〈질문〉
이건 믿을 수 없어.	무엇을 믿을 수 없는가?
이건 불공평해.	무엇이 불공평한가?
그들의 말에 의하면	비만이 암의 원인이라는 것은
비만이 암을 유발한대	누구의 연구에서 보여 주고 있는가?
이건 잘못되어 가고 있어.	무엇이 잘못되어 가고 있다는 말인가?
그렇게 하면 행복을 얻을 수 없어.	내가 행복을 얻을 수 없게 하는 일은 무엇인가?

〈연습〉

다음 문장에서 불분명한 관계를 알기 위한 질문을 해 본다.

〈문장〉	〈질문〉
그들은 내 말을 듣지 않아요.	---------------------------------------
이것은 쉬워요.	---------------------------------------
이건 정말 놀랄 일이야.	---------------------------------------
이 일을 계속 이런 식으로 하면 안돼요.	---------------------------------------
이 일은 나에게는 잘못된 것으로 보여요.	---------------------------------------

모호한 동사 '간질이다, 하품하다, 깜박이다' 같은 동사는 '움직이다, 만지다, 보다' 와 같은 동사보다 훨씬 구체적이다. 누군가 당신에게 "나는 작년에 많이 자랐어." 라고 한다면 당신은 "어떻게 자랐다는 거지? 10센티

정도 자랐다는 이야기인가? 몸무게가 늘었는가? 고민거리를 해결했다는 말인가?" 등등의 의문을 가지게 될 것이다. 말한 사람에게 "무엇이 자랐다는 말이지?"라고 질문하게 되면 당신은 상대방의 경험과 세계관을 이해하게 된다. 다음은 모호한 동사를 사용한 경우와 그에 대한 질문 내용이다.

〈문장〉	〈질문〉
그녀는 나를 화나게 한다.	어떻게 당신을 화나게 했나요?
나의 부모는 나에게 의사가 되라고 강요해.	부모가 당신에게 의사가 되도록 강요하는 방법은 무엇인가요?
그는 떠났다.	그는 어떻게 떠났나요? 어디로 갔나요?
그는 계속 움직이고 있다.	움직이는 동작은 어떤가요?
나는 로댕의 작품을 좋아한다.	로댕의 작품의 좋은 점은 구체적으로 어떤 부분인가요?

(연습)

모호한 동사에 대해 질문을 해 본다.

〈문장〉	〈질문〉
당신은 날 실망시킨다.	---------------------------------
그들은 당신의 작품을 좋아한다.	---------------------------------
그녀는 나를 보고싶어 한다	---------------------------------
나는 몸이 약해졌다.	---------------------------------

명사화

물건이나 사건에 대해 잘못된 인상을 줄 수 있는 추상적인 명사를 사용하는 경우이다. '그 문제', '우리 관계', '이 토론', '당신의 죄' 등이 명사화의 사례들이다.

명사화는 다음의 두 가지 방식으로 사용된다. 한가지는 누구라도 동의할 수 있도록 어느 것도 명확하게 표현하지 않는 극단적으로 모호한 명사를 사용하는 것이다. 다른 사람들이 '당신의 죄'에 대해서 말할 때 그 말의 의미를 아주 잘 알고 있다고 생각한다. 그러나 당신은 죄가 당신의 생활에 어떻게 영향을 미치는 지에 대해서는 아주 다른 관점을 가지고 있을 수 있다.

명사화를 사용하는 또 다른 방식은 명사를 동사로 바꾸어 사용하는 것이다. "결정을 내리자(make a decision)." 라는 문장은 명사화의 예시이다. 보다 역동적이며 이해 가능한 문장은 "어떻게 그늘을 만드는 나무를 심을지 결정하자(decide)." 일 것이다. 명사인 '결정(decision)'을 동사인 '결정하자(decide)'로 바꿈으로써 상세한 정보를 요구하는 문장을 만들 수 있게 된다. 애매하게 제시되었던 '결정'은 결정해야 할 구체적인 일로 대체된 것이다.

명사화된 단어는 다른 명사에 비해 구분하기 쉽다. 녹색의 일륜차를 상상해 보라. 이번에는 어린 나무와 작은 여자아이, 그리고 일륜차에 담겨져 있는 시멘트 몇 포대를 상상해 본다. 이것들은 모두 명사들이다. 이번에는 죄, 문제, 관계 등을 일륜차에 실어 보라. 알다시피 명사화된 단어는 사람이나 장소나 물건이 아니라 이미지화 하기에는 너무 추상적인 것에 대한 것이다. 말을 하는 사람이 정적인 명사화 단어를 사용한다면 몇 가지만 추가하면 동적 과정을 설명단어로 변형시킬 수 있다. (1) 명사화된 단어에 대해 구체적인 정의를 요구한다. (2) 명사화된 단어를 동사로 사용하여 질문한다. 예를 들면 누가 좀 더 많은 관심을 요구한다면 "구체적으로 네가 원하는 관심이란 무엇이냐?"라고 요구함으로써 관심의 정의를 내리도록 요구할 수 있다. 만약 누군가 "나는 요새 불만(disapproval)이 많아."라고 한다면 "내가 너를 불만스럽게(disapproving)한 것이 무엇이지?"라고 하면서 동사로 바꾸어 질문 할 수 있다. 다음은 명사화된 단어를 사용한 문장들이며 그에 대한 질문들이다.

〈문장〉	〈질문〉
우리 관계는 긴장되어 있어요.	당신이 긴장이라고 느끼는 관계는 어떤 건가요?
업무는 문제만 일으킨다.	정확하게 어떤 종류의 문제 때문에 괴로움을 겪고 있습니까?
그 날은 하루종일 퇴짜만 당했다.	그 날 어떻게 퇴짜 당했나요?
즐거움은 이제 없다.	지금은 일어나지 않은 즐거움은 무엇인가요?
해결방법은 없다.	그 문제를 해결하기 위해 시도해 본 방법은 무엇인가요?

(연습)

명사화를 명확히 하기 위해 질문을 해 본다.

〈문장〉	〈질문〉
그는 성공한 사람이다.	-------------------------------
나는 안내를 원한다.	-------------------------------
그것은 완전히 오해이다.	-------------------------------
나는 엄청난 분노를 느낀다.	-------------------------------
어젯밤 이상한 슬픔이 나에게 밀려 왔다.	-------------------------------

_모델의 한계에 대한 도전

당신의 경험을 인위적으로 제한하는 세 가지 중요한 언어 사용방식이 있다. 그것은 (1) 절대적 표현 (2) 강요된 제약 (3) 강요된 가치이다.

절대적 표현

'항상, 절대, 모두, 하나도, 모두가, 어느 누구도'와 같은 지나치게 일반화된 단어를 사용하는 것을 말한다. 말하는 사람의 절대적인 표현에 대해서는 과장된 음성 톤으로 말하거나 오히려 절대적인 표현을 더 많이 사용함으로써 자신을 방어할 수 있다. 말하는 사람이 "나의 엄마는 항상 늦어."라고 말할 때 당신은 "너의 엄마는 항상 그리고 영원히 늦어?"라고 대응하면 된다. 절대적인 표현을 문장에 포함하는 사람들에 대해 대응하는 또 하나의 방법은 그가 일반화에 대해 반박 당할 수 있는 사건이 있는지를 물어 보는 것이다. "단 한번이라도 당신의 엄마가 정시에 와 본적이 없어?"

다음의 문장은 절대적인 표현을 포함한 문장들과 그에 대한 질문이다.

〈문장〉	〈질문〉
나는 항상 고통스럽다.	당신은 절대적으로 항상 고통스러운가?
아무도 날 좋아하지 않아.	정말 이 세상에 너를 좋아하는 사람이 단 한 명도 없었니? 정말 단 한 명도?
나는 절대 이긴 적이 없어.	당신이 승리한 적이 한 순간도 없었나요?
그녀는 항상 그렇게 퉁명스러워요.	그녀는 항상 당신에게 퉁명스러운가요? 그녀가 다정한 적이 정말 한번도 없었나요?

〈연습〉

절대적인 표현을 담고 있는 다음의 문장에 대해 질문해 본다.

〈문장〉	〈질둔〉
나는 한번도 데이트 해본 적이 없어.	-----------------------------
나는 항상 마지막이군.	-----------------------------
모두가 그가 옳다고 해요.	-----------------------------
모든 좋은 사람은 결혼한다.	-----------------------------
파티에 참석했던 모든 사람은 날 바보라고 생각한다.	-----------------------------

강요된 제약

당신에게 선택의 기회를 주지 않는 단어나 문장을 말한다. '할 수 없다,

반드시, 해야 한다, 당연히, 필요하다, 불가능하다' 와 같은 단어들이 그 예이다.

강요된 제약은 두 가지로 나눌 수 있다. '나는 할 수 없다' 와 '이것은 불가능하다' 라는 구분은 선택안이 완전히 배제되어있는지 아닌지에 의해서 정해진다. '반드시 해야 한다(must, have to, should)' 범주는 도덕적 명령의 중요성을 나타낸다. 특히 '해야 한다(should)' 문장은 당신이 강요된 규칙을 어기면 나쁜 사람이란 것을 암시하는 극단적 행동제한 문장이다.

많은 사람들은 의심 없이 자신을 제약 속에 가둔다. 어떤 남자가 지나가는 말로 "나는 대중 앞에서 절대 말못해."라고 한 것을 들었다. 그는 자신의 세계관에 의해 그러한 경험은 의심할 바 없이 자신의 능력 밖이라는 것이다. "만약 대중 앞에서 이야기하면 어떤 일이 일어납니까?" 혹은 "당신이 대중 앞에서 말하는 것을 방해하는 요소는 무엇입니까?" 라는 질문을 함으로써 그에게 강요된 제약에 대해 질문 할 수 있다. 첫째 질문은 그가 연설하게 되면 일어나는 결과에 대해 상상하게 만들 것이며 둘째 질문은 그가 과거를 회상하게 하여 그의 두려움의 근원이 무엇인지를 발견하도록 재촉할 것이다.

해야 한다 문장과 도덕적 명령에 대해서는 같은 종류의 의문점을 제시할 수 있다. 친구가 말하기를 "쉬기 전에 일부터 끝내야겠어."라고 했다. 그렇다면 당신은 "쉬기 전에 일을 끝내지 않으면 어떤 일이 일어나지?"라고 질문함으로써 강요된 제약에 대해 문제점을 제기할 수 있다. 다음은 강요된 제약이 들어 있는 문장들이며 그에 대해 문제점을 제기하는 질문들이다.

〈문장〉	〈질문〉
나는 떠나고 싶다. 그러나 그렇게 하지 못한다.	떠나는 것을 막는 것은 무엇인가?
그렇게 말하면 안돼.	만약 내가 그렇게 이야기하면 무슨 일이 일어나지?
나는 사장이 시킨대로 해야 해.	만약 사장이 시킨대로 하지 않으면 무슨 일이 일어나지?
나는 요리를 못해.	요리의 어떤 점이 힘든 지를 이야기 해.

〈연습〉

다음의 강요된 제약에 대해 문제점을 제기하라.

〈문장〉	〈질문〉
나는 숙제를 그 만큼이나 많이 끝내지 못하겠어.	----------------------------------
나는 더 이상 그녀를 기다리지 못하겠어.	----------------------------------
너는 보다 성숙한 태도를 가져야 한다.	----------------------------------
너는 그들의 감정을 생각해야 한다.	----------------------------------
너는 정말 생산적인 일을 하면서 시간을 보내야 한다.	----------------------------------

강요된 가치

사람들은 세상의 일반적인 일에 대해 말할 때 자신의 개인 모델에 의하여 판단한다. 기본적으로 자신에게 적절한 가치를 선택하며, 다른 사람들에게 이를 적용하기도 한다. '멍청한, 돈에 굶주린, 타락한, 배짱도 없는, 못생긴' 같은 일반 단어를 사용하는 사람들은 강요된 가치를 사용하고 있다고 할 수 있다. 이런 언어방식을 사용하는 사람들은 보통 다른 정당하고 대체 가능한 견해가 존재한다는 것을 모르고 있다. 이런 사람들에게 도전하려는 사람은 자신의 개인 의견을 상대방에게 강조함으로써 다른 사람들도 나름의 가치와 의견이 있다는 것을 알도록 해야 한다. 어떤 사람이 말하기를 "모든 현대 미술은 물감을 허비하는 것이다." 라고 했을 때 "현대 미술은 물감이나 낭비하는 거라고 생각하는 사람은 누구입니까?"라고 물어 볼 수 있다. 다음은 강요된 가치가 포함된 문장이며 그에 대해 문제점을 제기하는 문장이다.

〈문장〉	〈질문〉
그것은 한 푼의 가치도 없는 쓰레기이다.	누구에게 그렇게 쓸모가 없나요?
공산주의는 악마다.	누구에게 공산주의가 악마로 보이나요?
밖에서 걷는 것은 잘못된 일이다.	누구에게 걷는 것이 잘못된 일인가요?
성에 대한 심리치료는 바보스럽다.	누구에게 성에 대한 심리치료가 바보 같거나 비효율적인가요?

(연습)

강요된 가치가 포함된 다음의 문장에 대해 문제점을 제기한다.

〈문장〉	〈질문〉
록 앤 롤 음악은 소음일 뿐이다.	---
달리기는 가장 좋은 형태의 운동이다.	---
환상주의는 위험하다.	---
분노는 불필요한 감정이다.	---
정치가들은 바보들이다.	---

_ 왜곡된 모델에 대한 도전

당신이 왜곡된 개인 모델을 가지고 있다면 대안을 찾기가 어렵게 되고 당신의 경험은 엄청나게 허약한 것이 된다. 현실을 왜곡하는 언어 방식은 (1) 원인과 결과의 오류 (2) 짐작하기 (3) 전제(前提) 등 세 가지 요소이다.

원인과 결과의 오류가 나타나는 자신이 다른 사람의 감정이나 내적 상태에 변화를 일으킬 수 있으며 영향을 받는 사람은 대응 방안이 없을 것이라는 믿음 때문이다. 이런 믿음에 대해 문제점을 제기하려면 원인과 결과에 대한 직접적인 관련성이 실제 있었는지, 전혀 대안이 없었는지를 물어 보면 된다. 예를 들면, 당신의 어머니가 '집을 나가게 되어서 매우 걱정스럽구나.'라고 할 때 "걱정스러운 부분이 무엇인가요?"라고 물으면서 문제점을 제기할 수 있다. 이런 관점을 제기하면 당신의 어머니는 자연스럽게 자신의 느낌에 대해 책임을 져야 한다는 것과 그 건에 대해 자신의 반응만을 가동시키고 있다는 점을 알게 해 줄 것이다. 다음의 문장은 원인과 결과오류에 대한 문장이며 그에 대해 문제점을 제기하는 질문들이다.

〈문장〉	〈질문〉
너 때문에 슬프다.	내가 어떻게 너를 슬프게 했지? 너를 슬프게 만드는 나의 행동은 무엇이지?
당신 아기 때문에 머리가 아파요.	머리를 아프게 한다고요? 정말 당신의 두통이 나의 아기 때문에 일어나는 것이 맞나요?
당신이 조용하게 있으니 화가 나요.	나의 침묵이 어떻게 화를 나게 하나요? 나의 침묵의 어떤 부분이 당신을 짜증나게 하나요?
이 일은 지루해요.	당신을 지루하게 만드는 부분이 무엇인가요?

(연습)

다음의 원인과 결과오류에 대해 문제점을 제기하라.

〈문장〉	〈질문〉
당신이 주변에 있을 때마다 나는 긴장이 돼요.	-----------------------------------

그는 나를 화나게 해요.　　　　　-------------------------------

당신이 꾸물거리기 때문에
나는 실망스러워요.　　　　　-------------------------------

당신의 재판관 같은 태도가
나를 곤경에 빠뜨려요.　　　　-------------------------------

당신은 나를 피곤하게 해요.　　-------------------------------

짐작하기

다른 사람과 직접적인 대화가 없어도 상대방의 생각이나 느낌을 알 수 있다는 믿음으로부터 초래된다. 이런 믿음은 진실이 아닌 것에 대해서도 의심 없이 믿게 하여 당신의 세계관을 왜곡시킨다. 넘겨짚는 이유는 상대방도 당신과 같은 방향으로 느끼고 행동한다는 기대를 가지고 있기 때문이다. 이런 사람들은 다른 사람들이 다른 경험을 가지고 있다는 사실을 알 수 있을 만큼 충분히 다른 사람을 세밀히 관찰하거나 귀를 기울이지 않는다. 짐작하기를 잘하는 사람들에게 문제점을 제시하기 위해서는 "그것과 그것을 어떻게 알게 되었는가?"라고 질문한다. 그러면 말을 한 사람은 그들이 이전에 당연한 것으로 여기고 있었던 가정에 대해 다시 생각하게 되고 의문을 가지게 된다.

다음의 문장은 짐작하기 오류에 대한 문장이며 그에 대해 문제점을 제기하는 질문들이다.

〈문장〉	〈질문〉
내 직장동료는 내가 게으르다고 생각해요.	당신 직장동료가 당신이 게으르다고 생각하고 있다는 것을

나의 남편은 내가 원하는 것을 알고 있어요.	당신 남편이 당신이 원하는 것을 알고 있다는 것을 어떻게 알게 되었나요?
그는 그녀의 돈만 보고 결혼했어.	당신은 어떻게 그가 그녀의 돈만 보고 결혼했다고 느끼게 되었나요?
제발 나한테 화내지 말아요.	무엇 때문에 내가 당신에게 화가 났다는 인상을 받았나요?

(연습)

다음의 짐작하기 오류에 대해 문제점을 제기하라.

〈문장〉 〈질문〉

재훈씨는 나를 싫어해요. ----------------------------------

당신은 내가 아이들을
싫어한다고 생각하지요. ----------------------------------

당신 정말 불안하군요. ----------------------------------

당신은 나한테
너무 많은 것을 바라고 있어요. ----------------------------------

그녀의 말이 그처럼 빨라지는 것은
화가 났다는 의미이다. ----------------------------------

전제

특정문장이 의미를 가지기 위해 반드시 진실이어야 하는 부분을 말한
다. "저번에 우리가 춤추러 간 것에 대해 당신이 엄청나게 질투했기 때문

에 다시 가지 않겠어." 라는 문장에서 결론은 "다시 가지 않겠어." 이지만 이 문장이 의미를 가지려면 "당신이 질투했기 때문에" 가 진실이어야 한다. 이러한 문장에 대해 문제점을 제기 하기 위해서는 "내가 질투를 하고 있다는 것 같이 보이는 이유는 무엇 때문인가요?" 라고 질문한다. 다음의 문장은 전제를 포함하고 있는 문장이며 그에 대해 문제점을 제기하는 질문들이다.

〈문장〉	〈질문〉
성수가 내 말은 들으려 하니 내가 설득해 보지요.	성수가 당신의 말만 들으려 한다는 것은 왜인가요?
나를 진정 사랑한다면 나와 보다 많은 시간을 보내야 해요.	내가 당신을 진정 사랑하지 않아 보이는 것은 왜인가요?
나는 지금 심각한 상태입니다. 지금 당장 예약을 해야 합니다.	문제가 심각하다면 어떻게 심각합니까?
당신 개가 내 아이들을 위협해요. 가두든지 잠을 재워요.	내 개가 당신의 아이들을 어떻게 위협합니까?
그녀는 일반적인 어머니 같지 않아서 아이들이 괴로워해요.	그녀가 나쁜 엄마처럼 행동한 부분은 어떤 부분인가요?

(연습)

다음은 전제가 들어 있는 문장들이다. 문장에 들어 있는 가정에 대해 문제점을 제기하는 질문을 사용하여 각 문장에 대해 반대편에 서 본다.

〈문장〉   〈질문〉

그렇게 욕심을 낸다면
이제 카드놀이를 그만 둡시다.   ------------------------------------

그는 너무 짜기 때문에
돈 빌려 달라고 말못해.   ------------------------------------

그들이 나를 정말 원하지 않는다면
늦게까지 일하지 않겠어.   ------------------------------------

만약 지현이 그렇게 게으르지만 않았어도
성적을 더 잘 받을 수 있었을 텐데. ------------------------------------

좀더 신경을 쓰면 저 좋은 정원을
가질 수 있어요.   ------------------------------------

이번 장에서 기술한 언어 방식은 밴들러와 그라인더의 Meta-Model에서 인용한 것이다. 어떤 용어는 기억을 잘하기 위해 단순하고 쉽게 변경했다. 또한 문제점 제기 부분도 추가했다.

_기타 최종 명확화 과정

이장에서 배운 명확화 기술에 대해 너무 강박관념을 가지고 사용하지 않아야 한다. 일상적인 대화에서 끊임없이 명확화를 요구하는 것은 다른 사람들은 불쾌하게 만든다. 그러나 이러한 기술은 상대방의 말이 정확하게 당신에게 와 닿지 않을 때나 모호할 때, 꼭 필요한 정보가 빠졌다고 생각할 때는 반드시 사용해야 한다. 절대적인 표현이나 짐작하기, 기타의 언어 방식을 일상적으로 사용하는 사람의 모델은 대부분 제약되거나 왜곡되어 있다고 생각할 수 있기 때문에 현명하게 명확화 기술을 사용하여야 한다. 하지만 부드럽게 대해야 하며 적대감이 아니라 흥미를 가지고 있다는 태도로 질문을 해야 한다.

말하는 사람의 문장이 불완전하다는 것을 어떻게 알 수 있을까? 말한 내용에 대해 불완전하고 혼란스러운 그림만 그려질 때, 혹은 상대가 말한 내용이 틀렸다는 생각이 들 때 일 것이다. 이런 신호들은 무언가 빠졌다는 의미이며, 빠진 조각을 찾기 위해서는 좀 더 많은 조각이 필요하다는 의미이다. 명확화 기술은 성급하게 결론 내리는 것을 막아주며 말하는 사람의 분위기를 맞추는데 도움을 준다. 당신의 모델로 채우는 것이 부족한 부분을 채우는 것이 아니라 말하는 사람의 의도를 진심으로 이해할 수 있게 한다.

(연습)

친구에게 앞에서 말한 언어방식오류를 포함한 말을 하게 한다. 각 문장에 대해 적정한 질문을 한다. 처음에는 동일한 오류를 가진 문장만을 연속하여 말하게 한다. 그 다음에는 각각의 오류가 포함된 문장을 무작위로 말하게 한다.

〈요약 도표〉

언어 패턴 오류	오류의 예	명확화를 위한 질문
• 모델을 이해하기		
생략	정말 끔찍해.	무엇에 대해, 누구에게?
모호한 대명사	그들이 말하기를 주택공급이 줄어들 거래.	누가 그런 말을 했어?
모호한 동사	철수 때문에 졌어.	정확하게 철수가 어떻게 너를 지게 만들었지?
명사화	나는 후회하고 있어.	무엇을 후회하는 거지?
	결혼은 공허하다.	결혼을 공허하게 느끼는 원인이 무엇이지?
• 모델의 제약에 대해 문제점 제기하기		
절대적인 표현	나는 항상 제외된다.	절대적이고 항상이야? 한번도 포함된 적이 없었어?
강요된 제약	너는 성공할 수 없어.	만약 내가 성공한다면 어떤 일이 일어나지? 나의 성공을 막는 것은 무엇이지 혹은 누구이지?
	그녀를 반드시 방문해야 한다.	만약 내가 그렇게 하지 않으면 어떤 일이 일어나지?
강요된 가치	보수주의자들은 바보다.	보수주의적 신념을 바보스럽다고 생각하는 사람들은 누구지?
• 왜곡된 모델에 대해 문제점을 제기하기		
원인과 결과의 오류	너 때문에 나는 정말 불행해.	내가 너를 그렇게 느끼게 만들었니? 너를 불행하도록 만드는 나의 행동은 무엇이지?
짐작하기	은화가 나를 질투하고 있다는 것을 알고 있다.	은화가 너를 질투하고 있다는 것을 어떻게 알게 되었지?
전제	만약 규철 씨가 좀더 효율적으로 일했다면 해고되지는 않았을 텐데.	규철씨가 효율적인 직원이 아니었다는 구체적인 사례는?

6. 문화와 성

···→ Culture and Gender

기술의 발전과 무역 활성화에 의해 세계는 날로 가까워지고 있다. 밀려들어오는 다양한 민족들과 함께 살아가게 된다. 이런 시대에서 중요한 사실은 다른 문화권에 속한 사람은 의사소통 방법도 다르다는 것이다. 의사 소통 상에 문제가 발생하는 이유는 서로에 대한 의견 불일치나 적대 감정 때문이 아니라 상대방의 문화에 대해 미리 가정을 세우기 때문에 발생하는 경우가 많다.

개인의 국적, 종교, 민족, 계층, 언어 그리고 성과 같은 모든 요인들에 의해 개인들은 특별한 세계관을 가지게 되며, 고유의 말과 듣는 방식을 가지게 된다. 이 장에서는 개인이 가지고 있는 문화와 성적 배경에 대해 밝히고 있으므로 내용을 읽게 되면 다른 사람들을 이해하는데 도움이 될 것이다.

이 장에서는 서로 다른 문화권과 남성과 여성의 보통의 구성원을 분석함으로써 서로가 다르다는 것을 규명하고 있다. 그러므로 고정관념에 대해선 용서해 주기 바라며 조용한 이탈리아인이나 솔직한 일본인, 남과 협조를 잘하는 남성이나 경쟁심 많은 여성과 같은 예외사항은 항상 존재한다는 것을 명심하기 바란다.

_서로 다른 문화

인류학자인 에드워드 홀 (Edward Hall)은 문화를 저상황 문화 (Low-Context Culture)와 고상황 문화 (High-Context Culture)와 같이 구분하였다.

미국과 캐나다, 유럽, 이스라엘, 호주 문화는 저상황 문화의 예이다. 이런 문화권 사람들은 서로의 관계에 대해 직접적이며 문자 그대로의 교류 방식을 선호하여 그들의 말한 내용과 그들의 의미가 정확하게 일치하기를 기대한다. 저상황 문화에서는 자기 표현의 가치를 명확성, 유창함, 간결함이라고 판단한다. 말하는 사람은 듣는 사람으로 하여금 믿게 만들고 설득하려고 노력한다.

동양권과 아랍권, 그리고 아프리카 여러 국가들은 고상황 문화의 예라고 할 수 있다. 이 문화권의 사람들은 자신의 하는 말보다는 대화자간의 대화장소나 시점, 상황, 관계 등의 맥락에서 그 단서를 보다 많이 찾아야하는 간접적 교류방식을 선호한다. 고상황 문화권 사람들은 명확성보다는 조화, 미묘함, 감수성, 재치 등에 더 많은 가치를 둔다.

고상황 문화와 저상황 문화가 서로 다르기 때문에 대화의 의미, 속도, 성량, 신체의 움직임, 거리, 접촉 등에서 여러 가지 갈등이 초래된다.

의미

일본인들이 주저하지 않고 사과하는 것은 우호적으로 자기자신을 낮추는 표현 방식중의 하나로써 동등한 관계에서 서로 토론할 수 있도록 한다. 미국인들에게는 사과란 자신의 잘못을 인정하는 것이며 이에 따라 사과한 사람은 한 단계 낮춰지게 된다. 일본인들은 미국인들이 재치도 없는 저능아들이라고 생각하고 미국인들은 일본인들이 수동적이고 믿을 수 없는 사람들이라고 생각하기 쉽다.

한국인들은 체면을 매우 중요시한다. 그들은 의미의 정확한 전달보다는 자신의 지위나 계층의 특징을 보호하는데 더 가치를 둔다. 그들은 상급자와 하급자에 대해서 다른 단어를 사용한다. 서구인들은 한국인들이 경직되어 있고 비우호적이라고 여긴다. 한국인들은 서구인들이 무례하고, 나서기 좋아하며, 둔하다고 여긴다.

아랍권 사람에게 차에 태워서 사무실로 가주겠다고 제안하는데 대해 그가 "고마워요. 됐어요." 라고 말한 것의 실제 의미는 "글쎄요. 그럴까요…한번만 더 물어주세요." 이다. 아랍인들은 매우 공들여서 말을 하는 경향이 있다. 차를 태워 주겠다거나 식사를 더 하겠느냐는 데에 대해 승낙하기까지는 여러 번의 상호 대화가 진행되어야 한다. 다만 "아니 절대로 아닙니다. 신의 이름으로 나는 할 수 없습니다. 나는 금지되어 있습니다." 라고 말하는 경우에만 진정으로 아니라고 하는 것이다.

속도

말하는 표준적인 말의 속도와 양, 새로운 의견에 대해 대화하기 위해서 대화를 멈추는 시간, 상대방이 말을 끝낸 다음 당신이 말을 시작하려면 얼마나 있다가 시작해야 하는 지는 문화에 따라 다르다.

영어권에서는 교육을 많이 받은 뉴욕의 유대인들이 가장 말을 빨리 한다고 알려져 있다. 그들은 말을 빨리 하고, 중간에 멈추는 법이 없으며, 서로 말을 겹치게 하기도 하고, 방해하기도 하며, 상대방의 문장을 대신 끝내주기도 하며, 질문에 답할 때 보다 훨씬 빠른 속도로 '자동 기관총' 같이 질문을 한다. 그들은 누구보다도 영어를 빠르게 말하므로 대부분의 뉴욕거주 유대인들에 대해서는 목소리가 크고, 나서기 좋아하고, 무례하다는 고정관념을 가지고 있다.

이 사람들과 반대쪽에 있는 사람들은 미국 원주민들과 스웨덴 출신 미국인으로, 그들은 말을 천천히 하고, 단어를 많이 사용하지 않으며, 오랫동안 대화를 멈추기도 하며, 상대방의 말을 거의 방해하지 않는다고 알려져 있다. 누구보다도 천천히 영어를 말하는 그들에 대해서는 음울하고 무뚝뚝하다는 고정관념을 가지고 있다.

성량과 몸 동작

이탈리아인과 그리스인은 토론할 때 큰 목소리를 내면서 다양한 손짓과 신체 움직임을 사용하여 자신의 입장을 강하게 방어한다. 그곳에서 태어났다면 논쟁을 벌이면서 대화하는 방식은 기운 나게 하고 즐거운 방식일 수 있다. 그러나 북부 유럽이나 아시아인들처럼 정적인 사람들은 이러한 방식을 말썽을 일으키는 폭력적인 대화방식으로 본다.

거리와 접촉

문화권에 따라 '편안한 영역(Comfort Zone)'의 범위가 다르며 암묵적으로 합의된 적절한 접촉수준에 대해서도 상이한 규칙이 적용된다. 일반적으로 사람들이 가지고 있는 편안한 영역이란 다른 사람과 대화할 때 '너무 가깝거나', '너무 먼' 거리의 중간이다. 업무적인 동업자와의 거리는 1.8미터이상, 친구들과는 1미터 정도, 친근감을 느끼는 사람과는 불과 몇 센티 정도가 편안한 영역이라고 할 수 있다.

처음 대하는 사람과의 거리는 북미인들보다 남미인들이 가까운 경우가 많다. 멕시코인 어머니가 병원응급실에서 자기 아들의 부러진 팔에 대해 앵글로색슨족 간호사에게 이야기할 때 그 간호사는 자신의 편안한 영역 내에 너무 가깝게 다가오고 있다는 것을 느끼게 될 수 있다. 만약 그 간호사가 너무 가깝다고 느껴서 반걸음 뒤로 물러선다면 이번에는 멕시코 인들이 서로가 멀어지게 되는 거리가 되어 다시 가까이 가게 만들어 또다시 앵글로색슨족을 불안하게 만들 것이다. 그리고 똑같은 일이 반복된다. 멕시코 어머니는 '나를 피하려 한다.'고 생각할 것이며 간호사는 '뻔뻔하다.'고 생각할 것이다. 어느 쪽도 맞지 않으며 어느 쪽도 그 이유를 모르고 있다.

어떤 문화권에서는 중요한 말을 할 때 상대방의 손을 잡아도 문제가 될 게 없지만 어떤 문화권에서는 동일한 행동도 무례하게 여겨진다. 어떤 문화권에서는 이성애 남성도 공공의 장소에서 일상적으로 다른 남성과 입맞춤하거나 손을 잡지만 어떤 문화권에서는 그러한 행동을 하면 동성연재자로 취급받는다.

_ 성(性)

평생동안 한국인 외교관과 조약을 맺기 위한 협상을 하거나 일본의 사업가와 수억 달러의 계약을 완료하지 않으면서도 살아갈 수 있지만 반대의 성과는 매일 어떠한 거래를 해야 한다. 가장 일반적이고 가장 가슴을 아프게 하는 문화적 충돌은 바로 남성과 여성간에 일어나는 충돌이다.

《That' s Not What I Meant! 와 You Just Don' t Understand》의 저자인 데보라 태넌 (Deborah Tannen)은 여성과 남성의 대화 방식의 차이점은 문화적 차이 때문이라고 강조하고 있다. 즉 소년과 소녀는 상이한 문화권에서 자란다는 것이다. 태넌과 그의 동료들은 유치원시절부터 성년에 이르기까지 모든 연령에서 어떻게 의사소통을 하고 있는지를 연구하였으며, 남성과 여성은 극단적으로 상이한 문화에 의해 성장한다는 것을 명확히 밝히게 되었다.

처음 말하는 것을 배우기 시작할 때부터 소녀와 성인여성은

1. 접촉을 원한다.
2. 쌍방 관계는 평등하며 대칭적이다.
3. 서로 의존하거나 협력하기 좋아한다.
4. 합의에 의해 결정을 내린다.
5. 친근해지기를 갈망한다.
6. 동료들로부터 인정받으려 한다.
7. 보다 사적으로 이야기한다.
8. 문제를 서로 이야기한다.
9. 세부적 감정(feelings)을 중요시한다.
10. 업무적인 말과 개인적인 말을 구분하지 않는다.
11. 도움과 조언과 방향을 제시해 주기 원한다.
12. 감정이입을 함으로써 동정을 느낀다.
13. 문제를 이해하기 원한다.

그와 달리 소년과 남성은

1. 지위를 원한다.

2. 쌍방 관계는 비대칭적이며 경쟁적이다.

3. 독립과 자율을 원한다.

4. 힘과 설득력과 다수의 법칙에 의해 결정한다.

5. '자신만의 공간'을 열망한다.

6. 동료들로부터 존경받기 원한다.

7. 보다 공개적으로 이야기한다.

8. 자신의 문제는 자신이 해결한다.

9. 세부적 사실(facts)을 중요시한다.

10. 일에 열중한다.

11. 도움이나 조언, 방향지시를 요구하지 않는다.

12. 조언하고 분석해 준다.

13. 문제를 해결하기 원한다.

이러한 차이점이 타고난 것인지 자라면서 배운 것인지, 본성인지 혹은 공급받은 것인지에 대해서는 몇 시간이고 서로 논쟁할 수는 있겠지만 실제로 그런 차이가 존재하는지에 대해서는 부인하는 사람은 별로 없다. 이러한 차이점에서 발생하는 문제는 인종이나, 지역이나, 빈부의 차이에서 발생하는 문제점보다 더 많은 문제점을 야기한다.

그러면 어떻게 해야 할까? 남성들은 보다 예민하게 반응하거나, 감정을 표현하거나, 원초적인 경쟁 충동을 완화하도록 자신을 훈련시킬 수 있다. 여성은 보다 단정적이고, 보다 직접적이며, 보다 문제 해결지향적이 되도록 연습할 수 있다.

이러한 훈련의 목적은 여성처럼 이야기하는 남성이나 남성처럼 이야기하는 여성을 생산하려는 것이 아니다. 목적은 인식하는 것이다. 반대 성의 특유한 말투를 해석하고 이해하려면 상대를 알아야 한다. 상대에 대해 알게 되면 반대의 성과 발생한 갈등을 해결하는데 있어 고정관념에 의한 반응을 피할 수 있게 된다. 그리고 당신에 대한 고정관념에 의해 발생하는 행위에 대해 여유를 가지고 응대할 수 있게 한다.

남성이 여성에 대해 알아야 하는 규칙

1. 맨 처음 접촉부터 시도한다.

집에 가자마자 바로 TV나 컴퓨터, 냉장고 앞으로 가지 말고 아내와 입맞춤하면서 안아준다. 당신의 주장에 대해 논쟁이 발생하거나 문제점이 발생한 경우, 당신의 배우자가 분리된 느낌이거나 관계가 끊어진 느낌이거나 혼자 있는 듯한 느낌인지를 조사해 본다. "지금 우리가 싸우고 있지만 나는 아직 당신을 사랑한다. 그리고 당신이 날 사랑하는 것도 안다. 그 사실은 변하지 않을 것이다."라고 말한다.

사회관계에 있어서 상호 관계가 집단 내부 구성원과 집단 외부 구성원 간, 혹은 남성과 여성집단으로 양극화되어 있는지를 살펴본다. 그렇다면 이러한 불화관계에 대해 "이러한 사태 때문에 우리 우정이 망쳐지지 않아야 한다."거나 "남자와 여자는 서로간의 요구에 맞도록 진심으로 최선을 다할 수 있다는 것에 동의하지요?"라고 말하여 관계를 개선한다.

업무상으로는 당신의 여성동료가 따돌림을 당하거나 팀과의 관계가 멀어졌다는 느낌을 가지고 있는지 살펴본다. 이러한 관계를 개선하기 위해서는 "이 문제에 대한 우리의 입장이 서로 다르긴 하지만 우리가 총체적인 목적을 위해 같은 팀으로써 일해야 하는 중요성에 대해서는 동의한 것으로 알고 있다."라고 말한다.

2. 눈높이를 맞춘다.

여성을 다룰 때는 지배나 적대적 감정이나 경쟁심리는 잠시 접어 둔다. 대화할 때도 상대를 이기기 위해 투쟁하기보다는 서로를 알기 위한 대화를 즐겨야 한다. 여성과의 대화에서 말할 때마다 상대를 이기는 것보다 동등과 협력이 더 중요하다. 같은 시각으로 보며 같은 마음으로 느껴야 한다.

3. 협력한다.

당신 혼자 하는 게 더 낫다 하더라도 함께 일하기를 제안한다. 대부분의 여성들은 사소한 집안일 일지라도 한시간 동안 같이 협력하여 일하는 것을 비록 혼자 하면 반시간만에 끝낼 수 있는 것이라고 할지라도 더 즐거워한다.

4. 합의에 의해 결정한다.

남성들은 다수결에 의해 일을 처리하는 것을 좋아하기 때문에 투표하기 좋아한다. 여성들은 시간이 걸리더라도 모두가 행동계획에 대해 동의할 때까지 꾸준히 논의하는 것을 좋아한다. 그러므로 인내심을 길러야 한다. 여성들은 '죽을 때까지 이야기' 하는 것이 아니며 합의를 성립시키려 하고, 협조를 구하려 하며, 서로 관계를 맺고, 관계를 더욱 원활히 하려고 한다고 자신에게 상기시킨다.

5. 곤란한 상황이지만 버틴다.

당신 배우자가 당신을 숨막히게 한다고 느낀 적이 있는가? 좀더 많이 함께 있자고 당신을 몰아 부치는가? 당신의 공간 안에서 당신을 혼란스럽게 하는가? 당신을 숨막히게 한다면 상대여성은 당신을 통제하거나 자신에게 귀속시키기 위해 그런 행동을 하는 것이 아니라는 것을 스스로에게 상기시켜라. 그녀가 안달하는 이유는 보다 친근한 관계를 원하기 때문이다. 당신이 뒤로 물러나서 '공간'을 요구하면 할수록 그녀는 그녀가 원했던 친근감이 이루어지지 못한데 대해 더 많이 실망하게 되고 더욱 더 추구하게 될 것이다. 처음에 편안하게 느꼈던 접촉보다 좀더 많은 접촉에 대해 견딜 수 있도록 배워야 한다. 당신이 혼자 있기를 원한다면 그렇게 말을 한다. 그녀를 쫓기 위해 그냥 떠나 버리거나 거친 말을 하지 않아야 한다.

6. 감사의 표현을 한다.

여성에게 당신이 고마워해야 하는 일이 일어날 때마다 큰 소리로 고마움을 표시하라. 여성들은 다른 사람들로부터 인정을 받거나 존경받기를 원하기 때문에 지위나 특권에 대해 그다지 문제 삼지 않는다. 예를 들면 사장이 성공적인 업무수행에 대한 칭찬을 받고 그 대가로 급여가 인상되었다면 여성은 그녀의 성공에 대한 찬사는 사장의 말이라고 여기면서 고마워 하지만 남성은 급여 인상을 자신의 지위 상승으로 여기면서 고마워한다.

7. 담소를 나눈다.

여성들은 남성들이란 두 시간 내도록 한마디도 하지 않고도 같이 차를 몰고 갈 수 있는 말수 적은 저능아라고 불평한다. 남성들은 여성들이 아무 것도 아닌 일에 대해 항상 말을 하려고 한다고 불평한다. 그 이유는 여성은 관계와 친근감 유지를 위해 말을 하지만 남성은 정보를 전달하기 위해 말을 하는 경향이 있다.

만약 여성이 당신에게 어떤 중요한 질문을 하면 답변을 충분히 길게 하라. 비록 당신의 생각이 명확하여 더 이상 답변할 것이 없거나 답변 내용이 문의와 직접적인 관련이 없더라도 당신의 생각과 느낌을 이야기하라. 당신이 말하는 내용에 심오한 내용이 담겨져 있어야 할 필요는 없다. 사소한 일에 대해서도 이야기하는 것은 서로간의 관계를 유지시키는 접착제 역할을 할 수 있다.

8. 문제점에 대해 서로 이야기한다.

당신을 괴롭히는 문제가 무엇인지 여성에게 알려준다. 이것은 자신의 약점이나 열등한 부분을 인정하는 것이 아니다. 그러면 그들은 전보다 당신을 더 많이 생각할 것이다. 그리고 여성들은 다른 남성들처럼 조언이나 비현실적인 해결방법으로 당신을 괴롭히지도 않을 것이다.

9. 감정을 이야기한다.

당신이 지금보다 여성의 관심을 두 배나 더 끌고 싶다면 그들의 문의에 대한 답변으로부터 시작하라. "안녕하세요?"라고 물으면 당신의 느낌을 담은 진심의 말을 전해 준다. "좋아요. 단사 오케이 지요."라고 말하지 말고 "글쎄요. 최근에 기분이 안 좋아요. 요즘 일이 잘 안 풀려요. 요즘 애들이 걱정 되요."라는 등의 말을 한다.

10. 사적인 말과 업무적인 말을 섞어서 한다.

업무나 학교나 교회에서 자신의 개인적인 이야기를 더 많이 한다. 당신의 내장을 쏟아 내라는 것이 아니다. 다만 당신의 가족일, 의견, 느낌, 야외활동에 대해 조금 더 상세한 의견 나누기를 주저하지 말라는 것이다.

11. 도움과 조언을 요구한다.

여성이 당신에게 말을 한다면 잠시동안 입을 다물고 있는 것이 좋다. 서로 눈을 마주쳐라. 처음에는 어색하더라도 고개를 끄덕이면서 "알았어요." "이해합니다."라고 말을 한다. 이 여성의 입장을 상상해보고 그녀의 입장에서는 그녀의 문제를 경험해 보라. 당신이 완전히 이해하기 위해 당신의 생각과 들은 것에 대해 바꾸어 말하기를 한다. 명확한 이해를 위해 질문을 한다.

12. 조언하려 하지 말고 이해를 한다.

남성들은 문제를 해결하기 좋아한다. 남성들은 문제가 발생할 가능성이 보이기만 해도 문제해결부터 하려고 시도한다. 남성들에게 있어서 문제의 해결은 능력과 영리함을 의미함과 동시에 더 이상은 그 문제에 대해서 다루지 않아도 된다는 것을 의미한다.

여성들은 대부분 문제해결을 원하기보다는 이해해 주기를 원한다. 만약 당신이 여성의 문제를 풀려고 시도한다면 여성은 실망할 것이다. 신속하게 문제를 해결하려는 욕망을 억누르고 잠시동안 만이라도 그녀의 말을 들어 주라. 그녀의 불평 뒤에 숨어 있는 느낌을 들어야 한다. 대부분은 이해할 수 있는 귀를 제공해 주는 것이 현명한 조언을 해 주는 것보다는 더 유리하다.

여성이 남성에 대해 알아야 하는 규칙

1. 누가 주도하고 있는지를 알아라.

여러 남자와 같이 이야기하는 경우에 누가 주도적인 입장인지 누가 가장 감명 깊어 하는지 누가 가장 크게 웃는지 누가 자신의 지위를 가장 잘 옹호하려고 하는지를 살펴두라. 현재 진행되고 있는 계급투쟁상황을 알게 되면 남성들의 대화를 더 잘 이해할 수 있게 된다. 그렇게 하면 당신의 말에 대해 누가 동의해 주고 반대하고 있는지, 당신이 누구의 지위에 대해서 도움을 주거나 위협을 하고 있는지, 당신의 지위가 이 모임에서 어떻게 비쳐지고 있는지를 알게 됨으로써 보다 기술적으로 대화에 참가할 수 있게 된다. 물론 모든 남성들이 신분에 대해서만 이야기하고 있다는 것을 말하려는 것은 아니다. 다만 당신이 남성들의 대화에 참가했을 때 신분에 대한 과시가 나타날 것이라는 것을 인지해야 할 필요가 있기 때문이다.

2. 당신의 입장을 명확히 밝혀라.

남성들은 당신의 입장이 그와 반대에 있더라도 분명한 입장표명을 원한다. 명확한 생각과 어느 편인지를 분명하게 표명하는 것과 그들의 지위와 지배권을 유지하는 것이 서로 관계를 유지하는 것보다 더 중요하다. 당신의 의견과 느낌과 요구사항을 명확하게 이야기할수록 남성들의 존경과 협조를 받아 내기가 더 쉬워진다. 대부분의 남성들은 어느 정도의 우호적인 경쟁관계가 있어야만 편안함과 자연스러움을 느낀다.

3. 독립적으로 행동하라.

어떤 남녀들은 새로운 업무를 시작할 때나, 꽃을 가꾸거나, 결혼을 준비하거나, 자녀들의 여름캠프에 대한 계획을 짜거나, 프로젝트를 새로 짜거나 할 때 서로 협조적으로 모든 세세한 부분까지 함께 일한다. 그렇지만 얼마지 않아서 어떤 일에 대해 당신은 함께 일하기를 원하지만 남성은 그렇게 하기를 원하지 않은 일이 발생하게 될 것이다. 그때는 당신 혼자 독립적으로 행동하라. 남성에게 도와 달라고 잔소리하면서 시간을 허비하지 말아야 한다.

남성들은 자기 스스로 모든 일을 통제하고 일하기를 좋아한다. 그러므로 그들은 자신들과 똑같이 행동하는 여성을 존경하고 높이 평가한다.

4. 투표를 하라.

작은 모임에서 남성들에게 존경을 받고 감사를 받으려면 이렇게 말하라. "이제 이 논의를 잠시 그만두고 투표해 봅시다." 남성들은 결정을 빨리 내리기를 원하며 여성들이 일반적인 해결방안에 대해 모두가 동의하기까지 기다리는 것을 여성만큼 좋아하지 않는다.

5. 그의 '공간'을 보장해 준다.

당신의 남성이 자신의 '공간'을 요구하고 있다는 것을 명심하라. 그의 영역이 어디인지를 잘 관찰해 두어야 한다. 그 남성이 밀리고 있다는 느낌을 가지기 시작하는 영역이 어디부터인지를 살펴 두라. 그가 만약 뒤로 물러선다면 그가 원하는 것은 당신에 대한 거부가 아니라 자신의 자치영역을 지키려고 하는 것일 것이다. 그와 좀더 가까워지고 싶다면 그의 영역을 연속적으로 침범하기보다는 그냥 평상시 말투로 당신이 원하는 것을 이야기하라. 남성은 당신의 말과 행동을 액면 그대로 받아들일 것이며 상징적인 행동을 하기보다는 보다 적극적으로 당신의 요구에 대해 반응할 것이다. 당신과 관계가 멀어지고 있음을 느끼거나 인정을 받고 싶다면 남성은 자연스럽게 작은 선물을 사거나 자발적인 포옹을 하려고 하는 생각을 하지 않는다는 것을 상기하라. 여성들이 자연스럽게 생각하는 신체의 움직임이라도 이에 대해 남성들이 익숙해지려면 엄청난 노력이 필요하다.

6. 존경심을 표시하라.

남성들은 인정이나 동의보다는 존경을 원할 때가 더 많다. "나는 당신 의견에 동의하지는 않지만 당신의 확신에 대해서는 존경합니다."라는 진심 어린 말을 한다면 당신은 그 남성을 자기편으로 끌어들이기에 유리한 지위를 차지한 것이며 또한 동의를 얻을 수 있는 위치에 서는 것이다.

이런 맥락에서 '존경심'이란 누군가의 미덕에 대한 진정한 흠모이거나 모든 인간의 존엄성에 대한 찬미이다. 살기 위해 억지로 하는 경우를 제외한다면 누군가의 권력지위에 대한 두려움 때문에 '존경심'을 표현할 필요가 없는 것이다.

7. 보다 공개적으로 이야기한다.

망설이지 말고 좀더 자주, 그리고 설득력 있게 여러 사람 앞에서 견해를 밝힌다. 여성정치학을 잘 활용하면 진정한 인간관계를 형성할 수 있으며 자기존중이라는 보상도 받게 될 것이다.

8. 침묵에 대해 익숙해진다.

많은 여성들은 자기의 일에 대해 말하기를 좋아하지만 남성들은 좋아하지 않는다. 말로 표현하지 않는 당신 친구의 생각을 존중해 주는 법을 배워라. 당신의 남성 동반자는 조용하고 우울하며 나와 거리를 두려하고 나에게 관심이 없다라고 가정하게 되는 함정에 빠지지 않아야 한다. 남성이 침묵하는 이유는 당신에게 전달하여야만 된다고 생각하는 적절한 정보가 없기 때문일 것이다.

남성들은 일을 좋아한다. 거의 모든 남성들은 다른 남성들이나 여성들과 함께 앉아서 마냥 이야기나 하는 것을 좋아하지 않는다. 남성이 자신에게 말을 하도록 하려면 꽃을 같이 심는다든가, 침실을 새로 정리한다든가, 서재를 새로 정리하는 일 등 함께 할 수 있는 일을 찾아보아야 한다.

9. 사실요소에 초점을 맞춘다.

자동차 수리공이 당신에게 당신 차의 문제점을 이야기 할 때, 보험대리점에서 홍수에 대한 보상을 이야기 할 때, 페인트공이 견적내용에 대해 이야기 할 때 그가 말한 세부사항에 대해 주목하라. 그 내용을 모두 받아 적어 두는 것이 좋다. 잘 모르는 용어에 대해서는 설명을 요구한다. 그가 어떤 감정상태를 보이든 그가 마음에 들든, 그가 당신을 마음에 들어 하든 모든 것을 무시하고 아무 사실도 모른다고 생각하고 시작하라. 그래야만 당신의 남자친구나 아버지나 오빠가 무엇이 문제인지를 설명해 달라고 할 때 '전형적인 머리가 산만한 여성' 이라는 생각이 들지 않게 하면서 말을 할 수가 있다.

10. 업무에 매달린다.

직장이나 학교나 교회나 모임에서 시간에 구애받지 말고 일에 매달려라. 당신의 개인생활에 대해서는 좀더 말을 적게 하고 현재 하고 있는 일에 대해 더 많이 이야기하라. 그러면 당신과 같이 일하는 남성들은 당신을 높이 평가할 것이며 모임의 일도 더 잘 풀려 나갈 것이다.

11. 도움과 조언과 방향지시를 요구한다.

남성들은 무엇을 고치거나, 의견을 주거나, 어디로 가자고 하기를 좋아한다. 그러므로 도움이 필요하다면 그에 대해 요구하는 것이 낫다.

진부하지만 흔히 일어나는 마찰에 대해 예를 들어본다. 남성이 운전하는 차에 같이 타고 가고 있는데 그가 길을 잃어 버렸다. 그러나 그는 방향에 대해 물어 보기를 원하지 않는다. 이제 당신이 이렇게 이야기 할 시점이다. "저기 편의점 앞에 좀 멈출래요? 난 커피 한잔 마시고 싶어요. 내가 그 안에서 길도 물어 볼께요." 이렇게 하면 남성은 길을 물어 보기 위해서가 아니라 커피를 마시기 위해서 차를 멈추게 되는 것이 된다. 그렇게 하면 당신이 창피를 무릅쓰고 길을 물어 보는 동안 그는 차안에서 기다리게 되는 것이다(그러나 모든 세부적인 길을 분명히 알아야 하는 것을 명심해야 한다. 그렇지 않으면 또 전형적인 남성-여성간 논쟁이 벌어지게 될 거이다).

12. 감정이입을 요구한다.

만약 당신이 당신 파트너에게 감정의 이입과 연민을 갖고 들어주고 당신의 느낌을 이해해 주기를 원한다면 분명하게 그렇다고 요구하라. 그렇지 않으면 당신은 고정관념을 가진 '해결사 아저씨' 로부터 원하지도 않는 수많은 조언에 파묻히게 될 것이다.

13. 문제를 같이 해결하는데 초점을 맞춘다.

"나는 이 문제를 해결할 수 있다."라는 태도를 보여준다. 당신의 파트너와 같이 일하고 문제해결을 위한 가능한 방법에 대해 같이 고민한다. 예상 가능한 결과들을 검토하고 가장 좋은 것을 선택한다. 무엇부터 시작할지를 결정하고 언제 시작할 것인지를 결정한다. 나중에는 객관적으로 결과를 평가한다. 이와 같이 체계적으로 일을 하는 것이 당신의 파트너에게 불평이나 하고 문제를 해결해주기를 기다리기나 하는 것보다 훨씬 낫다.

인식연습

당신의 평소 방식을 바꾼다.

당신과 반대되는 성과 가졌던 갈등상황을 한가지 선택한다. 먼저 서로 문제를 일으켰던 상호대립에 대한 대화내용을 종이에 쓴다. 당신이 보통 하는 말투로 하려는 말을 기입하고 상대방이 그에 대응하는 말을 쓴다. 다음은 상철씨가 그의 부인과 가졌던 대화내용을 기억하여 쓴 내용이다.

> 수정 : 우리아들에 대해 선생님이 하신 말씀에 대해 걱정하고 있어요?
>
> 상철 : 아니.
>
> 수정 : 그 애는 걱정이 너무 많대요. 실수에 대해 매우 두려워하고 있다고 하는군요.

상철 : 그 애는 괜찮아. 그가 하는 모든 일에 한가지 이상은 실수가 있을 것으로 예상하고 있다고 갈해 줘요.

수정 : 이것 봐요! 당신은 이 문제를 구시하고 있군요. 나는 심각해요. 그 애가 앞으로 문제를 일으킬 것이라고는 생각하지 않아요?

상철 : 그 애가 좀더 열심히 하도록 격려를 하든지. 틀린 철자를 전부 다 다시 쓰라고 하든지 아니면 하루 밤은 숙제하지 말고 놀라고 할 수도 있지.

수정 : 정말 바보 같은 소리네요. 나는 걱정이 되요. 뭔가 그 애가 불안하게 여기는 부분이 있을 거에요.

상철 : 내가 무슨 말을 할 수 있겠어. 그 애는 걱정 마. 우리는 그 애에게 한 주 동안 일으킬 수 있는 실수의 횟수를 정해 주어야겠군.

이때부터 수정은 화가 엄청났다.

두 번째 단계는 남성과 여성이 보여주는 대화하는 13가지 상이한 방식을 살펴본 후 당신이 기술한 대화내용과 가장 잘 맞는 예를 찾는 것이다. 상철 씨는 그의 대화와 앞에서 살펴본 상이한 의사소통방식을 비교해 본 결과, 그가 도움을 주는 방법이 지지를 받고 같이 고민하고자 하는 아내의 요구와 배치된다는 것을 알게 되었다. 상철 씨도 아들에 대해 내심으로 걱정을 하고 있으며 걱정하는 이유는 그의 아들이 실수하기를 두려워하기 때문이 아니라 겁 많고 나약하기 때문이라는 것을 알게 되었다. 이성간의 의사소통의 두 번째 차이점은 다음과 같다. 상철 씨는 그 걱정스러움을 속으로만 생각하고 있었고 따라서 수정은 자신만 걱정하고 있다는 생각을 갖게 되었다.

세 번째 단계는 이성이 쓰는 것과 같은 방식의 대화방식을 이용하여 다시 써 보는 것이다. 만약 상철 씨가 문제를 마음속으로만 간직하려고 하는 행동을 멈추고 조언을 하려는 행동도 삼가 했다면 어떻게 말했을 것인가를 밝혀 보았다. 다음은 상철 씨가 쓴 대화 내용이다.

> 수정 : 선생님이 우리 아들에 대해 이야기 한 것에 대해 걱정을 하나요?
>
> 상철 : 그럼, 나는 아들녀석이 상당히 걱정이 되요.
>
> 수정 : 그 애는 걱정이 너무 많대요. 실수에 대해 매우 두려워하고 있다고 하는군요.
>
> 상철 : 정말이요. 그러나 내가 가장 걱정하는 부분은 그 애가 겁이 많다는 것이며 그 애가 과연 혼자 맞설 수 있을까 하는 것이요.
>
> 수정 : 그래서 당신도 염려스럽다는 거지요?
>
> 상철 : 그렇지. 그 애 선생님이 한 말 때문에 정말 나는 걱정 되요. 다른 사람이 그 애한테 무슨 문제가 있는 게 아닌가 생각할지도 모른다는 생각을 하니 괴롭군.

상철씨가 그의 문제해결 우선지향방식을 포기하자 그는 아들에 대한 걱정을 표현할 수 있었고 그의 아내의 느낌에 대해 확인도 해 주었다. 그는 또한 모든 걱정을 자기 혼자 가지지 않고 서로 나눌 수 있게 되었다.

네 번째 단계는 실제 생활에서 당신의 대화방식의 한 두 부분이라도 바꾸어 보는 것이다. 상철 씨는 아내의 염려를 보다 많이 나누기 위해 노력하고 그의 아내가 요구하기 전에는 최소한의 조언도 하지 않을 것이라고 생각했다. 다음 번에 부인이 문제점을 제기했을 때 그는 아마 조심스럽게 해결방법의 제시를 피하려고 할 것이다. 그는 문제를 해결하려 하기 전에 문제가 어느 정도 걱정되는 수준이란 것을 인지하려 할 것이다. 그리고 그가 가진 느낌과 염려를 나누기 위해 노력할 것이다.

'――처럼'을 연습한다.

하루 정도 반대의 성이 된 것 '처럼' 행동하는 것은 어렵지만 매우 가치가 있는 연습 방법이다. 첫 번째 단계는 여성과 남성의 인식규칙에 대해 다시 살펴보는 것이다. 동성의 대화방식에 대한 지도내용을 살펴보고 당신의 일상 대화방식과 가장 관계가 먼 항목을 선택한다. 당신이 반대의 성이 된 것 '처럼' 행동하려면 선택한 항목에 대해 가장 많은 관심을 가져야 한다. 만약 당신이 '협조' 나 '합의에 의한 결정' 을 당신과 가장 관련이 없는 대화방식으로 선택하였다면 당신은 이 항목을 하루동안 '-처럼' 행동하는데 주요 대상으로 삼아야 한다. 당신은 업무를 혼자 하기보다는 나누기를 원해야 한다. 모임에 참가한 모든 사람들의 동의를 구해야 하며 서로 협조할 수 있는 방법을 찾아야 하며 공동의 요구와 걱정거리를 찾아야 한다.

또 다른 예를 보면, 당신과 가장 관련이 없는 항목이 "자신의 입장을 명확히 한다." 와 "사실에 초점을 맞춘다." 라면 보다 세부적으로 사실을 알려고 하고 자신의 입장과 의견을 보다 직접적으로 진술하여야 한다.

'-처럼' 행동한 날이 끝나면 반대의 성으로서 했던 대화내용을 평가한다. 결과가 달랐는가? 마찰이 줄어들었는가? 보다 더 많이 인정받았는가?

오히려 더 불편하거나 믿음을 주지 못했는가? 당신이 들인 정성과 긍정적인 결과를 비교해 볼 때 어느 쪽이 더 비중이 있는가? 보상은 노력에 비해 어떠한가? 실험을 계속하기에는 그 이익이 너무 적은가?

　만약 당신이 새로운 대화방식에서 어떤 이득을 보았다면 다음주에는 그 대화방식이 도움이 될 만한 4가지 목표 상황을 선택한다. 그리고 그 상황에 대화내용을 어떻게 적용할 것인지에 대한 짧은 계획을 세운다. 예를 들면 "내가 왜 그 값싼 아마기름을 싫어하는지 경수에게 이야기하겠다. 그리고 돈을 절약할 수 있는 대처방안을 함께 찾아보겠다." 라든가 "나는 은숙 씨가 자신의 직업에 대해 불평하는 것을 듣기만 할 것이다. 얼마나 힘든지를 알고자 한다. 그녀에게 질문을 하는 것은 나의 관심을 표현하는 것이며 그 무엇이든 고치려고 하지 않을 것이다." 등이다.

마찰 해소 기술

Conflict Skills ···→ Ⅲ

1. 자기 주장 훈련
..⟶ Assertiveness Training

자기 의견을 주장하는 훈련은 당신의 느낌과 생각과 희망을 표현하는 방법과 다른 사람의 권리를 침해하지 않고 정당한 권리를 주장하는 방법을 가르쳐 줄 것이다. 주장 능력은 선천적으로 타고나는 것이 아니라 후천적으로 습득되는 기술이다. 공격적이거나 수동적인 성격과 같이 주장 능력은 습득되는 사회적 행위인 것이다.

누구나 항상 주장만 하면서 살지는 않는다. 당신의 자녀들에게 일시적으로 자신의 의견을 주장할 수도 있고 다른 때는 공격적일 수 있으며 어떤 때는 수동적일 때도 있을 것이다. 자기 가족에게는 자기 주장을 잘 하면서 잘 모르는 사람에게는 전혀 자기 주장을 하지 못할 수도 있을 것이다. 주장 훈련(Assertiveness Training)은 수동적이거나 공격적이 되지 않으면서 자신의 주장을 밝혀야 하는 많은 사회적인 상황에까지 확대하여 적용할 수 있다. 자기 주장을 하는 방법을 배운다고 해서 항상 자신의 의견을 주장하고 다니라는 것은 아니다. 자신의 생활이나 자산이 위협을 받을 때 분명히 공격적으로 반응해야 하는 가장 적절한 때이다. 판사가 판결을 내릴 때는 수동적인 행위가 가장 적절하다. 주장 훈련을 배우게 되면 자기 주장을 할 수 있는 때와 장소를 선택할 수 있게 된다.

_ 당신의 정당한 권리

당신은 어린 시절부터 당신의 사회행위에 귀감이 될 수 있는 신념들을 배우고 자랐다. 이러한 신념들은 필연적으로 '선'과 '악'에 관한 행동의 규칙들이며 당신의 부모로부터 그리고 나중에는 당신의 역할 모델로부터 배우게 된다. 당신이 자라면서 이러한 규칙들을 이용하여 사회생활을 하게 되겠지만 당신이 그 규칙과 달리 행동한다고 해도 청동상을 만들어 주지도, 번개가 당신을 치지도 않을 것이다.

다음의 전통적인 가정들을 읽어 보라. 당신이 어린 시절에 배웠던 규칙이 생각나지 않는가? 당신이 어른인데도 동일한 규칙이 적용되는가? 전통적인 가정 옆의 문장들은 성인인 당신에게 주어진 정당한 권리이다. 이러한 권리들은 당신이 믿는 것을 선택할 수 있으며, 더 이상 의심 없는 어린이가 아니며, 여러 가지 선택 방안을 가지고 있는 어른이라는 것을 상기시켜 줄 것이다.

전통적으로 실수라고 하는 것	당신의 정당한 권리
1. 당신의 요구사항을 다른 사람의 요구사항 앞에 두는 것은 이기적이다.	어떤 때는 당신을 가장 먼저 내세울 수도 있는 권리가 있다.
2. 실수란 부끄러운 일이다. 어떠한 상황에 대해서도 적절한 대응을 할 수 있어야 한다.	실수할 권리가 있다.
3. 다른 사람들을 확신시키지 못하는데도 당신의 느낌이 맞다고 생각한다면 당신의 느낌이 틀린 것이다.	당신은 당신 느낌의 최종적인 심판자이며 그 느낌을 정당하다고 받아 들여라.
4. 다른 사람들의 견해를 존중하라. 특히 그런 권한을 가지고 있다면 더 그렇게 한다. 당신이 가진 상이한 견해는 당신 내부에만 보관하며 잘 듣고 잘 배워라.	당신만의 의견과 확신을 가질 권리가 있다.
5. 항상 논리적이며 일관성이 있어야 한다.	당신의 마음을 바꿀 권리가 있으며 다른 행동을 할 수도 있다.
6. 유연하고 적응을 잘 해야 한다. 다른 사람들이 그렇게 행동하는 데는 그 나름의 이유가 있으며 그것을 묻는 것은 불손하다.	당신이 잘못되었다고 느끼는 행위나 비판에 대해 대항할 수 있는 권리를 가지고 있다.
7. 다른 사람을 방해해서는 안 된다. 질문을 하는 것은 당신의 멍청함이 드러나는 것이다.	명확한 이해를 위해 질문을 한다면 방해해도 된다.

8. 문제가 확대될 수 있으므로 배를 흔들지 말라.	변화를 위해 협상할 권리가 있다.
9. 다른 사람의 소중한 시간을 당신의 문제 해결을 위해 허비하게 하지 말라.	다른 사람의 도움이나 심정적인 지원을 요구할 권리가 있다.
10. 다른 사람들은 당신의 기분이 나쁘다는 느낌을 알고 싶어하지 않는다.	당신의 고통을 느끼고 표현할 권리가 있다.
11. 어떤 사람이 당신에게 시간을 내어 조언을 주면 심각하게 받아 들여라. 그들은 대부분 맞다.	다른 사람들의 조언을 무시할 권리가 있다.
12. 당신이 일을 잘했다고 느끼는 것으로도 보상을 받은 것이다. 사람들은 드러내 보이는 것을 좋아하지 않는다. 성공한 사람들에 대해서는 뒤에서 미워하거나 시기를 받는다. 칭찬을 받게 되어도 자중한다.	당신의 일과 성취에 대해 인정을 받을 권리가 있다.
13. 항상 다른 사람들을 받아들일 준비를 하라. 만약 그렇게 하지 않으면 당신이 필요할 때 그들은 거기 없을 것이다.	당신은 아니라고 말할 권리가 있다.
14. 반사회적으로 행동하지 말아라. 당신이 사람들과 어울리지 않고 혼자 있기를 더 선호한다면 그들은 당신이 그들을 싫어한다고 생각하게 된다.	다른 사람들이 당신과 함께 있고 싶어해도 당신은 혼자 있을 권리가 있다.
15. 당신의 느낌과 행동에 대해 항상 합당한 이유가 있어야 한다.	당신을 다른 사람들에게 정당화하지 않아도 되는 권리를 가지고 있다.

16. 누군가가 문제가 있을 때 당신은 항상 그를 도와야 한다.	당신은 다른 사람의 문제에 대해 책임을 지지 않을 권리가 있다.
17. 다른 사람들이 자신의 요구사항에 대해 이야기하지 않더라도 그들의 요구와 희망에 대해 민감하게 반응해야 한다.	다른 사람들의 요구와 희망에 대해 예상하지 않아도 될 권리가 있다.
18. 다른 사람들을 무시하는 것은 나쁜 것이다. 질문을 받으면 답변을 주라.	상황에 따라서 반응하지 않을 권리가 있다.

The Relaxation & Stress Reduction Workbook, by Davis, Eshelman and Mckay.

_ 대화의 세 가지 방식

자기 주장 훈련의 첫 번째 단계는 주장하는 것과 공격적이거나 보수적인 행동간의 특성을 아는 것이다.

수동적인 대화방식

대화에 수동적인 사람은 자신의 느낌과 생각과 희망사항을 직접적으로 표현하지 않는다. 이런 사람들은 얼굴을 찌푸리거나, 울거나, 숨소리나 들릴 만큼 작은 목소리로 속삭이는 것으로 대화한다. 혹은 자신의 생각이나 희망을 완전히 숨기기도 한다.

당신이 만약 수동적인 사람이라면 잘 웃는 경향이 있으며, 자신의 요구보다는 다른 사람의 요구를 먼저 수용하는 경향이 있다. 그리고 말을 해야 하는 시점에도 듣기만 하기도 한다. 직접적으로 대화하는 경우에도 당신은 "나는 전문가가 아니라서…잘 모르지만…이런 말을 해도 될지 모르지만…" 라는 자기포기의 말을 한다. 다른 사람이 당신이 원하지 않는 일을 요구하는 경우에는 하지 않겠다고 말하기보다는 그 행동을 하거나 변명을 하는 경향을 가지고 있다.

수동적으로 말하는 사람들은 부드럽고 약하며 머뭇거리는 듯한 말투를 가지고 있다. 말을 멈추거나 주저하는 경우도 흔히 일어난다. 어떤 때는 어떤 단어를 써야 할지 당황하기도 한다. 두서없이 말하기도 하고 알아들을 수 없는 말을 하기도 하며 '나는 정말' 혹은 '알다시피' 라는 문구를 자주 사용한다. 그리고 자주 다른 사람이 당신이 하고 싶은 말을 예상해 주기를 원한다. 몸은 구부정하고 뭔가 기댈 곳을 찾으려 하는 자세를 하고 있다. 손은 차갑고 땀에 젖어있으며 불안해하고 있다. 눈을 마주치지 못하고 위나 아래를 바라본다. 당신이 진정 하고 싶은 말은 하지 못하기 때문에 당신이 말한 내용은 당신이 진정 하려는 말처럼 보이지 않게 된다.

공격적인 대화방식

이런 유형의 사람들은 자신의 느낌과 생각과 원하는 것을 아주 잘 말하지만 다른 사람의 권리와 느낌을 침해하기도 한다. 빈정거림이나 유머를 사용하면서 받아치기도 한다. 당신의 말을 반박하면 공격적으로 말을 하고 비난의 손가락질을 상대방에게 퍼부으면서 상대방의 죄의식과 분노를 자아낸다. 당신은 '너는…' 이라는 말로부터 대화를 시작하며 공격적이고 부정적인 말을 한다. '항상' 이나 '절대로' 와 같은 절대적 용어를 사용하며 당신이 항상 맞고 남보다 우위에 있다는 것을 암시하기 위한 방향으로 대화를 이끌어 간다.

당신의 공격적인 행동에는 우월성과 권력지향적 행동이 병행된다. 어떤 때는 차갑고 '죽은 듯이 조용한' 행동으로부터, 경박하거나 빈정거리는 행동을 하며, 큰 목소리를 내거나 과장하여 말하기도 한다. 눈은 가늘게 뜨고 있고 표정은 없다. 당신의 자세는 혼자 떨어져서 손은 엉덩이에 대고 있으며 단호해 보이는 입은 꼭 다물고 있고 튀어 나와 있다. 태도는 완고해 보이고 퉁명스러우며 겁먹은 것 같아 보이기도 해서 혼자 서 있는 바위 같다. 손가락으로 무엇을 가리키거나 주먹을 쥐기도 한다. 당신은 항상 옳은 말만 해야 하기 때문에 당신이 다른 사람에게 직접 질문을 하더라도 그 사람의 답변을 정말 듣고 싶어서 질문을 하는 것은 아니다.

자기 의견을 주장하는 대화방식

자기 의견을 주장하면서 대화하는 사람은 자신의 느낌이나 생각, 희망 사항들을 고려하여 자신의 주장을 직접적으로 피력한다. 자신의 권리를 주장하지만 다른 사람들의 권리와 느낌을 고려할 줄도 안다. 다른 사람의 말을 주의해서 듣고 다른 사람들에게 당신이 듣고 있다는 것을 알려 준다. 협상이나 약속에 대해서 매우 개방적이면서도 자신의 권리와 권위를 손상하지 않는다. 솔직하게 요구하기도 하고 거절하기도 한다. 남을 칭찬하기도 하고 칭찬을 받기도 한다. 대화를 시작할 때와 끝낼 때를 알고 있다. 자신에 대한 비판에 대해 효율적으로 맞서면서도 악의적이거나 방어적으로 행동하지 않는다.

자신의 의견을 주장하면서 분명하게 자신의 힘과 감정이입을 하고 있다는 분위기를 전달한다. 당신의 목소리는 안정되어 있고, 상황에 따라 적절하게 다루기도 하며 단호하기도 하다. 편안하게 상대방의 눈을 쳐다보지만 강하게 주시하는 것은 아니다. 당신의 눈은 개방과 호의를 나타내고 있다. 당신의 자세는 균형이 잡혀 있으며 똑바로 서 있다.

(연습)

수동적이거나 공격적인 사람이 어떤 사람인지 알고 싶으면 역할 모델을 수행하면 된다. 그러나 당신이 이 책에 대해서 여러 사람과 같이 강의를 받고 있거나 친구들과 어울려서 보고 있지 않는다면 역할모델 연습을 하기가 어려울 것이다. 그렇다면 다음과 같은 행동을 상상해 본다.

1. 수동적인 사람

자신이 배우자의 뒤만 따라 다니는 사람이라고 가정한다. 한쪽 발을 뒤로 한 다음 그 발에 힘을 준다. 팔을 앞으로 편 다음 손바닥을 위로 향한다. 완전하고 풍부한 목소리를 낼 수 없도록 숨을 겨우 들이 쉴 만큼 몸을 앞으로 숙여서 약간 위태롭게 선다. 위쪽을 보면서 부드러운 목소리로 다음과 같이 이야기한다. "당신이 뭐라고 하든 나는 좋아요. 내가 여기 있는 이유는 당신을 행복하게 만들기 위해서지요. 나 혼자는 나를 지탱할 힘이 없어요. 당신이 결정을 내리고 나를 보살펴 주는데 모든 것을 의지할게요. 당신이 없다면 나는 너무나 허약해요 그러므로 당신 말하는 대로 따라 하겠어요. 가끔씩 당신을 불편하게 한다면 용서해 줘요. 나도 의견을 내긴 내겠지만 별 쓸모가 없을 거예요."

3분 동안 이와 같은 목소리와 태도를 취하고 이 말을 되풀이한다. 당신의 목소리는 어떠한가? 당신의 느낌은 어떠한가? 당신의 호흡은 어떠한가? 당신의 근육은 어떠한가?

이와 같은 역할을 수행하는 경우 대부분의 사람들은 매우 지쳐 버린다. 이 역할에 대한 의견은 균형을 잃을 것 같으며, 긴장되고, 슬프고, 허약해 보이고, 회한에 차 있고, 불성실해보이며, 화가 나며, 자기가 한 단계 밑인 것 같고, 쓸모 없고, 유치해 보인다는 것이다.

수동적인 사람이 되는 경우 가장 좋은 점은 자신의 느낌과 요구에 대해 의무를 질 필요가 없다는 것이다. 누군가 당신 주변에 있는 사람의 의사 결정을 내리고 당신을 보호해준다. 나쁜 점은 누군가에 의존해야 하며 자신의 요구를 꾹 참아야 하며 느낌도 억제해야 한다는 것이다. 무엇도 당신이 원하는 대로 바꿀 수 없고 당신의 진정한 느낌을 표현할 수 없는 당신 스스로가 미워지게 될 것이다.

사람들은 마찰을 피하기 위해 수동적으로 행동할 때가 있다. 그러나 역설적인 것은 수동적인 행동이 마찰을 초래한다는 것이다. 당신의 느낌이나 요구사항을 숨기고 있다는 사실에 상대방은 실당하고 화를 내기도 한다. 당신이 원하는 것을 얻기 위해서는 다른 사람들을 뒤에서 잘 다루어야 한다. 당신이 만족하지 못하고 있다는 것을 알게 되면 상대방은 공격을 당했거나 압력을 받고 있다고 느끼게 된다. 그리고 당신이 숨기고 있는 은밀한 조정에 대해서도 화를 낼 것이다.

2. 공격적인 사람

당신은 아래 직원들을 큰 목소리로 꾸짖기 잘하는 공격적인 관리자라고 가정한다. 일어서서 한발을 앞으로 내밀고 앞으로 몸을 기울인다. 한쪽 손은 엉덩이에 대고 집게손가락으로 하급 직원을 가리킨다.

크고 비난조의 목소리로 이렇게 말한다. "당신은 제대로 하는 일이 없군. 항상 늦고 항상 바보 같은 일만 하고 도대체 뭐가 문제야? 정말 게을러빠진 자식이야. 아무짝에도 쓸데 없는 사람이라구. 여기서 일을 하는 사람은 나밖에 없어. 나 혼자 모든 결정을 내려야 하기 때문에 정말 싫증난다. 당신은 먼저 일을 시작한 적도 한번도 없어."

이런 분위기로 3분간 계속하여 '당신' 이라는 말을 많이 사용하는 말을 하고, 부정적인 느낌을 나타내고, 빈정거려 본다. 다른 사람들의 생각은 부적절 하다고 무시한다. 정말 묻고 싶은 게 있어도 질문을 하지 않는다. 당신이 관심을 가지는 것은 오로지 당신이 맞다는 것과 남보다 우위에 서야 한다는 것이다. 어떤 느낌이 드는가? 호흡은 어떠했는가? 당신의 근육은 어떠했는가? 당신의 목소리는 어떻게 들리는가?

당신이 보통의 사람이라면 수동적인 역할보다는 이러한 역할을 더 좋아할 것이다. 왜냐하면 강하고 굳건하게 보이기 때문이다. 누구도 당신을 건드리지 못한다. 당신은 에너지를 모두 쏟아 내고 있다. 당신의 근육, 특히 성대와 목과 어깨가 긴장되어 있다는 것을 느낄 것이다. 당신의 목소리는 날카롭고 긴장된 성대 때문에 호흡이 빨라질 것이다.

당신이 공격적이 되는 주된 이유는 상대에 대한 당신의 우월성을 나타냄으로써 이기는 것이다. 당장은 당신이 이길지도 모르지만 결국에는 사람들은 당신에게 반항하고, 싫어하게 될 것이다. 화를 풀 수는 있겠지만 항상 자신을 경호해야 한다. 당신은 부드러운 느낌이나 당신의 불확실한 심정을 표현하는 방법조차 모르게 된다.

_ 자기 주장을 하는 목적

자기 의견을 주장하는 기술을 배우는 것과 사용하는 것은 다른 문제이다. 주장하는 기술을 배우려고 하기 전에 그런 행동이 당신에게 정말 유익한 일이 될 것인지를 판단해야 한다. 다음의 질문들에 대해 신중하게 고려해 보라.

1. 수동적인 행동을 하게 됨으로써 얻게 되는 것은 무엇인가?
2. 수동적이 아니라 자신의 주장을 잘 하는 사람이 된다면 무엇을 포기해야 하는가?
3. 공격적이 되면 무엇을 얻을 수 있는가?
4. 공격적이 아니라 자신의 주장을 잘 하는 사람이 된다면 무엇을 포기해야 하는가?
5. 자기 주장을 잘하면 무엇이 이득인가?

(연습)

어떠한 상황에서 자기 주장을 잘하는 사람이 되고 싶은 지 최소한 다섯 가지 이상 나열해 본다. 당신이 어떻게 다르게 느끼고 싶은지, 어떻게 되었으면 좋겠다는 것이 아니라 어떻게 다르게 행동하고 싶은지를 쓴다. 각 상황에서 당신이 자기의 주장을 잘 내세우고 싶은 사람이 누구인지를 같이 기입한다. 예를 들면 다음과 같이 써 본다.

1. 가족 누군가가 나에게 차를 고치라고 했을 때 나는 "싫다"라고 말하고 싶다.
2. 서재에서 TV를 보고 있을 때 남편에게 채널을 돌리지 말라고 말

하고 싶다.

3. 사장과 동료들과 회의할 때 새로운 상품에 대한 생각을 제안하고
   싶다.

4. 어머니가 전화로 나에게 잔소리할 때 나의 느낌을 말하고 싶다.

5. 나는 상점에서 산 물건이 결함이 있기 때문에 상품을 돌려주고 환
   불을 받고 싶다.

당신이 주장하고 싶은 내용

   1.

   2.

   3.

   4.

   5.

_자기 주장의 표현

당신이 보통 사람이라면 당신의 느낌이나 요구사항을 표현할 때 간접
적 방식을 사용하려 할 것이다. 자기중심적으로 이야기하거나 '나는' 이

라는 대명사를 너무 자주 사용한다면 어린아이 같다는 말을 들을 수 있다. 혹은 당신이 직접적으로 말을 하는데 대해 다른 사람들이 어떻게 반응할 것인지를 두려워하고 있을 수도 있다.

당신이 간접적 방식을 이용하여 당신의 생각을 표현한다면 당신은 보이지 않는 전문가를 자주 불러 와야 한다. "그들은 경제가 나빠진다고 말합니다. 물론 다른 사람들은 좋아진다고 해요. 하지만 도대체 누구 말을 믿어야 하는 지는 모르죠."

당신의 느낌을 간접적 방식으로 표현한다면 당신은 이렇게 말할 것이다. "그들은 우리 부서 전원을 해고했습니다. 정말 기분이 아주 그렇지요. 그렇게 오랫동안 일만 했는데 한 순간에 다 끝나버리다니. 정말 실망감이 크겠지만 어쩌겠어요. 집에 가서 기다릴 수밖에."

당신이 자신의 의견을 직접적으로 표현하지 못하는 사람이라면 암시라도 줄 수 있어야 한다. "밖에 나가기에 정말 좋은 날씨군요…당신 생각은 어때요?" 혹은 더 나쁜 표현인 "신문에 보니까 이번 일요일에 에어쇼가 있다고 하던데." 혹은 더 나쁜 표현이지만 "이런, 정말 나가기에는 좋은 날인데…"라도 말해야 된다.

당신이 운이 좋아서 상대방이 정말 주의 깊게 당신의 말을 들어주는 사람이라면 그는 당신의 느낌과 원하는 것을 이해할 것이다. 그러나 자기 주장을 잘하는 사람은 자신의 대화를 운에 맡기지는 않는다.

자기 주장의 문장에는 세 가지 부분이 있다.

1. 상황에 대한 당신의 관점
2. 상황에 대한 당신의 느낌
3. 상황에 의한 당신의 요구사항

여기 위의 세 가지 자기 주장의 문장요소를 사용하고 있는 몇 가지 예가 있다.

"연설을 해야 한다고 생각하면 정말 신경이 쓰입니다. 어제 내가 다음 번 이사회에서 연설을 해야 한다고 말한 이후부터 위장이 울렁거립니다. 나는 그 연설을 원하지 않는다는 것을 알게 되었습니다. 다른 사람을 찾아보십시오."

"우리는 공통점이 많다고 생각합니다. 당신과 함께 보낸 저녁시간은 무척 재미있었어요. 당신에 대해 더 많이 알고 싶기 때문에 다음주 금요일 다시 같이 외출했으면 합니다."

"우리는 당신이 일하고 있는 상황에 대해 많은 시간동안 이야기했습니다. 당신이 집에 왔을 때 직장의 정치적인 상황에 대해서만 이야기하기 때문에 나는 화가 나고 좀 지루하기도 합니다. 나는 내가 겪은 일에 대해 말할 수 있는 시간이 있기를 원해요. 그리고 우리들에 대해서도 이야기하고 싶어요. 그리고 우리가 만나는 것에 대해 어떻게 느끼고 있는지에 대해서도 이야기하고 싶어요."

자기 주장을 잘하는 사람은 다른 사람을 원망하지 않으며 공격적인 말투도 사용하지 않는다. 상황에 대해 설명할 때 객관적으로 설명하기 위해 노력한다. 상대를 속여서 상대방을 바보로 만들려고 하면 안 된다. 일어난 것과 어떤 일을 했는지에 대한 사실만을 진술한다. 부정적인 판단은 하지 않는다. 자기 주장을 잘 하는 사람들은 긍정적이든 부정적이든 어떠한 느낌도 자신의 느낌만을 말한다. "당신은 자기 중심적인 것 같다."라는 말은 당신의 말이 느낌을 표현하지 않고 있다는 비난이며 자기 주장의 표현으로 인정하지 않겠다는 말이다.

　당신이 원하는 것을 말할 때는 구체적으로 표현하도록 노력하라. 애매하게 말을 할수록 당신의 메시지는 더 많이 무시당하고 잘못 이해될 것이다.

(연습)

　앞에서 언급한 자기주장을 하게 되는 상황에 대히 자기 주장의 메시지를 '나는' 으로부터 시작하는 말을 써 본다.

　　1. 나는 생각한다. _____

　　　 나는 느낀다. _____

　　　 나는 원한다. _____

　　2. 나는 생각한다. _____

　　　 나는 느낀다. _____

　　　 나는 원한다. _____

　　3. 나는 생각한다. _____

　　　 나는 느낀다. _____

　　　 나는 원한다. _____

　　4. 나는 생각한다. _____

　　　 나는 느낀다. _____

　　　 나는 원한다. _____

5. 나는 생각한다. _____

나는 느낀다. _____

나는 원한다. _____

_ 적극적으로 듣기

적극적으로 듣게 되면 상대방이 말할 때 방해하지 않고 특별히 집중해서 들음으로써 상대방의 느낌과 의견과 희망사항을 정확하게 듣게 된다. 적극적으로 듣는 방법에는 3단계가 있다.

1. 준비

자신의 감정을 잘 알아서, 듣기 위한 준비가 되었는지를 확인한다. 상대방도 말할 준비가 되었는지 확인한다.

2. 듣기

상대방의 말에 완전히 집중한다. 느낌과 원하는 것을 들으려고 노력한다. 상대방의 느낌이나 원하는 것을 잘 알 수 없다면 상대방에게 보다 자세한 설명을 요구한다. 예를 들면, '나는 당신의 그것에 대해 어떻게 느끼는지 확실히 모르겠어요…좀더 말해 주시겠어요? 당신이 원하는 것이 무엇인가요?'라고 묻는다.

3. 인지

상대방이 말한 내용에 대해 당신이 들은 대로 말을 해준다. 예를 들면,

"당신이 정말 힘든 하루를 보냈다고 들었어요. 그래서 저녁 식사 전에 한 시간 정도 잠을 자고 싶어한다고 했지요." 라고 확인한다. 상대방이 말한 것에 대해 당신의 느낌을 나타냄으로써 다른 사람의 느낌을 상대방에게 알려 줄 수도 있다. "당신이 그렇게 많은 잔무를 처리해야 했다니 내가 화가 나는군요."

_ 자기주장 표현과 적극적 듣기의 동시 실행

상대방과 대화도중에 감정이 격해져서 마찰이 일어날 가능성이 있다면 차례로 자기주장의 표현과 적극적인 듣기를 되풀이 해본다.

서로의 느낌과 생각, 희망사항을 분명하게 말할 수만 있다면 많은 문제를 해결할 수 있다. 오해는 사라지고 해결할 수 있는 방법이 쉽게 떠오른다. 다음의 예를 보자.

상민 : 집이 엉망이군. 하루종일 일하고 왔는데 집이 이렇게 엉망이면 정말 화가 나.

영희 : 이해가 안 돼…무엇 때문에 화가 나는 거야?

상민 : 어질러져 있고 시끌시끌한 집에 들어서면 정말 열이 나. 내가 집에 오면 평화스럽고 조용하면 좋겠어. 내가 서재로 걸어갈 때 장난감들에 걸려 넘어지지 않았으면 좋겠고 혼자 있을 수 있으면 좋겠어.

영희 : 당신이 집에 처음 왔을 때 집안이 엉망이고 시끄러우면 화가 난다는 말이지요. 그리고 집안이 조용했으면 좋겠고 혼자 있

고 싶어한다는 말이지요. 당신은 집이 잘 정리되어 있기를 원하는 거지요.

상민 : 그래, 맞았어.

영희 : 그렇다면 내 관점에서 이야기할께요. 나는 시간제 일을 하고 있기 때문에 집안을 먼지 하나 없이 치울 시간이 없어요. 일을 하고 애들을 돌보고 집안을 정리하고 사소한 일들을 모두 처리해야 하기 때문에 피곤하고 힘들어요. 나는 당신이 집안일과 사소한 잡일을 더 많이 도와주기 원해요.

상민 : 그렇게 피곤하게 느낄 만큼 일이 과중한지는 알지 못했어. 구체적으로 내가 어떤 일을 해주길 바래?

상민과 영희는 협상을 한다. 상민은 영희가 응접실을 청소할 때 진공청소기를 이용해 청소하고 빨랫감을 정리하기로 했고 그 대신 상민이 집에 왔을 때 한 시간동안 긴장을 풀 수 있는 시간을 가질 수 있도록 했다.

(연습)

친구나 가족들과 이러한 자기 주장과 적극적으로 듣기 연습을 해 본다. 다음 주말에 할 일 등과 같이 작은 일부터 연습을 시작해 본다. 좀 익숙해지면 좀더 감정적인 문제에 대해서도 시도해 본다.

_비판에 대해 대응하기

자기 주장이 어려운 이유 중의 하나는 비판의 경험을 거부로 받아들이기 때문이다. 이러한 생각은 어렸을 때 어른에 대해 한 단계 아래서 겪어야 했던 비판으로부터 초래된 것이라고 할 수 있다. 실수할 때마다 까다로운 부모나 선생님은 그 행동에 대한 판결을 내렸다. 그 당시에는 틀렸다. 그러므로 당신은 나쁜 아이였다. 그러므로 당신은 비판적인 말을 들을 때마다 당신이 틀렸기 때문이라고 생각하게 되었다. 어떨 때는 죄를 지었거나 잘못했다는 것을 깨우치기 위해 비판을 통해 자신을 채찍질하기도 했었다.

비판을 받는다는 것은 고통스러운 일이기 때문에 마음의 상처를 최소화하기 위해 당신만의 특별한 전략을 세웠을 것이다. 오히려 화를 내서 비판에 대항할 수도 있고 비판자의 과거 저지른 죄를 끄집어내어 대응 할 수도 있다. 부부들은 특히 이런 방법을 잘 쓴다 "내가 낭비한다고? 당신 작년에 30만원이나 주고 새 옷을 사 놓고 한번 걸치지도 않았어." 어떤 부부들은 비판에 대해 빈정거림으로 반응하기도 한다. "모르는 것이 없는 미스터 완벽씨."

수동적인 사람은 비판을 받게 되면 말이 없어지고 얼굴은 붉어지고 울기도 한다. 그리고 한 순간이라도 빨리 비판으로부터 벗어나려고 할 것이다. 상대방이 말한 내용을 못들은 체 하기도 할 것이며 마찰을 피하기 위해 아예 모든 것에 대해 동의해 버리기도 할 것이다. 수동적으로 반응하면 분노와 상처를 내부에 가지게 된다. 그렇게 되면 두통, 위염, 위궤양, 대장염 등의 신체적 징후를 얻게 되는 위험을 감수해야 한다. 감정을 자제하기만 한다면 우울증에 걸리기도 쉽다.

분노와 상처를 마음속으로만 간직하면, '한층 더' 라는 징후에 휩싸이게 할 것이다. 의식적이든 무의식적이든 중요한 날짜를 잊어버리거나, 꾸물거리거나, 늦게 도착하거나, 너무 빨리 나가거나, 늦게 나갈 것이며, 말을 하지 않으려 하고, 애처롭게 푸념하면서 쉴새 없이 말을 함으로써 당신의 비판자를 화나게 하는 어떠한 일도 할 것이다. 이 전술의 장점은 느낌과 한 일에 대한 어떠한 책임도 지지 않아도 된다는 것이다. 누가 공격하면 아무런 죄가 없다는 표정으로 이렇게 말하면 된다. "누구, 나요? 농담이지요? 너무 민감하시군요."라고 말하든가, "죄송해요. 그럴 뜻은 없었어요."라고 하면 된다. 이 전술의 나쁜 점은 자신의 느낌과 희망사항을 합리화하고 방어하는 중간에 그 목표를 달성하지도 못하고 포기해야 하는 경우가 생긴다는 것이다. 어설픈 복수는 오히려 상대방과의 거리를 멀게 하고 더 많은 비판을 받게 만들 것이다.

비판에 대해 수동적이거나 공격적으로 대응하는 전략을 사용한다면 자신과 상대방의 관계는 심각한 수준까지 틀어지게 된다. 비판에 대해 자기주장을 분명히 내세우기 위해서는 자신의 느낌과 생각과 희망사항, 행동에 대한 최종적인 판단자라는 가정을 가지고 있어야만 가능하다. 물론 그러한 사항에 대해 책임도 져야 한다. 모든 사람은 각자의 유전적 성격과 살아온 환경을 가지고 있기 때문에 기대사항과 좋아하는 것과 싫어하는 것, 가치관이 모두 다르다. 자신이 생각하는 규칙과 다른 사람의 규칙이 다르기 때문에 다른 사람의 의견에 동의하지 못하는 경우가 생기는 것은 당연하다. 그러나 최종적으로는 자신에게 가장 맞는 것이 무엇인지는 자신이 선택해야 한다.

상대방의 비판에 대해 자기의 주장을 밝히기 위한 좋은 전략은 인정하기와 연막치기, 규명하기가 있다.

인정하기

건설적인 비판은 자기 자신을 개선하는 데 도움이 된다. 실수에 대해 건전한 비판을 받게 되면 동일한 실수를 되풀이하지 않게 될 것이다. 다른 사람이 자신만의 판단으로 당신이 틀렸다고 제기하는 비판은 비록 그 말이 맞다고 하더라도 건설적이 아닐 수 있다.

비판에 대해 동의하는 경우에는 그 내용이 건설적이든, 혹은 불필요하게 잘못을 상기시키는 것이든 맞다고 인정하라. 예를 들면, "사장님 말씀이 맞습니다. 철자가 많이 틀렸군요. 내 책상에 있는 사전을 이용해야 했어요." 혹은 "보고서 제출마감이 지난 주말이었는데 하지 못했어요." "네, 오늘 저는 회사에 30분 지각했습니다."

자신의 행동에 대한 변명이나 용서를 구하는 우를 범하지 않아야 한다. 이런 반응은 우유를 쏟거나, 옷을 더럽히거나, 예정시간보다 15분 늦게 집에 오거나 했을 때 부모님이 "도대체 이유가 뭐야?"라고 물어 볼 때 자동적으로 하던 행동이다. 부모들은 합당한 이유를 요구하였고 그에 대해 적절한 변명을 찾아야만 했을 것이다. 이제 성인이 되었기 때문에 자신의 모든 행위에 대해 설명을 해야 할 필요가 없다. 잠깐동안 진정으로 설명을 하고 싶은 순간인지 혹은 어릴 때의 버릇대로 하고 있는 것은 아닌지를 자신에게 물어보라. 예를 들면, "그래, 맞아 상철아. 난 지난주 말까지 제출해야 하는 보고서를 제출하지 못했어."라고 갈을 하면 된다 왜냐하면 그는 동료이고 작업의 완성여부에 책임이 없기 때문이다.

한편으로 사장에게 말할 때는 당신이 '30분 지각한 것에 대해' 단지 인정만 하고 지나가면 안 된다. 자신의 업무가 소중하기 때문에 설명하기를 주저하지 않아야 한다. "내 차의 배터리가 죽었기 때문에 옆집에 도움을 청해야만 했습니다."

연막치기

연막치기는 당신이 동의할 수 없는 비건설적이며 은밀한 조작을 시도하는 비판에 대해 대응하기 좋은 전략이다. 이 전략을 사용하면 겉으로는 진실로 가득 차 있지만 진짜 의도는 혹평을 하려는 말에 대해 신속하게 대처할 수 있게 한다. 이 작전을 이용하면 내부적으로는 자신의 관점을 고수하면서도 상대방의 비판 중에서 동의할 수 있는 부분을 찾을 수 있게 된다.

연막치기가 술수라고 볼 수도 있다. 사실 그렇다. 그러나 공격적이거나 수동적인 것보다는 낫다. 비록 정교한 사전연습은 필요 없지만 진정 동의하고 싶은 그 무엇인가를 찾기 위해서는 정말 잘 들어야 한다. 자신의 비판에 대해 동의하는 방법에는 세 가지가 있다.

일부분에 대해 동의한다. 비판내용 중에서 동의할 수 있는 부분을 찾아본다. 그리고 그 부분에 대해서는 맞다고 인정한다. 그리고 나머지 비판은 무시한다. 비판가가 사용하는 말 중에서 '항상'이나 '절대로'와 같은 완전히 과장된 단어는 변경한다. 그러나 비판가의 원래의 의미를 왜곡해서는 안 된다.

비판가 : 당신은 항상 일만 하는군요. 단 하루라도 놀면 세상에서 버림받을 것 같은가요.

당　신 : 그래 나는 일을 많이 해.

비판가 : 당신은 절대로 친구들을 위한 시간을 내지 않는군요. 일하
　　　　라고 강요받고 고민하고 있지요.

당　신 : 당신 말이 맞아. 나는 지금 친구들과 같이 보낼 시간이 별
　　　　로 없어.

가능성에 대해서만 동의한다. 비판 내용 중에서 동의할 수 있는 부분의
발생가능성에 대해서만 동의한다. 맞을 확률이 천대 일이라고 해도 "그
럴지도 모르죠." 혹은 "당신이 맞을 지도…"라고 대답한다. 앞의 대화내
용을 예로 들면 비판가에게 다음과 같이 말한다. "내가 일을 너무 많이 하
고 있을 지도 모르죠." 라든가 "내가 친구들과 같이 지낼 시간이 별로 없
는 게 맞을 지도 모르죠." 라고 말하면 된다.

원칙에 대해서만 동의한다. 상대방의 가정부분에 대해서는 동의하지
않으면서 그의 논리에 대해서는 동의할 수 있다. "만약 X라면 Y이다." 에
동의하면서도 X가 참이라는 사실은 인정하지 않을 수 있다.

비판가 : 지금보다 더 열심히 공부하지 않으면 당신은 그 과목에서
　　　　낙제할지도 모르죠.

당　신 : 맞아요. 공부를 하지 않으면 낙제하겠지요.

규명하기

상대방의 비판이 건설적인지 혹은 은밀한 조작인지를 잘 알지 못하는

경우, 비판내용을 이해하지 못하는 경우, 전체 이야기 내용을 알지 못한 경우에는 적극적인 규명방법을 유용하게 사용할 수 있다. 상대방의 비판이 자신의 느낌이나 요구사항을 숨기기 위해서인 경우라고 생각되거나, 상대의 비판적인 언급내용에 대해 이해할 수 없는 부분이 있다면 그 이면의 내용을 알기 위해 규명하기를 시도한다.

규명하기 위해서는 상대방이 가장 강력하게 비판하고 있다고 생각하는 부분을 선택한다. 일반적으로 이러한 부분은 자신의 이익을 대변하고 있는 부분일 수 있다. "당신을 괴롭히는 부분은…인가?" 라고 물어 본 다음, 생각하기에 비판가가 가장 중요하게 생각하고 있다고 여기는 부분에 대해 말해 준다. 필요하다면 상대방에게 구체적인 예를 들어보라고 한다. 그리고 비판가의 느낌과 생각과 요구사항이 무엇인지를 알기 위해서 그의 답변을 자세히 들어본다. 비판가의 의도가 무엇인지를 이해할 때까지 "당신을 괴롭히는 것은…이냐?" 라고 계속 물어 본다. "이번엔 문제가 뭐야?" "내가 한 일의 문제가 뭐야?" "당신을 괴롭히는 게 무엇인가?" 같은 형태의 질문을 해서는 안 된다. 이런 말은 자신을 방어하려고 하는 것처럼 보이게 하므로 비평가는 자신의 진정한 느낌과 요구사항의 표현을 단념할 것이다.

다음은 효과적인 규명 방법이다.

비판가 : 당신은 여기 일에 전념하지 않고 있군요. 마음의 반은 딴 데 가 있어요.

당　신 : 그렇게 생각하시는 이유가 무엇입니까?

비판가 : 다른 사람들은 시간을 초과해서도 열심히 일하고 있어요. 그러나 당신은 오후 5시만 되면 춤을 추듯이 나가 버리잖아

요.

당　신 : 퇴근시간 정각에 다른 사람이 일을 하고 있어도 퇴근하는 게 무엇이 잘못된 거지요?

비판가 : 나도 근무시간을 초과해서 일하는 것은 싫어해요. 그러나 일은 끝내야 해요. 나는 그것을 감시해야 하는데 당신이 근무시간에만 매달리는 것을 보니 화가 나요.

당　신 : 내가 근무시간에 맞추어서 일하는 것이 무엇이 잘못된 거지요?

비판가 : 당신이 가버리면 누군가 당신 일을 대신해서 끝내야 해요. 일이 끝날 때까지는 있으면 좋겠어요.

당　신 : 알았습니다. 나에 대한 상황을 설명해 주셔서 감사합니다.

이 경우에는 규명과정을 통하여 비판가의 분노에 대해 명확하게 이해하게 되었으며 그가 원하는 것이 무엇인지도 알게 되었다. 당신의 비판가들이 계속 모호한 용어로 받아친다면 이번에는 연막작전을 사용할 수도 있다.

(연습)

다음의 비판에 대해 인정하기, 연막치기 그리고 규명하기를 이용한 자기주장을 하는 대응을 써 본다.

1. 그렇게 미친 사람처럼 운전한다면 사고가 날 겁니다. 너무 서둘고 있어요.

인정하기 :

연막치기 : _____

규명하기 : _____

당신의 반응은?

인정하기 : *나도 내가 다소 무모하다고 생각해요.*

연막치기 : *내가 바쁜건 사실이에요.*

규명하기 : *나의 운전이 당신을 괴롭게 했나요?*

2. 분재한다고 그렇게 많은 시간을 보내고 있네요. 그러나 당신이 관
   심을 가져야 할 것이 매우 많아요.

인정하기 : _____

연막치기 : _____

규명하기 : _____

당신의 반응은?

인정하기 : *나의 취미생활만 좇다 보니 너무 많은 것을 놓쳤어요. 정*
          말 많은 것을. 내 생각에 당신 말이 맞아요.

연막치기 : *내가 나무에 관심을 쏟을 때면 다른 것에 신경이 가지 않*
          는 것은 진실이에요.

규명하기 : *내가 관심을 기울이지 않아서 당신을 괴롭히는 부분이*
          무엇인가요?

3. 당신은 정말 잘도 빠져나가는 군. 문제가 발생할 가능성이 보이자
   말자 바로 이 관계로부터 벗어나는군. 한마디 심한 말을 하고 바

로 떠났어.

인정하기 : _____

연막치기 : _____

규명하기 : _____

당신의 반응은?

인정하기 : *당신 말이 맞아. 나는 누구와도 깊게 관계를 유지하지 못*
하는 것 같아.

연막치기 : *당신의 주장과 분노가 날 화나게 하는 것이 맞아요.*

규명하기 : *내가 관련을 맺지 않는 것의 어떤 부분이 당신을 괴롭게*
하나요?

_자기 주장전략의 특별한 방법

같은 말 반복하기

다른 사람에게 '안돼' 라고 말하려 하거나 당신의 메시지를 이해하는데 어려움을 겪는 사람에게 일정한 제한선을 제시하려면 같은 말 반복하기 전략을 사용하기를 권한다. 당신의 5살 난 자녀에게 '안돼' 라고 말하든가, 집에 찾아온 영업사원에게 물건에 흥미가 없으니 사지 않겠다고 말하려고 하든가, 초대한 안주인이 정말 마시지 않겠다고 해도 막무가내로 마실 것을 권하는 경우에 이런 전략을 사용할 수 있다. 그리고 상대방이 자신의 요구사항에 눈이 어두워서 당신이 원하는 것을 보지 못할 가능성이 있는 경우에도 효과가 있다. 예를 들면, 당신 남편에게 일본음식보다는 중국음식을 먹자고 할 때나, 10대 아들에게 자정까지 귀가하라고 말을 할 때나, 집주인에게 하수구 누수에 대한 수리를 요구해야 하는 경우 등이다.

반복해서 말하기는 상대방에게 설명을 하면 요점도 없는 논쟁만 발생할 상황에서 특히 쉽게 사용할 수 있다. 다음은 사용을 위한 5단계이다.

1. 당신이 원하는 것과 원하지 않는 것을 마음속에서 분명히 정한다. 당신의 느낌과 상황에 대한 당신의 생각과 당신의 권리에 대해 알아둔다.

2. 당신이 원하는 것에 대해 짧고, 구체적이며, 이해가 쉬운 문장을 생각해 둔다. 가능한 한 문장으로 만든다. 변명이나 설명부분은 없어야 한다. "나는 …을 할 수 없다." 라는 말은 피한다. 이 말은 가장 나쁜 경우에 대한 변명이다. 이 경우 다른 사람은 "물론 너는…을 할 수 있다."라고 맞받아 대응할 것이며 어떻게 하는지 까지 이야기해 줄 것이다. "나는…을 원하지 않는다."라고 하는 편이 더 간단하고 직접적이며 더 솔직한 표현이다. 당신이 하려는 말을 마음속에서 잘 살펴본다. 다른 사람들이 논쟁을 위해 사용할 맹점이 있는지를 보고 있다면 제거한다.

3. 당신의 말을 보조하기 위해 신체언어를 사용한다. 똑바로 서거나 앉아서 다른 사람의 눈을 보고 당신의 손을 양쪽에 단정하게 둔다.

4. 당신이 메시지를 전달하고자 하는 사람에게 당신의 의사를 변경할 생각이 없다는 것을 알게 할 때까지 조용하고 단호한 말투로

몇 번이고 되풀이해서 이야기한다. 그러면 상대방은 당신의 희망 사항을 따르지 않기 위해서 여러 변명을 늘어놓을 것이다. 그냥 '싫어요'라고 되풀이하여 답할 지도 모른다. 그러나 대부분의 사람들은 '싫어요'라고 말하는 것과 변명을 하는 것의 밑천이 드러나게 된다. 어린이와 영업사원은 몇 번이나 지속적으로 명확하게 표명한 말에 대해서도 인정을 한다 하더라도 특별히 더 끈질기게 설득하려 할 것이다. 다른 사람들이 당신의 반복적인 말에 맹점을 발견하기 전까지는 이 전략을 바꾸지 말아야 한다.

5. 당신이 반복해서 말하기에 돌아가기 전에 다른 사람의 생각과 느낌과 요구사항에 대해 잠깐동안 인정을 할 수도 있다. "나는 당신이 화내는 것에 대해 이해합니다. 그러나 나는 더 이상 잔업을 하기 싫습니다." "나는 당신이 원하는 것을 압니다. 그러나 나는 더 이상 잔업을 하지 않으려 합니다." 다른 사람의 말에 의해 자신의 진로를 이탈시켜서는 안 된다.

반복해서 말하기의 예이다.

고객 : 몇 주전에 내가 이 블라우스를 여기서 샀어요. 나는 환불받기를 원해요.

직원 : 영수증이 있으신가요?

고객 : 있어요(고객이 영업사원에게 보여준다).

직원 : 구입하신지 한 달이 더 되었군요. 너무 많은 시간이 경과했습니다. 이렇게 오래 전에 사신 것을 환불받으려 하는 것은 좀 심한 거 아닌가요?

고객 : 한 달 전에 산 것은 맞아요. 그렇지만 환불해 주기를 원해요.

직원 : 그건 규칙에 어긋납니다. 우리 점포의 정책은 일주일 내 사신 물건만 환불해 드리도록 되어 있습니다.

고객 : 알겠어요. 그렇지만 환불해 주기를 원해요.

직원 : 정책 때문에 고객님의 의견대로 해 드리면 저의 입장이 곤란해집니다.

고객 : 당신이 이것을 받으면 곤란하게 느끼게 될 것을 이해합니다. 그렇지만 환불해 주기를 원해요.

직원 : 그렇게 하면 저는 여기서 쫓겨날 지도 모릅니다.

고객 : 당신이 해고될지도 모르겠다고 걱정을 하는 것을 알겠어요. 그렇지만 환불해 주세요.

직원 : 더 이상 방법이 없군요. 내일은 우리 지배인이 있을 테니 그 때 가져오시죠.

고객 : 내일 오라는 소리를 들었습니다. 그렇지만 환불해 주기를 원해요.

직원 : 마치 고장 난 레코드 같군요. 정말 사람이 아닌 것 같네요.

고객 : 그렇게 들릴 수도 있겠죠. 그렇지만 환불해 주기를 원해요.

직원 : 네, 네, 알았습니다. 그 블라우스를 주시죠.

이 예시에서 보듯이 양측에서는 어떠한 합의도 없었다. 그렇지만 어느 한쪽이 자신의 입장을 바꿔서 새로운 대안을 제시했다면 합의에 도달할 수도 있었을 것이다.

반복해서 말하기 위한 내용은 항상 미리 준비해야 한다. 당신에게 선처를 호소하는 사람이나 친구들의 도움요구에 대해 거절하는 말을 하기 힘들다고 한다면 지금 반복해서 할 말을 준비해야 한다. 당신이 하고 싶은 말을 간단한 문장으로 만든다. "지금 당장 방을 청소해라." 라든지 "당신과 함께 저녁 식사 후에 신용카드 사용내역에 대해 이야기하고 싶어요." 등이면 된다. 이 법칙이 성공하기 위해서는 최소한 4번 이상 동일한 말을 되풀이해야 효과가 있다고 알려져 있다. 처음부터 상대방이 이런 전략에 대해 정말 고장 난 레코드 판 같다고 말한다면 그 다음부터 계속하기가 매우 어색해 진다. 그러나 이 간단한 전략으로부터 얻게 되는 결과를 생각해 보면 얼마든지 처음의 불편함을 감수해도 좋을 것이라는 확신을 가지게 될 것이다.

내용에서 과정으로의 전환

만약 지금의 대화 내용이 당신이 하고 싶은 말의 내용과 점점 멀어지고 있다고 느낀다면 내용에서 과정으로 전환하는 전략을 사용해 볼만하다. 지금 현재 말하고 있는 실제 주제(내용)로부터 당신과 상대방간에 현재 일어나고 있는 일(과정)에 대해 이야기하는 것이다. 예를 들면, "우리는 지난 일에 대해 이야기하겠다고 서로 합의했지만 그 주제에서 벗어나고 있어요." 혹은 "나는 지난 일에 대해서 이야기하려고 모든 노력을 기울이고 있지만 당신은 거의 말이 없군요." 라고 말한다.

이 방법은 당신이 현재 순간에 발생하고 있는 당신의 느낌이나 생각을 스스로 폭로하는 것일 수도 있다. "나는 더 이상 이런 식으로 이야기하지 못하겠습니다. 당신은 얼굴이 붉어져 있고 이를 갈고 있군요." "나는 이런 문제를 공공장소에서 이야기하는 것이 불편합니다. 우리 둘 다 지금 속삭이면서 이야기하고 있잖아요." "나는 이 문제가 해결되고 있다는데 대해 정말 기쁩니다. 우리는 진정한 대화를 나누고 있군요. 당신의 생각에 대해 적극적으로 동의합니다."

내용으에서 과정으로의 전환은 양쪽의 목소리가 높아지고, 서로에게 화를 내게 되는 경우 도움이 된다. "우리는 모두 열 받았어요. 이건 민감한 문제니까요." 혹은 "우리는 목소리가 커지고 있고 전투 태세를 갖추어 가고 있어요." 이러한 재치 있는 변환은 중립적이며 공정한 입장에서 둘 사이에 벌어지는 일을 언급하는 것이므로 당신의 말이 공격적으로 비쳐지지 않는다.

일시적인 연기

어떤 상황에 대해 신속하게 대응해야겠다고 느끼는 경우가 있다. 질문을 받았다면 당장 답변을 해야 한다고 느낄 것이다. 그러나 그 결과 행위나 말에 대해 후회하는 경우가 자주 발생할 것이다. 자신의 느낌과 요구사항을 신중히 살펴 볼 수 있는 시간을 가져야만 당신에 관한 결정을 상대방이 대신 내리도록 내버려 두는 경우가 발생하지 않는다.

일시적인 연기는 (1) 다른 사람을 이해하고 있는지 확신할 수 있게 되고 (2) 대화내용을 분석할 수 있게 하며 (3) 현재 상황에 대한 느낌과 생각과 요구사항에 대해 보다 깊게 알 수 있게 하며 (4) 의식적으로 상황에 영향을 미치게 되어 당신이 원하는 요구사항에 더욱 근접한 결과를 얻을 수 있게 된다. 일시적인 연기는 이 장에서 언급한 다른 자기주장기술을 사용하기 위한 교습을 이제 막 받기 시작한 경우에는 매우 유용하게 사용할 수 있다. 이 방법을 사용하면 생각하고 준비할 수 있는 시간을 가질 수 있게 된다.

다음은 그 예이다.

"천천히 합시다. 이건 경쟁적으로 처리하기에는 너무 중요한 일입니다."

"그거 재미있네. 그 점에 대해 좀 생각해 봅시다."

"나는 그것을 잘 이해하지 못합니다. 다른 방식으로 말해 주시겠어요?"

"그거 중요해 보이는데? 한번 더 말해줘." "당신이 한말을 제가 이해했나요? (당신이 들은 말을 이해하고 반영하기 위해 당신의 생각과 들은 내용을 반복하여 말한다.)

"나는 점점 피곤해 지는군요. 이 내용에 대해 한 번만 더 천천히 이야기 해 주시죠."

"잠깐만, 나의 솔직한 답변을 전해 즈고 싶군요." "당신이 말한 내용 중에 무언가 있는 것 같군요. 이 문제에 대해 생각할 시간을 주십시오."

시간 종료

중요한 내용에 대해 대화하고 있는 것이 분명하지만 대치상태만 계속된다면 다음 시간으로 대화를 미뤄라. 시간종료 전략은 서로의 대화내용이 교착상태에 빠지거나 너무 격렬한 경우 사용하면 효과가 있다. 대화도중 한쪽이 침묵하거나, 눈물을 흘리거나, 상대가 말한 내용에 대해 무조건 동의하기 시작하거나, 상대방을 가슴 아프게 하려 하고 욕을 하고, 전부터 하던 불평을 하는 경우에 말이다.

시간종료를 이용하면 생각할 수 있는 시간을 가질 수 있게 된다. 지금 어떤 자동차를 살까 망설이고 있고 판매원은 당신에게 차를 팔려고 안달하고 있을 때, 그리고 여자친구가 당신을 사랑한다고 말하면서 자기에 대해 어떻게 생각하고 있는지를 알고싶다고 말할 때, 혹은 처갓집 식구들이 콘도에서 주말을 보내자고 초대했을 때와 같은 경우에 유용하다.

다음은 시간종료가 필요한 일반적인 상황이다.

동료가 융통성이 없는데 대해 비난하면서 당신이 말하기를, "우리가 말하고 있는 것은 중요합니다. 내일 다시 당신과 이야기했으면 좋겠어요."

당신은 지금 눈물이 나거나 분노가 치밀려고 하거나 매우 불안해하고 있다. 더 이상의 토론은 무의미하거나 너무나 가슴을 아프게 하는 것이다. "시간이 종료되었어. 나는 지금 열 받았어. 내일 이 내용에 대해 이야기하는 것이 더 효과적일 것이라고 생각해."

당신이 정말 하고 싶은지 확신이 없는 일을 하도록 압력을 받고 있다. 당신은 "이 일을 잠시 잊읍시다." "다음주에 내가 돌아오면 그때 다시 이야기합시다." "내가 결정을 내리기 전에 나의 변호사(회계사, 친구)와 한 번 더 대화하고 싶군요." "이 문제는 정말 중요해요. 다음주 언제 다시 이점에 대해 논의하는 것이 좋을까요?"라고 말할 수 있다.

중요한 문제를 회피하기 위해 시간종료 전략을 반복적으로 사용하는 것은 좋지 않다. 논의를 계속할 수 있는 가까운 시간을 구체적으로 지정해야 한다.

자기 주장 실습

처음에는 자기 주장연습이 어색할 것이다. 이런 기술들을 일상에 적용하기 전에 당신의 의견에 동의하는 친구나 가족과 함께 실습해 보는 것이 좋다. 이런 전략을 연습할 때 빈 의자를 두고 실제 상대방이 있다고 생각(Empty Chair Technique)하면서 연습해도 도움이 될 것이다.

자신의 주장을 내세우고 싶은 사람이 당신과 마주하여 의자에 앉아 있다고 상상한다. 마음의 눈으로 상대를 쳐다본다. 그들이 앉아 있는 모습은 어떠한가? 그들이 무슨 옷을 입고 있는가? 가능한 한 실제적인 모습을 그릴 수 있도록 노력한다.

이제 상대방이 정말 듣고 있다고 생각하면서 자신의 주장을 시작한다. 그 다음에는 빈 의자에 앉는다. 그리고는 상대방의 입장에 놓여 당신이 하는 말에 대한 상대방의 반응을 생각해본다. 이번에 다시 당신의 의자로 돌아와서 상대방의 반응에 대해 당신은 어떻게 느끼고 어떻게 생각하게 될지를 살펴본다. 그리고 적절한 자기 주장을 펼쳐본다.

양측의 대화가 완전히 끝날 때까지 양 의자를 왔다 갔다 하면서 이러한 과정을 되풀이한다.

만약 이런 빈 의자 기법이 너무 어색하다고 생각되면 이러한 과정을 상상으로만 진행하거나 당신의 말과 상대방의 반응을 원고를 써 본다. 자기 주장의 말을 거울 앞에서 해보면서 자신의 신체 언어가 당신의 말과 일치하는 지를 확인해 보는 것도 매우 좋은 방법이라고 알려져 있다. 자기 주장의 말을 녹음해 보는 것도 좋은 방법이다. 앞에서 언급한 어떠한 방법을 사용하든 당신이 자기 주장적인 일상을 살아갈 수 있도록 도움을 줄 것이다.

2. 공정한 싸움
···→ Fair Fighting

'공정한 싸움(Fair Fighting)'은 1969년 조지 바하(George Bach)와 피터 와이든(Peter Wyden)이 그들의 저서인 《The Intimate Enemy》에서 처음 사용한 용어이다. 그들은 친근한 관계에 있는 사람간의 싸움은 불가피하고 자연스러우며 상호간에 발생한 문제를 해결하기 위한 유익한 과정이라고 판단하면서 공정하고 효과적인 싸움을 위해 필요한 규칙을 제정하였다.

바하의 공정한 싸움전략은 '건설적인 공격(Constructive Aggression)'이라는 이론에 기초하고 있다. 이 이론은 분노의 감정을 자주 표출하는 것은 압박을 완화하고 관계를 잘 유지하며 건전한 감성적 균형상태를 유지할 수 있는 카타르시스를 제공하는 안전판이 될 수 있다는 것이다.

화를 내는 것이 자신에게 좋은 일이라는 일반적인 내용은 1989년 캐롤 타브리스(Carol Tavris)가 그녀의 저서 《Anger-the Misunderstanding Emotion》에서 부인했다. 그녀는 과학적인 연구를 통하여 화를 내게 되면 분노가 더 커지고 압박을 받게 되며, 관계가 손상되고, 감성적인 균형상태가 파괴된다는 결론을 내렸다.

이번 장은 화를 다스리는 법과 공동의 마찰해소방법에 관한 바하의 고전적인 변화를 위한 투쟁기법과 비교적 최근 이론인 상황-행위론을 혼합하여 설명한다.

_불공정한 싸움

불공정한 싸움이란 크고 증오에 찬 목소리와 해를 끼치면서 비생산적이고 어떤 때는 폭력적이기도 한 싸움을 의미한다. 이러한 싸움은 다음의 세 가지 위험한 가정으로부터 초래된다.

1. 마찰은 끔찍하다.

우리는 가능한 한 이를 피해야 한다. 우리는 같은 목표를 지향해야 하고, 동의를 해야 하며, 잘 해야 한다.

2. 나의 요구사항은 당신의 요구사항보다 더 가치가 있다.

내가 원하는 것만이 가치가 있다. 당신의 요구사항은 사소하거나 바보스러운 것이다. 나는 맞고 너는 틀리다. 나는 선하고 너는 악하다.

3. 이기는 사람은 오직 한 명 뿐이다.

내가 원하는 것을 가진다면 상대는 가질 수 없게 된다. 승자가 있으면 패자도 있다. 그러므로 나는 먼저 공격하고 고지를 점령함으로써 내가 승자라는 것을 확실히 해야 한다.

_ 불공정한 싸움방식이란 무엇인가

다음에서 묘사한 불공정한 싸움방식을 잘 읽어보고 당신이 유익하게 사용할 수 있는 방식을 찾아 보라. 각 항목 아래에 있는 빈칸에 당신의 겪은 사례를 기입해 본다.

1. 잘못된 시점

자신이 원하는 바를 적절하지 않은 시점에 상대방과 논의하려고 주장한다. 당신은 늦었고 피곤할 때, 어디에 급하게 가야 할 때, 다른 일을 하기에 바쁠 때, 술을 마시고 있을 때, 당신이 싸우고 있는 소리를 들려주고 싶지 않은 사람이 주위에 있을 때가 이에 해당된다.

예를 들면, 은수는 그의 남자친구 민철에게 이번 봄방학 때 같이 여행을 가자고 제의한데 대해 결정을 내리라고 조르고 있다. 그렇지만 민철은 지금 밴드연습에 늦었기 때문에 대화를 나눌 시간이 별로 없다. 그녀가 계속 재촉을 하면 마침내 그는 화를 내면서 이렇게 말한다. "정말 더럽게 시간이 없다니까." 그리고는 문을 세차게 닫고 나가는 바람에 문 유리를 깨뜨리고 만다.

❋ 당신의 사례 ❋

----

2. 책망하기

"나는 맞고 당신은 틀리다."라는 가정은 매우 위험하다. 왜냐하면 발생한 문제는 모두 상대방 때문이라고 다른 사람을 비난하게 되기 때문이다. 책망하기란 욕을 하거나 비난을 하거나, 과장을 하거나 악의적인 의도를 가지게 되거나 과거의 실수를 다시 할퀴는 등의 형태를 취하게 된다. '당신은' 이라는 말을 많이 하지만 '나는' 이라는 말은 거의 하지 않는다.

예를 들면 준수가 승훈에게, "도대체 대학원 입학원서를 우편으로 보내는 것을 '잊어버렸다' 는 게 말이 돼? 네가 아무리 헷갈려도 말이야. 겁이 나서 그랬다고 인정해. 다시 학업을 계속하겠다고 약속해 놓고 나한테 말도 없이 우리 약속을 져버리고 모든 것을 내던져 버렸군. 그리고는 나한테 거짓말을 하고 마감일을 '잊어버렸다' 고 말하고 있구나." 준수는 승훈이 혼란스럽고 겁이 많으며 진실하지 못하고 믿을 만한 사람이 못 된다는 것에 대해 책망하고 있다.

✳ 당신의 사례 ✳

----

3. 너무 많은 대화주제

화가 나면 당신이 얼마나 잘하고 있는지와 상대가 얼마나 잘못하고 있는지를 보여 주기 위해 이런 저런 문제들을 내어놓으면서 가능한 많은 공격수단을 사용할 것이다.

예를 들면, 상철과 은숙은 선거일에 선거하러 가는 시간 때문에 다투고 있다. 상철은 화가 났으며 은숙의 과거 특이한 선거 습관에 대해 회상하고 있다. "선거가 겁이 나는 거야? 당신이 투표하는 건마다 이기지 못했지. 통과세 기억 나? 학교 이사회 개선에 관한 투표는? 재산세 불복운동에 대한 투표에서 압도적인 차로 이겼던가? 당신은 불가능한 이유에 항상 속 아넘어가." 그는 그녀 집안의 정치성향에 대해 기묘하게 비튼 논리로 공격하고 있으며 그녀 스스로 강아지를 수의사에게 데려가지 않았다는데 대해 비난하기도 한다.

* 당신의 사례 *

\-

\-

4. 화를 내어 다른 느낌 덮어 버리기.

불공정한 싸움에서는 화만이 유일한 감정 표현 방식이다. 중요한 감정인 두려움, 슬픔, 죄의식, 실망 등은 모두 밑으로 가라앉아 버리게 한다.

예를 들면, 석민은 그의 부인인 혜영이 이번 크리스마스 주말에는 큰 도시에서 그녀의 옛 대학 동창들과 쇼핑을 하면서 보내기를 원하며 그러기 때문에 그는 혼자 집에서 애들을 돌보아야 한다고 선언하자 상처를 받았고 질투도 느꼈다. 그러나 혜영의 '이기심'과 '무책임함'에 대해 화를 벌컥 냄에 따라 질투심과 상처받은 마음은 모두 묻혀 버리게 되었다.

* 당신의 사례 *

\-

\-

5. 불가능한 요구

불공정한 싸움에서는 '좀더 신중하여야 한다.'라든가 '더 이상 성미

까다롭게 굴지 않아야 한다.' 등과 같이 모호하고 추상적인 요구를 하게 된다. 그리고 상대방에게 항상 당신의 마음을 읽고 있기를 요구하며, 상대방이 하려고 하는 일이 충분히 '사려 깊은 일' 인지 혹은 과도하게 '까다로운 일인지'를 판단하도록 항상 요구한다. 태도와 감정의 전체적인 변화를 요구한다는 것은 효과가 없다. 사람들은 자신의 성격을 쉽게 바꾸지 못하기 때문이다.

예를 들면, 윤기 씨는 그의 아들 호철에게 방을 청소하라고 했다. 그렇지만 그의 아들은 이를 무시했다. 윤기 씨의 목소리가 높아졌다. 호철은 울기 시작했고 윤기 씨와 그의 부인 영미 씨는 그의 형편없는 자녀 양육법에 대해 부부싸움을 하게 되었다. 그녀는 윤기 씨가 아들의 감정에 대해 보다 민감하라고 요구하면서 '인내하는 법'을 배우라고 하였다. 그렇지만 영미 씨가 선택해야 하는 것은 윤기 씨가 기억하고 다시 실습하기 쉽도록 좀더 구체적으로 원하는 행동의 변화를 요구하는 것이다.

 ✳ 당신의 사례 ✳

----

6. 위협과 최후통첩

불가능한 요구를 할 때 위협과 최후통첩을 같이 하는 경우가 많다. 나는 나가겠다. 나의 지지를 철회하겠다. 때리겠다. 내가 아이를 맡겠다. 너에게 명령한다. 무엇을 부수어 버리겠다. 더 이상 너를 사랑하지 않겠다.

예를 들면, 민주는 철수에게 또 앞으로 컴퓨터 앞에서 밤을 새면 그것을 창 밖으로 던져 버리겠다고 했다. 말하는 순간에는 그녀는 진심이었다.

그러나 나중에서야 이것은 위험한 전술이라는 것을 알게 되었다. 만약 그렇게 한다면 수십 만원을 버리게 되고 싸움만 더 커질 것이라는 알게 되었으며, 만약 그렇게 하지 않는다면 그녀는 지키지도 못할 위협을 한 것이 되기 때문이다.

＊ 당신의 사례 ＊

----

7. 단계적 확대

불공정한 싸움을 할 때는 처음에는 조용하게 상호 불일치한 점에 대해서 이야기 하다가 목소리를 높이면서 논쟁하는 것으로, 논쟁을 하다가 소리치고 비명을 지르는 경기로, 소리치다가 무엇을 부수는 것으로, 부수다가 위험한 물건을 끊임없이 던지는 것으로, 던지다가 마침내 때리기로 발전하는 경향이 있다.

윤호와 민지는 언제나 비슷한 방식으로 싸운다. 먼저 그녀가 점심약속을 잊어버리거나 도서관에서 만나는 것을 잊어버린다. 그가 시무룩하게 침묵을 지키고 있으면 그녀는 두려워하면서 사과를 한다. 그는 그녀에게 '함께 있다' 는 것에 대해 설교를 하고 그녀는 자기 변명을 한다. 그의 목소리는 높아지고 강조를 위해 팔을 마구 흔들면서 이리 저리 왔다 갔다 한다. 그녀는 진정하라고 말한다. 그러면 그는 엄청나게 화를 내고는 물건을 넘어뜨리고, 고양이를 발로 차고, 잡지를 문에 집어던지고는 문밖으로 폭풍처럼 사라진다.

----

8. 불행한 끝

불공정한 싸움은 폭력을 행사하거나, 도망을 치거나, 눈물이나 사과가 있어야만 끝나게 된다. 양측이 모두 만족하는 해결책은 찾지 못하게 된다. 사실상 불공정한 싸움은 끝나는 법이 없다. 다음 단계의 싸움이 벌어지기 전까지 일시적으로 전투가 중단되고 있는 것뿐이다.

윤호는 어느 정도 진정이 된 후에 꽃이나 새책이나 민지가 좋아하는 땅콩 통조림을 사 들고 집에 와서 사과를 한다. 민지는 눈물로 그를 용서하고 앞으로 좀 더 정신차리고 살겠다고 약속한다. 윤호는 보다 더 인내하고 화를 참겠다고 맹세한다. 다음 싸울 때까지는

* 당신의 사례 *

_공정한 싸움

공정한 싸움은 서로의 차이에 대한 솔직하고 공개적인 토론으로써, 소리를 지른다던가 폭력이 발생하지 않는다. 공정하고 평화스러움 속에서 의견을 교환하겠다는 규칙을 분명히 따라야 한다. 상호 동의할 수 있는

해결안에 합의하는 것이 이상적인 공정한 싸움의 마무리단계이다.

공정한 싸움을 하려면 다음과 같은 세 가지를 반드시 마음속에 다짐하고 있어야 한다.

1. 마찰은 불가피하다.

친근한 관계를 유지하고 있는 상대방은 뭔가 다른 것을 요구하고 있다. 그것을 피할 수는 없다. 그리고 그것은 문제가 아니다. 상대방과 당신은 모두가 자신만의 요구, 욕망, 의견, 취향, 선호도, 두려움, 목표를 가지고 있다는 사실을 인정해야 한다.

2. 우리들의 요구는 똑같이 가치가 있다.

우리 모두 자기 나름대로 무언가를 원하고 있다는 것은 자연스럽고, 합리적이며, 이해할 수 있는 사실이다. 우리가 원하는 것이 다르다고 해서 한쪽 요구가 다른 쪽보다 더 중요하거나 심각하다는 것을 의미하지 않는다. 당신이 쉬고 싶고 프라이버시를 원하는 만큼, 나도 즐거워지고 싶고 같이 있고 싶어한다는 것을 인식하는 것이 중요하다.

3. 우리는 같이 승리할 수 있다.

함께 힘을 합하면 공동의 문제를 해결할 수 있는 합의된 해결방법을 찾을 수 있다. 다른 사람의 이익을 해하거나 빼앗지 않고서도 우리가 원하는 수준을 얻을 수 있다.

_ 공정한 싸움을 위한 규칙

1. 시간을 정한다.

상대방으로부터 심도 있는 토론에 동의한다는 확인을 받아낸다. 상대방이 지금 싸우지 않겠다고 하면 가능한 가까운 시간 내에 다시 논의할 시간을 정한다. 하지만 이런 방법은 다른 사람의 저항을 받을 것이며 분명한 약속을 하려면 매우 끈질기게 노력해야 한다.

철민이 두 번이나 논쟁을 피하자 은수는 이렇게 말한다. "이것 봐요. 이것은 나에게 중요해요. 나는 이것에 대해 오랫동안 생각해 봤어요. 그래도 좋은 방법이 없어요. 당신과 이 문제에 대해 이야기하기 전에는 이 문제가 사라지지 않을 거예요. 밴드 연습이 끝난 후 오늘 저녁에 만나서 이야기하면 어때요?"

2. 문제를 이야기한다.

상대방이 한 일이나 하지 않은 일 중에서 당신이 싫어하는 부분을 이야기한다. 상대방의 행동에 대해 비평해서는 안 되며 자세히 설명을 해야 한다.

예를 들면, 준수는 승훈이 대학원에 지원하겠다는 약속을 지키지 않은 데 대해 매우 화가 났다. 그러나 준수는 '겁쟁이' '겁을 먹다' '약속을 깨뜨리다' 등과 같은 화를 돋우는 단어를 사용하려는 충동을 억제했어야 했다. 그는 분명하게 이렇게 말해야 한다. "너는 이번 달에 대학원에 지원하겠다고 말했어. 마감일이 10일이었어. 오늘은 14일이야. 그리고 너는 지원을 하지 않았어."

3. 한가지 문제에 집중한다.

한번에 한가지 문제씩 해결한다. 논쟁을 벌일 때면 주제를 변경하거나 과거사를 할퀴는 경우가 많다. 이러한 충동을 억제하여 현재의 한가지 문제에만 집중하라.

예를 들면 민주는 남편 윤호에게 이렇게 말한다. "내가 어떻게 투표하였든, 우리가 투표에 자주 늦는 것이 누구의 잘못인가는 지금 문제가 아니에요. 지금 문제는 우리가 언제 투표하러 가는가 예요. 그 문제만 생각해요."

4. 감정을 모두 표현하라.

당신의 배우자가 하는 것이나 안 하는 것이나 당신이 싫어하는 감정을 '나는' 메시지를 이용하여 보낸다. "당신 때문에 화가 났다." 보다는 '나는 화가 난다."가 더 낫다. 당신의 짜증과 분노 속에 숨어 있는 것들을 찾아내어 당신의 느낌의 모든 부분을 설명하라. 느낌을 표현한다는 것은 느낌을 '쏟아 붓는 것' 과는 다르다. 쏟아 붓는다는 것은 목소리를 높이고, 책망하고, 위협하고, 화를 낼 때 발생한다. 느낌을 표현한다는 의미는 감정적으로 흥분하지 않고, 공격적인 언어를 사용하지 않으면서 느낌을 설명하는 것이다.

예를 들면, 석민이 혜영에게 말한다. "당신이 이번 주말에 당신의 친구와 시내에서 쇼핑하러 갈 것이라고 말했을 때 나는 집에 혼자 남는 것 때문에 화가 났어. 나는 집에 아무도 없고 할 일도 없다면 외롭게 느낄 꺼야. 나는 좋은 시간에 당신과 함께 보낼 당신 친구에게 질투가 나요. 그리고 불안하기도 해요. 나 없이도 그렇게 즐거울 수 있단 말이죠? 우리가 결혼을 한 이유가 뭔지 생각해 봐요."

5. 변화를 제안한다.

상대방에게 '하기를 원하는 일'과 '하지 않았으면 하는 일'을 분명하고, 간단히, 그리고 직접적으로 말을 한다. 그리고 상세하게 설명해야 한다. "좀더 신중해야 한다." 같은 마음가짐에 관련된 문장은 피해야 한다. 그 대신 당신의 목적을 행동을 표현하는 단어를 사용하여 말한다. "내가 저녁식사 하라고 하면 즉시 달려와 주기를 원해요. 그리고 식탁에서는 신문을 읽지 말고 나와 대화하기를 원해요."

영미씨는 윤기씨가 보다 아들 호철에 대해 '인내하고' '이해심 있기'를 바란다면 그녀는 얻을 것이 없을 것이다. 윤기씨가 실습할 수 있도록 구체적인 행동을 제안해야만 변화가 가능하다. "호철에게 당신이 바라는 바를 구체적으로 말해요. 어떤 일에 대한 마감시한을 정해주고 만약 마감 전까지 일을 마치지 못했을 경우 나타날 결과에 대해 분명하게 설명해 줘요. 이런 모든 말을 할 때는 보통의 톤으로 대화하는 것처럼 말하기를 바래요."

6. 결과를 설명한다.

당신이 제안하는 변화에 의해 발생할 모든 현실적, 감성적, 재정적, 육체적, 그리고 기타 이득을 설명한다. 예를 들면, 민주가 철수에게, "지금 컴퓨터를 끄고 열 한시까지 침대로 들어온다면 우리는 침대 위에서 뒹굴면서 TV도 보고 이전처럼 사랑도 나눌 수 있어요. 나는 당신에게 가까이 간 것을 느낄 것이고 당신은 당신이 원할 때 자면 돼요."

또한 만약 변화가 일어나지 않으면 당신의 느낌과 어떻게 하겠다는 것을 말해 준다. 그렇지만 민주가 철수에게 한 것처럼 컴퓨터를 밖으로 던져 버리겠다는 등의 공허한 위협이나 거의 일어나지 않을 무시무시한 결과를 예언하지 않아야 한다. 부정적 결과를 예측하여 위협함으로써 상대방의 변화를 초래하는 것은 좋은 방법이다. 민주는 보다 합리적이면서도 부정적인 결과에 대해 이렇게 말할 수 있었다. "또 밤을 새워 컴퓨터를 하면 내가 아침에 당신을 침대에서 끌어내어 여기저기 몰고 다니면서 준비를 시킴으로써 회사에 늦지 않게 할 것이라고 기대하지 말아요." 일반적으로는 사람들은 부정적 결과보다는 긍정적 결과에 대해 더 잘 반응한다.

7. 단계적 확대를 막는다.

단계적 상승작용을 막는 데는 3단계가 있다. (1) 비언어적 행동을 주시한다. (2) 변화의 속도를 지연시키도록 숨을 깊게 쉰다. (3) '시간 종료'를 선언한다.

첫째, 싸움이 있을 때마다 비언어적 부분을 이해해야 한다. '목소리가 커진다, 위협적인 행동을 한다, 앉아 있다가 일어난다, 집게손가락으로 지적한다, 주먹을 꽉 쥔다, 책을 내리 치거나 일정한 물건을 던지거나 부순다, 걸음속도가 빨라지고 사람을 밀친다' 와 같은 위험 신호를 알아내야 한다.

둘째, 자신이 흥분했다고 느끼는 순간 말을 중단하고 깊은숨을 쉰다. 대화를 중단하고 뱃속 깊이 숨을 들이쉰다. 그리고는 서서히 숨을 내쉬면서 깊게 한숨을 쉰다. 상대방에게도 흥분을 가라앉히기 위해 같은 행동을 하라고 권한다. 말 그대로 잠깐의 휴식을 취하는 것이다. 이렇게 하면 진정이 될 것이며 공정한 싸움을 위한 규칙을 생각할 수 있는 시간을 벌게 될 것이다.

만약 잠깐의 휴식이 효과가 없다면 '시간종료'를 선언하라. 시간종료에는 세부적인 규칙이 있다.

- 표시에 대해 동의하라. 프로게임에서 심판이 시합도중 시간이 끝났다는 것을 알려 줄 때 T를 표시로 사용하는 것처럼.

- 말을 끌지 마라. 한쪽이 시간종료를 선언했다면 둘 다 말을 멈춘다.

- 즉시 떠난다. 시간종료를 선언한 사람은 상상 속에서라도 방이나, 혹은 집을 떠난다. 당신이 떠날 수 없는 공간인 차안이나 혹은 유사한 곳에 있다면 서로 정한 시간만큼 말을 하지 않는다. 시간 종료 후에는 상대방이 없는 것처럼 생각하면서 한 시간이상 말을 하지 않는다.

- 시간이 끝나면 항상 돌아온다.

- 시간 종료 시에는 약물이나 술을 마시지 않는다.

- 당신이 하려고 했던 말이나 하려는 말을 연습하지 않는다. 화만 돋울 뿐이다. 그 대신에 육체적인 운동을 하라.

- 언제 돌아올지 알아본다. 지금이 토론을 시작하기 좋은 시간인지 살펴본다. 서로가 말을 다시 하기에 너무 화가 나 있으면 가까운 시간에 다시 시작할 시간을 정해 둔다.

예를 들면, 민지가 윤호에게 이렇게 말하면 단계적 확대를 막을 수 있다. "다음 번에 우리가 싸움을 벌이게 되어서 당신이 왔다 갔다 하면서 열을 받기 시작하면 나는 더 이상 당신을 재촉하지 않을 겁니다. 시간종료 신호를 당신에게 보내고 아무 말도 하지 않고 나가서 산책을 할겁니다. 그리고는 한시간 후에 돌아오겠습니다." 다음날 둘이서 목욕실의 수도꼭지 고장이 누구 때문인지에 대한 논쟁이 벌어졌을 때 그녀는 말한 대로 했다. 그녀가 돌아 왔을 때는 둘 다 진정이 되어 있었다.

8. 합의에 의해 끝내거나 역 제안을 하거나 연기를 한다.

어떤 싸움은 간단한 합의에 의해 끝나기도 한다. 당신이 자신의 입장을 이야기하고 변화를 요구하면 상대방이 좋다라고 하는 경우이다.

대부분 긴 토론이 진행된다. 그 경우는 상대방이 당신의 변화요구에 대해 보다 잘 수용할 수 있는 역 제안을 하는 경우이다. 당신과 상대방은 역 제안사항에 대해 이야기하고 따라서 상호 합의에 도달할 수 있을 것이다.

그렇지 않은 경우도 있다. 합의에 도달하지는 못했지만 다음에 공정성을 지키면서 다시 다투자고 약속한 경우에도 성공적인 싸움이라고 할 수 있다. 그래도 된다. 모든 문제가 바로 해결되는 것이 아니기 때문이다. 연기를 하는 것만이 유일한 합리적 판단이 되는 경우도 많다. 핵심은 그 문제에 대하여 논쟁할 시간과 장소에 대해 합의하는 것이다.

예를 들면, 민지가 시간종료를 선언하고 산책 나간 후 돌아 왔을 때 그녀는 화분에 물을 주는 책임을 지고 윤호는 자동차 기름을 채우는 데 책임지는 게 어떠냐고 제안했다. 그리고 그들이 평소 말싸움을 벌였던 사소한 집안 일에 대해서도 서로 나누기로 합의하였다.

_ 변화를 위한 대본작성

당신의 배우자와 해결하고자 하는 문제에 대한 논의계획을 세워보는 것은 좋은 훈련 방법이다. 그렇게 함으로써 공정한 싸움의 규칙을 준수하게 되는 것이다.

먼저 문제가 크지 않은 갈등요인을 선택한다. 다음과 같이 공정한 싸움에 의한 변화의 대본을 작성할 수 있도록 준비한다.

   1. 싸움을 할 시간을 정한다.

    ----

   2. 문제들을 정확한 사실에 대해서만 기술한다.

    ----

   3. 당시의 느낌을 모두 표현한다.

    ----

   4. 변화를 제안한다.

    ----

   5. 변화에 의한 긍정적인 결과를 기술한다.

    ----

   6. 부정적인 결과를 기술한다.

   대본이 완성되었으면 상대방에게 접근하여 대본대로 시행해 본다. 비언어적 신호의 관찰, 시간 종료, 단계적 확대작용 방지, 역 제안에 대한 준비, 동의, 계약, 연기 등 명확한 해결방안도 공정한 싸움의 기타 규칙이라

는 것을 상기한다.

다음은 수경이 그녀가 받고 싶은 컴퓨터 교습에 대해 남편과의 싸움에
대비해 작성한 대본이다.

1. 싸움을 벌일 시간을 정한다 : 오늘 밤 미애가 잠든 후.

2. 문제들을 정확하게 사실에 대해서만 기술한다 : 2월부터 8주간
   매주 화요일과 목요일 저녁에 열리는 컴퓨터 교습에 참가하고 싶
   다.

3. 당시의 느낌을 모두 표현한다 : 요구하기가 겁이 난다. 당신 혼자
   두 애들을 돌보아야 한다는 데 대해 거절할 것 같아 겁이 난다. 나
   는 이 교습을 정말 받고 싶다. 은숙은 벌써 지난 분기에 그 과정을
   이수했고, 도움이 많이 된다고 했다. 교습비가 15만원이라고 했
   다. 비용이 많이 들어서 좀 걸리지만 그래도 교습을 받고 싶다.

4. 변화를 제안한다 : 나는 8주간 애들을 화요일과 목요일 6:30부터
   9:30까지 돌본다.

5. 변화에 의한 긍정적인 결과를 기술한다 : 이 교습을 받으면 우리
   의 금전정보를 모두 컴퓨터에 넣어 두고 나 스스로 세금계산을 할
   수 있게 된다.

6. 부정적인 결과를 기술한다 : 만약 내가 교습을 받지 않으면 당신
   의 멍청한 사촌에게 우리의 세금계산을 또 다시 맡겨야 한다. 그
   것 때문에 우리가 2년 전에 벌금까지 물었었다.

수경의 남편은 그녀의 컴퓨터 교습에 대해 동의하였다. 그가 제안한 내
용은 처음 일주간에는 화요일과 목요일 아침에 자기에게 교습 받으러 가

야 한다는 사실을 일깨워 달라는 것이었는데 그 이유는 그날은 집에 일찍 오기 위해서 였다. 그도 그 교습을 받으려고 마음먹기까지 했다.

3. 협상
···→ Negotiation

노조 집행부나 외교관, 테러주의자만 협상을 하는 것은 아니다. 임금협상을 원할 때, 취업을 할 때, 학점 때문에 교수와 논쟁을 벌일 때, 새 집이나 자동차를 살 때, 누구를 고소할 때, 집주인에게 아파트 보수를 요구할 때에도 협상을 하게 된다. 이해관계가 얽혀 있는 그 누구와 그 무엇에 대해 문제가 발행할 때 당신은 잠재적인 협상자가 된다.

협상이란 당신과 상대방의 관계를 멀어지게 하지 않으면서도 당신이 원하는 것을 얻는 기술이다. 협상은 상대방이 당신과 친근한 관계가 아니기 때문에 공정한 싸움이나 자기 표현기술을 사용할 수 없는 경우에 주로 사용된다. 협상을 통하면 서로 다른 요구사항이나 심지어는 반대의 요구사항을 지닌 사람들 간에도 공평한 합의결과를 얻을 수 있다. 비록 양쪽이 모두 승리하기를 바라고 있겠지만 양쪽이 가질 수 있는 최상의 이득은 서로가 수용할 수 있는 방안에 의해서만 생성된다.

아무리 복잡한 협상이라고 해도 다음과 같은 4단계를 거치게 된다.

준비

반대편을 실제적으로 만나기 전에 당신이 가장 원하는 경과가 무엇인지, 비록 만족하지는 않겠지만 수용 가능한 결과는 무엇인지, 최악의 거래는 무엇인지를 파악한다. 협상 도중에도 대안이 있는지 관련 정보를 찾아보고, 전략을 수립하며, 여러 가지 방안을 도출해 본다.

토론

협상에 임하는 양쪽은 상황과 그에 대한 느낌, 그에 대한 생각에 관한 사실들을 설명한다. 당신의 관점에서 양쪽의 요구와 이익과 관련한 상황을 상대방에게 설명한다. 토론은 교착상태를 풀 수 있는 수단이다. 토론을 하면서 상대방의 이익에 관한 더 많은 정보를 구하고 자신의 견해를 갈고 닦을 수 있다.

제안/역제안

제안이나 요구를 한다. 상대방은 역으로 제안을 한다. 이 과정이 여러번 반복되는 가운데 더 많은 토론이 진행되기도 하고 토론이 끝났다고 여겨지는 경우도 발생할 것이다. 새로운 제안과 이에 대한 역 제안이 진행되는 동안 협상은 고전발레처럼 화합 속에서 진행되게 된다.

일치/불일치

의견불일치는 다시 토론의 장으로 돌아가게 하며, 시간종료가 선언된 경우에는 준비 단계로 돌아가게 한다. 의견이 일치하지 않는 것은 자연스러운 일이다. 의견 불일치는 다시 시작한다는 신호이며, 모든 것을 멈추게 하는 장애물이 아니다. 결국에는 서로가 받아들일 수 있는 안에 동의하게 될 것이다.

다음은 새 차를 사기 위한 4단계 협상 과정이다.

준비 민철은 편안하고, 주행거리가 적으며, 300만원정도 하는 자동차를 사기로 마음먹었다. 그는 차량 판매광고를 찾아보고, 자동차 정비공에게 물어 보고, 지식이 많은 친구에게 물어 보았다. 그는 잘 정비된 5년 정도 된 중형차를 찾아보기로 했다. 그리고 차가 좀 오래 되었더라도 외관이 근사하거나 주행거리가 적은 차를 사기로 마음먹었다. 보통 수준의 라디오만 있으면 된다고 생각하여 특별 장치가 부착된 음향기기나 기타 액세서리에 대해서는 추가 비용을 지불하지 않겠다고 마음먹었다.

토론 민철은 영수에게 전화했다. 그는 6년 된 H 자동차를 320만원에 판다고 광고를 낸 사람이다. 민철은 외관이 근사한 믿음직스러운 자동차를 찾고 있다고 말했다. 그는 정보를 모으기 시작했다. 주행거리는 30만 킬로미터, 엔진은 최신 밸브형, 타이어는 양호, 차체는 우측 흙받이에 작은 흠이 있고, 차 색깔은 좀 바랜 편. 이런 대화 속에서 민철은 그 자동차를 시험 운전해 보기로 했다. 민철은 자신의 원하는 정보를 모두 얻지 못했기 때문에 이 단계에서는 가격을 제시하지 않았다. 차 가격이 능력을 초과하고 있지만 그는 영수가 가격을 낮추어 줄 것이라고 생각했다.

제안/역 제안 민철은 시험운전 결과가 만족스러웠다. 시험운전을 마칠 무렵 영수에게 말했다. "당신 말이 맞아요. 정말 좋은 차군요. 이차가 정말 마음에 들어요. 근데 가격이 문제군요. 280 만원은 어때요?"

민철은 자신이 생각한 비용보다 20만원이 더 나가는 차에 대해서 20만원을 더 낮게 말함으로써 협상의 여지를 가질 수 있을 것이라고 생각하게 되었다.

불일치 영수는 그 제안을 거절하였다. 그는 적어도 310만원은 받아야 한다고 말했다. 민철은 영수의 거절 의사가 다시 토론을 시작하자는 의미임을 알고 있었다.

토론 민철은 6년이나 된 차에 대해 310만원을 지불하는 것은 너무 한 일이라고 하면서 더 많은 정보를 요구했다. 가격을 따지지 않아도 될 특별한 무언가가 있을까? 영수는 자동차에 장착된 값비싼 음향기기와 마그네슘 합금 바퀴에 대해 이야기했다. 그는 자동차 미션을 갈았다는 증거로 영수증을 보여 주었다. 또한 자동차는 항상 관리가 잘 유지되었으며 그동안 소유자는 두 명뿐이었다고 말했다.

제안/역 제안 민철은 비싼 음향기기나 바퀴에 대해 흥미가 없긴 하지만 중요한 고려 사항이라는 사실에 대해서는 동의했다. 민철은 290만원을 제안했으며 영수는 305만원을 제안했다. 그리고 더 이상은 할인해 줄 수 없다고 했다.
민철은 "협상이 잘 안 되는 이유는 바로 저 10만원 짜리 음향기기 때문이네요. 나는 저게 필요 없으니 그걸 떼 가면 어때요?"

동의 영수는 웃으면서 "알았어요. 음향기기가 문제를 일으키는군요. 차이점에 대해 타결합시다. 300만원에 사시죠." 민철은 최신 음향 라디오를 들으면서 집으로 새 차를 몰고 갈 수 있었다.

_마찰

마찰에 대해 당신이 가지고 있는 생각이 협상의 성공여부를 좌우한다. 마찰은 아무리 피하려고 해도 피할 수 없다. 마찰을 보는 좋은 방법은 마찰을 변화를 위한 긍정적 기회로 보는 것이다. 협상과정을 기술적으로 잘 다룬다면 이 기회를 당신에게 유리하게 만들 수도 있다.

마찰을 발생시키게 되면 대부분 승자가 없는 결정을 해야 하는 경우가 발생한다. 모든 사람들에게 비판 없이 대해 친구를 만들 것인가, 빈틈없이 대해 적을 만들 것인가를 결정하는 것이다.

비판 없이 대하는 방법의 목표는 어떠한 어려움을 당하더라도 상대방과 합의하는 것이다. 양보하고, 신뢰하며, 압력에 굴복하고, 협상초기에 최저선도 설정하지 않으며, 마지막에는 마음에도 들지 않는 차에 대해 비싼 비용을 지불하는 것이다.

빈틈없이 대하는 방식이란 어떠한 비용을 지불하더라도 이기는 것이다. 양보를 요구하고, 모든 사람을 믿지 않으며, 압력을 가하며, 가짜 최저선을 제안하는 것이다. 이 경우 적을 만들고 값싼 차를 구입하게 되거나 적을 만들고 차도 구입하지 못하게 되는 경우가 발생한다.

만약 원칙에 입각한 방식을 사용한다면 양극의 방식을 적절하게 조절할 수 있다. 원칙에 입각한 방식의 목표는 공정하고 상호 이해 가능한 결과를 낳는 것이다. 개인 성격이나 상대방에 대한 신뢰에 의해 협상이 진행되는 것이 아니므로 친구사이는 친구사이로, 잘 모르는 사이는 잘 모르는 사이로 머무르면서도 결과에 의한 이득을 얻을 수 있다. 자신의 최저선을 강력하게 지지하는 발언을 하거나 자기의 입장을 찾아 헤매지 않아도 된다. 당신을 반대하는 사람과 논리적으로 협의할 수 있으며 받아들일 수도 있다. 원칙은 수용하지만 압력에 의해서는 절대 수용하지 않는다. 제안과 역제안은 경쟁의식에 의해 나타나는 것이 아니라 객관적 기준에 의해 판단되는 것이다. 당신이 원하는 차에 대해 정정한 가격을 지불하게 된다.

_ 원칙적인 협상 규칙

사람과 문제를 분리한다.

마찰이 발생한다고 해서 적대적이라는 의미는 아니다. 현재 상황을 사람과 분리하여 생각할 수 있다. 양측 모두가 상대방에게 적대적으로 대하겠다고 생각하는 경우에만 마찰은 적대감으로 바뀌게 된다. 사람들은 자신의 입장을 정하고, 그 입장에 대해서 깊게 생각하게 된다. 자신의 입장에 대해 너무나 강하게 빠져들면 상대방의 공격은 모두 자신의 가치를 손상하는 일이 되어 버린다.

사람과 현재 직면한 문제를 분리하는 것은 함정에서 벗어날 수 있는 매우 좋은 방법이다. 협상을 할 때 강력하게 단일의 입장만을 고집하는 것도 좋지 않다. 당신에게는 선택할 수 있는 안이 많이 있다는 태도를 가져야 한다. 당신과 상대방은 예절이 바르고, 이성적인 사람으로서 서로에게 합리적인 이득을 줄 수 있는 공정한 문제 해결책을 찾는 사람들임을 알아야 한다.

예를 들면, 당신과 다른 세입자 세 명이 집주인과 공유공간 유지에 관해 논의를 하고 있다고 하자. 당신이 원하는 것은 좀더 응접실을 깨끗하게 유지하는 것, 계단의 깨진 전구를 교체하는 것과 뒷담 수리라고 하자. 이러한 회의가 잘못 진행되려면 절대 물러 날 수 없다고 하는 요구사항을 적은 리스트를 주인 얼굴에다 던지면서 이렇게 말하는 것이다. "일주일의 시간을 주겠어요. 집주인아저씨. 만약 그대로 안되면 우리는 농성을 시작하겠습니다."

그렇게 한다면 충돌을 피할 수 없을 것이며 주인은 세입에 관련된 법규를 찾아볼 것이다. 이런 논의가 바르게 진행되려면 조용히 이렇게 말해야 한다. "우리가 살고 있는 건물의 공동구역을 개선할 수 있는 방법을 찾기 위해서 여기 왔습니다. 당신이 합리적이라고 동의할 것으로 판단되는 이 제안사항을 들어보시고, 의견이 있으시면 말씀해 주십시오."

사람을 이해한다.

협상을 할 때에도 감정이입, 적극적인 청취, 솔직한 자기 표현은 일상에서 대화할 때만큼 중요하다. 상대방과 입장이 바뀌었다고 생각해 보라. 상황에 대한 그의 느낌과 생각과 그가 이 상황에서 원하는 것이 무엇일까를 상상해 본다. 그러나 당신의 두려움을 방어하기 위해 상대방의 의도를 짐작하면 안 된다. 사장이 다른 사람을 승진대상자로 생각하고 있을 지도 모른다는 두려움이 있다고 해서 자동적으로 그가 그럴 것이라고 추정해서는 안 된다.

적극적인 듣기 기술을 이용하여 상대방의 느낌과 생각과 요구사항을 도출해 낸다. "내가 이해하는 바로는 젊은 사람이 이 업무에 맞지 않을지도 모른다고 두려움을 느끼고 있군요. 당신은 경험이 중요하다고 생각하고 있지요. 당신은 능력 있고, 열심히 일하고, 당장 변화를 만들어 낼 수 있는 직원을 원하고 있군요." 정보를 피드백하면 당신은 상대방의 말을 듣고 있고 상대방의 입장을 심각하게 받아들이고 있다는 것을 보여 주게 된다. 당신은 지적이며, 사려 깊고, 공정한 사람으로 보이게 된다.

당신의 느낌과 생각, 그리고 요구사항을 솔직하게 털어놓아라. 당신이 상대방을 이해하려고 노력하는 것처럼 상대방이 당신을 이해하도록 만들어라. "당신의 오래된 역설에 대해 실망감을 느껴요. 당신은 좋은 직장을 갖기 위해서는 경험이 있어야 한다고 하지만, 좋은 직장을 가져야만 좋은 경험을 가질 수 있지요. 나는 판단력과 정력이 있으며, 헌신할 준비가 되어 있다고 생각해요. 내가 원하는 것은 단지 내가 할 수 있는 것을 보여줄 기회입니다. 3개월 동안만 시험채용기간을 거치면 어때요?"

이득에 관련되는 문제를 진술한다.

마찰이 발생하는 이유는 상대방과 이득을 공유해야 하거나 경쟁해야 하기 때문이다. 협상을 해야 하는 이유는 이득의 공유 때문이다. 당신은 "A 철강회사와 철강 노조간의 협상이 영원토록 졸렬되었습니다. 회사측은 협상을 중지하고 식음료 사업을 시작하기로 했으며 노조측은 정원사업을 시작하기로 하였습니다."라는 TV뉴스를 들어 본적이 없을 것이다. 왜냐하면 서로 이득이 걸려있는 문제에 대해서는 새로운 합의안이 도출될 때까지 몇 번이고 양측을 협상테이블로 돌아오게 만들 것이기 때문이다.

상대방이 자신의 입장이나 요구사항을 말할 때 그의 이해관계가 무엇인지를 밝혀야 한다. "정확하게 당신은 왜 _____을 원합니까?" "당신은 _____을 원하지는 않습니까?"

예를 들면, 당신이 입주하려는 집의 주인에게 이렇게 물어 보라. "왜 청소 예치금을 50만원을 내야 하는 겁니까?" 아마 전 세입자가 집안에서 큰 개들을 길렀을 수도 있고, 당신이 이 집에 들어오기 전에 전 세입자도 청소비로 50만원을 지불했을 수도 있으며, 전세가격을 50만원 더 받으려고 요구했을 수도 있다. 집주인의 이해관계를 밝힘으로써 양보 가능성을 찾아 볼 수 있다. 세입자에 대한 애완동물 반입금지 규정에 대해 3개월 내 예치금을 지급한 후, 6개월 내 검사하여 규정을 지키고 있으면 부분적으로 환불받는 것 같은 양보안이 가능한지에 대해 합의할 수 있을 것이다.

상대방 입장 뒤에 숨겨진 이해관계를 조사할 때는 안전이나 신뢰, 친근감, 자기 존중과 같은 인간의 기본적인 요구에 대해 신중히 고려해야 한다. 이러한 요소들은 당신과 상대방에게는 돈보다 더 중요한 요소가 될 수 있다. 예를 들면, 상당수의 일본 기업들은 근로자의 감정적 요구에 대한 일관된 관심을 보여 줄 수 있는 조직체계를 채택한다. 이러한 기업들은 높은 생산성과 이윤, 낮은 이직률, 직원들의 높은 사기 등을 유지할 수 있으며 미국 기업들을 괴롭히는 노동 관련 문제가 거의 발생하지 않는다.

상대방이 원하는 것은 30만원의 추가비용이 아니라, 30만원을 받음으로써 자존심이 보존될 수 있기 때문일 수 있다. 포기가 아니라 너그럽기 때문에 양보한다는 분위기를 만들어 주면 상대방의 체면을 세워주게 될 것이다. 대부분 양보행위를 긍정적인 미덕이라고 생각하게 만드는 것은 매우 도움이 된다.

이해관계가 무엇인지를 찾으려면 시간이 필요하다. 양쪽이 자신의 이해관계가 무엇인지가 분명해지기 전까지는 마음속의 생각을 말하지 않아야 한다. 논의가 진행되는 동안 애완동물관련 규정에 오류를 발견할 수도 있고 개선방법을 찾을 수도 있을 것이기 때문이다.

이해관계에 관해 논의를 하게 되면 대부분의 이해관계는 미래에 관련된 것이므로 미래에 초점을 맞추게 될 것이다. 미래의 요구사항에 대해 초점을 맞추어 논의하는 것은 도움이 되는데 왜냐하면 과거시절에 불평을 일삼았던 오래되고 잘 알고 있던 장애물들을 제거 할 수 있기 때문이다. 예를 들면, 지금 당신은 집수리계획을 세우고 있다고 가정해 보자. 예상비용은 100만원인데 최소 견적은 115만원이 나왔다. 그러면 당신은 그 수리공에게 이렇게 말한다. "내년 1월부터 내 여동생이 우리집에 살러 오기 때문에 방을 하나 더 늘리려고 합니다. 우리는 그 동안 100만원을 저축했어요. 나는 최대한 간단하고 경제적인 방안을 제시했어요. 나는 그것보다 더 작은 방이나 집과 어울리지 않는 값싼 자재를 사용하지 않으려 합니다. 100만원으로 이 작업을 할 수 있는 다른 방법이 있습니까?"

수리공은 자신의 입장에서 자신의 이해관계를 다음과 같이 밝힌다. "나는 자재와 인력에 대해 자세하게 검토했는데 이 견적서의 내용에는 부주의한 부분이 없습니다. 100만원에 일을 하게 되면 나는 손해를 보게 됩니다. 지금은 성수기이기 때문에 먼저 해야 할 일이 많이 있어요. 지금 수익이 완전히 난다고 해도 이일을 다른 일에 끼어 넣기가 어렵습니다."

이 부분에서 상대방의 이해관계가 무엇인지를 빠르게 파악했을 것이다. 그래서 이렇게 말한다. "비수기는 어때요? 지금 빨리 기초를 다지고 벽을 만든 다음에, 이번 가을에 시간이 비게 되면 천천히 실내 인테리어를 하면 어떨까요. 지금 공사비 일부를 지불한 다음 나머지 돈을 은행에 예치하여 공사가 끝난 후 지급하면, 최종 비용은 이자까지 합쳐서 100만원이 넘어가게 될 것입니다. 그렇게 하면 당신은 비수기에도 일을 가지게 되고 나는 100만원으로 내년 1월 전에 원하는 방을 가지게 되지요."

상호간의 이해관계를 탐색하게 됨으로써 시간에 대한 비용지불이라는 규범적인 거래가 성립하게 되었다. 그럼으로써 당신은 수리공을 보내지 않고도 당신이 원하는 것을 적절한 비용으로 이룰 수 있게 되었다.

선택 안 작성

준비

선택 안을 찾아보기 전에 마음가짐부터 새롭게 해야 한다. 양쪽이 모두 받아들일 수 있는 해결방법이 많이 있을 것이라는 마음 자세를 가져야 한다. 당신은 반드시 가장 큰 파이를 가져야 하며 그 파이를 가질 수 있는 방법은 하나 뿐이라는 생각부터 버려야 한다. 이런 생각은 방어 의도를 나타내는 것뿐이다. 파이를 자르는 방법은 여러 가지가 있다. 심지어 파이를 더 크게 만드는 방법을 찾을 수도 있다. 상대방을 적으로 만들고 상대가 당신의 얼굴에 파이를 던지게 만들고 싶지 않다면 최종적인 목표가 가장 큰 파이조각을 가지는 것이 되어서는 안 될 것이다.

정말 공정한 방안이 무엇인지를 생각해 보라. 상식에서 벗어나지 않는 관행은 무엇이며, 다른 사람은 얼마나 받고 있으며, 비슷한 상품은 어떤 것이 있으며, 동네 안에서 유사한 집을 구할 수 있는지, 다른 회사도 의료혜택을 주는지, 다른 존경받는 선생님들의 학점 주는 관행, 다른 판매부서의 판매실적이나 이직률 등을 알아본다. 선례와 벤치마크를 살펴보는 것은 합리적인 제안을 찾는데 도움이 된다.

난상토론

여러 가지 의견을 도출해 내기 위해서는 당신의 동료나 다른 이해관계가 있는 집단과 같이 난상토론을 시도해 본다. 당신이 현재 일하고 있는 부서 외에서 5명에서 8명이 함께 모인다. 한 명을 기록자로 지명하고 난후, 개요적인 토론원칙을 정한 다음, 규칙을 준수하도록 종용한다. 사람들을 옆으로 앉히던지 둥글게 앉힌다. 정사각형의 테이블에 마주 보고 앉게 되면 공식적인 모임이라는 느낌을 주기 때문에 창의성을 잘 발휘할 수 없다. 회의를 주도하는 사람이 개요적인 규칙을 설명한다. 비판은 절대 금한다. 회의 내용은 비공개로 한다. 제안된 아이디어에 대해서는 개인은 책임이 없다.

생각을 기입해 본다. 많을수록, 다양할수록 좋다. 모든 시각에서부터 문제를 바라본다. 모든 제안된 생각을 칠판이나 큰 종이에 써서 모든 사람이 볼 수 있도록 한다. 더 이상 새로운 아이디어가 나오지 않으면 자유발의시간이 종료되었다고 선언한다.

이제 까다롭게 심사할 때이다. 가장 그럴듯한 생각들을 추려본다. 가장 좋은 생각들을 더 좋게 만들기 위해 서로 혼합해 보거나 수정해 본다. 다음 회의 시간에 모두가 동의할만한 좋은 생각들을 정리하여 리스트를 작성한다.

만약 당신주변에는 아무도 없고 난상토론을 쉽게 개최할 수 있는 여건도 아니라면 이러한 문제들을 상상 속의 전문가 시각으로 보기를 해 본다. 판사라면, 경찰이라면, 당신의 어머니라면, 아버지라면, 기술자라면, 변호사라면, 심리학자라면, 목사나 신부, 랍비라면, 영업 사원이라면, 정치가라면 또 다른 그 어떤 전문가라면 이 문제를 어떻게 해결했을까? 이런 방식으로 문제를 바라보게 되면 잠시나마 당신이 보지 못했던 부분들을 볼 수 있게 할 것이다.

더 많은 선택 안을 원한다면 양보라고 하는 가장 널리 효과가 있는 방법을 추가해 보도록 권한다. 아무리 어린이라 해도 "너는 파이를 잘라라. 그

대신 내가 제일 먼저 파이를 선택할 것이다."라는 말에 들어 있는 공정함을 이해한다. 물건 소유권에 대해 분쟁이 벌어졌을 때 가장 고전적인 방법은 똑같은 양으로 나누는 것이다. 매매가 이루어지는 이유는 상호 차이점이 있기 때문이다.

선택 안이 상대방에게는 너무 경직된 것 일거라 판단되면 좀더 융통성 있는 타협안을 찾아보아야 한다. 정책기조를 변경하려는 안이라면 다만 과정의 변화를 초래할 수 있는 방법을 제안한다. 영구적인 변화에 대한 것이라면 일시적인 것을 제안한다. 포괄적인 계획의 적용에 관한 것이면 일부분만 제안해 본다. 완전한 합의를 제안하고자 했다면 원칙에 대한 합의를 제안해 본다. 무조건적인 요구라면 부수 조건을 추가한다. 상대를 구속하는 제안이라면 구속조건을 없애 본다.

선택 안을 여러 가지 추가하고 싶다면 경숙씨의 임금인상 방법을 참고로 활용하기를 권한다. 경숙씨는 광고회사에서 일 하고 있는데 회사가 어려운 지경에 놓이게 되었다. 그녀는 자신의 업무에 대한 가치와 연봉을 비교해 보고 20%의 임금인상이 필요하다고 생각하게 되었다. 하지만 그녀의 동료들의 임금은 단지 5%만 상승했기 때문에 20%의 상승 가능성은 그리 많아 보이지 않았다. 그렇지만 그녀는 이러한 불확실한 상황에도 불구하고 그녀가 원하는 임금인상분에 대해 동의를 받을 수 있는 방법이 여러 가지 있을 것이라는 태도를 갖기로 마음먹었다.

경숙씨는 그녀의 가족과 친구, 다른 부서에 근무하는 동료들과 선택 안에 대해 상의했다. 그녀는 사람들에게 자신의 입장이 된다면 어떤 제안을 할 것인지에 대해 여러 각도에서 보도록 요청했다. 제안사항 중에서 비현실적인 퇴직위협과 불법적인 행동인 횡령이나 협박은 삭제했다. 복리후생조건의 개선은 임금인상과 같은 의미가 있다는 것을 알게 되었다. 업무용 차를 배정 받는 것이나, 더 업무환경이 좋은 사무실로 이전하거나, 새로운 장비를 도입하거나, 비서의 도움을 받을 수 있게 되거나, 근무시간을 유연하게 조절하거나 하는 것들을 제안할 수 있을 것이다. 회사는 그녀에게 다른 사람과 동일하게 5%의 임금인상을 해 주면서 이러한 업무조건의 개선사항에 동의해 줄 수 있을 것이다.

그녀는 그 동안 자신의 업무에 대한 적정 임금수준에 대해서만 관심을 가지고 있었던 것을 알게 되었다. 여러 사람과 난상토론을 함으로써 회사가 평균이상의 임금인상이라는 심리적인 장애물을 뛰어 넘지 않고서도 승진이나 전근과 같은 것은 임금인상보다 더 가치 있는 일이라는 것을 분명히 알게 된 것이다.

이제 경숙씨는 임금인상을 결정할 수 있는 위치에 있는 사장과 인사부장의 입장에서 상황을 파악하기 시작했다. 이런 간단한 실습을 통하여 임금인상을 해 주게 되는 가장 확실한 이유는 기준생활비의 상승, 생산성의 향상, 이윤의 증가, 업무에 대한 책임의 증대라는 것을 알게 되었다. 임금인상 요구가 개인의 재정상태 때문이라는 것은 경영진에게 중요한 의미를 주지 못할 것이라는 것이 분명해졌다.

경숙씨는 자신의 제안사항을 좀더 수정하여 수용 가능한 방향으로 제안해 보기로 했다. 그녀는 자신이 원하는 20%의 임금인상과 회사에서 제안할 5%의 인상 분의 차이를 좁혀 줄 수 있는 방안에 대해 생각했다. 그리고 좀더 시간을 두고 요구할 것과 임금인상과 생산성 향상을 관련 지을 것이라는 생각도 하게 되었다.

그녀는 자신의 제안내용은 '내가 원하기 때문에 임금인상을 원한다.'에서 다음과 같은 장문의 전략과 선택 안으로 바뀌게 되었다.

- 현재 상황의 높아진 생활비용과 향상된 생산성에 대해 지적한다.
- 생산성 향상이 이루어지려면 비서를 채용하거나 업무용 차량이 있어야 한다는 것을 보여준다.
- 상품의 질 향상 보고서업무를 맡아서 더 많은 책임을 지겠다고 한다.
- 모든 사람이 필요하다고 하는 시장 조사 프로젝트를 수행하겠다고 자원한다.
- 시간외 근무수당을 요구하지 않고 이 일을 시작하겠다고 제안한다.
- 20% 임금인상과 비서채용, 직무별 근무시간제 도입을 요구한다.
- 현재는 15%만 인상하고 6개월 내 생산성의 향상이 예상되는 경우 20%를 인상해 달라는 양보 안을 제안한다.

이제 경숙씨는 사장의 사무실에 가서 효과적으로 협상을 할 수 있을 것이다.

선택 안을 상대방에게 제안하기

당신과 상대방은 좋은 동료이다. 상호간의 마찰이 발생하는 문제에 대해 말하고 토론을 한다. 당신은 개인적으로 수용 가능한 리스트를 작성하고 상대방에게 제안한다.

각 제안사항에 대해 여유를 가지고 검토하기 시작한다. 자신이 가장 선호하는 선택 안에 대해 상세하게 설명한다. 그 다음으로 선호하는 안을 설명한다. 상대방은 어떤 안을 선호하는지 물어 본다. 안을 제안하고 토론을 하면 상대방을 방어적 입장으로 내몰게 되는 최후통첩을 피할 수 있게 된다. 어떤 때는 상대방이 진심으로 같이 문제를 풀고 싶은 마음이 생겨서 함께 난상토론을 하게 되기도 한다.

만약 당신이 설명하는 선택 안에 대해 상대방이 동의할 것이라는 생각을 가지고 있는 제안은 'Yeasable'라고 표시한다. 예라고 말할 수 있는 (yeasable) 제안이란 질문에 대해 상대방이 '예'라고 간단히 답변하게 만들 수 있는 제안을 말한다. 예를 들면, 20%의 임금인상을 요구할 때 "만약 내가 생산성 향상의 문제점을 제거하고 목표를 달성하면 20%의 임금인상을 해 주시겠습니까?"라고 질문하는 것이다. 이 말은 "나는 20% 임금인상을 원해요. 가능한가요?"라고 묻는 것보다 훨씬 낫다. 첫 번째의 제안 사항에는 조건이 있는 제안이기 때문에 생산성향상이 바람직하지 않거나 우수한 실적에 대한 보상을 해 주지 않으려고 하지만 않는다면 거절할 수 없을 것이다. 두 번째 제안은 당신의 요구사항만 있고 사장이 왜 안 되는지에 대한 설명을 할 것이기 때문에 바람직하지 않다. 다음은 거절할 가능성이 있는 제안사항을 예라고 할 수 있는 제안사항으로 바꾼 문장들이다.

〈거절 가능한 제안〉

내가 휴가에서 돌아오기
전까지 다 해줘요.

〈 '예'라고 답변할 제안〉

나는 아파트 색칠을 원해요.
지금 페인트칠을 해 주실 수
있나요, 아니면 우리가 휴가
가는 다음달에 가능한가요?

15일까지 초안을 만들어 주고
최종안은 30일까지 완성해 주시오.

이번 달 말일 전까지 최종안을
만들 시간을 준다면, 15일까지
초안을 만들어 줄 수 있나요?

당신이 뭐라고 하든,   우리가 모든 규정이나
나는 이 집의 값으로   부수조건에 대해 동의한다면
1500만원이상은 지불하지 못해요.   1500만원을 지불할 준비가

〈주의〉

당신이 생각하기에 '예' 라는 답변을 받을 수 있는 제안인데도 그렇게 되지 못한다면 상대방이 '예' 라는 답변을 할 수 있는 권한이 있는지를 확인한다. 만약 그렇지 못하다면 '예' 라는 답변을 할 수 있는 권한을 가진 그의 상사에게 가야 할 것이다.

_문제가 어려워지는 경우

상대방이 모든 권한을 가지고 있을 때

상대방이 모든 권한을 가지고 있는 경우엔 보다 현실적으로 행동해야 한다. 이 경우 당신이 질 확률이 많다. 협상을 시작하기 전에 먼저 가장 좋은 협상 대안들을 파악해야 한다. 바로 거절을 당하면 어떻게 할 것인가? 이 경우에 대해 파악을 하고 협상을 시작한다면 좀더 확실한 태도를 가질 수 있게 된다.

당신이 가진 대안이 강력한 방안이라면 상대방에게 협박을 하면서 제안할 수 있다. "만약 이번에 승진이 되지 않으면 난 사표를 내고 나의 처남과 세탁사업을 시작할 겁니다." 당신의 협박이 신뢰가 가는 내용인가를 먼저 확인해야 한다. 만약 당신이 정말 그렇게 할 계획이 없다면 거짓말을 한 것이 되기 때문에 허세일 뿐이며 나쁜 전술이 될 것이다.

당신이 협상에 대한 대안이 별 게 없다고 판단되면 그 대안은 밝히지 않

아야 한다. 예를 들면, 당신에게 세탁업을 하는 처남이 없다면 조용히 있는 것이 좋다. 당신이 요구하는 승진에 대한 대안이 발전성 없는 현재의 업무를 계속하는 것이라면 협박을 할 필요가 없을 것이다.

대안이 무엇이든지, 먼저 계획을 세워야 한다. 현재의 사실들과 현황을 완벽하고 정확하게 알아야 한다. 엄격한 객관적 기준을 설정하라. 그래서 상대방의 공정성에 대해 호소하고 행운이 있기를 기대하라.

만약 모든 사람들이 상대의 권한에 대해 불리한 입장에 있다면 소수의 권리 정책을 사용하는 것이 좋다. 이 뜻은 동의자들을 이용하는 방법이다. 당신과 뜻을 같이 하는 사람들에게 지원을 호소한다. 위원회나 모임을 결성하고, 회의나 모임이나 언론사와의 회의를 개최한다. 그 문제에 대해 전문가가 되어야 한다. 당신 상대방의 불공정성을 공개하는데 초점을 맞춘다.

협상을 거부하는 강경주의자

어떤 때는 자신의 입장만 고수하면서 견해를 절대 바꾸지 않는 상대를 만날 수도 있다. 이런 경우에는 전력을 다해 공격을 하겠다는 충동을 단호히 억제해야 한다. 그 대신, 중요한 이해관계에 얽힌 상대방의 입장을 먼저 고려해야 한다. 만약 회사의 경영진이 치과 의료비 지원에 대해 검토조차 거부한다면 그들의 입장에 대해 리스트를 먼저 작성해 본다. 의료비지원자금이 너무 많이 소요되는 것인가. 신입 직원들이 과거의 치아치료비도 청구할 것인가, 치아교정비용도 신청하면 어떻게 할 것인가, 관리에 많은 어려움이 따를 것인가, 지금 현재의 의료비지원계획과 마찰이 벌어질 것인가 등등.

상대방의 이해관계를 알아냈다고 판단하면 다음과 같은 질문을 해본다. "왜 치과치료에 대한 의료비지원을 거부하나요?" 그리고 잠시 뒤로 물러나서 답변을 기다린다. 잠시동안 아무런 말도 오고 가지 않아도 계속 기다린다. "그건 회사정책과 어긋난다." 라는 답변이 아닌 답변을 받으면 "회사정책에 어긋나는 이유가 무엇입니까?"라고 다시 질문을 한다. 그리고 보다 상세한 부분에 대한 질문을 한다. "비용이 많이 듭니까…얼마나 소요되나요…관리자를 채용하면 추가비용이 드나요…직원들이 이러한 후생제도를 악 이용할 것 같아 겁나는 것입니까…" 질문은 공손하게 하되 질문사이에는 잠시동안의 침묵을 유지해야 한다. 왜냐하면 당신의 목표는 이 강경주의자로 하여금 문제에 대해 이야기하도록 만드는 것이기 때문이다.

어떤 경우는 상대방이 많은 말을 하면서 당시의 입장에 대해 공격만 하기도 할 수 있을 것이다. 개인에 대한 공격을 피하는 방법은 문제에 대한 공격으로 공격내용을 재정의하는 방법이다. 예를 들면, 경영진의 대변자가 당신에게 "무책임하게 바보스러운 치과치료계획에 대한 환상으로 직원들을 선동한다."라고 비난한다면 당신은 먼저 상대방에게 반대만 하는 경영진의 위선적인 꼭두각시라고 소리치고 싶은 충동부터 억제해야 한다. 그 대신 다음과 같이 이야기해야 한다. "맞습니다. 사람들은 그 진료비지원계획에 대해 고무되어 있으며, 당신이 그러한 상황을 충분히 이해하고 있다니 고맙습니다. 그리고 이 문제는 회사의 책임 있는 지도자들의 주목을 받아야 할 중요한 것입니다." 아부나 속임수를 교묘하게 이용하여 개인에 대한 비난을 문제에 대한 비난으로 바꾸는 것이다. 그럼으로써 강경주의자의 적대감을 완화시키고 상호 협조할 수 있는 방법을 찾을 수 있게 하는 것이다.

양쪽이 모두 자신의 입장만 강조함에 따라 논쟁자체가 위기에 빠지는 경우가 있다. 이런 경우 가장 좋은 해결방법은 '단문(one-text)' 방식을 이용하는 것이다. 이 방법은 캠프 데이비드에서 이집트와 이스라엘이 합의에 도달할 때 사용되었던 방법이다. 이때 미국은 상호 동의 가능한 합의문을 준비하여 양쪽에 보여 주었다. 양쪽은 거부하는 문안에 대한 상세한 이유를 제시하였다. 그러자 미국은 다시 합의문을 작성하여 제출하였다. 13일 동안 21개의 초안이 작성되었고 마침내 합의에 이르게 되었다. 이 방법이 성공한 이유는 양쪽이 서로 대치하여 말다툼을 벌이지 않고서 단순히 문장에 대해 '예'와 '아니오'만 말했기 때문에 가능했던 것이다.

더러운 방법을 사용하는 상대와의 협상

협상에 사용되는 더러운 전술에는 거짓말, 속임수, 심리적인 전투상태 유지, 뇌물, 협박 등등이 있다. 어떤 책을 보면 상대방과 협상할 때 상대방을 압도하는 방법이나 뇌물을 사용하는 방법에 대해 설명을 하고 있다. 이런 책은 읽기에는 재미있을 것이다 그러나 당신이 이러한 더러운 전술을 다루기 위해 사용해야 하는 전술은 단 한가지 뿐이다. 과정을 준수하고 공정하게 협상하도록 요구하는 것이다.

'과정준수에 대한 요구'란 주제에 대해 이야기하지 않고 현재 진행되는 과정에 대해 이야기하는 것이다. "더 깊게 할인율에 대해 이야기하기 전에 하고 싶은 말은 이 의자가 너무 낮아서 눈이 부시다는 겁니다. 이렇게 심각한 협상을 하는데 선수치기 같은 장난을 치는 것은 아니지요?"

더러운 전술이 어떠한 것인지를 폭로하라. 그래야만 협상의 원칙에 의해 진행될 것이다. 최대한의 이득을 얻기 위해 여러 가지 유혹에 빠질 수도 있지만 당신은 그걸 받아들일 수 없다고 설명한다. 그리고 모든 사람이 같이 이득을 얻기 위해서는 도리에 따라 정직하게 행동하여야만 된다고 지적한다. 당신이 여기 있는 이유는 서로 상반된 이해관계에 대해 협의하고 공동의 이득을 얻기 위한 방안을 찾기 위해서라고 설명한다. 그리고 모든 사람이 이득을 얻을 수 있는 방법을 찾을 수 있도록 도와 달라고 요구한다. 그리고 그러한 선택 안에 대해 판단할 수 있는 객관적인 기준을 제시한다. "문화인의 태도로써 협상에 임하겠다고 동의한다면 다른 의자를 찾아 주십시오." 라고 결론짓는다.

대부분 이러한 방법은 효과가 있다. 만약 그렇지 않다면 중립적인 중재자를 불러 와야 한다.

협상도중에 절대 해결할 수 없는 마찰이 발생할 수 있다. 이 경우 상대방이 원하는 것은 문제의 해결이 아니라 마찰이다. 예를 들면, 노조는 노사협정시한이 다가오기 전까지 노조원들의 분노와 불확실성을 유지시킬 필요가 있다. 경영진은 노조기금이 고갈될 때까지 협상을 지연시키려고 할 수 있다. 학생데모의 목적은 학점제도의 개선이나 취업프로그램의 도입 자체보다는 자신들의 명성일 수 있다. 그러한 속마음을 알아내고 협상에 임하여야만 협상진행이 가능하게 된다.

사회 구성원간의 대화기술

Social Skills ···>→ IV

1. 조급한 판단
···→ Prejudgment

조급한 판단은 다른 사람들의 정보를 받아들이고 해석하는 과정중의 하나이다. 당신이 가진 상대방에 대한 첫인상은 자동적으로 일어나는 것이기 때문에 조급한 판단의 과정은 대부분 인식하지 못한 채 일어난다. 새로운 사람들을 만나고 있는 현재 상황에 대해 어떤 정보를 얻고 어떻게 해석할 것인가에 대해 과거의 경험과 요구사항, 희망사항, 그리고 가정들이 많은 영향을 미친다.

조급한 판단이란 당신이 사람을 처음 만날 때 그 사람이 속할 수 있는 유형을 정할 수 있기 때문에 아주 유용한 기술이다. 어떤 때는 매우 정확하기도 하지만, 상대방의 첫인상에 대한 상상은 착각으로 판명되는 경우가 많다. 왜냐하면 아주 적은 정보에 의존하여 많은 것을 판단하고 순간적으로 평가를 하기 때문이다. 그리고 이러한 평가는 상대방의 말과 당신의 반응에 영향을 미치게 된다.

예를 들면, 어떤 젊은 남자가 모임에서 키가 크고 마른 여성이 혼자서 얼굴을 찌푸리면서 어색하게 서 있는 것을 보았다고 하자. 그는 그녀가 지루한 여성에다 짝도 없다라고 추론하면서 다른 방향을 보고 있었다. 하지만 그 여성이 당신에게 다가와 자신을 소개한다면 매우 놀라게 된다. 그녀는 그가 어떤 사람인지를 알아채고 그의 직업에 대해서 물었다. 남자는 잘못 걸렸다는 생각을 하면서 눈을 마주치지 않으려고 할 것이다. 그는 그녀의 '지루한' 질문에 대해 통명스럽게 대답을 했다. 결국은 그는 미안하다고 중얼거리고는 그 자리에서 빠져나가게 된다. 그가 가장 친한 친구를 만났는데 그 친구가 말하기를 피하려고 했던 그 여자는 매우 아름답고 매력적인 사람이라고 말을 했다. 그러자 첫 번째 남성은 자기 친구가 정신이 나간 친구라고 생각하면서 이렇게 말한다. "그 여자 완전히 쓸모 없더군. 우리 나이 많은 숙모님을 연상시키던데 뭘."

처음에 잘못된 인상을 갖게 되면 바꾸기 어렵다. 한 조사에 따르면 수 개월동안 정기적으로 사람을 만난다고 하더라도 첫인상의 약 2/3 정도는 쉽게 바뀌지 않는다는 결과를 발견하였다. 다시 말하면 사람에 대한 첫인상은 거의 변하지 않는다는 것이다. 앞에서 언급한 예에 등장하는 젊은 남자는 '쓸모 없는' 사람이라는 딱지를 붙인 여자와 같은 부서에서 근무하게 되면서 이야기가 끝났다. 한달 정도 지난 후, 그 여성이 정말 매력적이라는 것을 자기 친구한테 인정을 했다. 그렇지만 그는 그녀가 왜 그렇게 사무실내의 다른 사람에게 인기가 있는지를 알지 못했다. 그냥 그는 그녀가 자기 숙모처럼 지루한 사람이라고 계속 생각을 하기 때문이다.

첫인상이란 그렇게 중요하기 때문에 일반적인 잘못된 조급한 판단을 초래하는 전형적인 함정들을 알아내는 것도 매우 중요하다.

_ 인식의 한계

사람들은 보통 주어진 모든 사항들을 인식하지 못하는데 그 이유는 정보를 단순화하고 삭제하기도 하기 때문이다. 눈과 귀와 피부는 온갖 외부 자극에 의해 폭격 당하고 있어서 어느 것도 신경체계의 감각기관을 흥분시킬 만큼 충분히 강력하지 못하다. 여러 가지 메시지가 신경체계로 들어오게 되면 내부과정에 의해 단순화되기 때문에 가장 중요한 메시지와 일치하지 않는 경우에는 삭제하게 된다. 예를 들면, 당신의 친구가 고개를 끄덕이고, 미소를 짓고, '예' 라고 한다면 그의 팔을 꽉 잡은 손가락의 마디가 하얗게 변하였다는 것은 잘 알지 못하게 된다. 후자의 비언어적 신호는 확연히 드러난 메시지와 일치하지 않기 때문에 무시되어 버린다.

_ 기대치의 일반화과정

사람들은 새롭거나 익숙하지 않은 상황에서는 과거의 경험을 이용하여 필요한 부분을 보충함으로써 결론에 도달하려고 한다. 사람들은 자신에게 익숙한 인식과정을 통하여 인식하려는 경향이 있다. 다음과 같은 연습을 해보라. 다음의 9개 점을 종이에서 연필을 떼지 않고 선을 뒤로 긋지도 않으면서 4개의 직선으로 연결하여 보라. 10분내에 풀어야 한다. 여기 해결방법은 있다.

당신 혼자 10분 안에 이 문제를 풀 수 있다면 당신은 정말 특별한 사람이라고 할 수 있다. 대부분의 사람들은 수수께끼를 풀 때 있지도 않은 가정을 설정한다. 이 문제에서도 사람들은 외부의 8개 점을 벗어나는 4개의 직선은 허용되지 않고 있다고 생각하기 때문에 문제를 풀 수가 없게 된다. 이 가정을 준수하면 문제를 풀 수가 없다. 이러한 잘못된 가정을 하지 말고 4각형을 벗어나는 선도 사용한다면 문제를 풀 수 있을 것이다.

당신의 인식범위를 제한하는 가정이 있는지를 판단하는 것이 중요하다는 것을 보여주는 예시이다. 새로운 사람이나 환경에 대해 확인되지도 않은 가정을 사용하는 것은 대화가 결렬될 수 있는 위험을 방치하는 것과 같다. 예를 들면, 집에 처음 친구들을 초대할 때 당신은 아는 사람 모두를 초대하고 싶어 하지만 당신의 남편은 가장 친한 친구들만 초대하는 것이라는 가정을 하고 있을 수 있다. 두 사람의 가정의 차이점이 무엇인지를 미리 조사하지 않으면 처음으로 집에 친구를 초대할 때 서로가 서로에게 놀라게 될 것이다.

_ 인식 오류

원하는 것은 부분적이나마 이루어지는 것이 좋다. 외로울 때는 지루한 파트너라도 있다면 전혀 없는 것보다는 나을 것이다. 경기침체로 인해 직장동료 6명이 해고된 것을 보면 직업에 대한 가치가 달라질 것이다. 바라는 것과 보고 싶어하는 것만을 보게 되는 이유는 바로 인식 오류 때문이다. 가난한 집안의 어린아이들과 부잣집 아이들에게 동전을 보여 주고 그 크기를 추측해 보라고 했을 때 가난한 집 아이들이 더 크게 말한다는 연구결과가 있다. 또 다른 연구결과에 따르면 사람들은 좋아하는 사람에 대해서는 좋아하지 않는 사람들에 대해서 보다 더 매력적이고 학구적이라고 평가하는 경향이 있다고 것이 밝혀졌다.

연습 삼아 다음의 행위 중에서 지금 하고 싶은 일의 우선 순위를 결정하고 가장 하고 싶은 일에 대해 8점을 주고 차례대로 점수를 준다. 이 같은 작업을 다른 날 다른 시간에 실시해 본다. 그리고 순위를 비교해 본다.

_ 금방 요리한 스테이크 요리냄새를 맡고 싶다.

_ 장미냄새를 맡고 싶다.

_ 페퍼민트향을 맡고 싶다.

_ 비가 내릴 때 나는 신선한 냄새를 맡고 싶다.

_ 장작 타는 냄새를 맡고 싶다.

_ 갓 구운 빵 냄새를 맡고 싶다.

_ 가장 좋아하는 향수나 로션 냄새를 맡고 싶다.

_ 파이를 굽는 냄새를 맡고 싶다.

시간이 다르면 그 당시의 요구사항에 따라 매력적으로 보이는 항목이 달라질 것이다.

_고정관념

다음의 문장들을 읽고 깊이 생각하지 않고 빈칸을 채워 보라.

1. 이탈리아 사람들은 아주 우수한 _____를(을) 만든다.

2. 정치가들은 _____를(을) 잘한다.

3. 대부분의 농구 선수들은 _____ 다.

4. 큰 _____를(을) 가지고 있는 여자들은 매우 _____ 다.

5. 살찐 사람들은 _____ 다.

6. 열심히 정력적으로 일하는 사람은 대부분 _____다.

7. 주일학교 선생님들은 대부분 _____다.

8. 부잣집에서 태어난 사람은 _____다.

각 그룹에 대한 별 정보가 없어도 별 어려움 없이 그 그룹에 대한 기대 정도를 기입할 수 있을 것이다. 다른 사람에 대한 인상을 성급하게 결정 짓게 되는 이유는 고정관념 때문이다. 개인의 특성이나 행위보다는 그 사람이 속한 그룹에 대해 추론하고 있는 공통점에 의해 상대방을 분류하게 된다. 연구결과에 따르면 한 사람에 대해 매력적이라고 생각하면 매력적 이라고 생각하지 않는 사람에 비해 더 친근하게 느끼고, 더 성격이 좋을 것이라고 생각하고, 더 즐거운 데이트 상대가 될 수 있을 것이라고 생각 하며, 더 좋은 직업을 가지고 있을 것이라고 생각하며, 훌륭한 결혼 상대 가 될 수 있을 것이라고 생각한다고 한다.

긍정적 측면에서 고정관념은 외부자극을 몇 개의 통제 가능한 종류로 묶을 수 있게 해 주기 때문에 인식적 한계 때문에 발생할 심적 부담을 줄 여 준다. 고정 관념들이 정확하지 않은데도 어떤 관념에 대해서는 진실이 라고 믿고 있기도 하다. 여성에게는 비서가 어울리고 흑인은 운동선수가 어울리며 유태인은 연구직이 어울린다는 것이 그러한 고정관념의 예이 다.

어느 집단의 특성에 대해 생물학적으로나 민족적으로 부정적이거나 열등하다는 고정관념을 가지게 되는 것은 위험하다. 인종차별, 성차별, 연령에 의한 차별은 부정적 고정관념 때문에 초래된다. 고정관념이 가장 위험하게 작용하는 경우는 새로운 정보에 의한 믿음을 수용하지 않을 때이다. 고정관념에 사로잡힌 사람은 어떠한 반박자료를 제시하더라도 자신의 의견만을 고집한다.

고정관념이 위험한 또 다른 이유는 자기 만족적 예시를 하기 때문이다. 가장 널리 알려진 자기 만족적 예는 바로 '피그말리온 효과(Pygmalion Effect)' 이다. 연구에 따르면 선생님들에게 학생들 중에 어느 그룹을 '베이비 붐' 세대에서 태어났기 때문에 특별히 우수한 학생들이라고 말한다. 그리고 연구자들은 임의로 학생들을 선발하여 이름을 통보했다. 결과는 정말 놀라웠다. 선생들에게 이름이 알려진 학생들은 다른 학생들보다 분명하게 우수한 성과를 나타냈으며 심지어는 지능지수의 향상정도도 다른 학생들보다 훨씬 더 우수했다.

자기 만족적 예시는 첫 인상과 관계 지속에 모두 영향을 미친다. 만약 당신이 다른 사람이 어떠한 행동을 할 것이라고 기대하고 있다면 당신의 대화에는 그런 행동을 하도록 기대하는 은밀한 암시를 보내게 되며, 따라서 상대방이 그런 행동을 하게 될 가능성이 많아지게 된다. 만약 당신이 상대방한테 거절당하기를 원하는 경우 상대방과 눈을 마주 치지 않으려 하고, 얼굴을 찡그리며, 퉁명스럽게 대답하고, 경직되고 폐쇄적인 태도를 취하게 된다. 당신의 행동을 본 상대는 당신의 기대에 맞게 행동을 하게 될 것이며 당신은 자신의 예언의 정확성에 대해 더 많은 자신감을 가지게 될 것이다. 다음에 유사한 상황에 접하게 되는 경우 당신의 기대감은 더욱 더 경직되고 절대적이 되어 버릴 것이다.

자기 만족적 예시는 긍정적인 방향으로 사용될 수 있다. 예를 들면, 당신의 배우자가 당신을 매우 사랑하고 너그러워 지기를 원하고 있다고 하자. 만약 당신이 당신의 배우자에게 하는 행동에 이러한 당신의 기대감이 포함되어 있다면 당신의 배우자는 이에 상응하는 행동을 할 것이다. 성공적인 영업 사원들은 고객과 상담할 때 물건을 팔 수 있다는 자신감을 자신의 말과 행동을 통하여 전달한다. 어떤 경우에는 아주 단순한 몇 마디 말로써도 긍정적인 자기 만족적 예언을 할 수 있다. 예를 들면, 연설을 하는 사람이 자신은 자기의 분야에 전문가라고 소개한다면 아무런 소개를 하지 않은 경우보다 훨씬 더 설득력 있는 강의를 할 수 있게 된다.

(연습)

대부분 모르는 사람들과 사회적 모임을 가지게 되는 경우 다음과 같이 각각의 사람에 대해 당신에게 말을 한다.

자신에게 "이 사람은 _____ 하다."라고 말하라. 빈칸에는 당신의 오감을 이용하여 인지한 상대방의 그 어떤 것을 기입한다. 그리고 "나는 _____ 라고 상상한다."라고 한다. 빈칸에는 오감을 이용하지 않으면서 상대방으로부터 인지한 그 무엇을 기입한다.

예를 들면, 이 사람은 매우 살이 찐 사람이다. 나는 이 사람은 운동을 하지 않고, 힘도 없어 보이며, 게으를 것이라고 상상한다." "이 여자는 매우 옷을 단정하게 입고 있다. 나는 그녀가 정리를 잘 하고, 완벽주의자이며, 무언가를 잘 요구하는 사람이라고 상상한다." "저 사람은 키가 크다. 나는 그가 농구선수라고 상상해 본다."

이러한 연습에서 보듯이 상대방에 대한 당신의 인상은 아주 사소한 신호로부터 추론한 것에 의해 결정된다. 즉 고정관념에 의한 사소한 신호로부터 초래되는 것이다.

_조급한 판단을 인정할 것인가, 인정하지 않을 것인가

보통, 사람들은 처음 만나는 사람에 대해 머리가 좋다거나 멍청하다, 튼튼하다, 약하다, 온화하다, 냉정하다, 적극적이다, 소극적이다라는 용어를 사용하여 평가하는 경향이 있다. 상반된 특성을 표현하는 이러한 묶음들은 상대방에 대한 추론의 가장 중요한 부분을 이루고 있다. 이러한 특성들을 이용하여 사람들은 만나는 사람들의 총괄적인 '좋음' 과 '나쁨' 을 평가한다.

(연습)

당신이 좋아하는 사람과 싫어하는 사람 중에서 평가할 사람을 정한 다음, 다음의 서로 극을 이루는 용어들을 고려하여 등급을 정한다. 다음의 빈칸 어느 곳에 당신이 평가하는 사람의 위치가 어디인지를 한곳 정하여 체크를 한다. 중간에 체크를 했다면 평가항목에 대해 아무런 느낌이나 의견이 없다는 의미이며 각 항목의 극 부분에 체크를 한다면 극단적인 경우이며 기타 부분은 보통이라는 의미이다.

열심히 일한다 ____ ____ ____ ____ ____　　　　게으르다
온화하다　　 ____ ____ ____ ____ ____　　　　냉정하다
적극적이다　 ____ ____ ____ ____ ____　　　　소극적이다

신뢰할 수 있다	____ ____ ____ ____ ____	신뢰할 수 없다
아는 것이 많다	____ ____ ____ ____ ____	무식하다
강하다	____ ____ ____ ____ ____	약하다
머리가 좋다	____ ____ ____ ____ ____	멍청하다
다정하다	____ ____ ____ ____ ____	관심이 없다
매력적이다	____ ____ ____ ____ ____	못생겼다

이러한 평가실험을 완벽하게 시행하려면 당신이 사람을 평가할 때 사용하는 특성들을 모두 포함하여 평가해 보아야 한다. 사람에 대한 평가를 마친 후에 다음의 총괄적인 평가를 해 본다.

| 좋다 | ____ ____ ____ ____ ____ | 나쁘다 |

이번에는 좋아하는 사람 4명, 싫어하는 사람 4명을 추가로 정하여 실시해 본다. 이 평가내용을 보면 당신이 일상생활에서 사람을 어떻게 평가하는지를 알 수 있다. 비록 이 내용이 매우 직관적이기는 하지만 이러한 평가에 의해 다른 사람의 메시지를 해석하고 있다.

위의 연습에서, 개인의 특성들은 같이 움직이는 것을 발견할 수 있는가? 예를 들면, 좋고, 온화하고, 다정하다는 표현은 같은 사람에게 사용한 반면, 다른 사람에게는 나쁘고, 수동적이고, 약하다고 평가하였는가? 연구결과에 따르면 따뜻함과 다정함은 좋다는 느낌과 관련이 있는 특성들이라고 인식된다고 밝혀졌다. 현대 문화권에서는 적극적이고 강하다는 것 역시 좋음과 연관되어 있다. 특정한 특성들의 집단과 당신이 평가결과가 일치하고 있다고 생각하는가? 아니면 이러한 특성들의 집단화 이유가 당신이 이러한 특성들이 그 집단에서 일어날 것이라는 기대 때문은 아닌가?

(연습)

이러한 질문의 답변을 찾기 위해서 당신이 좋아하는 5명의 사람과 싫어하는 5명의 사람을 정한다. 이 중에는 공인이나 가상의 인물을 포함해도 된다. 각 개인이 가지고 있는 특성들을 나열해 본다. 당신이 좋아하는 사람들의 특성들을 먼저 조사해 본다. 여러 사람에게 동일하게 반복되는 특성이 있는가? 당신이 싫어하는 사람들의 특성을 조사해 본다. 여러 번 동일하게 반복되어 기록된 특성이 있는가? 싫어하는 사람과 좋아하는 사람에 대해 특성들을 평가할 때 평가기준의 한 묶음을 이용하는 경향이 있는가? 예를 들면, 사람을 평가할 때 온화한/냉정한 평가기준 혹은 상식이 풍부한/무식한 평가기준을 주로 사용하는지 여부이다.

인간성격연구 이론가인 해리 스택 설리반 (Harry Stack Sullivan)은 왜 사람들이 다른 사람들은 평가할 때 자신이 사용하던 기준만을 사용하며 어떤 기준은 한번도 사용하지 않는 지에 대해 검증 가능한 결과를 발표하였다. 사람들은 아주 어렸을 때부터 인정받고 만족스러운 행위 혹은 인정 못 받아서 불만족스러운 행위라는 결과를 초래하는 특성에 의히 행동하게 된다고 하였다. 어린이들은 인정받는 것과 인정받지 못하는 것만 초점을 맞춘다. 자신의 좁은 시야에서만 본다면 현미경을 통해서 보는 것처럼 다른 세상을 바라보지 못하게 된다. 어린이가 자신의 좁은 시야로 보던 세계관은 어른이 되어서도 그대로 '자기자신' 혹은 '나'를 대표하게 된다.

이러한 자아는 다른 중요한 사람이 인정한 것인지 인정하지 않은 것인지에 의하지 않고서는 개인의 특성을 찾아 내지 못한다. 다른 사람의 특성을 찾을 때도 자신이 알고 있는 특성범위 내에서만 찾게 된다. 설리반은 다음과 같은 유명한 말을 했다. "당신이 당신을 평가하는 것만큼만 다른 사람들을 평가하게 될 것이다." 다른 사람에 대해 강하게 반응하는 이유는 상대방 때문이 아니라 당신 특성 때문인 경우가 더 많다. 당신의 현미경은 당신이 습관적으로 중요하다고 생각하고 있는 특성에만 초점을 맞추기 마련이다. 이러한 관점을 확인해 보기 위해서 다음의 연습을 해 보라.

(연습)

10명에 대해 다음의 빈칸에 내용을 기입한다. "＿＿(대상자이름)를 생각하면 내가 가지고 있는 부분 중에서 ＿＿(행동이나 특성)가 생각난다."

예 : "경숙을 생각하면 내가 가지고 있는 부분 중에서
　　건강한 몸 상태가 생각난다."

당신이 특정인의 행동과 특성에 대해 알고 있는 부분은 상대방을 설명할 수 있는 많은 부분 중의 한가지 일 뿐이다. 당신이 상대방의 특성을 선택하는 기준은 당신이 그 특성을 얼마나 중요하게 여기는가 이다. 경숙은 건강한 사람일 것이다. 그러나 당신이 이 요소에 대해 특히 관심을 가지고 있는 특성이기 때문에 그녀의 특성으로 선택했을 것이다.

_준향적 왜곡

전혀 모르는 사람들만 있는 방에 들어갔는데 갑자기 그 중 한 사람에게

관심을 느끼게 된 경험이 있는가? 그렇게 되면 곧바로 그 사람들을 좋아하게 될 것이며 오래 전부터 알고 지내던 사람 같은 생각이 들것이다. 그 사람들을 보고 있으면 옛날에 알고 지내던 누군가와 닮았다는 생각이 들 수도 있다. 그리고는 그 사람이 누구였는지가 생각날 수도 있고 도무지 무엇인지를 모르는 막연한 친근감이 들 수도 있다. 하지만 대부분 당신 앞에 있는 사람과 과거의 그 사람과는 비슷한 헤어스타일이나 비슷한 이름, 비슷한 직업, 혹은 비슷한 억양과 같은 사소하거나 피상적인 연관성만 있을 뿐이다.

처음 보는 사람에게서 강한 거부감이나 친근감을 느낀다면 준향적 왜곡 (Parataxic Distortion : 앞에 있는 사람으로부터 누군가를 연상하는 것) 가능성일 수 있다. 이때는 신중해야 한다. 왜냐하면 당신 앞에 있는 사람에게 과거 당신이 만났던 사람의 느낌과 가정들을 그대로 적용할 수 있기 때문이다. 이런 경우 혼란과 오해가 초래된다.

준향적 왜곡은 당신을 당신이 아닌 사람과 연결시키는 경우이기 때문에 발생여부를 쉽게 알 수 있다. 이런 경우 상대방은 당신과 처음 접촉하는 경우인데도 아주 긍정적이거나 부정적으로 대하게 된다. 상대방이 당신에게 취하는 행동은 객관적 실체에 대한 행동이 아니다. 당신은 상대방이 당신의 실체에 대해 별로 깊이 생각을 하지 않고 있다는 생각을 하게 될 것이다. 이러한 경우에 발생하는 예는 이번 장의 도입부에서 젊은 남성이 모르는 여성을 만났을 때 자기 숙모와 연관을 지어 생각하는 부분에서 잘 보여 주고 있다.

현재 앞에 있는 사람이 과거의 누구와 비슷하다는 것을 알게 되는 경우 과거와 더 이상 연관을 지우지 않게 될 것이라고 생각할 수도 있다. 그러나 그렇지 않다. 연구에 따르면 현재 당신 앞에 있는 사람이 과거에 알던 누구와 유사한 경우 현재 사람이 과거 사람과 다르다는 어떠한 반박 정보를 제공해 주더라도 현재 사람에 대한 당신의 느낌과 태도가 거의 변하지 않는다는 것이 밝혀졌다. 예를 들면, 당신이 모임에서 정말 멋진 미소를 가진 여인을 만나게 되었다. 그리고 말을 하면서 그 여자가 당신이 아직까지 잊지 못하는 옛 여자친구와 비슷하다는 것을 알게 되었다. 나중에 당신의 친한 친구가 그 여자는 다른 친구들간에 양다리 걸치고 있다가 두 사람 모두에게 상처를 주는 다른 사람을 잘 속이는 나쁜 여자라고 알려주었다. 이때 당신은 믿을 수 없다고 머리를 흔들다가 한편 그럴 수도 있겠다고 말을 하기도 한다. 그러나 그녀의 미소가 너무나 달콤하며 당신이 알기에는 그녀는 착한 여성이기 때문에 데이트를 신청하려 한다고 말할 것이다.

준향적 왜곡은 항상 좋아하는 것과 싫어하는 것에 대한 기준으로 작용하게 되는 것은 아니다. 어떤 경우에는 특별한 행위에 대해서만 영향을 미치는 수도 있다. 어느 남자는 자신의 애인이 우울한 기분이 되는 때는 불평을 하려하거나 자신의 변화를 요구하는 경우라고 해석했다. 슬픈 기분이 든다거나 혼자 있는 듯한 느낌이 든다고 하면 결혼을 독촉하고 있다고 추론했던 것이다. 이때 남자는 도와주기보다는 화를 냈다. 여자는 마음의 상처로 인해 놀라워하면서 더 우울하게 되었다. 무의식적으로 그는 그녀와 그의 어머니를 혼동했던 것이다. 그의 어머니는 자신이 불행하다는 것을 표현했고 그럴 때마다 이런 슬픈 감정에 불평이라는 가면을 뒤집어씌운 것이다. 준향적 왜곡에 의하여 두 명의 여성은 한 사람이 된 것이다.

마음속으로 과거의 사람과 현재의 사람의 연관성을 분리하지 않는다면 당신은 과거의 사람의 특성과 현재의 사람을 연관하여 반응하게 될 것이다. 예를 들면, 직장에 새로운 직원이 왔을 때 보자마자 그를 불신하게 되었다. 그의 눈과 입이 무엇인가 문제가 있다고 생각하면서 그가 리차드 닉슨과 약간 닮았다는 것을 알게 된다. 그럴 때는 회의가 끝난 후 그에게 말을 걸어 보겠다고 결심해야 한다. 그러면 그는 순수하고 솔직한 태도를 가지고 있어서 전직 대통령과의 연관성이 없다고 판단될 것이다. 그제서야 그가 새로운 판매담당자로 적임자라고 생각하게 될 것이다.

당신이 누구로부터 강력하고 즉각적인 매력이나 혐오감을 느끼는 경우, 상대방에 대해 어떤 가정을 세우고 있다고 느끼는 경우 앞에 있는 사람과 과거의 사람간에 무슨 관련성이 있는지 생각해 보라. 두 사람을 비교하면서 (1) 두 사람이 동일한 상황에 대해 어떻게 반응했는지 비교하고 (2) 당신 앞에 있는 사람의 요구사항과 느낌을 가정하지 말고 실제적으로 원하는 것과 느끼는 것이 무엇인지를 조사해야 한다.

그 누군가가 당신으로부터 준향적 왜곡에 빠져 있다는 의심이 들면, 다음과 같이 해 본다. "제가 당신에게 과거의 누군가를 생각나게 합니까?" 만약 상대가 그렇다고 대답을 하면 당신과 그 기억 나는 사람간의 차이점과 유사점을 찾아본다. 만약 상대방이 당신에게서 과거의 그 누구도 생각나지 않는다고 대답하는데 대해 당신은 누구인지를 알고 있다는 생각이 들면 매우 조심스럽게 특정인을 지목하여 물어 본다. "내가 혹시 당신의 어린 여동생을 생각나게 하지 않나요? 당신이 나를 취급하는 것을 보면 8살 짜리 놀이친구 대하는 것 같으니까요." 어떤 때는 어떠한 조사를 하여도 준향적 왜곡의 원인을 찾지 못할 수도 있다. 이런 경우에는 지속적 관계를 유지하는데 문제가 발생하게 된다.

_환상의 지속

조급한 판단은 상호작용에 의해서 발생한다.

가끔은, 서로 우호적인 사람을 만날 때가 있다. 그러나 다른 사람의 인정이나 애정을 얻기 위해 실제 당신의 모습이 아닌 이미지를 유지하려고 노력 한다면, 이런 불편한 관계는 결국 깨지기 쉽다. 영원히 다른 사람을 속이지는 못하기 때문이다. 얼마 지나지 않아서 속임수임을 알게 되어, 당신의 이상적 이미지는 당신의 실제 모습이 아니라는 것을 알게 되고, 곧 낙담하게 될 것이다. 다음의 대화를 잘 살펴보라.

미자 : 오늘 파티에 가고 싶지 않아요? 결혼한지 6개월이 지났는데도 당신과 함께 간 파티는 두 번 뿐이었어요. 우리가 결혼하기 전에는 거의 매주 파티에 갔었어요.

수철 : 나는 파티를 좋아하지 않아. 그 시끄러운 소란을 싫어해요.

미자 : 당신을 파티에서 만났을 때 파티가 당신인생의 전부 같았는데… 당신은 파티의 주연이 되는 것을 좋아한다고 했었어요.

수철 : 그랬지. 내가 좋아한 것은 당신과 함께 파티의 주연이 되는 것이었지.

미자 : 듣기 좋은 소리군요. 그렇지만 친구들과 파티에서 놀던 때가 그리워요.

수철 : 우리 그냥 집에서 둘만의 파티를 열면 어때?

미자 : 그렇지만 그건 내가 원하는 것이 아니죠. 당신은 변했어요. 지금은 옛날과 달라요. 옛날의 당신모습으로 돌아갔으면 좋겠어요.

이 예시에서 보듯이, 철수는 미자에게 자신의 본래 모습보다 훨씬 더 사교적으로 보이려고 노력했다. 그러나 이것은 그의 본래 성격이 아니었기 때문에 이런 모습을 오래 지속할 수 없는 것이다. 결국 미자가 원했던 파티전문 부부는 이루어질 수 없게 된 것이다. 그녀는 그가 사교적이라는 첫인상을 계속 가지고 있었지만 그가 자신이 사교적이 아니라는 것을 보여줌으로써 그녀는 속았다는 생각을 가지게 된 것이다. 미자는 철수에 대한 초기 평가가 잘못이었다는 것을 인식하게 됨에 따라 자신의 믿음에 손상을 입게 되었다. 그녀는 사람을 평가할 때, 특히 잠재적인 남편에 대해 쉽게 평가하지 말았어야 했다.

첫인상을 명확하게 정리한다.

첫인상이 잘못된 것이라는 것을 알게 되면 환멸감을 느끼게 된다. 조지 바하는 그의 저서 *Pairing* 에서 최대한 빨리 첫인상을 조사하고 다른 사람과 의견을 나눌수록 훨씬 더 쉽게 환상에서 깨어나 현실을 볼 수 있다고 했다. 당신이 사람과의 관계를 유지하기 위해서 상대방의 가장 친한 친구나 연인이 되어야 할 필요는 없다. 당신이 첫 만남 이후에도 상대방과의 관계를 유지하기 원한다면 서로에 대한 환상을 없애기 위해 다음과 같이 하기를 권한다. 첫 만남이 끝난 후,

1. 당신은 상대방에게 더 많은 것을 알고 싶다고 말한다. 최소한 당시의 느낌이라도 말한다.
2. 당신의 관점에서 만날 당시, 어떤 일이 발생했는지에 대해 말한다.
3. 상대방에게 기대하는 것과 희망사항을 이야기한다.

4. 잘못된 인식을 지적하거나 바로 잡아줄 기회를 제공한다.

앞에서 다투는 부부의 예로 되돌아가서 철수가 처음 미자를 만났을 때 자신에 대한 잘못된 인상을 심어주지 않기 위해 위와 같은 4단계를 밟아야 했다.

철수 : 오늘 정말 즐거웠어요. 더 친해지기 위해 다시 만나고 싶어요.

미자 : 나도 즐거웠어요. 당신 때문에 갈비뼈가 아프도록 웃었어요. 다음주에 또 파티에 가면 어때요?

철수 : 오늘 내가 좀 무례했군요. 술이 너무 취했고 또, 예쁜 여자에게 잘 보이려고 평소답지 않은 행동을 했습니다. 나의 평소 모습은 그렇지 않아요. 나는 가정적인 사람입니다.

미자 : 저런, 나를 속였군요. 당신은 정말 파티를 좋아하는 사람 같았어요.

철수 : 그렇지 않습니다. 나에 대한 잘못된 인상을 가지지 않기 바랍니다. 사실은 당신과 조용히 시간을 보내고 싶군요.

미자 : 그렇게 하죠.

이러한 4단계를 사용하면 상대에 대한 환상을 상당히 줄일 수 있다. 관계의 진전에 따라 서로의 대화라인을 확실하게 유지하기 위해서는 상대방에 대한 가정들이 맞는지 조사하는 것이 반드시 필요하다. 일상적인 대화를 통하여 상대방의 생각과 느낌을 알아내기 전까지는 상대방을 안다고 가정하지 말아야 한다. 가정을 사실이라고 믿기 시작하면 상대방에 대한 잘못된 의견이나 지식을 바꾸기가 매우 어렵게 된다. 이러한 함정을 피하기 위해서 가정에 대해 건전한 회의적 시각을 유지해야 하며, 기존의 인식과 동일한 정보 뿐 아니라 반박 정보에 대해서도 검토함으로써 상대방의 실제 모습을 찾아보아야 할 것이다.

168쪽의 수수께끼 해답이다.

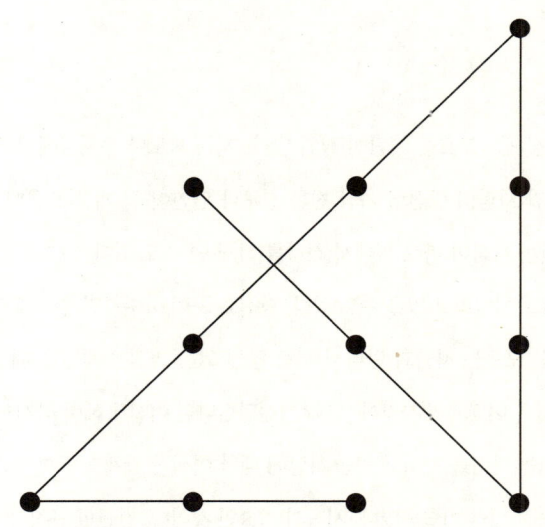

2. 교제하기
···→ Making Contact

세 상에는 모르는 사람이 훨씬 많다. 지금 복도나 주차장에서 스치고 지나간 사람이 당신의 가장 친한 친구나 연인이 될 지도 모른다. 그리고 그 가능성이 있는 사람이 바로 옆에서 식사를 하게 될 수도 있다. 그리고 상점에서 당신과의 만남을 기다리고 있을 수도 있다. 당신과 눈이 마주치면 수줍게 고개를 돌릴 지도 모른다. 모르는 사람과 만나서 서로 알게 되는 과정은 사람을 매우 당황하게 만든다. 그들은 어떻게 생각할까? 만약 거절당한다면 어떻게 해야 하지?

이 장에서는 관심을 가지고 있는 사람에 대한 어색한 관계를 극복하고 대화를 할 수 있게 하는 방법을 기술하였다. 시작의 기술인 것이다. 간단한 규칙과 제안사항만을 따라 하면 모르는 사람에 대한 수줍음을 상당히 없앨 수 있다. 누구나, 어디서나 이야기 할 수 있는 방법을 배우게 될 것이다.

_모르는 사람에 대한 두려움

모르는 사람에 대한 두려움을 가지는 원인은 두 가지이다. 구시대적인 19세기의 사회제약과 자기를 비하하는 내부의 독백이 그것이다. 19세기의 규칙에 의하면, 모르는 사람과 대화하려면 제3자의 소개가 반드시 있어야만 했다. 길을 묻는 것 이외에는 모르는 사람에게 친근감을 가지고 접근하는 것은 금지 사항이었다. 군중 속에 있어도 사람들은 그들을 둘러싼 사람으로부터 소외되었다. 이러한 규칙 때문에 군중 속의 고독이라는 현상이 발생하게 되었으며 사람들은 바쁘게 돌아다니면서도 가벼운 접촉도 금기시 하게 되었다.

모르는 사람에 대한 두려움은 당신이 생각습관 때문이기도 하다. 당신은 자신에게 이렇게 말한다. "그들은 나한테 이야기하고 싶지 않을 것이다." "그는 나를 좋아하지 않을 것이다." "구제불능이다." "나는 너무 겁이 많고, 못생기고, 키가 작고, 멍청하다."

이 모든 견해는 당신이 열등하고, 쓸모 없으며, 매력적이지 않다고 생각하기 때문이다. 고전적 만화 주인공 찰리 브라운처럼 당신은 겁쟁이지만 반면에 다른 사람은 항상 영웅인 것이다. 당신이 쓸모가 없다는 생각은 자신에 대한 인식을 엉망으로 만들며 당신이 좋아하고 싶은 사람이 당신을 좋아하지 않게 되는 뼈아픈 결과를 만나게 될 것이다.

모르는 사람을 만날 때 다음의 5가지 방법을 사용하여 맞서 보라.

1. 당신 자신에게 한 말을 분석해 본다.

지금 병원 대기실에 있고, 옆에 있는 매력적인 이성과 대화를 시작했다고 상상해 보라. 그 사람은 잠시 듣는 척하다가 의무적으로 몇 마디 대답을 하고는 다시 잡지를 읽기 시작한다. 이때 당신의 어떻게 독백하는가. 상대방의 거절이유가 당신인가? 다른 사람이 당신에게 관심이 없는 이유는 당신이 어떤 실수를 했기 때문인가? 당신에게 또다시 '서투른', '멍청한', '바보스러운' 등과 같은 흔한 꼬리표를 달아줄 것인가?

부정적인 판단이나 꼬리표는 바꾸어야 한다. 부정적인 꼬리표나 가치 비하적인 문장들을 나열해 보라. 그리고 그 문장 옆에 순수한 사실에 근거해서 동일한 사항들을 적어본다. '멍청이'이라고 했다면 "가끔씩 대화를 하려고 생각하는 순간 나의 마음은 빈칸이 된다." 라고 써 볼 수도 있다. '새가슴' 대신에 당신의 실제 가슴크기를 적는다. '난쟁이' 대신에 실제 당신의 키와 몸무게를 적어 본다. 앞으로는 속으로 독백할 때 부정적 꼬리표를 사용하지 않고 사실에 근거한 용어만 사용하겠다고 자신과 약속한다.

물론 가장 어려운 부분은 누군가와 가깝게 지내려고 시도하거나 거절당한 이후에도 판단을 수반하지 않은 사실적인 사항을 기술해야 한다는 것이다. 이때 보통 습관적으로 사용하는 자신에 대한 혹평들이 제 힘을 발휘하려고 하는 때이기도 하다. 이런 자책을 너무나 자주 했다면 그런 말을 하고 있는지 조차 모르는 경우가 많다. 이를 해결하기 위해서 자신의 생각에 중요한 긍정적 자질과 부정적 자질 5, 6가지를 생각하여 리스트를 만들어 본다. 부정적 자질들에 대해서는 판단이 개입되지 않는 사실만을 기재한다. 긍정적인 자질에는 당신이 실제적으로 좋아하고 자랑스러워하는 것들을 기재한다. 당신이 누군가와 사귀게 되는 경우에는 언제나 이 리스트를 상기한다. 자기의 오래되고 왜곡된 꼬리표와 판단 대신 사실에 근거한 모습만을 보여 준다.

2. 접근에 대한 인식을 바꾼다.

거절당할지도 모른다는 두려움의 강도는 당신이 흥미를 가지고 있는 모르는 사람과의 만남을 어떻게 개념화하고 구성하는가에 따라 다르다. 다음은 사람들과의 만남을 방해하는 부정적인 생각들이다.

"그들은 내가 무엇인가를 원하고 있다고 생각한다."

"그는 아마도 나에 대해 관심을 가지지 않을 것이다."

"그들은 멋있다. 그렇지만 나와 교제하려고 하진 않을 것이다."

"그녀는 아름답다. 나한테 관심이 있을 리 없다."

이러한 말들은 당신을 한 단계 낮출 뿐 아니라 받아들여지지 않기만을 기원하는 것과 같다. 이제 만남의 의미를 다른 방향으로 생각함으로써 이러한 위험을 줄여야 할 때이다. 당신이 흥미를 가지고 있는 사람들이 당신과 잠자리를 같이 하거나 친구나 배우자가 되고자 하거나 그냥 당신을 좋아하기를 원하고 있다면 그들과의 만남을 단순한 실험으로 생각해서는 안될 것이다. 하지만 만남이란 관심이 있는 사람에 대해 더 많이 알 수 있는 기회일 뿐이다. 일어날 일에 대한 호기심은 가져도 되지만 염려할 필요는 없다. 상대방에게 그 무엇도 원하지 말고 당신의 시간을 제공하면서 관심이 있다고 표현하라. 당신의 관심에 대한 거절은 기회를 잃는 것 그 이상도 이하도 아니다.

3. 거절에 대한 인식을 바꾼다.

모르는 사람에 대해 접근하는 경우, 당신은 선물 즉 반응이라는 선물을 받게 된다. 만약 상대방이 당신의 제안을 거절한다면 여러 가지 방향에서 거절당한 이유를 생각해 보기를 권한다. 당신은 자신이 부적절하고 쓸모 없다라고 생각할 수 있고, 당신의 신체적이나 성격의 결함을 생각할 수 있고, 자신을 사회적 무능력자라고 매도할 수도 있다. 이러한 틀 속에 갇히는 것의 문제점은 증명되지 않은 사건들을 추측하는 것이라는 것이다. 상대방의 마음을 짐작하고 있는 것이다.

특정한 거부나 부인의 이유에는 수 백가지가 있을 수 있다. 누군가를 사무실에서 점심식사에 초대한다고 상상해 보자. 상대방이 미소를 지으며 말한다. "오늘은 안돼요. 다른 날에 다시 한번 초대 해 주시죠." 면전에서 거절당했다고 생각하면 자존심이 구겨졌다고 생각할 것이다. 그러나 수많은 거절이유가 있을 수 있다. 다이어트 중 일수도 있고, 식사를 이미 했을 수도 있으며, 다른 사람과의 약속이 있을 수도 있으며, 너무 바쁘거나 감정적으로 격해져 있어서 식사를 못할 수도 있다.

지금 당신이 잘 모르는 사람에게서 식사초대를 받았을 경우 사용할 수 있는 거절이유를 25가지 적어 보라. 이제 그 목록을 살펴본다. 당신이 아주 중요한 사람의 초대를 거절하는 경우 상대방의 감정적, 신체적 특징을 이용하는가? 사실은 모르는 사람의 제안을 거절하려면 그 사람을 어느 정도 알아야 한다. 그러므로 상대방의 점심제의를 거절하는 이유는 자신의 일정이나 새로운 사람을 만나겠다는 의지, 자신의 기분 때문이지 상대방 때문이 아닌 경우가 더 많다.

짐작하기를 하게 되면 상대의 거절에 대해 가능한 모든 부정적 해석을 다 하게 되므로 항상 문제를 야기시킬 수 있다. 상대방의 거절에 대해 가장 좋게 대처하는 방법은 거절이유가 당신과 별 관련이 없는 개인적인 이유 때문이라고 생각하는 것이다. 만약 이유를 알고 싶으면 명확하게 물어 보라. 만약 어떤 사람이 당신의 술 한잔 같이 하자는 제의를 거절한다면 당신이 싫어서 같이 술자리를 하기 싫다는 의미인지 단순히 혼자 있고 싶다는 의미인지를 알아보는 것이 좋다.

4. 거절당했을 때 감정을 잘 다스린다.

아주 사소한 거절에 대해서도 정말 상심할 수가 있다. 그럴 경우 먼저 깊이 숨을 쉬고 난 뒤 당신의 신체 반응을 느껴 보라. 마루에 대고 있는 발의 느낌과 걸상에 걸친 당신의 엉덩이의 느낌과 위장의 요동을 느껴본다. 자신의 신체에 대해 집중하게 되면 거절 때문에 발생하는 마음속의 독백을 잠시 멈출 수 있다. 깊이 숨을 쉬고 자신의 신체의 느낌에 대해 인식하고 생각하는 것을 중단하면 심리적 자학을 멈출 수 있다.

5. 거절당할 경우에 대한 계획을 수립한다.

적어도 일주일에 3번 정도는 거절당할 것이라고 예상하고 있어야 한다. 그 의미는 당신이 관심을 가지고 있는 사람이 당신의 관심에 대해 전혀 예상치 못했던 한가지 이유에 의해 거절 할 수도 있다는 것을 알아야 한다는 것이다. 거절당하는데 대한 경험을 쌓고, 대응하는 방법을 익히기 위해서는 먼저 자신의 느낌을 설명하는 대화실습을 시작해야 한다. 당신은 좋아 하지만 그 사람은 당신을 좋아하지 않는 사람을 한 명 선택한다. 대화하기 전에 먼저 다음의 질문에 대해 생각해 본다.

"그가 나의 어떤 점을 싫어하는 것일까?"

"그는 어떻게 행동을 할까?"

"내가 만약 거절당한다면 그 상황에서 구원되기 위해서는 무엇을 해야 하나?"

여기에 대한 대답을 찾았다면 바로 그와 대화를 시도하라. 서로 대화하면서 어떤 일이 벌어지는지를 관찰하라. 대화를 끝낸 후에 상대에 대한 당신의 가정이 얼마나 틀리고 맞았는지를 생각해 보라. 즐거운 경험이었는가? 이러한 도전에 대한 성취감이 느껴지지 않는가?

_교제하기

성공적으로 교제관계를 시작하기 위해서는 2가지 기본 규칙만 지키면 된다. 첫째, 당신이 받고 싶은 것을 주는 것이다. 상대가 당신에게 관심을 가지고, 흥미를 보이며, 존경을 하고, 좋아하기를 원한다면 먼저 상대에게 그렇게 해야 한다는 의미이다. 둘째, 자신에게 초점을 맞추지 말고 상대에게 초점을 맞추어야 한다. 다음 할말을 속으로 연습해보거나, 당신의 헤어스타일이나 꼴사나움에 대해 걱정하지 말고 상대의 말을 듣는데 집중하라는 것이다.

당신이 받고싶은 것을 주는 것과 상대에게 초점을 맞추는 것을 행동으로 옮기는 것은 말처럼 쉽지는 않다. 모르는 사람에 대한 두려움 때문에 겁을 내기도 하고 자존심도 내세우게 된다. 비록 상대방에게 무조건 다가가고 싶겠지만 당신의 관심은 자신의 외모와 행동에 의하여 제약받을 수밖에 없다. 다음은 상대방으로 하여금 당신에게 진정한 관심을 기울일 수 있도록 관계를 수립하는 방법에 관한 것이다.

신체 언어

사람을 거부하는 가장 쉬운 방법 중 하나가 신체 언어를 이용하는 것이다. 부끄러움이 많은 사람들은 눈을 마주치지 않으려 하며, 얼굴에 감정을 표현하지 않으려 하며, 다른 사람에 대해 신체적으로 위축되기도 한다. 이러한 메시지는 "나를 내버려두시오."라는 의미이다. 다음은 관계를 수립하기 위한 신체 언어이다.

1. 상대방에게 가까이 간다.

이 의미는 외부에서 지켜보지만 말고 그들의 모임이나 집회에 참가하라는 것이다. 그리고 몇 미터 떨어져서 대화하지 말라는 의미이기도 하다. 당신이 편안하게 대화하고 상호작용을 할 수 있는 거리가 어느 정도인지를 찾아 보라.

2. 앞으로 몸을 기댄다.

의자를 뒤로 젖히는 행동은 피로하다거나 흥미가 없다는 의미이며 앞으로 기대는 행동은 관심이 있고 상대방과 대화할 준비가 되었다는 의미이다.

3. 팔과 다리를 꼬지 않는다.

팔과 다리를 꼬는 것은 자신을 방어하거나 보호하겠다는 입장을 보여주는 것이며 그 반대의 행동은 기꺼이 듣겠다는 의미이다.

4. 눈을 맞춘다.

대부분의 사람들은 다른 사람의 눈을 보고 있으면서 무슨 말을 해야 할지를 생각하는 것에 어려움을 느낀다. 눈을 마주치게 되면 긴장이 되기 때문에 다음에 어떤 말을 해야 할지를 놓치게 된다. 해결방법은 상대방의 얼굴 중에 코나 입, 혹은 왼쪽 귀에 눈을 맞추는 것이다. 30센티 정도 떨어져서 상대방의 코를 주시한다면 상대방은 그의 눈을 보고 있는지 그렇지 않은지를 잘 모르게 될 것이다.

5. 미소를 짓는다.

미소는 당신이 마음을 열어 놓고 있으며 관심이 있다는 것으로 이해되는 가장 일반적인 표현이다.

6. 반응을 보인다.

고개를 끄덕이고, 얼굴을 찌푸리고, 놀랐다면 눈썹을 위로 치켜세운다.

7. 신체접촉을 한다.

잠시나마 상대의 어깨나 팔, 손, 무릎에 손을 대는 것은 당신의 따뜻하고 좋은 느낌을 가지고 있다는 것을 표현하는 그 어떤 말보다 더 효과가 있다.

다음은 당신의 신체언어 표현기술을 실습하는 방법이다. TV대담프로를 보면서 대담자가 당신에게 직접 이야기한다고 상상한다. 직접적인 접촉은 불가능 하지만 다른 모든 기술은 연습할 수 있다. 위의 검색목록을 작성하여 옆에 두고 TV의 대담자들이 하는 말에 대해 이 목록내용을 사용하면서 대화를 시도해 본다.

서먹한 분위기 깨기

대화를 시작하는 유일한 방법은 말하는 것을 시작하는 것이다. 상대방은 당신이 원하는 것만큼 당신과 접촉을 하기 원한다고 가정하면 마음이 편할 것이다. 두 사람이 진정으로 서로에 대해 관심이 있다는 표현을 하게 됨에 따라 발생할 흥분상태를 상대방도 원하고 있다고 생각하라는 의미이다. 그리고 당신과 상대방이 그런 관계를 원하는 것과 같이, 그들도 거절당하거나, 창피를 당하거나, 원하지 않는 일을 해야만 할지도 모른다는 두려움을 가지고 있다는 것을 알아야 한다.

당신이 말을 건네서 대화를 시작하는 것은 그렇게 큰 어려움이 아닐 수 있다. 중요한 것은 상대방의 반응을 끌어 낼 만큼 충분한 대화가 이루어질 것인가 이다. 서먹한 분위기를 풀고 싶을 때는 잠시 대화를 중단하고 깊이 생각해 보라. 특별한 생각을 하라는 것은 아니다. 다만 지금 현재의 상황에 대해 잠시 생각해 보는 것이다. 생각하는 동안 긴장을 풀고, 당신에게 보이는 것과 느껴지는 것을 모두 인정하고, 상황이 이해될 때까지 기다려 본다. 특이한 상황이 있는가? 상대방의 표정이나 행동으로부터 무엇을 추론할 수 있는가? 그리고 현재의 상황을 주시해 본다. 이 상황을 다른 친구에게 어떻게 설명하면 좋을까? 느낌이 어떤지를 알아본다. 이 상황은 어떤 느낌을 주는가? 상대방과 친해지려는 이 순간 느낌이 어떤가?

깊이 생각하고 나서 당신이 가장 적절하다고 생각한 방법을 선택한다. 기차 안에서 매력적인 남자 옆에 앉게 된 여성은 대화를 시작하기 위한 방법을 짜내기 위해 골똘히 생각을 했다. 그 여자는 자신의 현재 상황에 대해 잠시 숙고하기 시작했다. 그녀가 이 기차를 탄 이유는 새로운 직장 때문에 그 직장이 있는 도시로 가기 위해서였다. 사람을 새로 사귄다는 것이 얼마나 어려운 일인가를 그녀는 잘 알고 있었다. 그래서 그녀는 그런 상황을 이용하기로 했다. "나는 지금 아는 사람이 한 명도 없는 곳으로 가는 중입니다. 그래서 사람을 사귀는 실습을 해야 합니다. 안녕하세요. 내 이름은 김은미 입니다." 대학교 강의실에서 처음 본 여자에게 미소를 보내면서 이렇게 말한다. "당신도 노트필기를 하지 않고 있군요. 나만큼 이 강의가 지루한 모양이네요."

만약 이러한 시도가 성공적이지 못했다면 다음과 같은 표준적인 사람 사귀는 법을 시도해 보라.

1. 정보에 대한 질문을 한다.

　"명동으로 가는 길을 가르쳐 주십시오." "로비에 가면 선물가게가 있나요?" "근처에 술집이 있나요?"

2. 칭찬을 한다.

　"당신지갑은 정말 근사한 가죽으로 정교하게 만든 것이군요."

3. 유머를 조금씩 사용한다.

　"길 잃은 남자에게 대답을 해 줄 수 있나요?" "지금 이 식당에서 차례를 기다리시려면 수개월이 걸릴 겁니다." "짐꾼을 기다리는 것 보다 당신과 이야기하는 게 더 낫겠어요."

4. 지금 일어나는 사건에 대해 이야기한다.

　"도시에는 소매치기가 엄청 많아요. 저 남자 보세요. 방금 내 시계가 멋지다고 했거든요." "이 도시가 일시적으로 정지된 듯한 느낌이 들어요. 거리에 바람만 불고 있어요."

일반적으로 가장 효과가 있는 방법은 의례적인 질문을 하는 것이다. "성함이 어떻게 되시죠?" "안녕하세요." "잘 지내시죠." "이 근처에 사시나요?" "이 빌딩에 근무하시나요?" "당신 아들인가요?" "연극이 마음에 드십니까?" 의례적인 인사는 생각을 많이 할 필요가 없고 상대방도 대답하기 위해 많은 생각을 하지 않게 한다. 이 인사방법은 좋을 수도 있고 나쁠 수도 있다. 짧은 답변은 얻을 수 있다. 그러나 진정한 대화를 끌어내기 위하여 더 상세한 질문이나 말을 짧은 답변에 이어 바로 해야 한다.

가장 도전적이면서도 보상을 많이 받을 수 있는 분위기 타파를 위한 대화기술은 직접적으로 접근하는 것이다. 당신의 느낌과 원하는 것을 상대방에게 말하는 것이다. "당신이 매력적으로 보이는군요. 당신을 좀더 알기 위해서 잠시 대화를 나누고 싶어요." "모르는 사람에게 걸어가서 말을 거는 것이 좀 두렵기는 하지만 당신에게 관심이 있습니다." "스타인 벡의 작품을 읽고 있군요. '즐거운 농장'에 나오는 인물들을 저도 항상 좋아했어요. 당신이 그들에 대해 어떻게 생각하는 지 궁금하네요."

서먹한 분위기를 없애기 위해서는 서토의 유사점과 차이점을 찾아보는 것이 좋다. 서로 비슷한 점이 있다는 것은 대화증진에 도움이 된다. 좋아하는 책이 같다거나, 좋아하는 경치가 같다든지, 둘 다 반창고를 붙이고 있다든지 하면 서로 서먹한 분위기를 깨기가 쉬워진다.

자신의 비밀을 밝히면서 흥미를 유발시키는 것도 필요하다. "여기 혼자올 용기가 전혀 없었어요." "나는 인상주의 화풍에 더 관심이 많았어요. 그렇지만 당신은 호퍼의 그림을 좋아하는군요."

_ 대화의 기술

초기의 어색한 분위기를 극복한 다음 해야 할 일은 상대방과 만족스러운 관계를 맺을 수 있는 방법을 찾는 것이다. 좋은 대화를 하기 위해서는 다음의 세 가지만 알면 된다. 질문과 듣기와 자신의 비밀을 약간 보여주는 것이다.

질문

질문에는 두 가지 종류가 있다. 앞에서 말한 것처럼 상대방의 이름과 사는 곳과 직업 등을 묻는 의례적인 질문이 그 한가지이다. 의례적인 질문은 대화를 시작하기 위해 가장 많이 쓰이는 속임수이다. 그러나 이 질문 뒤에는 즉시 정보성 질문을 해야 한다. 이 질문은 상대방의 경험과 신념과 느낌에 대한 중요한 사실들을 밝혀내기 위한 구체적인 것들에 관한 것이다. "안녕하십니까." 라는 의례적인 질문에는 "안녕하세요." 라는 답변만 받을 것이다. "어린이들과 일을 하는 게 어때요?" 라는 정보성 질문에는 보다 친근한 접촉이 가능해질 것이다.

정보성 질문을 하게 되면 대부분은 당신이 원하는 것 이상의 정보를 얻게 된다. 이러한 정보를 자유 정보(free information) 라고 한다. 누군가에게 이 도시에 살고 있는지를 물어 보면 아무런 정보도 없이 '예' 라는 답변만 듣게 된다. 그러나 당신이 받아야 할 답변은 "나는 제주도 경치가 좋아서 이사 왔어요." 라는 것이다. 그 경우 당신은 상대방이 사는 곳과 좋아하는 것에 대한 정보를 동시에 얻게 된다. 결혼을 했는지, 아이는 몇인지, 미술에 취미가 있는지, 지난 여름휴가는 어떠했는지에 대해 물어 보면서 여러 자유정보를 얻을 수 있게 된다.

정보성 질문을 하면 상대방이 어떤 인물인지를 그릴 수 있게 된다. 대화를 흥미 있게 진행하려면 당신이 가진 호기심중에서 답변을 얻을 수 있는 질문만을 하는 것이다. 제주도처럼 바람이 많이 부는 곳에서 어떻게 지내는지를 알고 싶다면 바로 질문을 하라. 전세로 살고 있는지, 월세로 살고 있는지 알고 싶을 수도 있다. 독신여성인지도 알고 싶을 것이다. 대화를 하는 기본 규칙은 상대방의 정보를 캐내는 것이다. 사람에 대한 것은 가장 좋은 대화의 주제이다. 상대는 당신의 관심과 흥미에 대해 가벼운 즐거움을 느낄 것이다. 질문을 계속 함으로써 친하게 되었다는 흥분과 즐거움이 생길 것이므로 용감하게 행동하라.

현대사회에는 남의 일에 신경을 쓰지 않는다는 잘 만들어진 규칙이 있다. 그렇지만 듣기 방법과 자기 비밀을 공개하는 방법을 사용하면 직접적인 질문으로 인해 사회규칙을 어기게 된 사실을 잘 조절하면서 대화를 진행할 수 있을 것이다.

적극적인 경청

대화를 잘하는 사람의 금과옥조중의 하나는 다른 사람으로 하여금 자신의 말을 듣고 있다고 믿게 하는 능력을 잘 발휘해야 한다는 것이다. 듣기 잘하는 사람은 자기가 들은 말을 자신의 언어로 상대에게 피드백을 해준다. 그가 이렇게 하는 이유는 다음의 세 가지이다. (1) 그가 이해하는 내용이 맞는지 확인하고 (2) 상대방에게 자신이 듣고 있다는 것을 확인시켜주며 (3) 대화자의 더 많은 것을 알아내기 위해서 이다. 예를 들면, 등산을 좋아하는 친구가 등반하기에 어려운 오르막길에 대해 상세히 설명해 준다면 당신은 약간 놀랍다는 목소리로 답을 함으로써 경청하고 있다는 것을 보여 줄 수 있다. "단 두개의 쐐기 못으로 그물침대를 고정하고 잠을 잔단 말이지!" 친구가 답하기를, "아니, 3거로 고정해야 안전하지." 라고 했다. 이렇게 되면 당신의 관심에 신이 난 상대방은 높고 가파른 산에서 나일론 몇 조각에 몸을 의지하여 잠을 잘 때의 느낌이 어떠한지를 설명해 줄 것이다.

들는다는 것은 단순히 자신의 입을 닫고 있는 것이 아니라는 것은 분명하다. 상대의 말을 주의 깊게 듣고, 기억하고, 답변을 하는 것이다. 듣지 않으면 대화는 절대로 진행되지 못한다. 어떤 사람은 창피당할 것을 두려워하기 때문에, 어떤 사람들은 다음 할 말을 끊임없이 생각하기 때문에, 어떤 사람은 조언을 주기에 너무 바쁘거나, 논쟁에서 이기기에만 관심이 있기 때문에 듣지 못한다. 당신이 듣지 않는다면 당신의 흥미와 관심과 존경을 보내지 못해서 이런 것들을 받지도 못할 것이다. 사람들은 당신에게 싫증이 나서 도망가려고 할 것이다. 듣기의 방해가 되는 것들과 이를 극복하는 방법에 관한 더 많은 정보를 원한다면 듣기 장을 읽어 보라.

자기 공개

자신을 드러내면 친근감이 나타나게 된다. 자신의 내면을 드러내지 않고서 친밀해 지기를 원한다는 것은 이쑤시개로 홈런을 치려고 시도하는 것과 같다. 절대로 원하는 것을 얻을 수 없을 것이다.

자신에 대한 말을 하기가 어렵다면 다음과 같은 연습을 해보라. 4-5장 정도의 자서전을 써본다. 오늘의 당신을 있게 한 중요한 일생의 사건들을 생각해 본 다음, 다른 사람이 당신을 잘 이해할 수 있는 정보가 어떤 것이 있는지를 가려내 본다. 예를 들면,

       ○ 어린시절 인격형성에 중요한 영향을 미쳤던 사건
       ○ 당신이 학교에 대해 느낀 점
       ○ 가장 좋아했던 선생님
       ○ 당신이 하고 싶었던 직업

○ 당신이 사랑했던 사람들

○ 가장 큰 손실

○ 가장 즐거웠던 순간

○ 가장 성공적인 사건

○ 당신의 취미

○ 가장 만족스러운 휴가

○ 당신에게 생겼던 가장 우스웠던 일

물론 다른 일 중에서 중요하거나 필요한 일들을 추가하해도 된다. 당신에게 어떤 사회적 변화가 생길 가능성이 있을 대마다 당신의 자서전을 읽어 보라. 그렇게 되면 당신에 대해서 더 많은 이야기와 일화들을 상대방에게 말할 수 있을 것이다.

자신을 폭로한다고 해서 당신이 숨기고 싶은 요구사항이나 비밀까지 털어놓으라는 것이 아니다. 여기에는 세 단계가 있다. 첫 단계에는 순수한 정보만 알려 준다. 자기 직업을 설명하거나, 최근 갔다 온 휴가에 대해 이야기하거나, 재미있었던 경험에 대해서부터 시작한다. 아직 자신의 느낌을 드러낼 준비가 되기 전 수 분 동안 이런 정도의 이야기로 대화를 나눈다.

그런 다음, 보다 더 깊은 대화를 나누기 위해서 다음 단계로 들어간다. 이번 단계에는 느낌과 생각과 요구사항을 표현할 때이다. 그러나 과거에 관련된 것만 밝혀야 한다. 이 단계에는 보통

○ 당신이 반드시 지켜야 한다고 생각한 신념이나 의견

○ 바보였다고 생각한 사건

○ 어린 시절에 가졌던 감성

○ 언젠가 가졌던 미래에 대해 두려움

○ 미래에 대한 희망

○ 선호하는 맛

○ 오래된 친구와의 문제

이러한 문제를 상대방에게 밝히는 것은 상호관계의 양념이다. 상대방은 당신의 세계에 대해 알게 됨에 따라 즐거워할 것이며 관계가 더욱 좋아지는데 대해 서로가 만족하게 될 것이다. 당신의 희망사항이나 두려움, 선호도나 신념에 대해서 이야기하면 종이로 만든 사람이 아니라 유일무이한 개인이 되는 것이다. 상대방을 움직이고 있는 것이다.

어떤 사람들은 자신들의 취향이나 느낌을 상대방한테 털어놓으면 상대방으로 하여금 자신과 비슷할 것이라는 환상을 깨어 버릴 수 있기 때문에 이렇게 하기를 두려워한다. 틀린 것이 밝혀지면 관계가 더 멀어질 것이라는 두려움을 가지고 있는 것이다. 그러나 서로 대비된다는 것을 알게 되면 오히려 흥분을 유발하며, 서로 다른 견해와 취향을 가지고 있다면 관계가 더 활성화 될 것이다. 당신의 느낌을 표현하지 않는다면 불안감은 좀 덜 느낄 것이지만 거짓 표현은 결국 둘의 관계를 어렵게 할 것이다.

많은 사람들이 이 두 번째 단계는 잘 실행한다. 그들이 말한 느낌과 사건들은 이미 지난 것이기 때문이다. 그러나 지금 여기의 관계에 대해서는 표현하지 않으려 한다. 세 번째 단계는 지금 당신과 대화하고 있는 사람에 대한 느낌을 밝히는 단계이다. 이 단계에서는 다음 중 한가지 이상을 해야 한다는 의미이다.

○ 상대방의 매력

○ 지금 현재 상대방으로부터 감명을 받은 부분

○ 마음에 담아두고 있는 의혹이나 마음에 들지 않는 상대방의 어떤 부분

○ 처음 만났을 때부터 바라던 것

○ 당신이 말하는 것에 대한 상대의 반응에 대해 느낀 점

마음 속 깊이 친근감을 느끼고 싶다면 지금 즉시 당신의 느낌을 말하는 것이다. 위험하고 초조한 일일 것이다. 그러나 거부할 수 없는 흥분감도 느낄 것이다. 위험을 무릅쓴다면 특히 자신의 부정적인 느낌을 털어놓는다면 관계는 더욱 굳건해질 것이다. 전투할 때 동지애가 더욱 강해지는 것처럼 자신의 숨겨놓은 솔직한 느낌을 서로 나누는 위험을 감수하게 되면 급속하게 가까워지게 된다.

이러한 친근감을 얻을 수 있도록 하는 실습을 하기 위해서 당신이 숨기고 있는 의심들을 털어놓는 연습을 하라. 당신이 친하다고 생각하는 친구를 한 명 선택한다. 그리고 이렇게 말한다. '나에 대한 의심들을 말해 보시오. 나는 나 자신을 방어하지 않을 것이며 나도 당신에 대한 나의 의심들을 털어놓겠소.' 먼저 부정적인 일들에 대해 듣고 말하는 연습을 하고 있다고 설명해 준다.

_모두를 동시에 사용하는 대화

대화란 질문과 듣기와 숨겨진 부분을 보여주기 등을 종합적으로 잘 사용하여 상대방과 즐겁게 대화를 계속할 수 있도록 하는 기술이다. 대화의

기본 원칙은 정탐이라는 것을 명심하라. 하지만 상대를 알기 위한 질문을 하면서 동시에 자신의 비밀도 적절히 털어놓음으로써 당신이 상대를 알아 가는 것처럼 상대방도 당신에 대해 더 많이 알게 되었다는 느낌을 가지도록 해야 한다. "나는 우리 딸에게 안 된다는 말을 하기 힘들어요. 어떻게 하면 모범적인 아버지가 될 수 있나요?" "나는 항상 스키를 타고 싶었어요. 그 스키장에 자주 가나요?" 이와 같은 문장이 예가 될 수 있다.

미움을 받지 않기 위해서는 정보성 질문과 적극적인 듣기를 같이 해야 한다. "그러니까 당신이 자기 권리를 주장하면 친구들이 떠나 버릴 것이란 말이죠. 자신의 권리가 침해당하기 전까지는 항상 참기만 했나요?" "겨우 17살에 6개월 동안 혼자서 전국 일주를 했단 말이군요. 놀랍습니다. 그럼 부친이 돌아가셨다는 소리를 듣고 그제서야 집에 갔단 말이죠?"

비밀을 캐내는 것은 재미있는 일이다. 자신의 호기심을 만족시킬 수 있고 정보를 더 많이 알아냄으로써 대화를 지속 할 수 있다. 호기심이 충족되어 더 이상 상대방을 알아 낼 필요가 없다고 느끼게 된다면 성공적인 대화를 한 것이 될 것이며 더욱 가까운 관계를 맺을 수 있게 된다.

질문과 적극적인 듣기와 자기 공개를 최대한 활용한 대화는 어떤 방식으로 진행되는지에 대해 다음의 예를 살펴 보라.

철수 : 포퓰리스트 운동에 대한 심도 있는 분석이었어요. 심 교수님은 정말 이 분야를 좋아 하시는군요. (서먹한 분위기 깨기)

영희 : 고마워요. 철수씨 맞죠? (의례적인 질문)

철수 : 그렇습니다. 심 교수님은 자기가 좋아하는 분야가 나왔을 때는 특이한 행동을 해요. 흥분해서 안경을 닦거든요. 세미나가 마음에 들어요? (의례적인 질문)

영희 : 별로요. 아직 내가 마음에 드는 과목이 없네요. 실망이 되요. 심 교수님이 과거 신문이나 그런 기본자료에서 무엇을 찾아보라고 할 것 같아서 걱정되나요? (자기 공개/정보성 질문)

철수 : 아뇨. 나는 그런 정보는 모두 마이크로필름에 저장해 두지요. 그래서 솔직히 그냥 제출만 하지요. (자기 공개)

영희 : (웃으며) 이번 성탄절에 집에 가나요? (정보성 질문)

철수 : 아뇨. 학교에 있을 겁니다. 작년에 우리 계모가 술에 취해서 나무에서 떨어졌기 때문에 아주 끔찍한 시간을 보냈거든요. 우리 아버지보다 훨씬 나이가 어려서 항상 뭘 바라고 있고 모질기도 해요. (자기 공개)

영희 : 가족 분위기가 나지 않겠군요. 많이 부딪치기도 하겠네요. (적극적 듣기)

철수 : 곧 헤어질지도 모르죠. 그 쪽 집은 크리스마스를 어떻게 보내요? (자기 공개/정보성 질문)

영희 : 우리는 집에만 있지 않아요. 스키를 타러 산에 가요. 통나무 집을 빌리는 데가 있거든요. 우린 세 자매인데 정말 가깝게 지내요. (자기 공개)

철수 : 특히 이런 시기에는 정말 그런 가족이 부럽네요. 멋진 결혼이란 게 있을지 의문이 가요. 정말 끔찍해요. 지금 당장은 행복하겠지만 5년 뒤에는 우리 부모님처럼 악몽으로 변할 것 같아요. (자기 공개)

영희 : 모든 것이 오히려 함정이 될 것 같아서 헌신적이 될 수 없다는 말이군요. 내가 염려하는 것은 사람은 시간이 갈수록 엄청나게 변한다는 것이지요. 나의 여동생은 한 남자를 정말 사랑

했지만 지금은 그를 싫어해요. 내가 누구를 갑자기 사랑하게 된 것처럼 그 사람을 갑자기 미워하게 될 것 같아서 두려워요. (적극적 듣기/자기 공개)

철수 : 누군가 마법을 깨버리면 사랑이 사라질까 봐 걱정하는군요. (적극적 듣기)

영희 : 그렇죠. 이야기 하니까 재미있네요. 잔디밭으로 갈까요? 그건 그렇고 심 교수님이 대쉴 해미트(주 : 미국 하드보일드 소설의 창시자) 에 관한 과제를 내 주었죠? 재미있겠는데요. (자기 공개/정보성 질문)

철수 : 나는 탐정소설을 좋아해요. 시가를 문 경찰들이 나오고 샘 스페이드(주 : 말타의 매라는 형사 영화에 나오는 주인공, 험프리 보가드 분)같은 형사가 나오는 것 말이죠. 나는 '말타의 매' 를 촬영한 곳에 가보기 까지 했어요. 당신도 해미트를 좋아해요? (자기 공개/정보성 질문)

영희 : 레이먼드 챈슬러(주 : 미국 하드보일드 소설 작가)를 더 좋아해요. 그 사람 작품은 다 읽었어요. 사실은 그의 작품을 흉내 낸 단편을 몇 개 쓰기도 했죠. (자기 공개)

철수 : 당신이? 시간이 있었어요? (정보성 질문)

영희 : 쓰고 공부하고 그것만 했죠. (자기 공개)

철수 : 기분 나쁘게 생각하지 마세요. 당신 같은 사람은 비사교적이라서 항상 책에 파묻혀 있으면서, 사람 사귀는 것을 싫어할 것이라고 항상 생각했어요. 당신에게 관심이 있었고 이야기하고 싶었지만 항상 당신은 자신을 보호하려는 것처럼 보였어요. (자기 공개)

영희 : 어느 정도는 그래요. 하지만 지금 이야기 잘 하고 있잖아요.
　　　문제는 내가 벌써 수업에 5분이나 늦었다는 거지요.
철수 : 말하기가 좀 두렵지만 오늘 밤 같이 영화 보러 가고 싶어요.
　　　지금 탐정영화가 상영되고 있거든요. (자기 공개)

영희가 대쉴 해미트를 좋아하지 않지만 다행스럽게도 철수와 같이 탐정영화를 보러 가게 될 것이다. 여기 내용을 보면 여러 가지 주제에 대해 대화가 진행되고 있다는 것을 알 수 있다. 처음의 대화는 서먹한 분위기를 깨는 이야기와 의례적인 질문으로부터 시작되었다. 정보성 질문을 하면서 대화는 더욱 활발해지기 시작했으며, 적극적 듣기와 자기 공개에 의해 서로에 대해 더 많이 알게 되었다. 새로운 화제로 대화주제를 갑자기 바꾸기도 했지만 대화는 순조로웠다. 이제 영희는 몇 분만에 철수에 대해 많은 것을 알게 되었다. 그녀는 철수가 한 말을 자신의 용어를 이용하여 피드백 함으로써 자신이 듣고 있다는 것을 확신시켜 주었다. 자신에 대한 정보를 제공함으로써 자기가 공개한 정보에 대한 질문이 나오도록 만들기도 했다. 철수는 영희에게 자신의 아픈 가족관계를 공개했다. 그는 두려워하면서도 같이 영화 보러 가지고 제안하기도 했다. 철수가 자신을 공개함으로써 서로의 유대감은 강화되었고, 영희가 탐정영화를 보러 가지는 제안을 승낙할 가능성도 높여 주게 되었다.

가족 구성원간의 대화기술

Family Skills ···→ V

1. 성과 관련된 대화
····➤ Sexual Communication

인류가 알고 있는 가장 매혹적인 주제가 남녀간에는 대부분 대화하기 가장 어려운 화제라는 것은 이율 배반적이다. 성 관계의 중요성에도 불구하고 부부들은 부엌의 색깔이 어떤 색이면 좋겠는가와 같은 주제로 대화하는데 더 많은 시간을 보낸다. 성 관계에 대한 대화가 부족하므로 다음과 같은 성에 관련된 문제가 발생한다.

이슬은 그의 새 남자친구 하늘에게 상호 배치되는 두 가지 느낌을 가지고 있다. 동반자 관계에 대해서는 만족하지만 그가 그녀를 너무 거칠게 애무한다는 것을 알게 되었다. 그가 너무 제멋대로 행동하는 것을 막기 위해서 데이트할 때 그가 자기 몸에 손을 대는 것을 막으려고 했다. 하늘은 그녀의 '팔로 막는' 행동이 자신이 싫어진 것이 아닌가 하고 해석하여 오히려 신체적인 접촉을 더 하려고 하면서 그녀의 애정을 확인하려 했다. 이제 이슬은 더 강하게 자신을 방어했다.

아내가 밤 8:30분에 하품을 늘어지게 하면서 남편에게 말했다. "이
제 그만 잘까요, 여보?" 남편은 TV를 보면서 중얼거렸다. "벌써 잔다
고?" "정말 피곤해요. 당신은요?" "뉴스보고 난 후 잘 테니 먼저 자요."
"알았어요." 아무런 표현도 없는 대화 같지만 사실은 줄어든 잠자리
횟수에 대해 남편에게 불평을 하고 있으며 부부관계를 맺고 싶다는 의
미를 담고 있다.

남편이 아내에게 잠자리가 너무 상투적이라고 불평한다. "선교사
같은 체위 외에도 다른 방법이 많아." 그렇지만 아내는 신앙심이 두터
운 사람이기 때문에 현재와 같은 성생활에 만족하고 있다. 그녀는 남
편이 너무 과도한 요구를 한다고 생각하고 그런 주제가 나올 때마다
말을 돌렸다. 남편은 긍정적인 반응을 얻기 위해 방법을 바꾸었다. "뒤
쪽으로 관계를 가지면 기분이 어떨지 단 한번만 시도할 수 있다면 정
말 좋겠어." 아내가 울면서 말했다. "이제 나를 더 이상 사랑하지 않는
군요." 입장이 난처해진 남편은 아내를 달래기 시작했다. 사실 아내의
생각은 만약 이런 체위를 허락하기 시작하면 다른 여러 가지 체위를
요구하게 될 것 같아서 두려웠던 것이다. 남편에게 그런 체위를 허락
한다고 해도 만족을 하지 않으면 과연 어떤 일이 일어 날 것인가. 정말
문제가 발생한 것 같다.

이러한 예시들은 성 관계에 대한 서로의 생각과 느낌과 요구사항 들에 대한 대화
를 충분하고 직접적으로 하지 않았기 때문에 발생할 수 있는 전형적인 문제들에 관

한 것이다. 비언어적 신호는 완전히 무시되거나 잘못 해석되고 있다. 남녀들은 지고 이기는 전쟁에 집착하기 쉽다. 어느 한쪽이 상대방의 애정을 확인하려 한다면 다른 쪽에게는 대개 위협처럼 비춰지므로 악순환이 계속 된다. 직접적인 대화를 위한 성실한 노력은 거절의 의미로 받아 들여져 거부감을 일으키기도 한다.

_ 성에 관련된 대화의 근거 없는 통념들

이 장에서는 성 관계에 대한 배우자간의 대화를 방해하는 세 가지 신화에 대해 조사할 것이다. 효과적으로 성에 관련된 대화를 하기 위해서는 느낌과 생각을 자유롭게 교환하고 희망 사항들을 자신들의 입장에서 제안할 수 있어야 한다. 세 가지 신화란

1. 배우자와 성에 관련된 이야기를 하지 않아야 한다. 왜냐하면 자연스럽게 진행될 것이기 때문이다.
2. 당신의 파트너는 당신을 성적으로 만족시키기에 충분할 만큼 감각적이고 사려가 깊어야 한다.
3. 어떤 희생이 있더라도 마찰은 피해야 한다.

1. 배우자와 성에 관련된 이야기를 하지 않아야 한다. 왜냐하면 자연스럽게 진행될 것이기 때문이다.

성 관계는 자연스러운 생물학적 과정이므로 많은 사람들은 자연스럽게 발생할 것이라고 생각한다. 어떤 사람들은 더 나아가서 '자연스럽게 발생한 만족스러운 성 관계'는 사랑이나 로맨스와 같은 것이라고 하기도 한

다. 만약 당신도 이렇게 생각하고 있다면 성 관계를 약간은 신비스러운 것이라고 보고 있다고 할 수 있다. 잘 진행된다면 물론 문제가 없겠지만 잘 진행되지 않으면 어떻게 할지 몰라서 당황하게 될 것이다. 이러한 확신을 가진 사람들은 다음과 같은 일을 겪게 된다.

예슬은 희찬과 3개월 동안 사귀면서 그를 아주 좋아하게 되었지만 성적인 호기심이 생기지 않는데 대해 놀랐다. 그래서 그녀는 생각했다. 이런 상황에 대해 이야기하지 않고 "그냥 원하지 않기 때문이겠지." 라고 생각했다. 그러다가 돌연히 관계를 끝내는 바람에 희찬을 낙담하게 만들었다.

철수가 그의 부인에게 잠자리를 자주 가지지 않는다고 이야기하려 했을 때 그의 부인은 "섹스에 대해 이야기를 하면 로맨스가 없어져요. 그냥 자연스럽게 되도록 내버려두죠."

서로 동시에 성적인 관심을 가지게 된다는 믿음은 남녀가 처음 만나기 시작했을 때의 초기 관계에서 발생한다. 그러나 이때는 남녀 모두가 서로에 대해 긍정적인 방향으로 생각을 하고 있다. 서로가 서로를 확인하고 싶은 요구와 서로를 기쁘게 해 주어야겠다는 열망이 커져 갈수록 성 관계에 대한 요구를 즐겁게 받아들이게 되어 마술처럼 관계가 맺어지게 된다.

그러나 결국에는 성적 선호도에 대한 개인 차이가 나타나게 된다. 성적인 관계가 발전할수록 이런 생각이 발생하게 된다. "이게 아닌데." 대화에 문제가 있음에도 불구하고 대부분의 남녀들은 포기해 버리게 된다. 사람들은 그냥 단순히 말한다. "밀월관계는 끝이 났다." 그 다음부터는 둘의 관계를 그저 평범한 성 관계로 전락시키고 만다.

인간은 매우 복잡한 존재이기 때문에 성생활에는 자연법칙에 의한 생물학적 과정 이상의 그 무엇이 있다. 어렸을 때 배웠던 신념이나 임무처럼 성생활은 심리적으로 대인관계에 있어 아주 민감한 부분이며 과거의 성 경험은 과거의 업무나 재정관계나 건강의 문제처럼 현재에도 스트레스를 주고, 스트레스에 의해 마찰도 발생하고 관계가 끊어지기도 한다. 예상도 하지 않았고, 자기 요구에도 맞지도 않는 마감시한이 다가오거나 분노에 의해 자신이 압도당하는 경우에는 성 관계도 즐겁지가 않다. 자신의 느낌과 생각, 희망들을 표현하지 않았을 경우 성적 욕망이나 만족감을 방해하게 된다.

이런 경우 자신의 느낌과, 생각이 무엇인지 자세하게 알아보는 것이 중요하다. 그런 다음 이 생각을 당신의 파트너에게 설명하게 되면 당신과 함께 있는 것에 대해 진정으로 감사하게 되는 동맹군을 가지게 될 것이다. 당신의 생각을 더 많이 알려 줄수록 더 많은 지지와 협조를 받게 될 것이다.

〈주의할 점〉

성 문제에 대하여 논의하라. 잠재적인 외부 스트레스에 의해 발생한 사건이나 문제인 경우에는 더욱 그렇게 해야 한다. 어느 날 발기가 지속되지 않거나 오르가즘을 느끼지 못한다면 이 사건은 모든 사람에게 반드시 발생하는 사건이라고 받아들이는 것이 가장 좋다. 항상 마음에 담아 두거나 파트너와 이 문제에 대해 반복하여 논쟁을 벌인다면 초조한 기대심리만 일으키게 되어 회복을 더욱 어렵게 만든다.

2. 당신의 파트너는 당신을 성적으로 만족시키기에 충분할 만큼 감각적이고 사려가 깊어야 한다.

이 믿음에는 남녀가 빠지기 쉬운 두개의 함정을 가지고 있다. 첫 번째는 당신의 파트너는 당신의 말을 들어보지 않아도 당신을 성적으로 만족시키는 방법을 알고 있을 것이라고 가정하는 것이다. 당신의 파트너가 당신의 마음을 기가 막히게 잘 알아 내지 않고서는 주어진 상황이 다를 때마다 당신을 행복하게 해주는 것이 무엇인지에 대해 분명하게 알 수가 없다. 당신의 요구와 희망은 당신의 파트너 보다 당신이 분명히 더 잘 알고 있다.

두 번째 함정은 당신의 파트너가 당신의 성적인 요구와 희망을 만족시켜 주지 못하는 경우 그것은 당신에 대한 배려가 부족하기 때문이라는 가정이다. 대부분의 사람들은 이 내용을 강력하게 믿고 있으며 그런 경우 성적인 요구사항에 대해 말하는 것을 망설이게 된다. 예를 들면, 어떤 사람이 말한다. "내가 원하는 것이 무엇인지를 말하게 되면 더 이상 관계가 예전 같지 않을 것이다. 그가 원하지 않으면서도 그대로 한다면 그가 정말 좋아해서 하는지를 어떻게 알 수가 있나." 이러한 판단의 결과는 남편 혼자 어둠 속에서 아내의 성적 선호도에 대해 고민하게 되는 것으로 나타난다. 그는 또한 아내의 말하지 않은 요구사항을 알아내지도 채워주지도 못했다는 비난을 받게 될 것이다. 이 경우, 마음을 읽지 못한 것은 무감각하고 사려 깊지 못한 행동이라고 할 수 있다.

이러한 두 가지 함정 외에도 원하는 것을 요구한다는 것은 위험한 행동이라고 생각함으로써 자신의 희망을 표현하는 것을 망설이게 될 것이다. 당신의 성적 취향에 대해 파트너에게 말을 하면 즉각적인 거절을 당할 수도 있다. 당신의 파트너는 당신이 성도착자이며 자기 중심적이고 너무 많은 것을 요구한다고 생각할 것이다. 그래도 성적인 요구사항을 말하지 않는 것은 성적 불만만 증대시키게 될 것이다. 침묵을 지키려고 마음을 먹었거나 자신의 행동을 밀고 나가겠다고 결심을 하거나 어느 정도의 위험성은 피할 수 없을 것이다.

다른 극단적인 예를 들면, 당신의 요구사항에 대해 당신의 파트너가 자유롭게 'No' 라고 의사를 말하지 못할 것에 대해 걱정을 할 수도 있다. 당신의 요구에 대해 싫어하면서도 당신을 즐겁게 하기 위해서 억지로 행동을 취할 수도 있다. 자신과 상대방의 거부 권리를 보장하게 되면 각자 개인이 정한 제한선 내에서만 책임감을 가지게 된다.

3. 어떤 희생이 있더라도 마찰은 피해야 한다.

당신의 파트너와는 다른 부정적인 느낌과 희망사항과 생각을 표현한다면 파트너가 당신을 지겨워하게 되어 사태가 악화될 것이라고 염려할 수도 있다. 어떤 느낌이나 희망 때문에 마찰이 발생할 수 있겠지만 정말 문제는 무서워서 꽁무니를 빼거나 문제 해결을 위한 전진을 하지 않는데 있다. 마찰이 발생함과 동시에 꽁무니를 빼는 경우의 전형적인 예는 다음과 같다.

"남편에게 내가 당신과 관계를 맺을 때 다른 남자와 관계를 갖는 환상을 가졌었다고 말을 하자 샐쭉해 져서 이틀동안 나에게 말을 하지 않더군요. 나는 나의 남편을 사랑하지만 다른 남자와 잠자리를 하는 것을 자꾸 상상하게 돼요. 다시는 이런 말을 하지 않을 것입니다."

"삽입을 해도 오르가즘을 느끼지 못하기 때문에 손으로 자위를 해달라고 철민씨에게 부탁하곤 했어요. 그래도 그는 그냥 삽입에만 관심을 가져요. 잔소리 해봤자 소용없다는 걸 알지만 정말 그의 이기심에 넌더리가 나요."

"은미는 오랄 섹스를 좋아하지 않아요. 그래서 그녀와 한번도 이런 행위를 하지 못했어요. 그렇지만 나는 오랄 섹스를 정말 좋아하기 때문에 그녀와 헤어지고 정말 나만큼 이 행위를 좋아하는 사람을 만나서 오랄 섹스를 하고 싶어요."

이러한 예시들은 성적인 불만을 상대방에게 충분히 설명하지 않았기 때문에 문제가 해결되지 않고 지속되는 경우에 관한 것이다. 당신의 성적인 문제가 무엇인가에 대해 파트너와 이야기하려고 시도했지만 마음에 든 것에 대한 설명을 끝내기도 전에 즉각적으로 돌아오는 것은 부정적인 대답일 뿐이다. 당신이 반복적으로 무엇인가를 요구했을 것이고 당신의 파트너는 계속 그것을 거부했을 것이다. 또는 당신의 요구에 대해 상대가 어쩔 수 없이 응하는 경우에 둘의 관계가 불유쾌하고 어색하게 될 것을 두려워하여 말을 전혀 하지 않을 수도 있다.

당신의 요구사항을 말하지 않는 근본적인 이유는 죄의식 때문이다. 자신은 자신의 느낌과 희망하는 것들을 요구할 수 있는 권리가 없다고 느끼는 것이다. 어떠한 권리가 있어야 당신의 파트너가 혐오하거나 경악할 수 있는 그 무엇을 요구할 수 있을 것이라고 생각하는가? 사람들이 상이한 성적 선호도에 의해 왜 그렇게 강력하게 부정적으로 생각하는가?

죄의식은 대화를 왜곡시킨다. 자신의 성적 선호도에 대해 요구할 권리를 부여받지 않았다고 생각하기 때문에 간접적 표현방법을 사용하게 되고 파트너는 이를 거부할 가능성이 많아지게 된다. 이러한 표현방식은 비난이나 토라지고, 뒤로 물러서거나, 잔소리하는 것과 같은 소극적인 태도에 의하여 표현된다. 당신이 당신의 생각과 느낌, 희망사항에 대해 요구할 수 있는 권리를 부여받았다고 생각한다면 아무리 엽기적이라 해도 가능한 직접적이고 충분하게 설명을 하라. 그리고 파트너의 반응에 대해서는 신경을 쓰지 않는 것이 좋다. 즉각적으로 부정적인 의사가 표명되더라도 실망스러운 형태가 반복되는 것보다는 낫다.

_ 당신의 파트너가 거절한다면

당신의 성적 요구에 대해 파트너가 부인하거나 거절한다면 그 이유에 대해, 특히 왜 두려워하는 입장이 되는지에 대해 충분히 알아내도록 탐색해 보는 것이 현명한 일이다. 당신의 파트너는 분명하게 정의되지도 않은 '만약 그렇다면' 이라는 파국적인 일련의 생각을 가지고 있을 수가 있다.

> 예 : 당신이 다른 애인을 사귀는 것을 인정하면 어떻게 될까? 나보다 더 좋은 사람이 세상에 널려 있다는 것을 알게 되고 결국 나를 떠나게 될 꺼야. 당신 없이는 살수 없어. 오랄 섹스에 동의하면 어떻게 될까? 난 숨막혀 죽을 지도 모르는데.

당신의 파트너가 진짜 두려워하는 것이 무엇인지를 알아내고, 또 다른 이유가 있는지를 물어 본다. 당신의 파트너가 거절 뒤에 분노를 숨기고 있는지, 표현하지 않은 희망사항이 있는지를 찾아내어 충분하게 탐구해 보아야 한다. 예를 들면, "당신이 덤빌 때마다 성 관계를 맺어야 하나?" "당신은 더 많은 애무를 원해요? 당신은 섹스를 원할 때만 나를 만지려고 하잖아요." "같이 뒹굴다가 섹스가 끝나면 그냥 잠이 들죠. 그러면 나 혼자 깨어 있고…나는 이용당한 것 같은 느낌을 들어요."

당신에 대한 비난과 간접적인 요구 사항들을 듣기가 어렵겠지만 장기적으로는 그렇게 할 가치가 있다. 만약 당신의 파트너가 자신의 생각과 느낌과 희망사항을 상대가 듣고 있고 이해한다고 느낀다면 당신과 더 가깝게 느낄 것이며 당신을 만족시키기 위해 노력할 것이다. 모든 성적 문제에 대해 견해가 일치하지 않겠지만 특정한 성적 문제에 대해 당신이 느낀 점에 대해 말할 기회가 없었다는데 대해 혼자 있다거나, 강탈당했다거나, 버림받았다는 느낌을 줄일 수 있다.

> 예 : 영호와 민정은 결혼한지 10년 차이며 자녀가 두 명 있다. 민정
> 은 잠자리를 좀더 가지고 싶어하며, 이 문제에 대해 영호에게 이
> 야기하더라도 영호는 이 문제에 대해 말하지 않으려 해서 민정
> 을 실망시킨다. 마침내 민정은 남편의 두려움과 숨겨놓은 생각
> 이 무엇인지를 알아내기로 마음먹었다.

민정 : 당신 최근에는 옛날만큼 관계를 가지지 않는 것은 알고 있죠?

영호 : 물론.

민정 : 왜 피하려는 거지요?

영호 : 잘 모르겠어…새 업무가 힘이 들어서…요즘에는 밤에 하고싶
　　　은 생각이 잘 안나.

민정 : 주말에도요?

영호 : 항상 날 들볶는군. 나는 내가 원하지 않아도 의무감에 해야
　　　한다고 느낄 때가 있어.

민정 : 최근에 당신을 들볶은 건 인정해요. 그렇지만 그 이유는 우리
　　　가 오랫동안 관계를 가지지 않았기 때문이죠. 또 다른 문제가
　　　있어요?

영호 : 더 이상 이 문제에 대해 이야기하고 싶지 않아.

민정 : 더 이상 이야기하지 않으면 지금 이 상태로 유지되던가 더 나
　　　빠질 거예요.

영호 : 문제가 계속 되기를 바라지 않고 있다는 말이지… 당신을 화
　　　나게 하고 싶지 않아…그냥 느낌이 없을 뿐이야.

민정 : 우리 둘에게는 어려운 문제지요. 무엇이 당신의 마음을 떠나
　　　게 하는지 구체적으로 말해주면 안 되나요?

영호 : 당신도 알다시피 항상 내가 먼저 섹스를 요구했지. 당신은 너
　　　무 소극적이야…마치 마네킹과 관계를 갖는 것 같았어. 최근
　　　에 당신이 날 유인하려 할 때도 발기하는 것을 보자 바로 소극
　　　적으로 변했어. 그것을 참기보다는 나 혼자 자위하는 게 나
　　　아. 감정 없는 섹스는 정말 싫증나.

민정 : 화났군요.

영호 : 당신이 맞아. 그리고 슬퍼…우리 관계는 아주 좋았었는데…
　　　이제는 다 끝나 버렸어.

민정 : 우리의 성생활이 어떻게 달라졌으면 좋겠어요? 구체적으로
　　　말해 줘요.

(민정은 영호의 생각에 전적으로 동의하지는 않지만 말다툼을 하지
않고 설명하지 않은 희망사항이 무엇인지를 물었다.)

영호 : 말을 하든지 아니면 신음소리를 내서 즐기고 있다는 것을 나
　　　에게 알려줘. 엉덩이를 더 많이 돌려 줘. 키스하고 애무도 하
　　　고, 어떤 때는 당신이 주도하여 나를 정열적으로 사랑해 줘.

민정 : 다른 것은요?

영호 : 면 잠옷은 싫어. 실크로 만든 몸이 드러나는 잠옷이 더 좋아.

민정 : 우리의 성생활에 대해 나에게 말하고 싶은 다른 느낌이 있나
요? 두려움은요?

영호 : 아까도 이야기했지만 당신이 섹스를 요구하면 정말 강요당하
는 느낌이었고 피곤하기도 하고 흥미도 못 느끼게 돼. 나는
잘 하고 싶어. 나는 다른 남자와 같아. 혹시 잘하지 못하게 될
까 두려워. 내가 섹스를 피하는 이유는 그것 같아. 이럴 때마
다 섹스에 대한 느낌이 죽어 버려. 그것을 생각하고 나면 우
리가 헤어진다면 내가 잃어 버릴 것 같은 것을 생각해. 당신
과 아이들, 우리가 이룩한 것들. 그런 것들을 생각하면 나는
섹스를 못하게 돼. 당신과 멀어지게 되는 느낌이야. 그렇기
때문에 당신과 정말 하여야 하는 이야기를 하지 못하게 돼.
이야기를 하니깐 마음이 좀 놓이는 군. 당신과 더 가까워진
느낌이야.

민정 : 마치 지옥을 헤매는 사람 같군요. 나는 내가 문제라고 생각했
어요. 친근감을 느끼기 위해 무슨 일이라도 꾸며야 할 판이었
어요. 정말 괴로웠어요. 이제 무슨 일인지 알겠어요. 이제 다
시 섹스가 즐거운 것이 될 수 있도록 무엇이든 다하겠어요.

_성생활에 대한 평가

당신의 성생활에 대해 배우자와 논의하기 전에 당신이 즐기는 부분과
즐기지 않는 부분을 먼저 생각해 보는 것이 유용할 것이다.

1. 당신의 배우자와 성생활에 대해 이야기하기를 주저하는 이유는

어떠한 믿음 때문인가?

----

2. 성생활이 당신에게 주는 즐거움은 무엇인가?

----

3. 성생활에 영향을 미치는 외부적 스트레스 요인은 무엇인가? (예를 들면, 재정, 배우자 집안, 자녀, 악화된 건강, 성 관계 외 마찰을 유발하는 관계)

----

4. 과거의 성생활은 현재보다 더 만족스러웠는가? 만약 그렇다면 차이점을 기술하라.

----

5. 4번 문항에 그렇다고 답을 했다면 변화가 발생한 이유가 무엇인가? 변화가 발생한 이유가 당신이 어떤 일을 했기 때문인가?

----

6. 최근의 성 관계 중에서 당신과 배우자 모두 상당히 만족했던 때를 상세히 기억해 보라.

　○ 시작 동기

　○ 요구방법

　○ 종료방법

　○ 좋았던 부분

　○ 싫었던 부분

　○ 보다 더 만족을 얻기 위해 누군가 다르게 행동한 부분이 있었는가?

　○ 주변 환경(시간, 장소, 소리, 온도 등) 중에 개선된 부분이 있었는가?

7. 잠시동안 일상의 현실영역에서 벗어나서 가장 야성적인 성적 환상을 가져 보라. 어떤 형태가 반복적으로 나타나는가? (놀라움, 로맨스, 서서히 옷 벗기, 정복/굴복, 오랄섹스, 그룹섹스, 공개된 장소에서의 섹스) 배우자에게 이러한 환상들은 그대로 실행하고 싶어하지는 않겠지만, 이러한 환상을 어떻게 변형하면 좀더 성생활이 즐거워질 수 있을 지에 대한 아이디어는 제공할 수 있을 것이다.

_효과적인 대화의 지침

배우자와의 성생활에 대해 보다 잘 알게 되었고, 앞으로 어떤 방향으로 변했으면 좋겠다는 생각이 분명하게 정리가 되면 이제 대화 준비가 다 되었다고 할 수 있다. 이제 자기 표현하기 기술과 듣기 기술을 이용하여 두 번째 단계로 들어 갈 때이다.

1. 준비
성 관계에 대한 생각, 느낌, 요구사항에 대해 명확하게 정리한다.

2. 상대방이 이 문제에 대해 대화할 분위기인지 살펴본다.
그렇지 않다면 두 사람 모두에게 편리한 다음 시간을 기약한다.

3. 긍정적인 사고
성생활과 배우자에 대한 당신의 일반적인 생각과 관계에 대해서 이야기한다. 싫어하는 부분에 대해서 이야기 할 때 부정적인 용어를 사용하지 않는다. 예를 들면, "나를 너무 세게 터치하지 말아요." 대신에 "나를 좀 더 부드럽게 어루만지면 더 좋겠어요." 라고 한다.

4. '나는' 하면서 말한다.

당신의 생각, 느낌, 희망에 대해서는 책임을 져야 한다. 당신의 입장을 분명하게 이야기하면 혼란을 막을 수 있다. 자신의 입장을 변명하기 전에 "이것은 어떻게 생각해?" 라고 물어 보라.

5. '당신은'이라고 하지 않는다.

당시의 성적 요구에 부응하지 않는다고 배우자에게 나쁜 말을 하면서 비난하면 방어하려는 마음만 유발하게 되어 솔직한 대화가 진행되지 않고 '이기고/지는' 말다툼만 하게 된다.

6. 구체적이어야 한다.

배우자에게 당신의 생각, 느낌, 요구사항을 확실히 이해시킨다면 당신이 원하는 반응을 얻기가 쉽다. 예를 들면, "나를 더 사랑해 주면 좋겠다." 보다는 "밤에 내가 집에 들어 올 때, 큰 포옹과 키스로 맞이해 주면 정말 좋겠다. 그리고 잠자리에 들기 전에도 그렇게 해주면 좋겠다." 라고 한다.

7. 적극적으로 듣는다.

당신이 말한 내용을 배우자가 분명하게 이해했는지를 확인하라. 비언어적 신호나 "이해합니다." 라는 말에 의해 판단하면 안 된다. 당신이 한 말에 대해 어떻게 생각하는지를 상대방의 언어로 말해보라고 요구한다.

만약 바꾸어 말한 내용이 틀린 경우 잘못된 부분을 바로잡아 준다. 적극적으로 듣기 기술을 시행한다.

8. 주제 내에서만 이야기한다.

목표를 마음에 새긴 후, 대화의 주제가 다른 방향으로 흐르는 경우 애초에 시도했던 대화주제로 되돌린다.

9. 시험적인 시도에 대해 동의한다.

당신의 성 문제에 대해 입장을 이야기하고, 당신의 입장에 대한 상대방의 입장을 들어보고 나서 양쪽이 모두 받아들일 수 있는 임시적인 해결안을 만들어 본다. 일정기간 동안 시도해 보고 다시 이 해결안이 어느 정도 만족스러웠는지에 대해 이야기하겠다고 동의한다. 만족스럽지가 않았다면 새로운 임시 해결안을 만들어서 시도해 본다.

10. 성 관계에 대해 대화해 줘서 고맙다고 이야기한다.

당신에게 협조해 준데 대해 호의적으로 힘을 북돋워 준다면 앞으로도 당신에게 더욱 더 협조적으로 대할 것이다.

다음은 성 관계에 대해 이야기하지 않은 예이다. 결국 성 문제에 대한 호영과 은주의 대화는 이런 방향으로 흘러가게 된다.

> 호영 : 당신은 섹스를 먼저 요구하지 않는군('당신은' 메시지).
> 은주 : 당신은 나에게 기회를 주지 않아요. 항상 당신 마음대로 잖아요('당신은' 메시지).

호영 : (화를 내면서) 내가 어떻게 하면 좋겠어? 나는 보통의 피가 끓는 젊은 남자란 말이야. 나에게는 당신을 자극시키는 것이 없어?

은주 : 이것 봐요. 우린 이 문제에 대해 수도 없이 이야기했어요. 난 피곤해요. 당신은 집안 일을 전혀 안 도와주죠('당신은' 메시지). 그건 그렇고, 쓰레기는 버렸어요? (초점 상실)

호영 : 항상 나한테 뭘 하라고 잔소리하는군. 난 당신에게는 심부름 소년이야('당신은' 메시지). 진정 날 사랑한다면 좀더 부드러운 사랑으로 감싸 줘야지.

이 시점에서 은주는 방에서 나가 버렸다.

호영과 은주는 모두 이 논쟁에서 졌다. 자신을 방어하고, 상대를 비난하고, 서로의 말을 들으려고 하지 않았다. 그 결과는 서로를 무시하고, 적개심을 품고, 멀어지게 되는 것이다. 앞에서 기술한 효과적인 대화방법을 이용하면 그들의 대화는 보다 더 만족스러운 결과에 도달할 수 있을 것이다.

호영 : 우리의 성생활에 대해 문제가 있는 것 같아. 이야기 좀 해도 될까?

은주 : 좋아.

호영 : 난 당신과 성 관계를 갖는 것이 좋아. 오랫동안 관계를 맺지 않고 지내게 되면 정말 관계를 가지고 싶어져. 그런 경우에는 별 문제가 아닌 것인데도 당신에게 화를 내게 돼. 적어도 일주일에 두 번 정도는 관계를 갖고 싶어. 대답을 하기 전에 내

가 한말을 어떻게 들었는지를 말해 줘. 그래야 당신이 나의 말을 이해했는지 알 수 있거든.

은주 : 이야~, 오늘 당신 정말 달라 보이는데.

호영 : 과거와 같이 불평이나 늘어놓는다면 문제가 해결될 수 없어. 그건 지금 문제가 아니야. 내가 뭐라고 했지?

은주 : 오랫동안 관계를 가지지 않으면 당신은 작은 일에도 신경질 적이 되기 때문에 더 많은 관계를 원한다고 했어.

호영 : 그건 내가 한 말의 일부분이야. 나는 우리의 성생활을 정말 좋아한다고 했고, 적어도 일주일에 두 번은 관계를 가져야 좀 더 행복해 지고 신경질도 안낼 수 있을 거라고 말했지. 내가 뭐라고 말했지?

은주 : 좀 촌스러운데. 우리의 성생활을 정말 좋아한다고 했고 적어 도 일주일에 두 번은 관계를 가져야 좀 더 행복해 지고 신경질 도 안낼 수 있을 거라고 말했어.

호영 : 완벽해. 이제 어떻게 생각해?

은주 : 원칙적으로는 정말 맞다고 생각해. 하지만 내가 해야 할 집안 일이 산더미 같아서 나는 정말 항상 피곤해. 내가 좀 덜 피곤 해 지려면 당신이 날 도와줘야 해. 내가 뭐라고 말했지?

호영 : 원칙에는 동의한다고 했어. 당신이 좀 덜 피곤해 지려면 내가 당신을 도와줘야 한다고 했어. 그럼 나에게 원하는 게 뭐지?

은주 : 음식준비와 설거지를 서로 나누고, 청소와 먼지 털기를 일주 일에 한 번씩 하고, 쓰레기를 버려 줘. 화분손질은 잘 하고 있 으니 그건 정말 고마워.

호영 : 화분손질을 계속하라는 말이지? 쓰레기를 버리고, 청소하고,

먼지 털기를 일주일에 한 번씩 하고, 가끔씩 당신이 요리하면
나는 설거지를 하란 말이지?

은주 : 맞았어. 그리고 당신이 요리하면 나는 설거지를 하겠다는 말
이야.

호영 : 난 요리를 못하는데. 그러면 일주일어 한번 외식을 하지.

은주 : 그거 좋은데. 나의 요구에 대해 동의한다는 말이지?

호영 : 그래.

은주 : 하나 더. 이런 일들을 다시 해달라고 요구하긴 싫어. 어떻게
당신이 할 일을 모두 다 기억할 수 있어?

호영 : 반드시 기억할거야. 마음속에서 목록을 작성했어. 그럼 내가
요구한 것을 시도할 수 있어?

은주 : 물론이지.

호영 : 한달 동안 이 합의를 지키자. 그리고 잘 되어가는지, 아니면
달리 방안을 만들지에 대해 그때 논의해 보자.

은주 : 그래 좋아.

이 대화에서, 둘 다 이기면서 대화를 끝냈다. 매우 기분이 나쁘지 않거
나 서로가 자신의 입장을 명확하게 이야기 할 수 있고, 대안을 제시할 수
있다면 실험적인 시도에 대해 동의할 것이다.

효과적인 대화지침을 이용하여 다음과 같은 연습을 해 보라 : 상대방에
게 사소한 문제에 대하여 평소와는 다른 방법을 이용하여 문제를 해결하
도록 협상을 해 보는 것이다.

배우자도 이 장을 읽었다면 당신 혼자 읽었을 때보다 더 쉽게 이 연습을
할 수 있을 것이다. 당신과 배우자는 대화지침을 잘 알고 있다고 가정하

면서, 서로 잘못된 점이 있다면 지적해 주라. 대화내용을 녹음하여 들어 보면 당신이 주제를 벗어나는지를 알게 해 주므로 도움이 될 것이다.

만약 당신 배우자가 이 장을 읽지 않았다면 대화를 시작하기가 매우 어색할 것이다. 이 경우, 당신의 느낌을 이야기 해 주면 도움이 될 것이다. 예를 들면, "우리의 성 관계에 대한 내 생각을 이야기하고 싶어. 이런 주제로 이야기하기 정말 어색하고, 당신이 어떻게 반응할지 몰라서 떨리는 군."

_성에 관련된 대화의 증진

성에 관련된 단어

당신은 어떤 단어를 사용하는가? 사람들이 성에 관련된 대화를 주저하는 이유중의 하나는 적절한 단어를 찾기가 어려워서이다. 당신이 사용하는 단어는 이미 시대에 뒤떨어진 단어들이다. 당신이 16살 때 학교의 락커 룸에서 사용하였던 신체 부분에 대한 해부학적 단어들은 당신의 배우자를 경악하게 만들지도 모른다.

성에 관련된 단어를 올바르게 사용하려면 의학에서 사용하는 성 기관과 성행위에 관련된 용어의 목록을 만들어서 사용해야 한다. 이 의학 용어들 옆에 당신이 자주 사용하는 동의어를 써 본다. 당신의 배우자에게도 그렇게 하게 한다. 서로의 결과를 비교해 보라. 그리고 서로가 서로에게 사용할 수 있는 단어와 혐오스러운 단어를 구분한다. 그 중에서 당신의 배우자에게 관계를 맺을 때 사용하도록 만들고 싶은 단어나 문장이 있는가? 그 중에서 당신의 배우자에게 잠자리가 아닌 일상생활에서 사용하도록 만들고 싶은 단어가 있는가?

해부학 교습

당신과 배우자의 신체에 대해 더 많이 알게 되면 사랑도 깊어진다. 서로에 대해 더 많이 알기 위해서 다음의 연습을 해 보라.

해부학 연습

남녀의 내부 성 기관에 대한 그림이 있는 책을 사용하여 서로의 신체에 대해 탐구해 본다. 자기의 성 기관과 배우자의 성 기관을 보고 만지면서 무엇인지 익힌다.

오감 학습

편안한 환경을 조성한 다음, 배우자에게 배를 침대 쪽으로 두고 옷을 모두 벗고 눕게 한다. 15분 정도 부드럽게 마사지한다. 손가락만을 이용하여 몸을 세부적으로 만져본다. 서로 말을 하지 않는다. 쾌감을 느끼는 부분이 어딘지에 대해서는 비언어적 신호만 보낸다. 15분 후에 어떤 느낌이었는지를 이야기한다. 배우자의 비언어적 신호를 정확히 읽었는가? 이번에는 역할을 바꾸어서 시도해 본다.

선생/학생

당신이 쾌감을 얻는 행위가 어떤 것인지를 단계적으로 이야기한다. 마사지할 때부터 실제 성행위에 관한 단계 모두에 관해 이야기한다. 당신 배우자에게 요구하는 행위에 대해 이야기한다. 강도, 속도, 지속시간 등. 필요하다면 시연해 보이거나 상대방을 리드해 본다.

즉각적인 반복

경험을 마친 후, 이것에 대해 이야기한다. 당신이 좋아하는 부분과 달라졌으면 하는 부분을 이야기한다. 즉각적으로 재연하게 되면 당신의 성적인 관계에 대한 쾌락적인 부분을 확인시켜 주며 그에 대한 즉각적인 배우자의 반응을 얻을 수 있다.

흥분되는 부분과 그렇지 않은 부분

당신이 가장 쾌감을 느끼는 부분을 이야기한다. 당신이 정말 흥분되는 부분을 배우자에게 반드시 확인시킨다. 쾌감을 느끼지 않는 부분이 어떤 부분인지 이야기한다. 흥분되지 않는 부분에 대해서 이야기 할 때는 호의적으로 이야기해야 한다는 것을 명심하라. 예를 들면, "너무 빨라." 대신에 "좀더 천천히 하면 정말 좋겠어."라고 한다.

비언어적 신호

(1) "정말 좋아!" (2) "정말 싫어." (3) "섹스하고 싶어." (4) "섹스하지 말고 애무만 해줘." (5) "지금은 섹스하기 싫어." (6) "원하고 있는지 확실하지 않아." 라는 비언어적 신호가 무엇인지를 맞추어 보라. 당신의 추측이 맞는지를 배우자에게 확인한다. 잘못 알았다면 맞는 신호가 무엇인지 물어 보라. 만약 당신의 배우자가 여기 쓰인 6가지 내용에 대한 신호가 없다고 하거나 당신이 알아내기 힘든 신호를 사용하고 있다면, 당신들이 동의하는 신호를 만드는 것이 좋다.

이 장에서는 하루에도 여러 번 변하는 성적인 생각과 느낌, 희망 사항들에 대해 마음을 열고 대화할 수 있는 방법을 사용함으로써, 배우자와의 성적인 '예비 연습'이 가능한 관계를 만들 수 있는 지침을 제공하고 있다. 당신을 자극하거나 흥분을 가라앉힐 수 있는 스위치를 열거한 지침서를 가지고 있게 된 것이며, 지침서에 쓰여진 것을 솔직하고 비난하지 않는 자세로 배우자에게 말하는 것은 당신의 권리이자 의무이다. 당신의 배우자가 이 내용이 협조할 만한 이득이 있다고 깨닫게 되면 당신의 말에 귀를 기울이게 되고 같이 실험도 하게 될 것이다.

이러한 방법은 많은 사람에게 효과가 있기는 하지만, 성적으로 문제가 있는 관계에서는 서로에 대해 방어적이지 않아야만 효과가 있다. 이런 관계에 놓인 사람들간에는 충분하게 표현하지 않았거나, 인지하지 못하는 기존의 분노와 상처, 두려움이 있다. 이런 사람들이 서로 대화하기 위해서는 갈등을 해소하려는 적극성과 능력이 있어야 한다. 어떤 때는 전문상담사의 도움이 필요하기도 하다.

2. 자녀들과의 대화
···⊁ Communicating With Children

좋은 부모가 되려면 두 가지를 명심해야 한다. 부모도 문제를 가지고 있는 사람이고 자녀들도 문제를 가지고 있는 사람이란 것이다.

인간이기 때문에 의식주와 온기, 애정, 사랑, 안전, 휴식 등에 대한 기본적인 욕구가 있다. 그러므로 인간은 정도의 차이는 있지만 이러한 욕구들을 성취하기 원한다. 성공하기도 하고 실수를 하는 바람에 실패하기도 한다. 어떤 때는 다른 사람이 당신의 욕구를 만족시키는데 방해하기도 하기 때문에 충돌이 발생하기도 한다.

아이들도 인간이기 때문에 동일한 욕구를 가지고 있고, 욕구를 만족시키기 위해 노력하고, 실수를 하고, 다른 사람이 자신의 욕구 추구에 방해가 되는 경우 충돌하기도 한다.

자녀들과 어떻게 대화하는가에 따라 문제가 잘 해결될 수 있다. 좋은 부모가 되려면 듣기, 자기 표현, 공동의 문제해결이라는 세 가지 중요한 대화의 기술을 가지고 있어야 한다.

_ 듣기

듣기 장을 다시 읽어 보라. 그러면 듣기 기술은 어른과의 대화뿐 아니라 자녀들과의 대화에도 활용될 수 있다는 것을 알게 될 것이다. 일반적인 어른들은 자녀들이 하는 말을 들을 때는 다른 어른의 말을 들을 때와는 다르게 행동한다. 보통은 '성인 국수주의(Adult Chauvinism)'에 빠져 있다.

성인 국수주의자들은 아이들은 작고, 어리고, 연약하고, 아는 것이 없고, 경험이 부족하다고 생각하기 때문에 아이들이 무슨 가치 있는 말을 할 것인가 라고 생각하면서 그들에게 귀를 기울이지 않는 경향을 가지고 있다. 이런 어른들은 자신들도 아이였던 시절이 있었기 때문에 아이들에 대한 모든 것을 자동적으로 알고 있어서 아이들의 느낌을 안다고 생각하고 있다.

어린 자녀들과 이야기 할 때, 듣기 장에서 기술한 다음과 같은 일반적인 듣기 장애물을 사용하게 된다.

심판하기	"그게 너의 나쁜 점이야."
	"너는 너무 감정적이야."
충고하기	"여기서 놀아도 되는지 아빠에게 물어 보렴."
	"머리가 맑을 때 수학공부부터 시작하는 것이 어때?"
달래기	"그래, 그래. 내일이면 기분이 나아질 거야."
	"그렇구나. 그럴 수도 있지."
탈선하기	"이 이야기 전에 한적 있지?"
	"그럼 그 바보 같은 탈의실을 날려 버리지 그래."

"저녁 식사 시간이니까 기분전환을 위해 좀더 유쾌한
이야기를 하지."

짐작하기   "그 애는 누이를 질투하는 거야."

"나한테 화풀이를 하기 위해 그러는 거지."

그리고 다른 성인에게는 거의 사용하지 않는, 어른과 아이들간의 힘 겨
루기에 의해 발생할 수 있는 특별한 듣기 장애물을 사용한다.

명령하기   "당장 방에 가서 청소를 해라."

"어디서 그런 말투로 이야기하는 거야?"

위협하기   "너는 미안해해야 해."

"오늘밤까지 하지 않으면 한달 동안 용돈은 없어."

설교하기   "착한 여자아이는 그런 짓을 하지 않아."

"항상 어른들을 공경해야 한다."

강의하기   "이 문제를 보다 이성적으로 분석해 보자."

"대학시절은 너의 일생 중 가장 좋은 시절이야."

비효율적 칭찬   "글쎄, 아주 멋져 보이는데."

"네 나이에 비해 정말 잘한 거란다."

동정하기   "불쌍해라."

"그렇게 괴로웠다니 정말 안됐다."

창피주기   "너는 끔찍해."

"정말 너무나 썩어 빠지고, 더러운 일이구나."

신문하기   "친구들은 용돈을 어떻게 쓰니? 어디에? 얼마나?"

"지금 학교에서 자퇴하면 할 일이 도대체 무엇이

있니?"

부인하기   "그 못생긴 이웃을 그리워하지는 않겠지."

"할머니를 미워하면 안되지."

어린 자녀들도 자신의 중요한 느낌과 요구 사항들을 표현하고 싶어한다. 이러한 요구들에 대해 부인하거나, 창피를 주거나, 심문하거나, 위협해서는 안 된다. 물론 무시해서도 안 된다. 어른들이 그들의 말을 듣지 않으면 아이들은 자신의 느낌을 숨기거나, 혼란스러워 하거나 분노하게 된다. 그리고 그 느낌은 쉽사리 없어지지 않는다.

자녀들의 말을 적극적으로 듣기 위해서는 어른들은 감정이입 능력을 가장 중요하게 활용해야 한다. 아이들은 말을 매우 하고 싶어하지만 효과적으로 대화해 본 경험은 많지 않다. 아이들이 말한 내용 중에서 느낌을 분리해 내어 정확하게 해석함으로써 무엇을 원하고 있는지를 알아내야 한다.

예를 들면, 아버지가 자녀의 질문 속에 들어 있는 내용에 대한 답을 보라.

아   들 :   유치원에는 큰 아이들이 있어요?

아버지 :   아니, 거의 너와 같은 나이의 아이들만 있단다.

아   들 :   아하.

아버지는 이 대화에서 서로 대화를 주고받은 내용 이상은 생각하지 않고 있지만, 유치원에 가는 첫날에 아들은 짜증을 내면서 차에서 내리지 않겠다고 말하고 있다.

다음은 같은 질문이지만 느낌에 대해 응답하는 내용이다.

아 들 : 유치원에는 큰 아이들이 있어요?

아버지 : 유치원가기가 겁나니?

아 들 : 큰 애들이 때릴지도 모르니까요.

아버지 : 맞을까 무서운 거로구나.

아 들 : 맞아요. 그리고 나하고 놀지 않을 수도 있어요.

아버지 : 친구들이 같이 놀지 않으면 따돌림당하는 느낌이 들
수 있지.

이 대화에서 아버지는 유치원은 완벽하게 공정하고 안전하다고 거짓
말을 하거나, 겁을 내는데 대해 창피를 주지도 않고 있다. 느낌을 이해하
고 이에 대한 적절한 응답을 하는 것으로도 충분하다. 아들은 그 동안 가
지고 있었던 막연한 두려움이 학교로 가는 차에 올라 타면서 공포로 바뀌
게 된 것이다.

아버지가 사용한 전략 중에 또 하나의 효과적인 방법은 답변을 할 때 의
문문 대신에 서술문을 사용한 것이다. 처음에는 인위적이고 나쁜 일인 듯
한 느낌이 들지만 이런 방법은 매우 도움이 된다. 어른들은 아이들에게
질문을 할 때 유도심문을 하면서 괴롭히게 된다. 그러나 질문대신 서술형
식의 문장을 사용하면 아이들에 대한 유도 심문의 유혹에서 벗어날 수 있
다.

질문을 하게 되면 답이 나오게 되므로 대화는 계속 이어지게 된다. 상
대방에게 확인, 거부, 무시당할 수 있는 간단한 문장을 이용하여 말하면

아이들이 대화의 주도권을 더 많이 잡을 수 있게 된다.

(연습)

느낌을 알 수 있는 연습을 하기 위해서 다음과 같은 아이들의 전형적인 메시지를 읽어 보라. 느낌을 알기 위해 조심해서 들어 보라. 두 번째 열에 느낌을 써 보라. 문장의 내용은 생각하지 말고 느낌만 두 세 단어로 써 보라. 어떤 문장에 대한 느낌은 매우 다양할 것이다.

〈아이의 말〉   〈아이의 느낌〉

예) 무엇이 잘못인지 모르겠어.   난처함.
    알 수가 없네.   실망
    그만 두는 게 좋겠어.   포기하려 함.

1. 야, 방학까지 10일
   밖에 안 남았네.   -------------------------------

2. 아빠, 보세요. 모형비행기를
   다 만들었어요.   -------------------------------

3. 유치원에 들어갈 때
   손을 잡고 가요.   -------------------------------

4. 이런, 아무런 재미가 없어.
   뭘 해야할지 모르겠네.   -------------------------------

5. 나는 준호처럼 좋은 아이가 못돼.
   그렇게 많이 공부해도 그 애보다 못하네. -------------------------------

6. 우리 새 선생님은 숙제를
   너무 많이 내 줘. 다 할 수가 없네.
   어떻게 하면 좋아.　　　　　　　　　 ------------------------------

7. 다른 애들은 모두 해변에 갔어.
   나는 같이 놀 친구가 없어.　　　　　 ------------------------------

8. 준호 부모님은 자전거 타고
   학교 가는 걸 허락하셨어.
   하지만 내가 더 잘 타는데.　　　　　 ------------------------------

9. 동생한테 너무 못되게 굴었어.
   나는 나쁜 아이야.　　　　　　　　　 ------------------------------

10. 좀 더 머리가 길었으면 했는데…
    이거 정말 내 머리인가요?　　　　　 ------------------------------

응답 가능한 단어

1. 기쁨, 행복, 안심 2. 자랑, 확신, 즐거움 3. 겁이 남, 두려움, 불안, 받아들임.
4. 지루함, 불안함, 난처함. 5. 적절하지 않음, 실망, 질투 6. 항복, 실망, 압도
7. 뒤 처짐, 버림받음, 외로움, 질투 8. 차별, 경쟁심, 확신 9. 죄의식, 후회, 미안함,
   혐오 10. 분노, 반항, 위협당함.

어떤 때는 아이들의 말을 적극적으로 듣기만 해도 더 이상의 진행 없이
문제가 해결된다. 예를 들면, 선생님과 언쟁을 벌인 8살 아이의 어머니와
아들의 대화를 들어 보라.

아　　들 : 왜 선생님이 나에게 수업 끝나고 남으라고 했을까? 나 혼자

떠든 게 아니었는데. 정말 선생님이 싫어.

어머니 : 정말 선생님한테 화가 났구나.

아 들 : 네. 하지만 내가 화난 것은 선생님이 남으라고 해서 그런
것이 아니에요. 빠져나간 다른 애들 때문이죠.

어머니 : 괴롭힘을 받은 느낌이구나. 너를 선택했다는 것이.

아 들 : 한 명을 골라서 벌을 주니까 다들 조용해 졌죠.

어머니 : 그게 마음에 안 들지.

아 들 : 하지만 알겠어요. 선생님이 나를 먼저 본 것이 내가 운이
나빴죠. 다음 번에는 다른 애를 찍도록 내가 조심해야지요.

어머니 : 잘 해봐.

아 들 : 예.

적극적으로 듣기만 한다고 해서 문제가 해결되지는 않기 때문에 함께
문제를 풀어 나가야 한다. 하지만 적극적으로 듣기를 하면 아이들의 분노
가 참을 만한 수준이 되거나 무시할 정도로 줄어들기 때문에 당장 해결이
불가능해 보이는 문제도 '해결' 가능해 지는 것을 보면 놀랄 것이다.

_표현하기

자기 표현의 장을 다시 읽으면서 어른과 마찬가지로 아이들에게도 자
신의 느낌을 명확하게 표현해야 한다는데 대해 주의하라. 단지 애가 귀찮
게 할뿐인데 왜 신경을 써야 하지 같은 성인들의 국수주의는 듣기의 방해
물이다. 아이들에게 효과적으로 자신을 표현하는 방법에는 6가지 기본

원칙이 있다.

상세한 설명

원하는 것과 느낌을 표현할 때는 가능한 한 상세하게 설명을 해야 한다. 아이들은 명확한 제한선을 원한다. 자유와 안전이 보장되는 영역을 지정해 주며 그 영역을 벗어나면 그에 대한 결과에 책임을 지게 하는 것이다.

다음은 명확하게 자신이 기대하는 내용을 설명하는 예이다.

나는 네가 학교에 가기 전에 목욕부터 하기를 바란다.

오늘 5시 전에 집에 오기를 원한다.

부엌에서 장난을 했으면 식탁과 가스레인지와 싱크대 모두를 청소해 줄래.

다음은 불명확한 기대에 대한 예이다.

학교 갈 때 지저분한 채로 가지 마라.

일찍 들어와라.

부엌 모두를 청소해야지.

칭찬할 때도 구체적으로 해야 한다. 아이들에게 "멋져…환상적이야…아름다워." 라는 말을 쓴다고 해서 아이들이 항상 말 그대로 믿는 것은 아니며 아이들도 자신을 칭찬하는 법을 배우지 못하게 된다. 칭찬할 때는 좋은 부분과 이유를 상세하게 말해야 한다.

다음은 그 예이다.

내가 시키지도 않았는데 청소를 했구나.
사촌한테 정말 따뜻하고 다정하게 대해 주는구나.
그리고 항상 같이 놀아 주는구나.
숙제를 정말 열심히 했기 때문에 노력한 대가가 있을 거야.

아이들은 구체적인 칭찬의 말을 듣고 자신이 한 일이 잘한 일이라고 설명을 해 주게 되면 똑같은 말을 자신에게도 하게 된다.

시키지도 않았는데 집안 일을 했다.
나는 따뜻하고 다정한 사람이다.
나는 정말 깔끔하게 숙제를 잘한다.

느낌 또한 상세하게 표현을 하여야 한다. '나는' 메시지를 사용하여 자신의 느낌과 그렇게 느끼는 이유를 포함하여 설명하는 것은 마음속에 간직하고 있는 중요한 정보를 아이에게 주는 것이 된다. "내가 너를 친구 집에까지 데려다 주었는데 고맙다는 말을 하지 않았기 때문에 마음이 아프고 무시당한 느낌이 든다." 고맙다고 하지 않았다고 비난하기보다는 '나는' 메시지를 보내게 되면 아이들은 더 많은 것을 배우게 된다.

즉시성

마음에 들지 않는 행동을 할 때는 마음에 들지 않는 행동이라고 말하라. 좋은 행동에 대해서는 즉시 보상을 하라. 연구에 따르면 아이들에게는 행동을 한 즉시 보상이나 벌을 내리는 것이 가장 학습효과가 크다고 밝혀졌다. 표현을 늦게 하면 할수록, 아이들의 행동에 대한 영향은 줄어들게 된다.

잘못한 행동에 대해 벌을 주려면 지금 당장 주어야 한다. 예를 들면, 아이들에게 소파에서 뛰지 말라고 해도 계속 뛰는 경우라고 하자. 당장 5분 동안 꼼짝 못하게 하는 것은 가구 위에서 장난치지 말아야 한다는 당신의 규칙을 적절하게 시행하는 것이다. "내일은 TV를 못 본다." 라고 한다면 좀 더 심한 벌은 될지 모르지만, 잘못된 행동을 한 뒤부터 한참이 지난 때가 되기 때문에 실제적인 효과는 줄어들게 된다.

어떤 부모는 '좋기만 한' 부모가 되려고 한다. 이런 부모들은 자신들의 부정적인 느낌을 자루에 담아 두고 있기 때문에 조그마한 마찰에도 매우 화를 내게 된다. 그럴 때는 아이들은 어른들이 나쁘다고 인식하게 되며 반항을 해도 좋겠다고 느끼게 된다. 아이들은 당신의 분노와 자신이 한 일에 대한 구체적인 연결고리를 찾지 못하기 때문에 자신들의 행동을 개선하지 못하게 된다.

중립성

아이들과의 대화에는 기본적으로 사랑스럽고, 능력 있는 아이들이라는 암시를 내포해야 한다. 아이들의 행동이 아니라 아이들에 대해 비난하거나, 욕을 하거나, 빈정거리는 것은 잘못된 행동이다.

당신의 아들은 천성적으로 어지르는 스타일이라서 자기 방에서 과제를 찾지 못한다고 가정해 보자. 당신에게 방법은 있다. 아이에게 둔하고 멍청하다고 말하면서 자신의 느낌을 나타내 보일 수 있다. 혹은 문제점에 대해서 지적할 수도 있다. 항상 깨끗하게 방을 청소하고, 숙제할 것은 항상 제자리에 두라고 하는 것이다.

정말 문제가 커졌다고 생각 할 때도 개인의 성격에 대한 공격을 하지 않고도 크게 실망했다고 표현할 수 있다. "당장 멈춰. 식탁에서 음식으로 장난하지 마라." 라고 하는 것은 단호하지만 공격적인 메시지는 아니다. 아이들이 자신이 마음속으로 사랑 받고 있다는 것을 알기 때문이다. "왜 그렇게 지저분하게 굴어? 항상 어지르기만 하는구나." 라고 말하는 것은 기본적으로 아이들에 대한 경멸감이 포함되어 있다. 그 의미는 "너는 문제가 있는 녀석이야." 이다.

비난이나 욕설을 피하려면 세 가지 좋은 방법이 있다. (1) 상황이나 문제를 설명할 때 '너는' 메시지를 사용하지 않는다. "나는 식탁에 앉아 있는 소년의 손과 얼굴이 더럽다는 것을 알아." "나는 침실의 바닥에 장난감이 널려 있고, 서랍에는 더러운 옷과 새 옷이 섞여 있는 것을 보았어." (2) 정보를 준다. "더러운 접시는 싱크대에 가져 다 놓아야지." "우유를 냉장고 밖에 두면 상하게 된다." "장난감을 밖에 두면 녹이 슨단다." (3) 한 단어로 이야기하라. "잘 시간이 지났는데도 뭘 하고 있니?" 보다는 '취침 시간' 이 낫고, "항상 이 닦는 것을 잊어버리는 구나." 보다는 '이빨' 이라고 말하는 것이 낫다.

아이들이 자기 존중의 감정을 가질 수 있을지는 어른들과의 대화에 달려 있다. "너는 나쁘다." 라고 계속 말하면 결국 "나는 나쁘다." 라는 자기 개념을 가지게 된다. 중립적인 태도를 가지겠다고 스스로 약속하는 것은 건전한 아이들을 키울 수 있도록 하는 중요한 전진이라고 할 수 있다.

일관성

일관성 없는 메시지는 아이들을 혼란스럽게 한다. 아이에게 5시까지 들어오라고 했을 때 가끔씩만 그 규칙을 준수하는 지를 확인한다면 5시 통금시간을 습관적으로 무시하게 될 것이다. 더 이상 아이들이 규칙은 준수하지 않게 되며, 당신이 기분 나쁜 날에는 화를 낼 수 있는 완벽한 기회가 되기도 한다. 딸에게 전화하기 전까지 숙제를 모두 끝내야 한다고 했지만 항상 아이에게 그렇게 말하기에는 너무 피곤한 일이다. 그러므로 그 규칙은 곧 잊혀지게 될 것이다. 하지만 다른 일 때문에 화가 나게 되면 그러한 규칙에 대한 준수여부를 다시 묻게 된다.

아이들은 잘못된 행동에 대한 결과는 항상 같다는 것을 배워야 한다. 무책임에는 반드시 대가가 있다고 교육을 함으로써 잘못된 행동을 하지 않도록 가르쳐야 한다. 만약 아이와 약속하기를, 일요일에 자기 방을 청소하지 않으면 월요일 학교 마친 후 마당청소를 해야 한다고 했다면 그 약속을 지켜야 한다. 그래야만 당신은 신뢰할 수 있는 사람이 되고 아이들은 잘못된 행동에는 결과가 따른 다는 것을 배우게 된다.

위반사항의 결과가 논리적으로 자연스럽게 발생하는 것이라면 일관성을 유지하기가 쉽다. 예를 들면, 외투를 잊어버린 것에 대해서는 외투를 남겨둔 곳에 가서 회수하기 전까지는 추위를 견뎌야 한다. 집안 일을 돕지 않으면 용돈을 주지 않는 것은 자연스러운 결과이다. 같이 장난감을 가지고 놀지 않으면 잠시동안 장난감을 뺏는 것은 자연스러운 결과이다.

생일 파티에서 시끄럽게 떠들면 혼자 구석에 앉아 있게 하거나 일찍 나오는 것이다. 학교에 점심도시락 가져가는 것을 잊어버리게 되면 점심을 먹지 않게 되는 것은 자연스러운 결과이다. 어떤 때는 이런 결과가 극단적으로 보일 수 있으나 잔소리하거나, 훈계하거나, 일관성 없이 관련성 없는 벌을 가하는 것보다는 훨씬 더 효과가 있다.

칭찬할 때도 일관성이 있어야 한다. 아이들은 자기가 잘했는지를 알고 싶어한다. 아이들은 자신의 특별한 개발 기술을 완벽하게 습득하기 전까지는 계속 인정을 받고 싶어한다. 매주 토요일마다 아들이 청소를 하겠다고 약속하는 것은 카페트가 깨끗해졌다는 칭찬을 듣고 싶어서이다.

자기 공개

대부분의 가정에서 공개는 일방적으로만 일어난다. 부모는 아이들의 모든 것을 알고 있지만 아이들은 부모의 생활 내면에 대해 거의 아는 것이 없다. 아이들에게 당신이 정말 원하는 것과 느끼는 것을 알게 해 줌으로서 당신도 한 명의 사람이란 것을 알게 해 주어야 한다. 이때는 규칙과 벌을 내리는 권력자의 모습을 잠시 접어 두어야 한다. 느낌과 원하는 것에 의하여 아이들에게 재제를 가하게 되면 더욱 효과가 있다. "전축 소리 좀 낮춰라." 라고 하는 것은 자신의 느낌을 밝히고 있지 않기 때문에 또 하나의 불편한 명령이라고 할 수 있다. "우리집 옆 사무실에서 공사한다고 너무 신경을 썼단다. 그 소리 좀 낮추어 주겠니?" "아빠가 출장 갔기 때문에 나는 오늘 외롭구나. 오늘 밤 네가 같이 있어 주면 좋겠어." 라고 하는 것이 "내가 밤새우지 말라고 했지." 보다 아이들은 훨씬 더 잘 이해하게 된다.

효과적으로 자신을 공개하기 위한 열쇠는 '너는' 대신에 '나는' 으로 시작하는 문장을 사용하는 것이다. '나는' 메시지는 보다 많은 느낌을 포함하기 때문에 자신을 훨씬 더 잘 표현하며, 보다 세부적이기 때문에 저항을 별로 받지 않는다.

> '너는' 메시지 : 너는 어떻게 아침마다 그렇게 잘 빠져나갈 수가 있니? 정말 무책임하구나.

> '나는' 메시지 : "나는 네가 12시 30분에 집에 왔기 때문에 걱정을 많이 했어. 무슨 나쁜 일이 일어 난 줄 알았지. 네가 무사해서 정말 다행이야. 걱정하면서 밤을 보내는 것은 정말 화가 나는 일이야."

'나는' 메시지를 효과적으로 사용하는 것은 매우 쉬운 일이다.

힘을 적절히 사용하라.

너무 감정을 억제하지 마라. 당신의 요구가 강력한 것이라면 아이들도 알아야 한다. 별것도 아닌 일에 대해서 베수비오스 화산이 폭발한 것처럼 화를 내는 것도 좋지 않다.

감정을 분명하게 말하라.

편안함, 놀라움, 염려, 사랑, 분노, 실망에 대해서 분명하게 말을 하라.

자신을 숨기기 위해 '너는' 메시지를 사용하지 마라.

"나는 네가 바보에다가 게으른 건달 같아." 라는 말은 '나는' 메시지가 아니다. 이것은 '너는' 메시지에 "나는 느낀다." 라는 광대 가면을 입은 후 어린양을 마구 때리는 것과 같다.

무시하면 저지하라.

아이들이 '너는' 메시지의 집중 포화를 맞은 후에는 '나는' 메시지를 사용해도 무시하게 된다. "난 꽃들이 뽑혀나가는 것을 보니 너무 슬프고 화가 나는구나." 라고 말해도 아들녀석은 계속 꽃을 뽑으면서 자전거를 타고 도망가는 경우가 있다. 이때는 저지하라. 좀더 강하게 말을 하라. "아들아, 정말이란다. 나는 이 꽃들 때문에 정말 화가 나고 미칠 지경이야."

'나는' 메시지가 다시 되돌아오면 적극적으로 듣기를 시도하라.

딸아이에게 설거지를 도와주지 않은데 대해 불평을 하자 딸아이는 "하지만 왜 나만 노예처럼 부엌에서 일을 해야 하고 영민인 자기 방에서 놀고 있어요?" 라고 묻는다고 하자. 이번에는 딸아이의 문제가 무엇인지를 확실히 알기 위해 적극적인 듣기를 해야 한다. 그리고는 당신이 '나는' 메시지를 다시 보냄으로써 문제해결을 위한 완전한 과정으로 넘어 가거나, 짧은 의견교환으로 끝낼 수도 있다.

_공동 문제 해결

정말 좋은 부모는 원하는 것이 서로 달랐을 때 발생하는 문제를 잘 처리하는 부모들이다. 부모는 아이들의 권리를 침해할 수 있고 아이들도 어른의 권리를 침해할 수 있다. 이런 상호 침범이 발생하는 영역은 집안의 허드렛일, 공동으로 사용하는 방이나 부엌 같은 곳의 정리정돈, TV프로그램, 시끄러운 음악, 가족공용의 차, 여름 휴양지의 선택 등이다. 모든 가족은 이런 경우에 위기감을 느낀다. 그리고 이런 상황은 이기고/지는 게임으로 변하기 쉽다. 이러한 마찰을 해결하기 위해 다음의 세 가지 해결 가능한 방법을 읽어 보라.

첫째는 전통적인 권위주의적 해결 방식이다. 당신은 사장이다. 당신이 규칙을 만들고 시행도 한다. 이 방법은 이론적으로는 쉬워 보이지만 불행하게도 효과는 크지 않다. 자신이 지나치게 권위적이라면 아이들은 당신의 해결접근 방식에 대해 저항하고, 싫어할 것이다. 그리고 아이들의 행동은 강력한 규칙에 의해 극단적으로 통제되기 때문에 아이들은 자기 훈육의 기회를 놓치게 된다. 청소년기가 되면 반항을 하거나 침묵을 지키거나 혹은 둘 다 하게 된다. 이런 부모들은 수도 없이 잔소리하고, 소리지르고, 벌을 주는데 시간을 다 허비한다. 아이들이 다시 반항하면 어른은 더 심한 벌을 주게 되고, 아이들은 다시 더 반항하게 되는 악순환이 되풀이된다.

권위주의적 명령은 당신이 가장 많은 진실을 알고 있으면서 토론 시간이 없는 긴급한 상황인 경우에는 필요하다. 3살 짜리 아들이 불이 타고 있는 가스오븐 앞에서 얼쩡거리거나, 딸이 술에 취해서 밤새도록 파티에서 놀도록 내버려두지는 않을 것이다.

두 번째의 전통 방식은 관용주의적 해결 방식이다. 이 방식은 일반적이지는 않지만 많은 부모들이 그렇게 하기 위해 노력한다. 아이들이 원하는 것은 무엇이든지 준다. 마찰이 발생하면 아이들은 자기 주장만 내세우게 된다.

이런 방식을 남용하게 되면 세 가지 문제에 당면하게 된다. 첫째, 항상 자신이 요구를 포기해야 하기 때문에 결국 화를 내게 된다. 아무리 애정을 가지고 받아 주려고 해도 마음속으로는 화를 내게 된다. 이 두 가지 상반되는 느낌 때문에 아이들은 당신의 사랑에 대해 혼란스러워 하게 된다. 둘째, 아이들을 체계적으로 교육하지 않았기 때문에 아이들은 자신들을 내버려두고 있다는 메시지를 받게 된다.

과도한 관용주의의 마지막 문제는 다른 세계는 그렇게 관용적이지 않다는 데 있다. 학교, 직장, 가까운 친구사이에는 규칙과 기대치가 있다. 성격이 나쁘고, 요구만 하는 아이들은 자신들의 요구에 굴하지 않는 세계를 헤쳐나가기가 매우 어려울 것이다.

관용적으로 행동해야 하는 시점은 어느 문제에 대해 특별히 강하게 요구하는 부분이 없고, 아이들이 수용 가능한 의사결정을 할 것이라고 믿으며, 좀 잘못된 결정이라도 당신과 아이들에게 해가 되지 않을 경우이다.

셋째는 가장 일관되게 효과가 있는 방식으로 아이들과 협조적인 해결방식으로 문제를 해결해 나가는 방식이다. 이 방식을 이용하면 지나치게 권위주의적이거나, 지나치게 관용주의적인 결과에 의해 초래되는 문제점을 피할 수 있다.

권위주의적이거나 관용주의 체제가 '악'의 근원이 되는 이유는 서로에게 힘을 발휘하려 하기 때문이다. 힘은 특정 행동을 강제적으로 하게 하거나 막는 경우에만 효과가 있다. 아이들에게 어떤 행동을 하기를 바라기 때문에 그렇게 하라고 요구한다고 해서 전반적인 행동형태가 변하지는 않는다. 아이들이 권위적인 부모의 명령에 복종하는 이유는 벌을 피하거나 상을 받고 싶기 때문이다. 그러므로 아이들은 규범에 의하여 자신의 방을 청소하기는 하지만 단정함의 가치나 주변환경을 정리해야 한다는 의무에 대한 느낌을 배울 수가 없다.

어른들이 아이들에 비해 자동적으로 상당한 힘을 보유하고 있다고 느끼는 이유는 아이들이 육체적으로나 심리적으로 어른보다 작다는 단순한 이유 때문이다. 협조적인 방식을 사용하여 문제를 해결하려면 힘을 과시하지 않아야 한다. 아이들을 대할 때는 이성적인 어른이 다른 이성적이며 의사결정을 할 수 있는 젊은 어른을 만나고 있다고 생각하여야 한다.

우리의 목적은 모든 사람이 수용할 수 있는 마찰 해소를 위한 체계적인 문제해결 기법을 함께 사용할 수 있도록 하는 것이다. 어른들은 이런 요구를 가지고 있어야 하며 아이들에게 진심으로 자신이 그렇게 원하고 있다는 것을 확신시켜 주어야 한다. 처음에는 아이들이 거부감을 가지거나 의심을 할 것이다. "나는 좋은 부모가 되기 위한 방법을 배우고 있어. 도와주지 않을래?" 라고 솔직히 말을 하라.

공동으로 문제를 해결방법하기 위해서는 6가지 단계를 거쳐야 한다. 가끔 이 과정을 모두 거치지 않아도 서로가 인정하는 문제해결책이 튀어나올 수 있다. 그러나 대부분 차례대로 모두 시행하여야만 문제가 해결될 것이다.

마찰 원인을 알아내고 정의를 내린다.

1. 이번에 처음으로 공동의 문제해결 방식을 사용한다면 오랫동안 대립되었던 문제를 하나 선택한다. 그러나 서로 얼굴을 붉히게 만드는 문제는 선택하지 않은 것이 좋다.

2. 아이들이 바쁘거나, 침울하거나, 막 외출하려는 시간은 피해야 한다.

3. 해결해야 할 문제가 있다고 명확하고, 간결하며, 단호하게 말을 하라.

4. 느끼는 그대로 '나는' 메시지를 이용하여 전달하라.

5. 아이들을 야단치거나 비난하는 '너는' 메시지를 사용하지 않아야 한다.

6. 아이들의 관점에서 문제를 해결할 수 있도록 적극적으로 듣기를 하라. 그렇게 되면 원래 당신이 생각했던 문제와는 다른 내용이 발견될 수도 있는 문제접근 방법이다.

7. 서로가 수용할 수 있는 해결방법을 찾고 싶다고 설명한다.

문제해결 방법을 찾아본다.

1. 아이들이 생각하는 해결방안을 먼저 들어보라. 먼저 말을 하지 않을 수도 있지만 계속 물어 보라. 그렇게 하면 아이들의 사고력은 향상되고 당신은 아이들도 무언가 해주기를 바라고 있다는 것을 알게 해준다.

2. 이 시점에서 다양하고 많은 이야기를 들어본다. 자유롭게 난상토론을 하라고 한다. 무슨 아이디어든지 마지막 생각이라고 할 때까지 하나만 더 제안하라고 한다.

3. 모든 제안된 해결방안을 받아들인다고 말한다. 하지만 평가는 하지 않는다. "이건 소용없어."라든가 "이건 받아들일 수 없어."라고 하지 않는다.

4. 부모와 아이들 모두 협의에 참가하도록 만든다. 아이들을 문제해결을 잘할 수 있는 소중한 존재로 여기는 것은 아이들의 자기 존중의식을 함양하고 좋은 생각을 많이 표현할 수 있게 하므로 좋은 방법이다.

5. 기억 나는 모든 해결방안을 기록한다.

문제해결방안을 평가하라.

이제는 평가를 해야 할 시점이다. 무슨 이유든지 참가하는 사람이 반대하는 안은 십자를 표시하여 제외함으로써 안을 줄여 나간다. 전혀 엉뚱한 생각이나 위험하거나, 비용이 많이 드는 해결방안도 제외하라.

가장 좋은 방안을 선택한다.

1. 가장 좋은 방안이란 참가한 사람 모두가 좋아하는 방안이다. 이 방법의 열쇠는 어떤 방법을 사용하여 문제를 바로 잡을 것인가가 아니라, 모두에게 수용할 수 있는 방법을 찾는 것이다. 동일한 문제라 해도 가장 좋은 해결방안은 개별 가정에 따라 달라지게 되어 있다.

2. 남은 해결방안에 대해 아이들의 느낌을 물어 본다. 하지만 어느 누구한테도 특정 방안을 수용하도록 강요해서는 안 된다.

3. 선택한 해결방안이 최종안이 아닐 수 있다고 주의를 시킨다. 왜냐하면 당분간 실행해 본 다음 정말 효과가 있는지를 확인해야 하기 때문이다.

4. 모두가 동의한 해결방안에 대해서는 모두가 지킬 의무가 있고 잘 시행되도록 협조해야 한다는 것을 명심하도록 한다. 그래야만 아이들도 동기를 가지게 되며 동의사항에 대해 지키라고 말하기도 쉬워진다.

5. 계약 부대조건에 대해 확실하게 말한다. 협약을 깨뜨리면 벌칙을 주어야 하는가? 추가적인 일을 부여할 것인가? 권리를 박탈할 것인가? 다시 해결방안을 찾는 회의를 할 것인가? 만약 아이들이 동의했던 해결방안을 이행하지 않겠다고 하는 경우 어떤 실제적인 벌칙을 가할지에 대해 토의하라. 그렇게 하면 아이들은 계약 위반의 대가가 무엇

인지를 알게 되며 어른스러운 태도를 가지게 될 것이다.

결정사항을 실행한다.

1. 누가 어떤 일을 하며, 언제 어디서하며, 어떻게 어떠한 조건하에서 할 지에 대해 동의하라. 성공을 했다고 판단할 수 있는 기준은 무엇인가? 협약의 유효기간이 있는가? 시험기간이 종료되었다고 선언할 수 있는 방법은 무엇인가?
2. 이제 시작하라.

결과를 평가한다.

모두가 동의한 해결방안이라고 해서 다 잘 진행되는 것은 아니다. 가끔씩 문제가 잘 해결되는 것에 대해 아이들도 행복하게 생각하고 있는지를 확인해 보라. 상황은 바뀐다. 해결방안 중에서 없애거나 수정하고 싶은 부분이 있다면 난상토론부터 다시 시작하라.

(연습)

부부는 12살 된 아들 철민과 10살 된 딸 민희와 함께 공동의 문제해결 방법을 사용하고 싶었다. 민희는 저녁식사 후 부엌 바닥을 닦기로 했으며 설거지가 끝난 접시를 찬장에 넣기로 했다. 철민은 쓰레기통이 다 차게 되면 매주 목요일 오는 수거차가 수거해 갈 수 있도록 수요일 밤에 집 앞에 내어놓기로 했다.

마찰 원인을 알아내고 정의를 내린다.

아빠 : 집안 일에 대해서 이야기 해 보자. 저녁때의 집안 일은 정말

문제가 많아. 밤 10시에 부엌에 가보면 싱크대에는 접시가 그 대로 있고 쓰레기도 마루바닥에 넘치고 있어서 화가 나고 실 망도 한단다. 이 문제를 함께 풀어 보자.

엄마 : 일을 도와 달라고 두 세 번씩 잔소리하는 것도 지쳤어. 인정 사정 보지 않고 다루고 싶지만 그러고 싶지는 않아. 집안 일 이 힘들어?

철민 : 하지만 민희가 접시를 넣기 전에 거의 항상 쓰레기를 비웠어요.

민희 : 오빠가 쓰레기를 비워야 바닥을 치울 수 있어요.

철민 : 하지만 방해가 되진 않았어.

아빠 : 집안일 하는데 문제가 있는 것처럼 들리는구나. 모두가 만족 하면서 집안 일을 할 수 있는 방법을 찾아보지 않겠니?

철민 : 좋아요.

민희 : 저도요.

엄마 : 문제가 무엇인지 알아보자. 저녁마다 집안 일을 해야 한다. 그렇지만 서로 방해해서는 안 된다고 했어. 맞지?

민희 : 어떤 때는 우리가 할 수 없어요. 엄마 친구들이 왔을 때는 밤 늦게 까지 설거지를 하지 않기도 하잖아요.

철민 : 잔소리는 싫어요.

엄마 : 어떤 때는 집안일 하기가 불가능 할 때가 있고, 잔소리를 하지 않으면 좋겠다는 거지?

철민 : 그래요.

아빠 : 좋아. 8시 30분이 적당하니까 그때 다시 나머지에 대해 이야 기하자. 서로 방해하지 말고 불합리한 이유가 있다면 집안 일 을 하지 않아도 되고, 잔소리도 듣지 않았으면 한단 말이지?

철민과 민희 : 맞아요.

문제해결 방법을 찾아본다

그들은 해결방안을 나열해 보았다.

민희 : 종이접시를 사용한다.

쓰레기를 비우고, 바닥을 닦고, 접시를 닦는다

철민 : 집안 일을 가족 모두가 차례대로 한다.

접시를 치우고 바닥을 닦은 후, 쓰레기를 비운다.

자기 할 일을 하지 않았다고 해서 비난하지 않는다.

기억 나게 하기 위해 서로 약속한 신호를 사용한다.

엄마 : 집안 일이 끝날 때까지 후식을 먹지 않는다.

잔소리를 하지 않는다.

8시 30분까지 집안 일을 끝내지 않으면 후식은 없다.

기록을 위해 부엌에 달력을 둔다.

아빠 : 식기세척기를 사고 가정부를 고용한다.

철민과 민희는 자신의 일을 서로 도와준다.

집안 일을 하지 않으면 용돈을 주지 않는다.

일주일에 한번은 일을 면제한다.

문제해결방안을 평가하라.

각자가 기록한 방안을 서로 보면서 너무 바보스럽거나 (종이접시 사용), 너무 비싸거나(식기세척기와 가정부), 아이들이 받아들일 수 없는 내용(서로 일을 번갈아 가면서 하는 것, 후식을 먹지 않는 것)과 어른이 받아들일 수 없는 내용(부모가 아이들의 일을 번갈아 가면서 하는 것)을 지워 나갔다.

가장 좋은 방안을 선택한다.

남아 있는 방안들을 혼합하여 다음과 같은 결론에 도달했다.

- 아이들은 8시 30분까지 집안 일을 완수한다.
- 다른 사람이 일을 방해한다고 해서 비난하지 않는다.
- 철민은 수요일 밤에 농구연습을 하지 않는다.
- 민희는 금요일 밤에는 친구들이 자주 찾아오기 때문에 8시 30분까지 설거지를 못하는 경우가 많으므로 일을 면제해 준다.
- 엄마, 아빠는 아이들에게 약속한 대로하라고 하거나 잔소리하지 않는다.
- 하루 일을 하지 않을 때마다 용돈에서 천 원을 제한다.
- 한 달 동안만 시행해 본다.

결정사항을 실행한다.

이제 모두는 자기가 할 일을 명확히 알게 되었다. 엄마는 기록하기 위한 달력을 부엌에 붙여 두기로 했다. 철민은 수요일 날 쓰레기를 버려야 한다는 것을 기억 나게 하는 여러 가지 신호를 만들었다.

결과를 평가한다.

한 달이 지난 후 약속한 대로 일이 잘 진행되어 만족스러워 했다. 그래서 그 계약을 무기한 지키기로 했다. 이 후, 민희는 부모들의 친구모임계획에 따라 금요일과 토요일 중에서 일을 면제할 수 있는 날을 선택할 수 있게 되었다.

_ 아이들에게 맡겨야 할 때

어떤 결정이나 문제는 완전히 아이들의 몫이라고 인정을 하게 되면 아이들과 부모간의 고질적인 문제가 없어지기도 한다. 아이들의 머리스타일, 친구선택, 옷 입는 것과 방을 청소하는 것, 용돈을 어디에 사용할 것인지에 대해서는 아이들에게 완전히 맡겨 드는 것이 가장 좋다.

분명한 것은, 이런 문제들에 대해 어른들도 강력한 느낌과 의견을 가지고 있다는 것이다. 그건 당연하다. 어른들은 '강력하게 규칙을 지켜야 한다.' 는 자신의 의견을 던지고 싶어서 안달이 나게 된다. 그러나 이런 문제에 개입하기 시작하면 마찰은 오랫동안 지속되게 된다. 아주 분명한 해가 없다면 이러한 문제에 대해서는 아이들이 직접 결정하도록 하는 것이 좋다.

_ 안 된다고 말하는 방법

안 된다고 말하면 아이들은 눈물을 흘리거나 반항을 한다. 아이들의 행동을 제지할 수 있는 방법 중에서 좋은 전략은 간접적으로 안 된다고 하는 것이다. 다음은 공포에 찬 말을 하지 않고도 아이들의 행동을 제지할 수 있는 5가지 방법이다.

1. 선택 안을 제시한다.

"TV를 보지마, 숙제를 끝내야지." 라고 말하기보다는 "지금 숙제를 할래, 아니면 15분 뒤에 할래?" "이야기를 듣기 전에 칫솔질할래, 아니면 들은 후에 할래?" 라고 한다.

2. '안 된다.' 대신에 '그래'라고 한다.

"농구해도 되나요?" "그래 저녁 먹은 후에." "알았어. 방을 치우고 바로 준호 집에 가도 된단다."

3. 정보를 준다.

"밖에 나가지 마라." 대신에 "우리는 10분 후에 떠날 거야." 라고 한다. "미식축구 하지마." 대신에 "다칠 수 있으니 원터치 볼을 하면 어떠니?" 라고 한다.

4. 감정을 이해한다.

"친구 집에서 밤새 지내고 싶겠지. 밤늦게 까지 재미있게 놀다가 집에 들어오는 건 힘들지." "너무 추워서 스키를 못 타게 된 것은 정말 끔찍하게 실망스럽겠구나."

5. 문제를 설명한다.

"오늘 영화 보러 가고 싶지? 하지만 너의 여동생이 혼자 집을 봐야 해. 네가 같이 있어야 하지 않을까?"

_요점은…

좋은 부모는 아이들을 존중한다. 당신의 메시지에는 아이들을 사랑한다는 것과 그들이 착하다는 것을 담고 있어야 한다. 그래야만 아이들의 중요한 가치를 훼손하지 않고 아이들의 행동을 제지할 수 있다.

"정말 잘 그렸네. 하지만 크레용이 그대로 남아 있기 때문에 화가 나." 라고 말을 하면 아이들을 받아들이는 의미를 담고 있기 때문에 좋은 대화 방법이다. 아이들은 실수를 하지만 그래도 착한 존재이다. 어른들은 그런 사실을 잊어버리고 아이들을 공격하기도 한다. 하지만 아이들의 행동과 아이를 분리하여 생각하겠다는 약속을 지키게 되면 아이들로 하여금 자신의 소중함을 느끼면서 자랄 수 있도록 하는데 도움을 줄 것이다.

어떤 부모들은 아이들을 비난하고 공격하는 모습을 보고는 자신에게 실망하기도 한다. "왜 항상 아이한테 바보 같다고 욕을 했을까? 마치 입에 그 말이 달려 있는 것 같아." 아이들은 오랜 시간에 걸쳐 성장한다. 그러 므로 자신의 잘못을 수정하고 오래된 방식을 바꿀 수 있는 시간은 있다. 아이들은 놀랄 만큼 어른들에 대해 관용적이며, 어른들의 노력에 잘 부응 한다. 지금도 아직 늦지 않았다.

3. 가족 구성원간의 대화
···→ Family Communications

가족내의 대화와 가족 밖에서의 대화에는 아주 큰 차이점이 있다. 그것은 가족구성원 간의 대화가 위험성이 훨씬 크다는 것이다. 길거리에서 만난 옆집 사람이나, 노조 대표, 자동차 정비공들과는 마찰이 발생해도 도망을 갈 수 있지만 가족과의 마찰에 대해서는 그럴 수 없다. 왜냐하면 저녁마다 집에 가야 하기 때문이다. 만성적으로 대화가 부족한 집은 언젠가는 압력밥솥과 같이 된다. 가족 구성원은 감정적으로 황폐해 지기 쉽다. 특히 아이들은 육체적, 심리적으로 매우 민감하다.

가족 구성원간에 어떠한 느낌, 요청사항, 인식 등을 표현하지 못하게 하면 가족간에 문제가 발생하게 된다. 요청하면 안 되는 것, 이야기하면 안 되는 것, 알면 안 되는 것에 대한 규칙은 부모들로부터 배운 것들이다. 이러한 규칙들은 생활의 중요한 경험을 못하게 만드는 무의식적 장해 요인이다. 다음은 가족 구성원간의 대화를 방해하는 불건전한 규칙들이다.

○ 도움을 요청하면

○ 자신의 희망과 꿈에 대해 이야기하면

○ 부모에게 화났다고 표현하면

○ 직무에 대해 너무 알려고 하거나 인정을 받으려고 하면

○ 감정적인 지지를 받으려고 하면

○ 마음에 상처를 받았다는 것을 보여주면

○ 상처를 보여주는 것은

○ 성적인 요구나 느낌을 이야기하면

○ 실수나 문제에 대해 알거나 언급하는 것은

○ 공개적으로 동의하지 않는다는 목소리를 내거나 마찰을 일으키면

○ 직접적으로 화났다는 것을 표현하면 (다른 사람이 무시무시하고 끔찍하 다는 것을 증명하기 전까지는)

○ 두려움을 표현하면

○ 양면적이거나, 숨기는 것이 있거나, 불확실한 마음을 표현하는 것은

○ 애정을 표현하는 것은

○ 관심을 보내라고 요청하는 것은 나쁘다.

이러한 일반적인 규칙 외에도 어떤 가족들은 어떤 사실에 대해 모른 척 해야 한다는 특별한 규칙을 가지고 있다. 이러한 규칙에 의해 '봐도 되는 것, 보면 안 되는 것, 말해도 되는 것'이 결정된다. 이러한 규칙은 특히 자 신들의 인식을 방어할 수 있을 만큼 충분한 사회경험이 없는 아이들에게 가혹하게 적용된다. 다음은 이러한 규칙을 가지고 있는 가정에서 자주 적 용되는 규칙들이다.

○ 아빠가 술에 취해 있어서 제대로 정신을 못 차리고 있다면 모른척하라.

○ 저녁식사시간에 악의적 감정을 표현하더라도 모른척하라.

○ 할머니가 돌아가셔도 슬퍼하거나 이야기하지 마라.

○ 화성인의 침입에 대한 공포를 표현하지 마라.

○ 포옹을 요청하거나 확인해 달라고 요청하지 마라.

○ 엄마에게 애인이 생겨도 아는 척 하지 마라.

가족 내에서 살아 남으려면 가족내의 규칙을 따라야 한다. 새로운 규칙은 만들어지고 반대의 두려움 때문에 더욱 강화된다. 불안한 감정을 표현하는 아이들에게 아버지가 화를 냈다면 불안감이란 표현되어서는 안 되는 감정이라는 것을 배우게 된다. 두렵다고 이야기하면 마음의 상처를 받아야 한다는 결과를 얻게 된 것이다. 언젠가는 이런 규칙들이 인식 속에서 사라지게는 되겠지만 보이지 않게는 계속 영향을 미치게 된다. 어른이 되어도 두려움은 표현하면 안 되는 것으로 생각하게 되어 아이들이 이런 감정을 표현하면 화를 내게 된다. 배우자도 상호적으로 이익이 발생하기 때문에 이런 규칙을 받아들이게 된다. "내가 너의 두려움을 다룰 필요가 없는데 내가 왜 너한테 내가 두렵다는 것을 보여 줘야 해?"

대부분의 사람들은 자신들의 표현을 제약하는 강력한 규칙이 있다는 것을 거의 인지하지 못하고 있다. 가족문제에 대해 상담을 할 때, 받은 상처, 두려움, 협력이 필요하다는 것에 대해 대화를 요청하면 사람들은 이상할 정도로 경직된 반응을 보인다. 이런 표현은 매우 위험할 것이라고 생각하고 있으면서도 왜 그렇게 생각하는지 이유는 모르고 있다. 그러한 위험에 대한 느낌은 부모들이 아이들에게 느낀 것, 원하는 것, 관찰한 것에 대해 말하지 말라고 했던 예전부터 정해진 것이었다.

_가족간의 대화를 혼란스럽게 만드는 요인

가족 구성원간의 표현을 제약하는 이러한 규칙 때문에 가족간의 대화에는 4가지의 중대한 혼란이 초래된다. 직접적인 표현을 못하게 하기 때문에, 가족들은 부인, 삭제, 대체를 해야 하거나, 대화의 여러 측면이 일치되지 않게 표현하게 된다.

부인

사람들은 표현하기 두려운 것은 부인해 버리는 경향이 있다. 요청사항과 느낌은 공공연하거나 은밀하게 부인된다. 공공연한 부인의 표현으로는 "난 상관없어." "별거 아냐." "당신이 원한다면 무엇이든." "난 괜찮아." "누가 화났다고 그래?" "누가 열 받았어요?" "무엇을 해도 돼요." 같은 말이 있다. 은밀하게 부인하는 경우에는 알아채기 힘들지만 어깨를 으쓱하거나, 단조로운 말투로 이야기하거나, 허리를 구부정하게 하거나, 뒤로 물러서는 행동에서 나타난다. 이런 메시지에는 "별거 아니죠. 아무런 느낌도 없어요." 라는 느낌이 포함되어 있다.

생략

사람들은 자신의 느낌이나 인식에 대한 직접적인 표현 부분을 생략하고 메시지를 보내기도 한다. "영화 보러 가고 싶어." 라고 말하는 대신 "정말 재미없는 TV프로그램이네요. 그렇죠?" 라고 말하게 된다. 하고 싶은 말을 생략하기 때문에 가능한 한 말을 돌려서 이야기해야 한다. 문장에는 '누구, 무엇, 어디, 언제' 라는 표현이 구체적으로 들어있지 않다. 다음은 전형적인 형태이다.

- "조금은 외롭네." (의미 : 당신이 일주일에 세 번이나 야간 수업을 받으러 가기 때문에 보고 싶어. 다음 학기에는 좀더 야간 수업을 적게 들으면 안되나?)
- "새로운 프랑스 식당이 생겼다는데." (의미 : 오늘 밤 외식합시다)
- "이런, 이야기가 다 끝나버렸어. 이제 더 이상 못하겠어." (의미 : 나를 불쌍하게 생각해서 커피한잔 가져다 줘.)
- "내가 뭘 하기를 바래?" (의미 : 지금 그냥 내버려 둬. 오늘 처음 쉬는 거야.)
- "좀 피곤한가 봐요." (의미 : 갑자기 왜 그렇게 화를 내요?)

생략 문장은 다음 세 가지 중 한가지 형태로 나타난다.

1. 의문문을 사용한다. "아직 안가고 있었어?" (의미 : 잠시동안 혼자 있고 싶어.)
2. 중립적인 관찰내용을 말한다. "정말 멋진 날씨군요." (의미 : 시골로 드라이브 가자.)
3. 참고대상을 생략한다. 누가 누구에 대해 어떻게 느끼는 지에 대해 말하지 않기 때문에 메시지가 모호하다. "최근에 좀 화가 났었어요." (의미 : 당신이 가정부를 해고하고 나서부터 모든 사소한 집안 일을 해야 하기 때문에 당신한테 화가 나.) "별로 만난 적이 없었어요." (의미 : 남편과 큰딸을 만나고 싶네요.)

대체

어떤 느낌을 표현할 때 대체방법을 사용하는 이유는 안전한 사람에게 사용할 수 있는 안전한 방법이기 때문이다. 대체란 간접적으로 느낌을 표현하는 방법이다. 상처받았다는 것을 보여주면 안 된다는 규칙을 가지고 있다면 이러한 상처받은 마음은 분노의 형태로 표현될 수 있다. 아내에게 화가 났다는 표현을 하지 못하게 된다면 아이들이나 물건에게 화풀이를 할 것이다. 다음은 대체가 발생하는 경우에 대한 전형적인 예시이다.

1. 사장이 당신의 일에 대해 비판한다. 당신은 화가 났다. 그래서 식비를 낭비한 부인에게 화를 냈다.
2. 아들녀석이 길을 가로질러 건너가는 것을 보고 놀랐다. 당신은 화가 나서 아들에게 '멍청한 미친 녀석' 이라고 공격했다.
3. 딸아이가 하루에 3시간씩 전화에 매달려 있다면 상처받고 좀 외롭게 느낄 것이다. 그러면 딸아이가 냉장고 밖에 우유를 두었다고 화를 낼 것이다.
4. 당신의 배우자가 당신을 남겨두고 휴가를 떠나겠다고 선언한다면 상처받고 화가 날것이다. 분노의 표현을 금하는 규칙을 지켜야 했기 때문에 이러한 느낌은 낙담으로 바뀌게 된다.
5. 아이들이 당신의 전 배우자와 같이 여름을 보낸다면 겉으로는 비밀스러운 행복감을 표현할 수 없다. 그런 경우 아이들의 건강과 안전이 염려된다는 느낌을 표현할 것이다.

일치하지 않는 메시지

자세와 얼굴 표정, 말의 높낮이, 말의 빠르기 중에 하나라도 당신이 하는 말과 일치되지 않는다면 불일치한 대화라고 할 수 있다. 어머니가 딸에게 "나는 네가 늦게 다녀도 화가 안 난다." 라고 말을 했다. 그러나 목소리가 경직되어 있고, 거칠고, 빠르게 말하고, 한 손은 입가에 대고 한 손으로는 손가락질을 한다. 말과 행동은 서로 일치하지 않는다. "우리가 함께 가정을 이끌어 가야 하는데 그렇게 하지 못해서 슬프다."라고 남자가 말했다. 이때 그의 눈은 아들을 노려보고 있고, 입을 악물고 있으며, 한 손은 주먹을 쥐고 있었다면 그가 말하려는 느낌은 슬픔이 아니다. 그것은 분노이거나 마음을 휘젓는 실망감일지도 모른다.

서로 일치하지 않는 메시지에 대해서는 가족들은 어떤 메시지가 진심인지를 알아내야 한다. 말한 사람의 의도를 넘겨짚기 하거나 추측해야 한다. 서로 일치하지 않는 대화는 네 부분으로 나눌 수 있다. (1) 말 (2) 목소리와 신체 언어 (3) 듣는 사람의 해석 (4) 진짜 메시지이다.

1. **말** : "네가 집에 있어서 정말 반갑다."
2. **목소리와 신체 언어** : 낮고 단조로운 목소리, 눈은 마루를 보고 있음, 반쯤 웃고 있음, 몸을 조금 옆으로 돌려놓고 있음.
3. **듣는 사람의 해석** : 자신의 목소리와 신체언어를 선택한다. 말하는 사람은 불편하고 실망하고 있다고 가정한다. 듣는 사람은 상처를 받는다.
4. **진짜 메시지** : "나는 네가 집에 와서 반가워. 하지만 아직 내 일을 끝내지 못했어. 그리고 네가 내 뒤에 서 있으면 내가 일을 할 수가 없

어." 말하는 사람은 기쁨만을 표현하도록 하는 규칙을 가지고 있다. 그러므로 대화의 불일치가 발생한다.

1. **말** : "가지 않아도 상관없어. 집에 할 일이 많거든."
2. **목소리와 신체 언어** : 처음의 밝은 미소는 금방 사라짐, 움츠린 어깨, 목은 굽었음, 높고 달래는 듯한 목소리.
3. **듣는 사람의 해석** : 다시 확인하려는 대응을 하려고 함. 하지만 신체 언어에는 극단적인 실망감이 표현되기 때문에 불안하고 불편함.
4. **진짜 메시지** : "오늘 영화보러 가지 못하게 되어 정말 실망이야."

1. **말** : "당신이 나를 좋아한다고 느낄 수 있게 좀더 많이 도와줘."
2. **목소리와 신체 언어** : 목소리는 높고 큼. 거의 우는 목소리. 입은 툭 튀어 나왔음. 어깨와 팔을 으쓱함. 안경너머로 보고 있음.
3. **듣는 사람의 해석** : 자신의 목소리와 신체언어를 선택한다. "그는 화가 나면 그처럼 으쓱거리면서 안경너머로 상대방을 봅니다. 화가 난 것이 틀림없어요." 무언가를 원하는 메시지라고 판단하였음.
4. **진짜 메시지** : 도움을 요청하고 외로움을 표현하고 있으며 무언가 바라는 것을 이야기하려고 한다. 말하는 사람의 현재 희망이 없음을 표현하는 신체 언어는 분명히 분노를 표현하는 신체 언어와 유사하다. 그러므로 듣는 사람은 서로 일치하지 않는 메시지로 인하여 헷갈리게 됨으로써 말하는 사람이 분노를 숨기고 있다고 추측하고 있다.

1. **말** : "네가 이렇게 늦으면 정말 걱정이 된단다."
2. **목소리와 신체 언어** : 팔짱 끼고, 짝 발을 딛고, 입술은 얇게 하고, 목

소리는 거칠고 크다.

3. **듣는 사람의 해석** : 자신의 목소리와 신체언어를 선택한다. 말과 신체언어가 일치하지 않으므로 어떤 느낌인지 말하기가 상당히 어려움.

4. **진짜 메시지** : "나는 너를 걱정하면서 기다렸다. 전화하면 정말 예의바른 행동일 것인데 그러지 않아서 화가 난다."

1. **말** : "아이들한테 장난감 몇 가지 더 가져다 주지 그래."

2. **목소리와 신체언어** : 높고 노래하는 듯한 목소리. 상반신은 앞으로 기울임. 머리를 좌우로 흔든다. 손가락질을 함.

3. **듣는 사람의 해석** : 자신의 목소리와 신체언어를 선택한다. 목소리와 손가락질은 비평과 조롱으로 해석할 수 있음.

4. **진짜 메시지** : "집에 놀만 한 것이 없어서 걱정되는 구나. 지루하다고 하면서 거기 있지 않겠다고 할 것 같아서 걱정된다." 말하는 사람이 전에 사용한 손가락질과 노래하는 듯한 목소리는 분노의 표현이었으므로, 듣는 사람은 말하는 사람이 화가 났다고 넘겨짚기를 하면서 오히려 화를 냈다.

일치하지 않는 메시지를 사용하는 사람은 그러한 가족 병력이 있다. 사람들은 목소리와 신체언어를 이용한 대화를 신뢰하는 경향이 있다. 그러나 이런 메시지는 과잉일반화(Overgeneralization)에 의해 잘못 해석되기 쉽다. 그 이유는 특정한 자세와 억양은 항상 같은 의미로 해석될 수 있다는 믿음 때문이다. "그가 어깨를 으쓱거리는 것은 나한테 화가 났다는 의미이다." "그녀가 얼굴을 찡그리면서 손가락질을 하면 뭔가를 요구한다는 의미이다." "영주가 높고 쥐어짜는 듯한 목소리로 이야기할 때는 긴장했다는 의미이다." 과잉일반화는 동일한 자세라 하더라도 다른 의미가 있다는 것을 알지 못하게 한다. 잘못 해석하게 만드는 것이다.

_가족 병리(病理)

짐작하기

가족 내에는 표현을 해야 할 일과 해서는 안 될 것에 대한 규칙이 있기 때문에 가족 구성원간의 대화는 은밀해야 한다고 강요받는다. 가족 구성원들은 생략, 대체, 불일치 메시지를 통하여 자신이 원하는 메시지를 전달한다. 그렇지만 아무도 이해하지 못하는 경우도 발생한다. 만약 은밀한 대화내용을 이해하려면 독심술을 이용하게 된다. 은밀한 요청이나 느낌의 진정한 의미를 알기 위해서는 추측에 의존해야 한다. 자기 집에 벼룩이 득실댄다는 것을 알게 된 남자의 예를 들어보자. 이 남자는 이 문제에 대한 자신의 느낌과 요구사항을 말하지 않았으며 그의 아내는 남편이 또 고양이를 미워하는 행동이 시작되었구나 라고 추측만 했다. 남편은 집에 벼룩 살충제를 뿌리라고 요청했으며 문제가 무엇인지를 알아내고 사태의 심각성에 대해 동의해 주기를 바라고 있다. 만약 이 남자에게 대체하는 전략이 있었다면 그가 벼룩 때문에 화를 내는 것은 사실은 벼룩 때문이 아니라 새로 산 커튼 때문일 것이라고 생각할 것이다. 만약 불일치한 메시지가 있다면 사태는 더욱 악화된다. 손을 입술에 대고는 빠른 말투로 이야기한다면 그의 아내는 과잉 일반화에 의해 그의 남편이 미친 것처럼 화가 났다고 생각하게 될 것이다.

　이러한 추측작업은 결국 한가지 오류, 즉 실수를 초래하게 된다. 상대의 마음을 짐작했다면 어느 정도의 시간동안은 당신은 잘못된 상황에 대하여 대응해야 한다. 실제 상황이 아니라 당신이 이럴 것이라고 생각하게 되는 부분에 대해 반응을 하게 된다. 그리고 이러한 반응은 마치 무너지는 도미노처럼 연쇄반응을 일으키게 된다. 다음의 반응에 대해 생각해 보라. 영애의 남편은 집에 올 때 원하는 것은 평화와 고요함이었는데 그녀는 아들이 자기 열쇠를 현관에 두고 문을 잠그는 바람에 아들과 한바탕 말다툼을 했었다. 그녀가 남편을 맞이할 때는 몹시 감정이 불안한 상태였다. 그녀의 목소리는 높고 말의 일부를 생략하면서 말을 했다. 그리고 눈 마주치는 것을 피했다. 그녀의 남편은 과잉 일반화에 의해 영애의 목소리가 높고 말을 생략한다는 것은 화가 났다는 의미라고 해석했다. 그는 아내가 화를 내는 이유가 자신이 늦게 왔기 때문이라고 짐작했다. 그는 아내가 하루 종일 힘들게 일하고 온 자신을 배려하지 않는다고 생각하면서 스스로에게 화를 냈다. 병민은 화난 것을 표현하지 않고 다만 마루에 놓여 있는 장난감에 대해 불평하는 대체방식을 사용했다. 영애는 마음에 상처를 받았지만 그가 늦은 것에 대해 불평하는 것으로 대체 했다. 이러한 혼란의 원인은 짐작하기 때문이다.

　짐작하기의 함정을 벗어나기 위한 방법은 다음과 같다.

　　1. 당신이 말하는 사람이라면 자신에게 이렇게 물어 본다. "내가 보낸 메시지에 들어 있는 느낌, 요청, 인식은 무엇인가? 나의 목소리의 높낮이와 신체 언어는 메시지의 내용과 일치하는가?" 자신이

동시에 두 가지에 대해 이야기하고 있다고 판단되면 이 메시지를 두개의 개별적인 메시지로 분리하여 본다. 예를 들면, 지금 현재 화를 내지 않아야 한다는 규칙을 따라야 한다고 가정해 보자. 아이에게 방 청소를 요청하는데 화난 목소리로 손가락질까지 하고 있다고 하자. 이 경우 메시지를 다음과 같이 분리하여 표현하면 된다. "한 시간 내에 방을 말끔히 치워주었으면 한다. 오늘 아침에 너한테 그렇게 하라고 시켰는데 지금까지 아무 조치도 하지 않아서 나는 실망을 하고 화가 난다."

2. 당신이 듣는 입장이라면 온갖 모호한 메시지에 대해 짐작하기라는 전투를 하게 된다. 만약 신체언어와 목소리가 일치하지 않으면 관찰한 내용에 대해 편견 없이 그렇다고 말을 하라. 좀더 많은 것을 듣기 원한다면 그렇다고 말을 하라. "우리가 부엌 수리하는데 대해 이야기 할 때 당신은 어깨를 움츠른 체 바닥만 쳐다보고 있었어. 이 문제에 대해 뭔가 다른 느낌이 있어?" 다른 사람의 요구 사항과 느낌에 대해 가정할 때는 혹시 짐작하기를 하고 있지는 않은지를 확인해야 한다. 만약 짐작하기를 시작하면 자신 스스로 제동을 걸어야 한다. 자신의 마음을 잘 읽어보면 어떤 특정 형태의 가정을 연속적으로 사용하고 있다는 것을 알게 될 것이다. 사람들은 다른 사람이 화를 잘 내고, 실망을 잘 하며, 은밀하게 무엇을 요구한다고 생각하는 경향이 있다. 이러한 일반적인 가정을 자주 하게 되는 이유는 어떤 신체의 움직임이나 목소리의 높낮이를 융통성 없이 해석하는 과잉 일반화 때문이다.

동맹

　가족간에 동맹을 맺는 이유는 서로간의 금지된 느낌과 요구사항을 표현하기 위해서이다. 아들이 학교문제에 대해 이야기 할 때 아버지가 화를 내는 경우에도 어머니는 말을 하지 않고 듣기만 하는 경우가 있다. 이런 경우는 어머니도 아버지에 대해 부정적인 생각을 가지고 있기 때문일 것이다. 모자동맹이 체결되고 강화될수록 아버지는 고립되게 된다. 아버지는 다른 사람의 분노와 마음의 상처에 대해 듣기를 거부하게 되고 따뜻한 말이나 지원을 받지 못하게 된다. 아버지는 자신이 변방으로 밀려나는 것을 알게 되고 딸과 동맹을 맺으려고 할 것이다. 부녀간에는 어머니의 냉정함에 대해 불평하기도 하고 다른 가족과 마찰이 생겼을 경우 서로 도와주기로 비밀리에 결탁하게 될 것이다.

　형제간 동맹은 자녀들의 요구사항보다는 규칙준수에 더 초점을 맞추는 엄격한 부모를 대응하기에 아주 좋은 방법이다. 부모-자녀간의 동맹은 부모들이 중도에 포기를 잘하는 사람이거나 결혼생활에 환멸을 느끼고 있는 경우 도움이 된다. 일반적으로 서로 지원하고 더 많이 알기 위한 동맹 전략은 단기적으로 매우 도움이 된다. 그러나 가족의 행복에 있어서는 치명적이다. 동맹을 맺은 구성원들은 상대 구성원에 대해 공격하고 헐뜯기를 멈추지 않으며, 이런 분쟁은 아이들이 집을 나가거나, 부모가 이혼할 때까지 계속 되기도 한다.

　이러한 동맹의 독소를 해소하려면 서로 직접적 계약을 맺어야만 한다. 느낌이나 요구사항을 들어야 할 사람에게 직접 표현한다. (동맹의 실현을 위한) 비밀의 협조를 허용하지 않아야 한다. 예를 들면, 모자간의 동맹에 의하여 아들의 나쁜 학점을 아버지에게 보여 주지 않겠다는 합의사항은 모든 것을 공개하겠다는 합의를 함으로써 막아야 한다. 부부간 동맹에 의하여 아빠가 딸의 게으름에 대해 가혹하게 잔소리하는 것도 막아야 한다. 직접적 계약에 의해 잔소리를 직접 들어야 하는 사람에게 해야 한다. 이러한 계약에 의해 전 가족은 모두 동맹군이 된다. 서로간의 중요한 메시지에 대해 표현하고 듣는데 대해 지원해 주기로 동의한다. 두 사람간에만 공유했던 느낌과 요구 사항들은 모든 가족 구성원이 함께 공유해야만 한다.

은밀한 조정전략

모든 대화에는 무엇을 요청한다는 암시내용이 들어 있다. 상대방의 말을 듣고 관심만 보인다고 해도 대부분 상대방의 행동에 어떤 영향을 주게 된다. 그러나 문제는 많은 사람들이 무엇인가를 요청해서는 안 된다는 규칙을 가지고 있다는 사실이다. 이런 규칙을 가지고 있는 사람은 공개적으로 지지나 도움, 이해를 요청하지 않는다. 그렇기 때문에 무엇을 원하는지 알 수가 없게 된다. 그 결과로 사람들은 원하는 것을 얻기 위해 상대방에게 은밀한 조정전략을 사용하게 된다. 다음의 가족 구성원간의 8가지 조정 전략은 병리가 있는 가족들이 자주 사용하는 방법이다.

비난과 심판

비난을 잘하는 사람은 자신의 요구와 맞지 않으면 다른 가족 구성원을 공격한다. 그들이 원하는 것은 가족생활에서 좀더 많은 지원과 사랑, 도움이다. 가족들이 진정 그를 사랑해 주면 일찍 귀가하고 아이들과 더 잘 놀아 준다. 이런 사람들의 주무기는 경멸적인 언어이다. 이런 사람들은 도베르만 사냥개가 급소를 공격하는 것처럼 상대방의 상처받기 쉬운 자존심을 공격한다. 어떤 사람들의 공격방법은 예술에 가깝다. 그들의 공격 언어는 날카로운 빈정거림으로 이루어지며 겉으로는 재미있게 보이지만, 상처를 깊이 남기는 것들이다. 또 다른 유형의 사람들은 비논리적인 요구를 하며, 만약 거부당하면 '당연한' 격분을 하게 된다. 가족들의 실수를 사리에 맞게 찾아냄으로써 자기가 원하는 것을 얻는다. 따라서 가족들은 불평을 하면서도 그를 도와주게 된다. 이런 방법의 문제는 오래 지속될 수가 없다는 것이다. 초기에는 이런 방법을 사용하면 가족들은 상처받기 싫어서 원하는 대로 행동을 하지만 비난자의 칼날은 무뎌지기 마련이다. 가족들은 점점 이런 공격에 둔감해 지고 감지하지 못하기도 한다. 한때 효과가 있었던 이런 전략은 점차 영향력을 상실하게 된다. 그리고는 그에게 남는 것은 무력감에 대한 끓어오르는 분노뿐이다.

죄의식을 유발함.

이러한 전략은 모든 사람들은 자기가 착해지려고 노력하기 때문에 가능한 방법이다. 착한 사람들은 다른 사람들을 돌보는데 자신의 시간과 정력을 쏟아야 한다. 이런 사람들은 가족들에게 자신이 고통 속에 있다는 것을 은근하고, 슬프게 표현함으로써 죄의식을 느끼게 한다. 가족들이 정말 그를 사랑한다면 무언가 조치를 취해야 한다. 그들이 좋은 사람이라면 밖에 나가 영화를 보는 대신 집에서 함께 있어야 한다. 정말 사랑한다면 잔디를 손질해야 한다. 죄의식을 유도하는 가장 좋은 방법은 자주 한숨을 내쉬고, 죄를 저지르고 실수를 한다는 생각이 나게끔 매우 비참한 표정을 지으면서도 나는 괜찮다고 말하는 것이다. 이 방법은 효과가 크다. 사람들은 당신이 원하는 대로 하지만 속으로는 미워하게 된다.

동정심을 유발함.

이 전략은 죄의식보다는 측은한 마음을 들게 만드는 방법이다. 무력하고 동정심을 유발하는 행동을 한다. 슬픈 이야기, 힘없이 으쓱하는 어깨 등을 목표한 사람에게 한껏 나타내 주는 것이다. 동정심을 유발하는 전략은 특정 시점에는 최대의 효과를 발휘하기도 한다. 그 효과가 떨어지기 시작하면 가족들은 끝없이 문제를 꺼내는데 대해 화를 내게 된다.

공갈

이런 사람들은 보통의 다른 가족들이 하고 있는 그 무엇을 하지 않겠다고 협박한다. 성 관계의 거부나, 저녁식사준비를 하지 않거나, 생일 때 아무 것도 하지 않겠다는 공개적이거나 은밀한 제안을 하게 된다. 어떤 공갈자들은 가족을 떠나겠다는 위험한 협박을 하기도 한다. 아이들에게 용돈을 주지 않겠다고 협박해 본 부모들은 만약 그런 위협을 실천하지 않을 경우 효과가 없어진다는 사실을 곧 알게 된다. 공갈은 공갈을 하는 사람을 더 어려운 상태로 속박하기도 한다. (곧 무시될) 공허한 위협을 하든지 혹은 악의에 차고 파괴적인 계획을 그대로 수행해야 하든지를 선택해야 한다. 만약 실행한다면 가족 구성원들은 정말 상처를 받게 되며 그 사람을 진정으로 미워하게 될 것이다.

뇌물

이 전략은 아첨, 친절, 애정을 표현하여 다른 가족구성원의 변화를 유도하는 방법이다. 이런 사람들은 수도꼭지를 열고 잠그는 것처럼 성 관계를 맺는다. 뇌물 공여자가 원하는 경우에만 관심과 지원을 하게 된다. 다른 은밀한 조정전략처럼 이 전략도 단기적인 효과만 있다. 장기적으로는 뇌물 공여자의 성실성과 진정함에 대한 신뢰를 상실하게 된다. 분노가 자리 잡게 된다.

달래기

잘 달래는 사람들은 환영을 받는다. 이런 사람들은 마찰을 두려워하여 어떠한 희생을 감수하고서도 피하려고 한다. 상대를 기쁘게 하려하고, 환심을 사려고 하며, 인정을 받으려 한다. 이런 사람들은 쉽게 사과를 한다. 자신을 좋아하게 만들고 자신에게 부탁하게 만든다. 동의도 잘하며, 다른 사람을 위해 일도 많이 하기 때문에 가족들은 그의 요구를 거절할 수가 없다. 그리고 전에 그랬던 것처럼 앞으로도 친절하고 자기희생적으로 생활할 것이다. 잘 달래는 사람의 문제는 가족들이 그를 그런 사람으로 인정해 버리는데 있다. 결국 이런 사람은 오랫동안 누적되어 온 분노의 순교자가 되어 버리게 된다. 그는 가족들과 "네가 잘하면 나도 잘 할 것이다." 라는 협정을 맺고 있다고 생각하지만 가족들은 이 암묵적인 거래에 대한 자신들의 조건을 지키지 않는다.

냉정하게 대함.

이 전략은 꽉 다문 입, 침대에서 돌아눕기 등의 웅변적인 침묵상태를 이용하는 전략이다. "나에게서 그 무엇도 기대하지 마라." 라고 메시지를 보내는 것이다. 이 전략은 사람을 놀라게 하므로 효과가 있다. 아이들은 특히 부모의 사랑에 의해 생존해 나가기 때문에 갑작스러운 냉정함에 엄청나게 취약하다. 그러나 애정을 주지 않겠다고 하는 것은 큰 상처를 남길 수 있는 무기이므로 그 어떤 행동보다도 큰 영향을 미친다. 자녀들과 부모들은 서로를 믿지 않게 된다. 비밀스러운 분노가 커져 가면서 인간이 보유하고 있는 가장 소중하고 꼭 필요한 감정 에너지를 상실하게 된다.

병세가 나타남.

앞의 모든 방법이 실패하게 되면 자신이 원하는 것을 더 이상 얻을 수 없게 되기 때문에 특이한 증상을 보이게 된다. 두통이 나타나고, 술을 마시게 되며, 우울증을 느끼거나 충동적인 구매를 하게 됨으로써 가족으로부터 신뢰를 잃게 된다. 아이들은 학교에서 싸움을 하거나, 가출을 하고, 천식이 악화되고, 형제들을 공격한다. 이러한 행동들은 자기가 요구하는 것을 얻고자 하는 내면적인 시도들이다. 아빠는 두통 때문에 직장을 쉬기도 한다. 질 내 통증 때문에 여성들은 성적으로 공격적인 배우자로부터 잠시 해방되기도 한다. 아이들은 천식 때문에 아주 특별한 관심을 받게 된다. 병 증세를 나타내 보이는 것은 아주 효과가 좋지만 이 사람들로 인하여 고통을 받는 사람과의 관계가 멀어 지게 된다. 남편은 결국 아내의 우울증을 치료하기 위하여 휴가를 떠나지만 몇 달 동안은 휴가 다녀온 대가를 치르기 위해 남편으로부터 고통을 겪어야 한다.

은밀한 조정 전략은 자신의 요구와 느낌과 인식을 표현하면 안 된다는 규칙을 가지고 있는 사람에게만 필요한 전략이다. 두 명 이상의 가족이 자신의 말을 하는데 제한을 받고 있다면 결과적으로 초래되는 은밀한 전략은 가족모두의 시스템이 되어 버린다. 이러한 가족제도가 어떻게 작용하는지를 다음의 두 가지 예에서 볼 수 있다.

순교자

아무리 어려워도 가족에게 도움이나 지지를 요청하지 못하는 경숙의 예가 바로 순교의 예라고 할 수 있다. 그리고 다른 사람에게 화를 반드시 내야 한다는 증거 없이는 절대로 화를 내지 않는다는 규칙도 가지고 있다. 그녀는 일주일 내내 요리, 청소, 가족들 뒷바라지를 하면서도 주문한 상품을 우편으로 보내는 조그마한 사업을 하고 있다. 버는 돈은 모두 아들의 사교육비로 지출한다. 집안 일을 할 때 도움이 필요하고, 그녀의 헌신에 대해 인정을 받기 원하며, 당연히 그런 일을 해야만 하는 사항에 대해 분노를 표현하고도 싶어한다. 그녀는 자신의 요구사항을 표현하는 것을 생략하고 있다. 그 대신에 비난을 하고 있다. 그녀는 아들이 자신의 모든 시간을 다 빼앗아 간다고 하고 있으며 남편은 게으르다고 하면서 자신을 가정부 취급한다고 비난한다.

아이들도 자신의 분노를 표현하지 못하도록 교육을 받았다. 아이들은 방을 어지럽히거나, 늦게 귀가하거나, 친구들 앞에서 엄마를 당황하게 만들면서 자신의 느낌을 은밀하게 표현하고 있다. 그녀의 남편은 그가 느낀 점을 표현할 때 일치하지 않는 메시지를 사용하고 있다. 그는 "맞아, 맞아. 당신은 정말 열심히 일을 해. 우리는 물론 잘 알고 있어." 라고 말했다. 그는 주머니에 손을 넣고 벽에 기대어서 크고 빠른 목소리로 말했다. 경숙은 남편의 신체 언어를 자신은 상관하지 않겠다는 메시지로 받아 들였다. 그녀는 아이들도 자신에게 별로 관심을 두지 않는다고 추정했다. 그 결과 그녀는 자신의 요구사항을 충족하기 위해 비난을 시작한 것이었다. 그러자 아이들은 자신들의 방을 마구 어지럽혔으며 남편은 냉정한 태도로 "알아, 알아, 당신은 정말 열심히 일해." 라고 반복하여 말함으로써 일치하지 않는 메시지를 보내게 되었다.

이 가족의 문제는 누구도 자신의 문제를 직접 이야기하지 않는데 있다. 아이들은 자신의 분노를 표현하지 못하며, 아내는 다른 가족들의 수동적-공격적(passive-aggressive : 삐딱한 태도를 보이거나 자학적인 행동) 행동에 대해 "나는 상관하지 않는다." 라고 허석하고 있다. 남편도 자신의 분노를 표현하지 못하고 있다. 그는 크고 빠르게 말함으로써 평상시와 같다는 모습을 부연하고 있다. 그의 행동 역시 나는 상관하지 않는다." 라고 해석되고 있다.

만약 경숙이 다음 세 가지를 하였다면 이러한 가족 시스템은 제거될 수 있었을 것이다. (1) 그녀가 원하는 도움과 인정을 남을 심판하지 않으면서 요청한다. (2) 비난하지 않고 화났다는 것을 표현한다. 자신의 느끼는 것을 표현한다는 의미이며 다른 사람의 자존심을 공격하라는 말이 아니다. "나는 고통스러워. 정말 이런 느낌이 싫어."라는 것은 분노의 표현이며, "나는 고통스러워. 나쁜 사람들이 날 이렇게 만들었어."는 비난의 표현이다. (3) 남편이 진정 보내려는 메시지가 무엇인지를 짐작하지 않고 직접 물어 본다.

신혼부부

상호는 32세이고 수영은 35세이다. 그들은 요란한 결혼식을 끝내고 제주도에 신혼여행을 다녀 온 후, 그들의 아파트로 돌아 왔다. 상호는 음식점에서 밤 10시까지 일을 한다. 하지만 그는 동료들과 술 한잔하면서 어울리는 경우에는 1, 2시간 늦게 귀가하기도 한다. 결혼 후 한 달이 지나자 상호는 늦게 귀가하는 일이 잦아졌다. 수영은 불안한 생각이 들었다. 그를 잃을지도 모른다는 생각이 든 것이다. 그녀는 상호가 술집의 여자들과 어울리는 상상을 한 시간 동안 하게 되었다. 그녀는 자신의 불안감이나 상실에 대한 두려움을 표현하지 않는다는 규칙을 가지고 있다. 그녀는 자신의 느낌을 숨기면서 죄의식을 유도하기로 결정했다. 그녀는 상호에게 자신은 불면증에 걸렸으며 11시가 지나면 아무 일도 손에 잡히지 않는다고 했다. 그렇지만 상호의 행동에는 변화가 없었기 때문에 이번에는 공감 전략을 사용하기로 했다. 그녀는 상호가 늦게 귀가하는 것이 밖에서 바람을 피우는 것이라 해도 상관하지 않겠다고 말했다. 그래도 문제가 계속되자 그녀는 남편에게 11시가 지나서 들어오면 친구 집으로 가 버리겠다고 말했다.

상호는 표현하지 못하는 느낌이 있었다. 결혼을 하고 나자 그는 알 수 없는 무력감과 냉담함을 느끼게 되었다. 그는 갑자기 아무런 즐거움이 없는 계약을 한 것 같은 생각이 들었다. 또한 그가 독신일 때 누렸던 즐거움을 갈망하는데 대해 죄의식을 가지고 있었다. 상호는 부정적인 생각을 나누지 않는다는 규칙을 가지고 있다. 그는 두려움과 죄의식을 분노로 대체했고 수영이 자신의 일에 너무 간섭한다고 공격했다. 한번은 냉정하게 대하는 방법을 사용하기도 했다. 그는 이성적으로 말을 하고 있었지만 그의 목소리와 신체 언어는 퇴각을 의미하고 있었다.

이러한 일치하지 않는 메시지를 알게 된 수영은 상호가 결혼생활을 그만 두고 싶어한다고 짐작하게 되었다. 그녀가 그녀의 친구 집으로 가겠다는 협박은 아무 소용이 없었다. 마지막 수단으로 그녀는 특별한 증상을 보여 주기 시작했다. 상호가 늦게 오는 날에는 술을 마셨다. 상호는 그녀의 음주에 대해 혐오감을 느끼게 되어 그의 표현하지 않는 두려움과 불안은 커져만 갔다.

만약 상호와 수영이 서로 직접적으로 대화했다면 이러한 가족 시스템은 해결될 수 있었을 것이다. 둘 다 두려움을 가지고 있었다. 그리고 둘 다 자신을 괴롭히는 느낌을 표현하지 않아야 한다는 규칙을 가지고 있었다. 상호는 자기가 늦게 올 때 그녀가 무슨 생각을 하고 있는지 알고 싶었다. 그녀는 어떤 두려움 때문에 상호가 직장에서 늦게 귀가하는지를 알고 싶었다. 그러한 느낌은 갑자기 사라지지 않지만 은밀한 조정전략을 사용하는 것은 오히려 더 오랫동안 문제를 야기한다. 만약 모든 것을 공개했다면 수영은 자신의 안전의 요구를 충족할 수 있는 일에 초점을 맞출 수 있었을 것이다(예를 들면, 11시가 지나면 전화를 할 것). 상호는 자신의 자율권에 대한 요구사항을 직접적으로 표현할 수 있었을 것이다(예를 들면, 친구 만나는 시간을 정할 수 있는 것).

_가족간 건전한 대화를 유지할 수 있는 방법

가족간의 건전한 관계를 유지할 수 있는 가장 좋은 방법은 가족 구성원간에 자신이 느낀 것, 본 것, 원하는 것을 자유롭게 말하도록 하는 것이다. 이러한 목적을 달성하기 위해서는 다음과 같은 두 가지 연습을 해 본다.

검사
가족 구성원이 마음을 괴롭히거나 혼란스러운 말을 할 때 다음과 같이 써 본다.

1. 단어 : 메시지에 실제 사용된 내용
2. 목소리와 신체 언어 : 말의 빠르기와 높낮이, 자세와 얼굴표정을 기억하여 써 본다. 어떠한 몸짓을 했는가?

3. 당신의 해석 : 말의 내용과 목소리, 신체언어가 일치하는 지를 확인한다. 만약 일치하지 않았다고 한다면 당신은 어느 쪽을 믿는가? 진정한 메시지는 무엇이라고 생각하는가?

4. 진짜 메시지 : 명확한 이해를 위하여 가족 구성원들에게 물어 본다. 단어와 비언어적 신호의 어떠한 상이점에 대해서든 심판하는 태도를 취하지 않고 설명해 본다. 빠진 느낌이나 요구사항이 있는지를 물어 본다. 이 내용과 당신이 가정한 내용을 비교해 본다.

이러한 연습을 하면 당신이 상대방의 메시지에서 알고자 하는 정보를 요청할 수 있게 되어 상대방의 마음을 짐작하지 않아도 된다. 적어도 2주 동안 매일 이런 연습을 한번 이상 실시한다. 그 연습이 끝나게 되면 사람들이 가족구성원이 보내는 메시지에 대해 어느 정도의 왜곡이 있었는지를 알 수 있게 될 것이다.

상대방의 마음을 짐작하려는 경향은 자연스러운 것이다. 중요한 정보나 느낌은 종종 생략되거나 신체적 언어를 통해서만 나타나기 때문에 '진짜' 메시지를 알기 위해서 추측하는 버릇이 생기게 된다. 하지만 추측이 항상 맞는 것이 아니기 때문에 문제가 발생한다. 수영은 남편이 결혼생활을 떠나고 싶어한다고 짐작했기 때문에 고통스러운 가족 시스템을 더욱 악화시키기만 했던 것이다.

자신의 소리에 귀를 기울인다.

이 연습은 자신의 생략, 대체, 일치하지 않는 메시지가 무엇인지를 밝히기 위한 것이다. 대화가 고통스럽거나 문제를 야기한다고 생각이 되면 다음과 같이 써 보라.

1. 단어 : 당신이 한 말 중에서 처음 4, 5개 문장을 써 본다.
2. 목소리와 신체 언어 : 목소리는 어땠는지, 자세는, 손은 어떻게 했
   었는지 기억해 본다. 그러한 목소리와 자세, 손을 이용하여 무슨
   말을 했는가?
3. 당신이 대화도중에 표현하지 않았던 느낌은 무엇인가?
4. 은밀한 조정전략이 있었는지 살펴본다 : 당신의 메시지 중에서
   그러한 전략을 사용한 부분이 있었는가?
5. 메시지를 다시 써 본다 : (만약 정확하다면) 당신 메시지 최초에
   담겨 있던 내용과 당신의 신체나 목소리가 표현한 메시지를 합
   하여 써 본다. 자신이 생략한 것을 인식하지도 못했던 느낌과 요
   구 사항들을 모두 포함해야 한다.

대중과의 대화기술

Public Skills ···✈ VI

1. 다른 사람을 변화시키는 방법
⋯➤ Influencing Others

사 람들이 대화를 하는 중요한 이유는 다른 사람에게 영향을 미치기 위한
시도를 함으로써 자신이 원하는 방향으로 상대방을 변화시키고 행동하
게 만들어서 원하는 것을 얻기 위해서 이다. 그러나 많은 사람들은 방법을 모르고
있다. 그러나 얼마 지나지 않아 친구, 가족, 직장동료는 자신들을 방어하면서 당신
을 밀어내기 때문에 실망하고 고통을 느끼게 된다. 보통 사람들은 다음의 예시처럼
다른 사람에게 영향을 미치려 한다.

민정 : 옆집에 놀러 가요. 정말 재미있는 사람들이잖아요.

수철 : 나는 피곤해요.

민정 : 당신은 항상 피곤하군요. 마치 강시 같아요. 잠시나마 밖에
　　　나가서 친구와 보낼 수가 없어요. 항상 당신은 소파에 눌러
　　　앉아서 그 탐정소설이나 읽고 있으니 말이죠. 가끔은 그러자

고 하면 안되나요? 작은 즐거움에 동의하면 말이에요.

수철 : 내가 무슨 말을 하겠어. 여보. 난 정말 피곤해요.

민정 : (크게 소리치며) 정말 아무 소용이 없군요. 우리 둘 사이에는 아무 것도 되는 게 없어요. 정말 심각하게 생각해 봐야겠어요.

수철 : 우린 잘하고 있어, 그렇지 않아요?

수철이 변화하기를 바라면서 민정이 사용하는 전략은 아무런 소용이 없다. 비난하고 비판하는 행동은 수철을 더욱 완고하게 행동하게만 만들었다. 민정은 다시 협박 전략을 사용했지만 수철은 빈정거리면서 한발 물러났다.

다른 사람의 행동에 영향을 미치는 것은 변화의 원칙을 이해해야만 가능한 일종의 기술이다. 다른 사람에게 영향을 미치는 기술을 배우려면 먼저 변화를 초래하지 못하는 원인이 무엇인지를 알아야 한다.

_비효과적인 전략

비난하기, 비판하기, 불평하기에 들어 있는 기본적인 메시지는 상대방이 악하거나 틀렸다는 것이다. 이런 경우 사람들은 품위와 공정성과 애정의 기본 규칙이 침범 당했다고 생각한다. 누군가가 그 규칙을 어기면 마치 당신은 상대방을 그 규칙을 준수하도록 종용할 수 있는 모든 권리를 가지고 있는 것처럼 느끼게 된다.

위협

내가 말 한대로 하지 않으면 너에게 상처를 주겠다. 네가 가장 좋아하는 것을 뺏어 가겠다. 화를 내서 겁을 내게 만들겠다.

과소평가

다른 사람이 당신이 원하는 대로하지 않는다면 그는 아무 쓸모가 없다. 만약 그렇다면 그는 흠이 있고, 바보이고, 경멸의 대상이다.

토라지거나 물러나기

내가 말하는 대로 할 생각이 없다면 나는 너를 도와주지 않을 것이다. 이 전략은 잠시동안의 침묵에서부터 상대방을 버린다는 협박에 이르기까지 다양하다.

이런 전략이 효과가 없는 이유는 모두 같다. 상대방에게 책임을 전가하고 상처를 주기 때문이다. 사람들이 이런 방법을 많이 사용하는 이유는 두 가지이다. 첫째, 이러한 변화전략은 기능장애가 있는 가족들이 사용하는 모델이기 때문이다. 서로에게 영향을 미치기 위해 상처를 주는 가정에서 자랐다면 당신도 같은 행동을 하게 된다. 왜냐하면 이러한 행동이 당신이 보아 온 것들이며 배운 것이기 때문이다. 이러한 행동이 자주 사용되는 또 다른 이유는 초기에는 효과가 있기 때문이다. 만나서 얼마 되지 않았고 상대가 아직 당신을 즐겁게 하기 위해서 안달한다면 비난, 협박, 과소평가, 물러나기 등은 강력한 동기부여가 된다. 그러나 시간이 지나면서 사람들은 당신의 생각에 대한 배려를 하지 않게 되면 그 힘을 상실하게 된다. 수개월 혹은 수년이 지나면서 이러한 전략은 주변 사람들을 방어적이며 당신을 싫어하게 만든다. 그들은 듣기를 거부하고 돌봐주기도 거부하며 가장 날카로운 비난에도 움직이지 않는 감정의 갑옷을 입게 된다.

특히 협박은 매우 실망스러운 전략이다. 협박을 받은 상대방은 처음에는 상당히 당신이 원하는 대로하려고 노력할 것이다. 상대방은 눈에 띌 정도로 애를 쓰면서 당신을 즐겁게 하려고 하지만 상대방이 변화하려고 노력하는 이유는 두려움 때문이다. 그러기 때문에 두려움이 지속되는 동안에만 효과가 있다. 위협이 줄어들거나 잊혀지게 되면 과거의 행동이 다시 나타나게 된다.

많은 사람들은 이런 비효과적인 전략을 사용하여 영향을 미치려고 하는 이유는 화가 나 있기 때문이다. 이런 사람들은 다음과 같이 생각하면서 자신을 합리화한다. "X는 그로 인하여 내가 얼마나 고통받고 불행해지는지를 알아야 한다. 그렇기 때문에…" 이런 사람들은 자신의 불행을 완화시키고 기분을 좋게 만들기 위해서는 다른 사람이 변화해야만 한다는 강력한 믿음을 가지게 된다. 그러나 사람들이 당신의 불행에 대한 행동이 변화하기 위해서는 두 가지 조건이 맞아야 한다. 첫째, 당신이 변화를 원하는 사람은 당신과 강력한 감정적 유대가 형성된 사람이어야 한다. 당신이 불행하면 그들도 불행하게 되는 관계라는 의미이다. 둘째, 그들의 요구사항, 두려움, 제한 조건은 현재 상태를 유지하기 위해 압박하는 상태가 아니어야 한다. 다시 말하면, 그들이 원하는 것도 현재 상태의 변화여야 한다는 것이다. 주어진 시간 내에서나, 주어진 문제 내에서는 두 가지 조건을 모두 충족하는 경우가 드물기 때문에 당신의 고통은 다른 사람들에게 거의 영향을 미치지 못하게 된다.

_효과적인 전략

반드시 기억해야 하는 중요한 원칙은 사람은 상대방이 원할 때 변화하는 것이 아니라 자신이 원하는 경우에만 변한다는 것이다. 사람들은 다른 사람에 대한 두려움이나 상대방의 요구사항에 때문에 그들이 원하는 방향으로 반응하였기 때문에 현재도 대부분 동일한 반응을 나타낸다. 이러한 강화요인은 사람들에게 강력한 영향을 미치기 때문에 오히려 변화가 일어나기 어렵다. 그리고 상대방에 대해 변화를 요구하는 정도가 강하지 않기 때문에 변화가 일어나기 어려운 경우도 있다. 그렇기 때문에 사람들이 가지고 있는 두려움과 요구사항 때문에 당신은 아무런 요구를 못하게 될 수도 있다.

호영과 그의 여자친구의 예를 보자. 그는 그녀에게 좀더 과거에 대해 많이 솔직하게 이야기해 주기를 원하며 같이 보내는 시간에 대해 어떻게 느끼고 있는지를 말해 주기 원하고 있다. 그렇지만 그의 여자친구 혜영은 서로 놀리고 바보취급하고 서로 알고 있는 정보를 상대방에게 상처주기 위한 수단으로 사용하는 가족 분위기에서 자랐다. 그녀의 언니는 그의 일기를 보고는 창피했던 순간을 적어 놓은 부분에 대해 몇 번이나 말하곤 했다. 혜영은 자신이 웃음거리가 되는 것을 두려워했으며 자신의 비밀이 보장되고 누구도 자신을 공격하지 않기를 바랐다. 그렇기 때문에 호영의 요구가 아무리 적절하고 좋은 의미를 가지고 있었다 하더라도 그녀가 어렸을 때 겪었던 치명적인 상처를 치유할 수가 없었다.

사람들이 과거의 강력하고 복합적인 강화요인에 의해 과거와 같은 행동을 한다면 그 사람을 변화시키기 위해서는 그 사람의 행동을 방해하는 요인부터 바꾸어야 한다. 다시 말해, 호영이 혜영의 행동이 보다 개방적으로 변화하기를 기대한다면 그녀가 좀더 비밀이 보장되고, 두려움을 덜 느끼고 놀림을 덜 받고 있다고 느낄 수 있는 방법을 찾아야 할 것이다.

　다른 사람에게 영향을 미치기 위한 효과적인 전략은 두 가지로 요약할 수 있다. 긍정적인 강화요인과 부정적인 결과이다.

긍정적인 강화요인

　다른 사람의 행동에 영향을 미칠 수 있는 긍정적인 강화요인에는 4가지가 있다.

칭찬

　상대방이 자신이 원하는 방향과 비슷한 행동을 한 적이 있다면 그 행동을 칭찬한다. 과거의 유사한 행동에 대해 칭찬하는 것은 "당신의 그러한 행동에서 선함과 가치를 본다." 라고 말하는 것이기 때문에 효과가 큰 강화요인이라고 할 수 있다. 사람들은 존경받고 싶어하고 칭찬 받고 싶어한다. 칭찬은 가치 있는 선물을 하는 것이며, 동시에 당신의 원하는 방향으로 상대방을 유도할 수 있다.

거래

　"네가 나에게 이렇게 하면 나는 이렇게 하겠다." 라고 하는 것이다. 생활하면서 많은 작은 거래를 하게 되며 이러한 거래 때문에 생활하기가 더 쉬워진다. "만약 네가 저 큰 나무를 손질하면 나는 너에게 마사지를 해 주겠다." "만약 그 보고서를 시간 내에 써 주면 다음에는 더 재미있는 숙제를 내 주겠다." "차까지 같이 가주면 너를 집까지 태워 주겠다." "이번 주

할머니한테 갈 때 동행할 수 있겠니? 그러면 가장 맛있는 식당에서 저녁을 사 줄 수 있다." 거래하는 것은 감정을 보이지 않는 뇌물처럼 보이기도 하지만 문제가 되지는 않는다. 상대방의 요구사항을 알아내서 당신이 원하는 방향으로 하면 그의 요구사항을 충족시켜 주는 이러한 거래는 효과가 있다.

보상

사람들에게 영향을 미치는 가장 효과적인 방법은 우호적인 강제력을 보여 주는 것이다. 보상을 하는 것은 거래와 비슷하지만 원하는 행동을 하도록 상황을 짜맞춘다는 점에서 다소 다른 방법이다. "나와 쇼핑가자. 상점에는 아주 큰 서점이 있다. 너는 거기서 마음대로 돌아다니면서 새로 나온 위인전기가 있는지 알아 볼 수 있단다." "네가 영희의 생일파티를 준비하는데 도와준다면 적어도 우리는 정리하는 동안 이야기하고 같이 다닐 수 있다." "나는 강릉에 가보고 싶어. 너는 기차 타는 것을 좋아하지. 거기 가면 우리는 동해바다에 갈 수 있고 동해안 고속도로를 타고 화진포에도 갈 수 있어." 어떠한 보상이 있다는 것을 제시하면 서로가 서로의 요구사항의 중요성에 대해 알게 되고 계획도 같이 세우게 된다.

구두 및 비언어적 신호를 이용한 호의적 평가

말로 고맙다고 하는 것은 필요하다. 그러나 상대방이 당신이 원하는 행동을 했을 때, 껴 안거나, 어깨를 두드리거나, 따뜻한 미소를 보내거나, 고개를 끄덕이거나, 만족스럽다는 표정을 짓는 것도 강력한 동화요인이 된다. 상대방의 행동에 대해 호의적인 평가를 하는 것은 고마워하고, 만족하고, 가치를 두는 것이라고 할 수 있다. 그렇게 하면 상대방은 동일한 행동을 반복하게 되고 당신도 계속하여 원하는 것을 얻을 수 있다.

부정적인 결과

부정적인 결과 전략은 긍정적인 강화요인 전략이 아무 효과가 없을 때에만 최후로 사용해야 한다. 분노와 적개심을 이용하여 상대방을 협박하는 이 방법은 상대방으로 하여금 당신에게 협조하여 즐겁게 하겠다는 열망을 줄어들게 한다. 그러나, 부정적인 결과 전략이 상대방의 행동에 확실한 충격을 주는 경우에는 상대방의 행동의 변화를 확실하게 초래하는 동기가 된다. 영향을 미칠 수 있는 부정적인 결과전략은 세 가지 형태가 있다.

원하지 않는 행동을 하는 경우 보상을 중단한다.

누군가가 시간에 맞추어서 움직이기를 원한다면 끝도 없이 준비하고만 있는 그 사람을 더 이상 기다리지 마라. 정시에 그를 남겨두고 떠나라. 누군가 옆에 있는 사람이 더 이상 술을 마시지 않게 하고 싶다면 그 사람이 첫 술잔을 따르기 전에 떠나라. 당신이 그 자리에 머무르면 상대방은 음주라는 보상을 받게 된다. 만약 같은 방을 쓰는 친구에게 설거지를 시키고 싶다면 그의 차례에는 설거지를 하지 마라. 상대방의 원하지 않는 행동에 대해 동일한 행동을 함으로써 보상한다면 상대방에 대한 영향력을 발휘하려는 당신은 낙담만 하게 될 것이다.

상대방이 당신이 원하는 행동을 할 수 없거나 하지 않을 때는 당신의 요구를 만족시킬 수 있는 자기 보호전략을 계획한다.

남편에게 집안 일을 도와달라고 했을 때 계속 거절한다면 당신은 자기의 업무량을 줄이는 방법을 찾아 보라. 남편이 도와주지 않는 것에 대한 결과는 남편의 빨랫감을 그대로 내버려두거나, 남편을 위한 요리나 쇼핑을 하지 않는 것이라는 것을 보여 준다. 친구가 물건을 빌려간 후 돌려주지 않는다면, 물건을 돌려 받을 때까지 물건을 빌려주지 않는 것이다. 남편이 당신이 원하는 시간에 집에 오지 않는다면 당신이 취할 수 있는 자기 보호전략은 남편이 집에 오기 전까지 밖에서 영화를 보거나 친구를 만나는 것이다. 자기보호전략을 사용할 때는 벌을 준다는 인상을 주거나 상대방이 잘못 행동하고 있다는 것을 암시하는 화난 듯한 목소리로 대응해서는 안 된다. 다만 다른 사람의 도움 없이 자신의 요구사항을 충족시키는 행동들인 것이다.

자연스러운 결과를 보여준다.

점심식사 약속에 항상 늦는 사람과는 더 이상 같이 식사하지 말아야 한다. 같이 공식모임에 참가했을 때 점잔치 못한 행동을 하는 사람과는 같이 가지 않아야 한다. 같이 모임에 참석한 친구가 당신이 피곤하다고 해도 떠날 생각을 하지 않는다면 친구 혼자 집에 가도록 당신이 먼저 자리를 떠나야 한다. 자연스러운 결과가 성공할 수 있는 비밀은 일을 꾸미지 않는다는 것에 있다. 어떤 행동에 대한 보통의 자연스러운 결과인 것이다. 아이들이 등교시간이 다되어도 옷을 다 입고 있지 않고 있다면 무엇을 입고 있든지 그냥 떠나자고 한 다음 등교하는 차안에서 옷을 입도록 한다.

_ 변화를 초래하기 위한 계획

이제 다른 사람의 행동을 변화시킬 수 있는 계획을 수립할 때이다. 이 계획은 6가지로 구성되어 있다.

직접적인 요청

행동이 변화하기를 원하는 사람을 선정한다. 그 사람의 문제 중에 한 가지를 선택한다 (만약 여러 가지 문제를 동시에 정하는 경우 초점이 흐려져서 일의 진행이 어렵게 된다). 먼저 변하기 원하는 행동들을 상세하게 적어 본다. 상대방의 느낌, 태도, 인식의 변화를 요청하는 것은 아니라는 의미이다. 보통 사람들은 이런 부분을 쉽게 바꾸지는 않는다. 요청해야 하는 부분은 다만 특정한 행동의 변화만을 요청해야 한다. "만약 6:30분까지 집에 올 수 없으면 전화해 줘요." "함께 이번 주 토요일의 소풍 계획을 만들어 볼 수 있어요?." "내가 말할 때는 책을 읽는 척하거나 다른 곳을 보지 말고 잘 들어 줄 수 없나요?" 요청사항에는 변화를 원하는 구체적인 행동을 포함해야 한다.

요청사항을 기재했다면 둘 다 감정적으로 편안한 상태에 제안해야겠다고 마음을 정한다. 물론 상대방은 요청사항을 거부할 수 있다. 동의한다 하더라도 몇 일이나 몇 주 지나지 않아서 모두 잊어버릴 수도 있다. 직접적으로 요청을 해도 기계적으로 변화가 충분히 일어나지 않는다면, 다음 단계의 계획을 실행해야 한다.

칭찬

앞에서도 언급했지만, 칭찬은 바람직한 행동을 한 그 시점에 초점을 맞춰야 한다. "당신이 _____ 행동을 했을 때 정말 좋았어요. _____을 한번 더 할 수 있어요?" (행동을 한 시점을 정확히 이야기한다.) "당신이 _____한 행동 때문에 정말 기분이 좋아." "나는 당신이 _____한 행동을 했을 때 정말 (긍정적인 경험을 상세히 이야기하면서)_____ 했다." "당신이 _____ 행동을 했을 때 정말 친근감을 느꼈다." "당신이 _____ 할 때 정말 고마웠어. 정말 나한테는 색다른 느낌이었어." (경험을 상세하게 설명한 다음 말한다.)

어떤 경우에는 칭찬과 직접적인 요청을 동시에 사용할 수도 있다. 과거에 당신이 좋게 생각했던 행동을 설명해 주고 지금 다시 그 행동을 해 달라고 요청하는 것이다.

거래

어떤 거래를 할 것인지에 대해 상세한 대본을 작성하는 것도 도움이 된다. "만약 당신이 _____ 하면, 나는 _____를 하겠다." "난 당신이 _____하기가 어렵다는 것을 안다. 그러나 그렇게만 한다면 나는 당신을 위해 _____를 하겠다. "거래를 하자. 당신이 _____를 하면 정말 고맙겠다. 그렇게 하면 나의 고마운 마음을 보여주기 위해 _____를 하겠다."

보상

보상을 하려면 먼저 상대방의 요구사항과 관심사항이 무엇인지를 알아야 한다. 그 다음에 그러한 요구와 당신의 요청사항이 부합하도록 만들어야 한다. 창조적으로 생각하라. 열심히 아이디어를 짜내어 본다.

주말에 더 자주 소풍을 가자고 제안하는 것은 모두의 요구를 만족시키는 기회가 될 수 있다. 친구가 카메라 광이거나 새를 좋아한다면 사진 찍기 좋은 곳이나 새를 관찰 할 수 있는 곳으로 가자고 하면 일은 해결 될 수 있다. 변화에 대해 보상을 하겠다는 이런 계획은 어떤 사항을 요청할 때는 불가능할 수도 있다. "내가 말할 때는 책 읽는 것을 그만 두어라." 라고 하는 간단한 말에는 보상의 기회가 별로 없다.

구두 및 비언어적 신호

다른 사람이 새로운 행동을 시도해 보도록 만든다면 큰 진전이라고 할 수 있다. 그리고 그런 행동을 반복하도록 만들어야 한다. 이제 고마움의 표현을 말로써 혹은 비언어적 신호를 이용하여 보내 주어야 한다.

결과

모든 계획이 실패로 돌아간다면 혹시 오히려 당신이 싫어하는 행동을 하도록 강요하고 있지는 않는지를 분석해 보아야 한다. 당신이 싫어하는 행동을 상대방이 했을 때 어떤 일이 일어나는가? 당신의 반응은? 그러한 행동을 하도록 조장하는 행동을 하지는 않았는가? 이번에는 그러한 오래되고 원하지 않는 행동에 대한 당신의 자기보호전략이나 자연스러운 결과전략이 무엇인지를 써 본다. "만약 당신이 날 도와주지 않는다면 나는 스스로 나 자신을 돌봐야 한다. 나에게 이런 행동을 하게 만드는 데에 대한 나의 생각은 _____다."

윤미의 변화요청 계획

1. 직접적인 요청

"은지야. 너는 너의 남자친구와 무슨 일을 했는지에 대해 많은 이야기를 했어. 우리가 함께 있을 때 나한테 무슨 일이 벌어지고 있는지를 물어봐 줬으면 좋겠어. 나에게 일어난 일들을 말할 수 있도록 해 주면 정말 기쁘겠다."

2. 칭찬

"아버지를 만나러 간 여행의 모든 것에 대해 당신이 관심을 가져주었지. 전에는 하지 않았던 많은 이야기를 할 수 있어서 정말 기분이 좋았어. 당신이 정말 관심을 가져 주었기 때문에 대접받는 느낌이었어."

3. 거래

"만약 내가 하는 일에 대해 여러 가지를 물어 본다면 정말 큰 변화가 있을 거야. 살사 클럽에 가서 네가 한 일에 대해 자랑할 수도 있어."

4. 보상

"보상할 수 있는 방법이 없다."

5. 구두 및 비언어적 신호

"물어봐줘서 고마워. 정말 관심이 있구나." 라고 말하고 미소를 지으며 안아 준다.

6. 결과

"은지야, 나는 네가 나에게 관심을 가져 줬으면 좋겠다. 나에게 아무 것도 묻지도 않고 관심도 갖지 않는다면 지금까지 별로 이야기하지 않으면서 영화를 보거나 음악회를 다니던 것처럼 지내게 될거야. 그래서 너 혼자 이야기하는 것처럼 느껴지는 지루한 대화에도 화를 안 나게 돼."

2. 소그룹 내에서의 대화기술
···→ Small Groups

삼진 정밀계측기기 주식회사의 경인지역 판매담당부서에서는 내년의 마케팅 계획을 작성하기 위한 회의가 열리고 있다.

박 부장은 이 부서의 부장인데 이번 회의에 대해 끔찍하게 생각하고 있었다. 그 이유는 내년도 판매목표를 늘려 잡도록 마케팅 계획이 작성되어 있기 때문이다. 경기가 침체되어 있고 신제품이 출시되지 않으며, 영업출장비가 삭감되었는데도 계획에는 변동이 없다. 박 부장은 실현가능성이 없는 계획에 직원들을 내몰고 있다는 생각이 들었다.

김 과장은 가장 우수한 영업사원이다. 그는 지난 3년 연속으로 최우수 판매기록을 수립한 이유를 말하려고 회의에 참석하고 있다. 그는 촉박한 시간에는 상관없이 자기 말한 대로만 하면 지옥에 가서 숯불화로도 팔 수 있을 것이라고 말하고 있다.

정 대리는 별로 열심히 일하지 않는 영업사원이다. 그는 즐기면서 인생을 살려고 한다. 그는 마케팅 계획이 우스운 짓거리이며 대부분의 사람들은 한해가 시작하고

석 달이 지나지 않아 이 모든 것을 잊어버린다고 생각하고 있다. 김 대리는 몇 가지 농담이나 하고 같은 직장 동료인 현 대리와 데이트할 방법만 생각하고 있다.

현 대리는 이 현장 판매부서의 유일한 여성이다. 그녀는 자신이 남자들만큼 일을 잘할 수 있다는 것을 보여주고 싶어한다. 그녀는 이 부서의 신참이고 가장 작고 생산성도 낮은 지역을 담당하고 있으므로 정 대리가 맡고 있는 지역을 차지할 생각을 하고 있다.

또 한 명은 영업부서의 서무를 담당하고 있는 김 주임이다. 그녀는 이 회사에서 오랫동안 근무했으므로 많은 영업사원이 왔다가는 것을 목격했다. 그녀는 마케팅 계획을 이해하지 못하고 있으며 알려고 하지도 않는다. 그는 김 과장이 회사에서 일어나는 시시콜콜한 이야기를 듣고, 정 대리의 농담에 웃고, 상품가격표와 비용영수증을 제대로 작성하지 못한 현대리를 괴롭히고 있다.

회의는 엉망이었다. 박 부장은 발표내용을 정확히 알려 주지 못하고 있었으므로 그의 말을 종잡을 수 없다. 김 과장은 회의내용과 상관도 없는 연구소 회계팀의 잘못에 대한 이야기를 장황하게 늘어놓고 있다. 정 대리와 김 주임은 마케팅 계획을 수립한 마케팅 부서 직원에 대한 조롱의 말을 주고받고 있다. 현대리는 목표를 달성하는 유일한 방법은 영업권역을 재조정하는 것밖에 없다고 주장하고 있다. 누구도 다른 사람의 말에 귀를 기울이지 않고 있으며 건설적인 제안도 하지 않는다. 같은 팀원이라는 생각이나 공동의 목표에 대한 생각은 아무도 없었다. "최선을 다하자." "일 분기 결과가 어떻게 나올 것인지를 지켜보자." 라는 공허한 결론만 내리고 회의는 끝났다. 누구도 회의에 만족하지 못했고 불안감만 느끼게 되었다.

이 회의에 참석한 사람은 모두 자신의 사생활에 대해 능력 있고 성공적인 생활을 하고 있다. 가족이나 연인에 대해서는 좀더 적절한 대화를 하고 있을 수도 있다. 그러나 특정 과업을 성취하기 위해 만들어진 소그룹에서는 효율적인 대화를 하지 못하고 있다.

_소그룹의 종류

가장 일반적인 소그룹 형태는 친구들끼리 즐기기 위해서 모이는 사회적 모임일 것이다. 교육을 위해서 모이는 형태는 세미나가 있다. 감수성 훈련이나 임상 치료를 위해 모이는 그룹은 정신건강의 증진이나 인지력 개발을 위해 전문적인 모임이다. 이런 모임에서 효율적인 대화를 할 수 있는 방법은 이 책 어딘가에서 배울 수 있다.

과업 지향적 소그룹은 경영진, 위원회, 회원제 모임, 팀, 노조, 자선단체 등이 있으며 이런 모임의 목적은 문제해결, 논의 활성화, 아이디어 생성 등이다. 이 장에서 특히 과업달성을 목표로 하는 소규모 모임에 대해 초점을 맞추는 이유는 이런 모임에는 특별한 대화기술이 필요하기 때문이다.

과업지향적 소그룹에서 문제를 해결하려면 그룹에 속한 개인의 요구와 의제들에 우선하여 그룹의 문제를 해결할 수 있는 특별한 기술을 필요로 한다. 당신이 가장 듣기를 잘 하는 사람이며, 가장 깊은 느낌을 표현할 수 있고, 분노와 같은 강력한 감정상태를 표현할 줄 알고, 만족스러운 대화를 통하여 친근한 관계를 수립하는데 익숙하다 하더라도 그룹에서 효율적으로 대화하는 방법은 전혀 모르고 있을 수 있다. 그룹에서 성공적으로 대화하려면 단 두 명이 서로 대화를 주고받을 때와는 다른 수준의 협조와 수용의지를 필요로 한다.

과업 지향적 그룹을 운영하는데 대해 느끼는 또 하나의 어려움은 친구들과 자유롭게 주제를 옮겨 다니면서 하는 대화와 달리 엄격하고 품위 있는 체계에 의하여 운영해야 한다는 것이다. 감정을 억제하고, 소수가 내는 반대의 소리를 들어야 하고, 그룹을 체계적으로 움직여서 문제해결에 매진할 수 있는 구조를 수립해야 한다. 그렇지만 가끔 구조 때문에 문제가 발생하기도 한다. 발언하고 싶어도 못하는 경우, 자기 발언 차례일 때 논제가 바뀌는 경우가 그런 경우이다.

_ 과업 지향 그룹의 역할

구성원

과업그룹의 구성원을 개시자(initiators)와 반응자(responders)로 구분할 수 있다. 개시자란 처음으로 이야기를 시작하는 사람을 말한다. 이런 사람들은 관련 사실에 대한 자신들의 지식을 알려주거나 적절한 정보와 경험에 대해 소개하며, 자신의 의견을 제시함으로써 토론을 시작한다.

반응자는 듣는 사람으로서 들은 것을 요약하고 자기 생각을 덧붙여서 대응하는 사람이다. 정보를 평가하고, 제안을 비판하고, 질문을 한다.

그룹의 회의가 진행되면서 구성원들은 개시하고 반응하면서 입장을 바꾸게 된다. 어느 입장도 중요하지 않다고 할 수 없으며 반드시 필요한 역할이다.

하지만 어떤 때는 역할분담의 균형이 깨지는 경우가 있다. 개시자가 너무 많은 경우, 결과가 논쟁의 대상이 되는 경우, 공동이 의사결정을 하기에는 너무나 의견이 분분한 경우에는 결론을 도출하는데 너무 대립적이며, 과도하게 정중하고 지루한 모임이 되어 버린다. 균형을 유지하는 것은 지도자의 역할 중 하나이다.

지도자

그룹의 역학에 대한 연구에 의해 지도자의 역할 목록에는 여러 가지가 있다. 그 중에서 Krech 와 Crutchfield의 연구가 가장 많이 사용되고 있는데 그들에 의하면 지도자는 다음과 같은 역할을 수행해야 한다고 한다.

- 집행자 (규칙과 회의주제, 회의시간을 정한다.)
- 기획자
- 정책 입안자 (전반적인 지침과 일반 원칙을 만든다.)
- 전문가
- 외적 그룹 대표 (더 큰 세계에서 그룹을 대표함.)
- 내부 관계 조정자 (개인 구성원을 뭉치게 하거나 떨어지게 함, 승진시키거나 강등시킴.)
- 보상과 징벌 조달자 (칭찬, 비판 등 중요한 역할을 분담.)
- 중재자
- 표준자 (어떻게 행동할 지에 대한 표준행동을 보여 줌.)
- 그룹의 상징
- 개인의 대리인 (그룹 결정에 책임을 진다.)
- 이념주의자
- 아버지의 모습 (확신을 시켜주고, 칭찬하며, 보호해 준다.)
- 희생양 (그룹의 실패나 그룹에 대한 적대감을 혼자 수용함.)

이중에서 몇 가지는 너무나 명백한 역할들이다. 기타 몇 가지는 과업 지향 그룹의 효율적인 역할 수행을 위한 지도자의 규칙 부분에서 보다 상세하게 설명할 것이다.

_ 과업 지향 그룹의 효과적인 대화의 방해 요소들

과업 지향 그룹의 목표에는 그룹을 구성하는 개인의 요구를 초월하는 최고의 권위를 부여 해야 한다. 과업 지향 그룹의 효율적인 대화를 방해하는 요소들은 대부분 그룹의 요구에 우선하여 개인의 요구를 내세우기 때문에 발생하는 것들이다.

침략자들은 다른 개인들을 잡으려는 사람들이다. 그들이 원하는 것은 적군의 피와 머리 가죽이다. 예를 들면, 동부지역 판매부장은 서부지역 판매부에서 마감을 지키지 못한 것을 개탄하면서 그들의 업적을 깎아 내리려고 한다. 서무담당자는 메모를 잃어버린 사실을 되풀이하면서 편지 운송 담당자를 총으로 겨냥한다. 침략자에게 중요한 것은 그룹의 성공이 아니라 승리이다.

패배자는 결단코 문제를 해결할 수 없다고 생각하는 사람들이다. 패배자들은 일을 태만하게 처리함으로써 자신의 분노를 표현한다. 예를 들면, 주문접수 부서에서는 변경된 할인정책에 대해 황당한 질문들을 한다. "만약 이렇다면? 만약 저렇다면?" 일어나지도 않을 복잡한 가정들을 생각하고 나서는 손을 들면서 이렇게 울부짖는다. "너무 복잡해요. 절대로 그대로 할 수 없어요." 목표를 달성하지 못했다면 패배자들의 회의적이며 냉소적인 시각이 있었는지를 조사해야 한다.

스타는 항상 무대에 서 있다. 가장 좋은 부서에 근무해야 하며 가장 좋은 아이디어를 내야하며 모든 주목을 받아야 한다. 김 과장 같은 스타 영업사원은 복잡한 시장 경향에 대한 회의내용과 관련 없는 자신의 탁월한 영업기술을 설명하기에 바쁘기 때문에 회의진행에 방해가 된다. 스타들은 그룹의 성공보다 자신이 빛나야 하는데 더 신경을 쓴다.

이야기꾼은 그룹의 목적에 대해서는 별로 생각이 없다. 왜냐하면 자신의 개인적인 문제나 경험을 설명하는 데만 너무 신경을 쓰기 때문이다. 그들은 회의내용에서 벗어나 옆 사람과 밀담을 나눈다. 다른 회의 참가자들은 유아 놀이방 시설을 설치하는데 대한 이야기를 하고 있지만 김 대리와 박 대리는 서로 출산 경험에 대해서만 이야기한다. 이야기꾼들이 중요하게 여기는 것은 그룹의 성공이 아니라 자신의 이야기를 들어주고 이해해 주는 사람들이 있는가 이다.

광대는 웃고 떠드는 사람이다. 그들은 그룹의 목표를 알고 있지만 심각하게 생각하지 않는다. 그들은 빈정거리거나 성적인 농담을 한다. 예를 들면, 김 과장이 영업 회의에 참가해서 하는 이야기는 신입여직원이 혼자 사는지, 남자친구가 있는지 등에 대한 농담이 전부이다. 광대가 원하는 것은 그룹의 성공이 아니라 즐거움이다.

지배자는 문제 해결이라는 목적 그 이상을 원하는 사람이다. 전산실의 강 실장은 오래 전, 부서원들이 긴급하게 현재 해결해야 하는 문제들을 논의하기 위해 이미 포기한 문제들을 월별 회의시간에 다시 상정하고 고집스럽게 해결하기를 재촉한다. 다른 직원들은 작은 문제들이 악화되어 강 실장의 회의의제에 등장할 때까지 그냥 내버려둔다. 전산실은 혼란 속에서 동요하고 있다. 지배자는 보스가 되기를 원하지만 그룹의 효율은 떨어진다.

도끼 가는 자는 그룹의 문제와 관련이 있든 없든 상관없이 모든 일들을 자신이 가진 특별한 강박관념과 연결시키는 사람이다. 예를 들면, 현주는 선거운동본부에서 벌어지는 모든 문제에 대해 비난을 하는 열렬한 페미니스트이다. 그녀는 잘못된 지침, 낮은 기금, 늦게 도착한 설명서 등에 대해서도 성차별과 관련하여 이야기한다. 도끼 가는 사람들에게는 그룹의 성공보다 그들의 도끼를 가는 것이 더 중요하다.

_ 효과적인 과업 지향 그룹이 되기 위한 규칙

그룹의 목적을 확정한다.

모임을 가지기 전에 먼저 모임의 목적을 명확히 정해야 한다. 총무를 해고하기 위해서인가? 회계원칙을 발생주의로 바꾸기 위해서인가? 딸의 결혼 준비 때문에? 만약 문제를 해결하기 위한 목적이라면 가능한 상세하게 문제를 나열해 본다. 사실 요소들을 알려면 먼저 찾아 보라. 많은 그룹들이 문제의 정의를 내리기 위해 회의시간의 반 이상을 허비하기도 한다.

자신의 진정한 생각을 안다.

모임을 가지기 전에 자신의 견해가 무엇인지 생각해 본다. 정말 당신은 어떻게 생각하는지? 총무가 그렇게 나쁘며, 해고 한 다음 새 사람을 고용할 것인지? 회계기준으로 현금주의를 사용하는 것이 불편한지, 아니면 그냥 발생주의를 사용하고 싶은 것인지 생각한다. 화려한 연회음식을 준비할 것인지 아니면 딸이 그냥 남자와 눈이 맞아서 도망가게 해서 경비를 절약할 것인지를 생각해 본다.

자신의 진정한 생각을 가지게 되면 아무 생각 없이 모임에 나타나는 사람과는 확연하게 다른 마음가짐으로 모임에 참가하게 된다. 사람들이 공동의 문제에 대해 미리 자세하게 고려한 후 회의에 참가한다면 대부분의 회의는 15분 내에 끝날 수 있다.

듣기

모임을 가지는 목적과 자신의 견해가 무엇인지를 알게 되었다면 다른 사람들이 하는 말에 대해 열린 마음으로 들을 수 있는 여유가 생기게 된다. 다른 사람들도 당신의 목적과 같은 목적으로 회의에 참가했는가? 정식으로 회의를 시작하기 전에 서로 다른 목적이 있는 경우 조정을 해야 한다.

이제 모두가 같은 문제에 대해 일하기 위한 준비가 되었다면 어떤 문제해결방법을 사용하기 원하는가? 자신의 입장만 고수하지는 않는가, 혹은 들을 준비가 되었는가? 모임에 참가한 사람들이 하고 싶은 것에 대해 정성을 다해 이해하려고 노력을 한다. 이제 희의를 방해하는 사람이 누구인지를 알아내야 한다. 이들은 회의하기 전부터 농담하고, 자기 이야기를 하고, 싸움을 걸고, 대장질 하려하고, 주목받으려 하고, 포기하려고 하려고 하는 사람들이다.

참가

당신이 적극적으로 대화에 참여해야만 이 모든 것은 유용하게 사용할 수 있다. 자신의 의견을 밝혀라. 회의 진행을 위해 당신이 가지고 있는 모든 정보를 공개하라. 가다듬지 않은 생각, 의심, 희망들을 모두 공개한다. 목적을 정하고 자신의 마음을 알아야 한다는 숙제를 완수하고 참가한다면 당신이 당신의 제안내용은 명확하고, 간략하며, 적절할 것이다. 대장처럼 굳지 않아야 한다. 서로간의 생각이 충돌할 때는 진실된 관심을 보이도록 노력한다. 좋은 점들을 혼합하고 세련되게 하는 방법을 찾는다.

냉정을 유지한다.

어떤 때는 작은 과업지향 그룹에 참가해도 자신을 표현하지 못하는 경우가 있다. 시급하게 해결해야 하는 문제 때문에 자신의 생각을 표현하지 말아야 하는 경우도 있다. 모임의 조화와 문제해결을 위해서 좋아하지 않는 사람들에게 다정하게 굴어야 하고, 엄청나게 지루해도 견뎌야 하고, 암묵적으로 나타나는 불공정한 비판을 견뎌야 하고, 명백한 오류에 대해서도 문제를 제기하지 않고 지나가야 할 수도 있다. 불성실하거나 자신의 의견을 억제하는 것은 친근한 관계에서는 죽음의 입맞춤이지만 영업회의에서는 생명이 호흡이 될 수 있다.

_ 효과적인 과업 지향 그룹이 되기 위한 지도자의 규칙

당신이 지도자가 아니라 하더라도 이 부분은 알아야 한다. 대부분의 그룹에는 한 명 이상의 지도자가 있다. 그리고 때에 따라 누구든지 지도자 역할을 수행할 수 있어야 한다. 그러므로 앞에서 언급한 14가지 지도자의 역할은 특정인만 달성해야 하는 것이 아니라 모두가 달성해야 하는 내용들이다.

이 사실은 조직 내에서 집행자가 되려는 야망을 가지고 있거나 권력을 갈망하는 사람들에게는 좋은 뉴스이다. 회의나 위원회, 기타 소규모 모임에 참가하는 것은 비록 자신이 지도자로 지명되지 않았다고 하더라도 지도자의 역할을 발휘해 볼 수 있는 기회가 된다. 지도자로 지명된 사람이 간과하고 있는 기능을 효율적으로 수행함으로써 그룹과 자기 자신의 목적을 동시에 달성할 수 있다.

그룹의 목적을 진술한다.

이것은 지도자의 기능 중에서 첫째로 꼽아야 하는 가장 중요한 기능이다. 지도자는 회의의 목적을 말하면서 개최를 알린다. "오늘 우리는 새로운 신용정책에 대해 논의하기 위해 모였습니다." "이 회의의 목적은 세 가지의 건강 계획 중에서 가장 좋은 정책을 선정하기 위해서 입니다." "임대 조정안에 대해 토론하기 위해 오늘 여기 참석해 주셔서 고맙습니다."

참가자들이 회의주제에 벗어나는 토론을 하는 경우 다시 목적을 선언해야 한다. 사람들이 회의에 모인 목적을 완전히 이해할 때까지 계속하여 이유를 알려 준다. 확실한 목표를 작은 단위로 분리하여 제안하는 것도 도움이 된다. "변화가 요구되는 현재의 신용정책의 한 측면부터 살펴봅시다." "먼저 각 건강계획의 장점부터 비교한 다음 비용을 비교합시다." "우리는 세 가지에 대해 정해야 합니다. 기금후원 요청편지 내용, 승인을 얻는 부분, 본부를 찾아가는 방법입니다."

회의가 진행되면서 제안된 내용들을 당신이 선언한 회의 목적과 관련지어야 한다. 그렇게 하면 회의주제와 관련이 없거나 불분명한 제안 사항들을 제거할 수 있다. 가장 좋은 회의는 한 가지 주제나 문제를 다루고 그 해결방법을 찾는 회의이다. 관련이 없는 여러 가지 주제를 가지고 회의를 하게 된다면 의사일정을 분명히 말하고 그 내용에만 집중하라.

구성원의 참가를 유도한다.

개시자는 거의 없고 반응자만 있는 그룹의 지도자는 구성원의 참가를 유도하기 위해 노력해야 한다. 한 가지 방법은 난상토론을 하는 것이다. 가장 해결하기 쉬워 보이는 문제를 정한 다음 모든 구성원들에게 어떠한 내용이든 해결방법이 떠오르는 대로 말하라고 한다. 비판은 절대 금하며, 심지어는 희미한 웃음이나 가벼운 머리 흔들기도 금한다. 상상 속의 해결 방안, 제안 혹은 불가능한 내용도 포함한다. 이 단계에서 중요한 것은 질이 아니라 양이다.

참가를 망설이는 그룹의 구성원들에 대해서는 당신이 난상토론에 먼저 적극적으로 참가한 다음 사람들에게 차례로 말해 보라고 해야 한다. 모두가 말할 때까지 계속 지명한다. 누구에게 그 제안들을 적으라고 하면 모두를 차례대로 시킬 수 있다.

이번에는 모든 구성원이 참가하여 제안내용 중에서 전혀 가능하지 않을 항목을 버리는 작업을 한다. 좋은 생각은 다른 좋은 생각과 혼합한다. 이렇게 하면 그룹은 좀더 적극적이 되고 토론내용이 변화하게 되는 계기가 된다.

참가를 유도하는 다른 방법은 적극적으로 듣기를 하는 것이다. 누군가가 제안을 하거나 지적을 하면 당신의 용어를 이용하여 다시 진술한다. 당신이 한 문장으로 요약하여 제시하면 구성원들은 자신의 말을 듣고 있다는 것을 알게 된다. 만약 누군가 말하려고 하는 내용이 모호하고 왜곡되어 있다는 것을 감지하는 경우에는 그 사람을 주시해야 한다. 질문을 하면서 그의 생각을 가다듬게 해야 한다. "당신이 하려는 말이 무엇인가?" 무슨 응답이든 제공한다. "당신의 생각은 신용 고객들을 명확히 분류하기가 어려울 것인가요. 그래요?" 명확하게 이해할 때까지 정보를 얻어내기 위한 질문을 한다. 협조적인 태도를 유지하고, 미소 짓고, 고개를 끄덕이며, 비판하거나 논쟁을 피한다.

누구도 그 사람과 동의하지 않는다고 해도 그 사람을 지원해 주는 것은 중요하다. 이런 사람에 대해서는 적극적인 듣기를 함으로써 입을 열게 해야 한다. 모든 사람이 자신의 의견에 동의해 주기를 바라지는 않지만 사람들은 자신의 견해를 말하고 싶어한다. 그 사람에게 자신의 입장을 말할 수 있게 할 수 있다면 좋은 기회이다. 왜냐하면 비록 그가 동의하지 않더라도 다수의 의견을 지지할 것이기 때문이다. 그에게 말을 하도록 유도하지 않는다면 나중에 그룹의 결정을 잘 따르지 않고 태업을 할 가능성이 있기 때문이다.

합의에 이르게 한다.

이 내용은 이전 규칙의 연속이다. 토론이 진행될 때 제안내용과 목적의 연관성을 찾아야 한다. 마찰이 발행하면 이 부문을 지적하고 화해를 제안해야 한다. 길고 혼란스러운 의견교환이 끝나면 중요한 점에 대해 짧게 요약을 한다.

대안이 명확하거나 제안사항이 다 작성되었다면 투표를 제안한다. 그룹의 행동방안이 결정되었다면 확정을 짓는다. 누가 처음 일을 시작할 것인가? 언제? 누가 지원을 할 것인가? 다른 그룹의 도움이 필요한가? 자원자를 받고, 마감기한을 적고, 그룹이 해체되기 전까지 실천하기로 정한 행동내용과 관련된 전반적인 일들을 확정한다.

만약 결론을 내리지 못하겠다면 다음 회의 시간과 장소를 정한다. 비록 다음에 회의하자는 내용을 결정하는 것이지만 긍정적이며, 확실한 내용으로 끝맺어야 한다.

질서를 유지한다.

마찰은 불가피하다. 아무리 화합이 잘되는 조직에서도 마찰은 발생한다. 마찰이 발생하는 경우 이를 정리하고 질서를 회복하는 것이 지도자의 임무이다.

더 이상 문제해결이 불가능하게 되거나 목적을 달성하지 못하게 된 경우 마찰은 걷잡을 수가 없게 된다. 모두가 말하고 싶어하면서도 모두가 듣지 않는 경우처럼 개시자가 너무 많아도 발생한다. 이런 경우를 다루는 전통적인 방법은 국회에서 하는 것처럼 회의를 진행하는 것이다. 질서가 회복되기 전까지는 아무도 말을 하지 못하게 하며, 누구도 의사 발언자를 방해하지 못하며, 의견에 대한 동의와 제청은 공식적으로 요청하도록 진행되어야 하며, 모든 의안은 투표에 의해서 비준을 받게 되는 것 등이다. 논쟁이 많은 그룹일수록 더욱 강력하게 이러한 규칙을 적용해야 한다.

그러나 대부분의 소그룹은 국회에서의 회의방식을 효과적으로 적용할 만큼 충분한 공적인 체계를 갖추고 있지 않다. 마찰이 발생한 그룹에 대한 보다 일반적이지만 계획적인 지도 전략은 '내용의 과정 전이' 이다. 이렇게 하기 위해서는 지도자는 그룹의 관심을 토론의 내용으로부터 대화의 과정으로 유도해야 한다. 과정으로 유도하기 위해서는 '나는 모두가 한꺼번에 이야기하기 때문에 논쟁을 계속하기가 힘이 듭니다. 좋은 생각을 가지고 있는 분도 있으니 서로 방해하지 말고 한 명씩 자신의 의견을 말할 수 있도록 합시다.' 라고 말한다.

이러한 방식은 다른 사람의 생각이나 입장에 대한 유용성을 공격하지 않고 의견을 교환할 수 있는 방식이므로 효과가 있다. 이 방법은 지도자가 분란을 진정시키고 질서를 회복하기 위해 사용할 수 있는 가장 강력한 수단이다. 회의 과정의 회복을 요청하는 것은 앞에서 말한 방해요소에 대해 대처할 수도 있는 좋은 전략이다. 패배자에 대해 자신의 모습을 보게 할 수 있으며, 이야기꾼을 창피하게 만들어 회의에 참가하게 하며, 도끼 가는 사람의 시간 낭비적인 논의를 단절시킬 수 있다.

효율적인 성과지향적 그룹이 되기 위해 방해 요소를 처리하는 다른 전략은 다음과 같다.

침략자

그룹 내에 정말 적대감을 가지고 있는 구성원이 있다면 그 사람을 그룹에서 추방하는 것이 장기적으로는 가장 좋은 해결 방법이다. 그렇지 못하면 과정회복을 요청한다. "김 과장, 이 보고서에 대해 정말 비판적이군. 그 적대감의 이유가 무엇인가?" 라고 말하면 김 과장의 적대감을 지도자인 당신에게 향하도록 만들 수 있기 때문에 좋은 전략이다. 대부분의 그룹에서는 지도자의 권력에 대해 약간의 적대감은 가지고 있다. 만약 이러한 요소를 재구성하고 받아들인다면 이러한 적대감을 흡수할 수 있기 때문에 목적을 향해 나가기가 쉬워진다. 적대감이 남아 있고 당신이 이를 수용하지 않으면 그룹의 결속력은 약해진다. 가장 효율적인 지도자는 때

때로 희생양이 되기를 자청한다. 이러한 바람구멍은 압력을 완화하여 그룹이 정상적으로 움직이도록 한다. '나는 당신 중에 일부가 우리의 제안이 받아 들여 지지 않아서 화가 난 것을 이해합니다. 이 것은 모두 나의 잘못입니다. 좀더 강하게 제안을 할 수도 있었지만 그렇게 하지 못해서 미안합니다." 이렇게 하면 누군가를 비난하는 것 보다 훨씬 더 당신을 돋보이게 한다.

패배자

적극적으로 듣고 과정회복을 요청하면 패배자가 가지고 있는 경멸과 비관주의를 모두 드러낼 수 있다. 그러나 시간이 걸린다. 보다 빠른 전술은 패배주의도 하나의 선택 안으로 정하는 것이다. "그건 안 돼요." 라고 누가 말하면 "고마워요 박 대리. 안 된다고 당신이 말한 것을 적어 놓고 그대로 해 보지요."라고 말한다. 패배주의에 대해 아무런 호응이 없게 되면 보다 긍정적인 방향으로 참여를 하게 된다.

스타

이런 사람에게는 말하지 않아도 드러나는 일을 하도록 하면 된다. 칠판에 제안내용을 적게 하는 것이 이상적이다. 국회에서 하는 것 같은 주장을 하는 것도 효과가 있다. "잠시 내 말을 들어 봐요. 당신은 요점을 벗어나고 있어요."라고 반박하는 것이다.

이야기꾼

회의목적을 이야기해서 그들의 말을 방해한다. 목적을 달성하기 위한 그들의 노력은 무엇인지를 물어 본다. 만약 어떠한 노력도 말하지 못한다면 새로운 이야기를 꺼낼 때마다 초기에 막아 버린다. 생산적으로 건의를 하거나 자발적으로 나가는 것 중에서 선택하기 전까지는 회의에 참가를 시키지 않는다.

광대

책임 있는 일을 준다. 의견을 계속 물어 보고 농담은 무시한다. 물론 그룹의 긴장을 풀기 위한 약간의 농담은 필요하다는 것을 생각하라.

지배자

만약 지배자를 그룹에서 제외할 수 없다면 그 사람에게 자신의 지도력의 일부를 양도한다. 그는 그런 충분한 능력이 없을 수도 있다. 그가 형편없는 지도자로 판명되는 경우 중요하지 않는 위원회를 맡김으로써 그룹에서 영원히 추방하도록 한다.

도끼 가는 자

그들이 가장 좋아하는 화제에 대해 적극적으로 듣기를 한다. 그룹의 목적을 이야기하고 그들의 화제가 얼마나 관련이 없는지를 이야기한다. 주제를 벗어나는 경우 과정회복을 요청한다.

그룹 사기를 유지한다.

모든 모임의 목적은 실제적으로 두 가지이다. 그룹이 가지고 있는 특정목적을 달성하는 것과 그룹을 유지하는 것이다. 그룹의 특정 목적은 시점에 따라 변한다. 하지만 그룹의 유지라는 목적은 일정하기 때문에 변화가 없다. 지도자는 이러한 두 가지 목적을 이루기 위해 노력해야 하며, 시급한 문제의 해결과 그룹의 사기유지가 상호 배치되는 목적이 되어서는 안 된다. 두 목적 모두 중요하다. 그룹의 지도자에는 두 가지 유형이 있다. 특정 목적의 달성을 우선으로 하는 지도자와 그룹 사기의 유지를 우선으로 하는 지도자다. 가장 좋은 지도자는 두 가지 목적을 동시에 달성하는 지도자이다. 그들은 협조적이며 비판 없는 태도로 자신의 임무를 완수한다. 소수의 견해를 연구하며, 움츠려 있거나 소란을 피우는 그룹 구성원들을 모임에 참가시키기 위해 시간을 할애한다. 그룹 구성원간의 원활한 업무관계를 수립하기 위하여 그룹 내 좋은 인간관계를 활성화시킨다.

그룹의 사기를 유지하려면 그룹 구성원의 요구사항을 항상 염두에 두어야 한다. 그룹구성원 모두는 행복해지기 위해 세 가지 요소를 원한다. 포함, 통제, 평가가 그 요소이다. 포함의 의미는 그룹에 속해 있다는 느낌을 의미한다. 대중 속의 구성원이 된다는 것이다. 통제는 그룹 내에 발언권이 있다는 의미이며 누가 당신의 말에 귀를 기울이고 당신의 견해를 심각하게 받아들인다는 의미이다. 평가란 그룹구성원에 의해 받아들여지고 사랑을 받는다는 의미이다.

적절한 지도자 형을 선택한다.

어떤 지도자는 권위적이다. 그들은 그룹의 구성원들에게 상의 하달식으로 지시한다. 어떤 면에서는 군인처럼 퉁명스럽고 융통성이 없는 형이다.

어떤 지도자는 민주적이다. 그들은 그룹의 제안을 받아들이고, 토론을 활성화하고, 투표를 할 수 있는 제도를 수립한다. 지도자가 거부권을 행사하기 전 까지는 다수결의 원칙을 준수한다.

어떤 지도자는 지도자라고 부르기에는 어려운 사람들로서 이런 사람들을 자유 방임적 지도자라고 한다. 이런 그룹에서는 지도자의 유도 없이도 합의에 도달한다. 회의에는 공식적인 체계란 거의 없으며 지도자는 거부권도 없다.

사람들은 이 중에 한가지 방식을 마음속으로 선호할 것이다. 하지만 유능한 지도자는 상황에 따라 맞는 지도자형으로 변신할 수 있어야 한다. 어느 형태도 다른 형태보다 본질적으로 우수하다고 할 수 없다. 상황에 따라 지도자형을 결정해야 한다.

예를 들면, 직원들의 근무태도를 관리하는 6명의 직원들을 책임지는 지도자가 있다. 출근부를 작성하라고 지시한 때는 완전히 권위주의적 지도자가 되어야 하는 데 그 이유는 토론할 필요도 없이 늦었다는 것과 아닌 것만 기록하면 되는 것이기 때문이다. 점심시간이나 휴식시간에 어떻게 전화를 받을 것인가에 대해 결정할 때는 민주주의적이 되어야 한다. 지정시간에는 누구나 전화를 받아야 한다는 제도를 만들어 놓았다면 그들은 누가 먼저 휴식을 할 것인지, 누가 가장 늦게 점심식사를 하러 갈 것인지에 대해 토론하고 투표도 할 것이다. 너무 복잡하거나 비현실적인 계획인 경우, 지도자는 거부권을 행사할 수도 있지만 구성원들의 결정이 어떤 것이든 간에 지도자는 최대한 그 결론에 가깝게 동의하는 것이다.

다른 극단적인 예는 크리스마스 파티에 대해 이야기하거나 점심때 가져오는 음식에 대해 이야기 할 때는 지도자라고 해도 그룹내의 구성원 모두와 동일한 수준의 발언권만 가지는 것이 적절하기 때문에 완전히 자유방임형 지도자가 되어야 한다.

그러므로 주어진 상황에 적정한 지도자가 될 수 있는지는 주어진 과제가 무엇인지에 대한 당신의 판단, 그룹 구성원의 요구사항, 상황에 맞도록 역할을 변화시킬 수 있는 융통성에 달려 있다고 할 수 있다.

3. 대중 연설
...➤ Public Speaking

한 마음 위원회에서 당신에게 기부에 대한 연설을 해 달라는 요청을 했다. 위원회가 당신을 선택한 이유는 작년에 있었던 개별 기부 요청에 의해 많은 기부금을 받아 냈기 때문이다. 자신의 생각을 정리하고 연설을 준비하면서, 대중을 대상으로 하는 연설은 커피를 마시면서 하는 일상적인 대화와는 다르다는 것을 알게 될 것이다.

대중연설을 효과적으로 하기 위해서는 특별한 대화 기술이 필요하다. 먼저 말할 내용을 준비하고 논리적으로 정리되었는지를 확인해야 하기 때문에 개인적인 대화에 비해 훨씬 덜 즉흥적이다. 연설을 하게 되면 중간에 중단되는 일이 없어야 하며 수동적인 청중으로부터 피드백을 끌어낼 수 있어야 한다. 당신의 말에 전혀 흥미를 느끼지 못하는 사람을 포함하여 상당히 많은 사람들과 동시에 대화를 해야 한다. 시간도 당신이 정할 수 없고 당신이 원하는 상황도 가질 수 없게 되는 경우가 많다.

이 모든 말의 의미는 정확한 목적과 주제를 확정하고, 이 요소들을 정리하고, 청중들과 사건의 유형에 맞추어서 이런 내용들을 전달하기 위해서는 특별한 관심을 기울여야 한다는 것이다. 무대공포증을 경험한다고 해도 놀랄 일은 아니다.

_ 목적

연설문을 쓸 때의 첫 단계는 먼저 자신에게 물어 보는 것이다. "이 연설의 목적은 무엇인가?" 모든 연설은 정보를 제공하거나 설득을 하거나 둘 중의 한가지를 시도하기 위해서 이다.

연설의 목적을 정보제공과 설득 중에서 어느 것인지를 결정했다면 목적의 내용을 잘 다듬은 후 하나의 완전한 문장으로 작성해야 한다. "이번 연설의 목적은 청중들이 자선기금을 자동납부하도록 설득하는 것이다." 등이다. 이집트 피라미드에 대한 연설이라면 종교의 중심에 있는 파라오의 신과 같은 지위, 피라미드 건설의 목적, 건설과 관련된 사실들을 이야기하면 된다.

어떤 행동을 유도하기 위한 목적으로 하는 연설이라면 그 행동을 목적으로 한다고 이야기하면 된다. 연설이 끝난 후 청중들이 어떤 행동을 하기를 바라는가? 이런 방법은 청중들에게 헌금, 후보자에 대한 투표, 국회의원에게 편지 보내기, 지역사회에 대한 자원봉사 등 설득하기 위한 연설인 경우에는 특히 필요하다. 정보에 관한 연설인 경우에도 목적을 명확하게 밝히는 것은 중요하다. "나의 연설의 목적은 파라오가 신이었으며, 피라미드에는 그의 영생을 위한 모든 것이 포함되어 있으며, 피라미드는 거대한 경사로를 이용하여 건축되었다는 것을 알려 주기 위해서 이다." 라고 진술한다.

_ 주제

다음 단계는 주제에 관련된 것들의 전체길이를 정하는 것이다. 일반적으로 적을수록 더 좋다. 당신의 연설 목적을 한 문장으로 요약할 수 없는 경우 문장이 길어지게 된다. 청중들은 그러나 다 기억하지 못한다. 연구에 따르면 평균적인 청중들은 한가지 주제와 세 가지 정도의 소 주제만 기억한다고 알려져 있다. 나머지는 말을 낭비한 것뿐이다. 초점이 무엇인지를 명확히 하며, 하고 싶은 말을 모두 포함하는 길지 않고 짧은 연설이 좋다.

_ 발표

가장 효과적인 발표방법은 목적과 주제에 따라 다르다. 발표하는 방식에는 4가지가 있다. 즉흥 발표는 준비할 시간이 없고 독립적으로 해야 하는 경우다. 즉석 발표는 준비는 했지만 세세한 용어는 기억하고 있지 않은 상태에서 하는 발표이다. 기억에 의한 발표는 내용을 축약적으로 암송하는 발표 방법이다. 원고에 의한 발표는 작성된 연설문을 큰 소리로 읽는 방식이다.

즉흥 연설은 협조와 자발적 참여를 유도하는데 가장 효과가 큰 방법이다. 그렇지만 주제를 완벽하게 알고 있지 않으면 진행하기가 어렵고, 말하면서 생각하고 정리할 수 있어야 하며, 무대에 대한 공포가 전혀 없는 경우에만 가능하다. 대부분의 경우에는 즉석 발표가 더 낫다. 이 방법에 의하면 단어와 문장의 선택이 자연스럽고, 청중과 좋은 교감상태를 유지할 수 있으며, 미리 내용을 잘 정리할 수도 있다.

기억에 의한 발표는 대부분 딱딱하고 기계적으로 들리게 되므로 아주 난해한 내용들을 반드시 전달해야겠다는 초조감을 도저히 누를 수 없는 경우만 제외하고는 피해야 한다. 원고에 의한 발표는 정치적 선언이나 학술발표처럼 내용전달방식이나 청중과의 교감보다 정확한 단어 하나 하나의 내용이 더 중요한 공식적인 시점에만 사용해야 한다.

기억이나 원고에 의한 발표를 하게 되는 경우 청중과 눈을 마주치는 것을 잊지 말아야 한다. 그래야만 청중과 가까워질 수 있다. 원고에 의해 연설을 하는 경우 눈을 마주치게 되면 청중들이 이해를 하고 있는지를 알게 되어 연설의 속도를 청중의 이해속도에 맞추어 진행할 수 있게 된다. 손가락으로 읽고 있는 부분을 지적하면 중간에 헷갈리는 경우가 발생하지 않고 긴 문장을 끝까지 읽을 수 있게 된다.

_구성

연설을 시작하려는 사람에게 줄 수 있는 가장 일반적인 조언은 "말하고자 하는 내용을 이야기하라. 이미 말했던 내용을 다시 이야기하라." 이며 이는 또한 가장 좋은 조언이기도 하다.

이 조언에 의하면 연설에 있어 가장 중요한 사실은 두 가지 라는 것을 인식하게 해 준다. (1) 모든 좋은 연설은 도입부와 본론과 결론이 있다. (2) 알리고 싶은 중요한 모든 정보는 적어도 세 번은 반복하여 말해야 한다.

도입부분은 연설에서 가장 중요한 부분중의 하나이다. 이 부분을 잘 해야만 청중들이 관심을 가지게 되고, 관계를 맺게 되며, 원하는 분위기를 잡을 수 있고, 말하려는 주제로 그들을 몰아 갈 수 있다. 모든 성공적인 도입부는 다음과 같은 간단한 축약적 요소를 가지고 있다. "그들에게 말하고 싶은 것을 말하라." 이다. 도입부분을 마지막으로 쓰는 것이나 적어도 나머지 연설부분의 내용과 분위기 전체를 이해하고 나서 도입부를 수정하는 것도 좋은 생각이다.

연설의 본론에는 실질적인 내용이 포함된다. 연설목적과 주제에 의하여 연설의 본론부분은 여러 가지로 다르게 정리될 수 있다.

순서대로 말하기

사장의 경력이나 아이의 성장과정, 대머리가 된 과정 등 역사적인 사건에 대해 이야기할 때 가장 좋다. 처음에는 과거 사건부터 시작하여 현재로 오고, 그 다음에는 미래의 사실로 옮겨간다. "그리고…그 다음에…다음 해에는" 등과 같이 사건들을 연결하여 이야기한다. 이 방식은 청중들이 따라 가기가 가장 쉬운 구성방식의 하나이며 특히 정보를 전달할 때 효과가 크다.

공간에 따라 말하기

이 방법은 순서대로 말하는 방식과 비슷하다. 그 대신 시간에 의해 진행되지 않고 공간에 의해 진행되며 뉴잉글랜드의 식민지역, 도시 행정구역, 유럽의 지리, 여행 경험 등에 대한 화제를 이야기하는 것처럼 정보를 전달할 때 좋다. 지도와 지시봉을 사용한다면 청중들은 공간 구성에 대해 절대 잊어버리지 않게 된다.

구조/기능

이 방법은 복잡한 유기체나 조직에 대해 설명하기에 좋다. 호박이 자라는 방법에 대해 이야기 할 때는 먼저 구조를 이야기하고 그 다음에 기능을 이야기하도록 구성하면 된다.

〈구조〉	〈기능〉
뿌리	지상에 정착 물과 양분을 흡수
줄기	물과 양분을 전달 형태 유지
잎	엽록소 생성을 위해 햇빛 잡기 땅에 그늘을 제공
꽃	화분을 모으는 곤충을 유혹 열매를 맺음
열매	다음해 심을 수 있는 씨를 만듦 씨를 보호하고 양분을 공급

동일한 이야기지만 기능을 중심으로 구성할 수도 있다.

〈기능〉	〈구조〉
양분과 에너지를 흡수	뿌리, 잎
양분과 에너지의 전환	잎의 엽록소
형태 유지	뿌리, 줄기
재생산	꽃, 열매, 씨

구조와 기능에 관련된 복잡한 주제를 잘 생각해 보면 이러한 내용들을 명확하게 정리할 수 있는 방법을 찾을 수 있다.

화제별로 이야기한다.

시간, 공간, 구조, 기능간에 별로 관련이 없는 이야기 몇 가지를 하게 되는 경우가 있다. 이 경우 청중들이 화제를 하나씩 넘어가는 각 시점을 알 수 있도록 해야 한다. 영업부서에서 연설할 때 재고수준, 새로 책정될 가격, 해외시장 등의 세 분야로 나누어서 이야기해야 할 것이다. 생태보존에 대해 이야기 할 때는 물의 질, 쓰레기 매립, 제도에 관해 나누어서 이야기 할 수 있다. 이러한 구성은 일상적인 것이며 정보가 간단하고 짧은 경우에만 효과가 있다. 여러 가지 많은 논쟁거리나 사건들을 나열한다고 반드시 혼란을 겪는 것은 아니다. 그러나 이런 구성은 빈약한 경우가 많으므로 절대 청중을 유도하지 못한다.

문제/해결방법

이 방법은 설득하기 위한 연설을 할 때 좋은 방법이다. 문제들을 상세하게 이야기하고 문제의 각 일면들을 분명하게 해결할 수 있는 방법을 문제별로 제시한다. 학교 기금모집을 발의하는 연설은 다음과 같이 구성할 수 있다.

〈문제〉
과밀 교실
너무 먼 버스통학거리
국가 기준에 미달하는 학습성과

〈해결방법〉

학급 인원을 줄인다.

통학거리를 단축한다.

학습내용을 향상시키고 높은 수준의 테스트 실시

원인/결과

이 방법은 문제/해결방법의 구성과 관련되어 있다. 먼저 원인을 설명하고 그 결과를 설명한다. 혹은 그 반대로 결과를 말한 다음 원인을 추적하여 말할 수 있다. 예를 들면, 19세기에 발생한 미국의 서부이민에 대해 이야기할 때 원인을 먼저 이야기하면서 말할 수 있다.

_ 침체된 동부 경제

_ 자영농 창설법(The Homestead Act)

_ 동부농장의 산출력 감소

_ 유럽이민자의 증가

_ 캘리포니아 지역의 금광발견

그 결과를 이야기한다.

_ 포장마차 대열의 개발과 전문 안내원의 등장

_ 인디안과의 전쟁

_ 잔디와 버팔로의 생태계 붕괴

_ 새로운 주의 탄생

_ 기찻 길에 의한 위대한 시대 도래

아는 바와 같이 어떤 결과는 그 자체가 그 후의 결과에 대한 원인이 된다. 이러한 방식은 특정 요소를 강조하고 불편한 요소를 감추기 위해 사용할 수 있는 융통성 있는 구성원칙이다.

결론부분에서는 지금까지의 연설 내용을 요약한다. 설득을 위한 연설에서는 물론 결론은 투표, 편지 쓰기, 기부, 자원, 후보나 그의 입장에 대한 지지 등의 어떤 행동을 요청하는 것이다. 설득을 위한 연설에서 가장 중요한 부분은 결론 부분이다.

결론 부분에서는 연설이 종료될 것이라는 것을 확실히 밝혀야 한다. 어색한 침묵이나 주저하는 듯한 박수를 받으면서 계속 끄는 연설만큼 나쁜 것은 없다. 결론부분에서 명확한 요약문, 선언, 결의, 캐치프레이즈, 행동요청을 함으로써 연설이 종료되었다는 것을 청중들에게 알려 주어야 한다.

_청중 분석

연설을 준비하기 전에 청중에 대해서 고려해야 한다. 참석자가 여성인가 아니면 남성인가 혹은 섞여 있는가? 대부분 젊은 사람인가, 늙은 사람인가, 아니면 모든 연령을 망라하는가? 보수적인 사람들인가, 자유주의적인 사람들인가? 그들의 인종은 무엇이며 여러 외래민족이 섞여있지 않는가? 그들의 직업은 무엇인가? 그들의 태도는? 관심은? 이러한 요소들은 연설을 하기 위한 적정한 말과 농담과 전반적인 목소리 높낮이를 결정하는데 매우 중요하게 고려되어야 한다.

연설을 해야 하는 날이 되면, 대상 청중들은 어떠한 환경에 처해 있을 것인지를 생각해 보라. 근사한 점심을 먹었을까? 너무 이르거나 늦은 시간은 아닌가? 의자는 편안할까? 너무 춥거나 덥거나 시끄럽지는 않는가? 이미 지루한 연설이나 분노를 자아내는 연설을 들은 후는 아닌가? 이런 요소들을 고려하여 청중들의 분위기에 맞출 것인지 혹은 반대로 거스를 것인지를 결정하여 연설 길이나 목소리를 조정한다.

연설 도중에도 청중들의 미소, 박수, 얼굴 찡그림, 쉴새 없는 움직임, 혼란스럽다는 표정, 이석 정도, 옆 사람과의 속삭임 등을 모두 관찰한다. 각 상황에 따라 목소리를 크게 할 것인지, 천천히 할 것인지, 내용을 단축할 것인지, 목소리 톤을 바꿀 것인지를 결정해야 할 것이다.

_ 형식

좋은 연설 형식이라고 함은 언어의 수준이 청중과 주제, 상황에 적절한 경우의 연설을 말한다. 청중들의 수준을 너무 벗어나서 이야기하거나 경멸해서는 안 된다. 논문에 대한 구두 심사 때에는 정확한 문법과 표준어를 사용하여 발표해야 하며, 축구선수 친구에게 건배를 제안 할 때는 속어나 구어체 문장을 가능한 한 삼가해야 한다.

대중 앞에서 말을 할 때는 특별한 형식상의 문제가 발생한다. 연설은 청중들이 말을 기억하려 하며, 말에 대해 질문하거나 앞 문장을 다시 읽어보지 않으면서 연설자의 생각을 그대로 따라 하려 한다는 점에서 편지나 다정스러운 대화와는 다르다. 다음의 5가지 규칙을 따르면 좋은 연설의 기본적인 형식을 갖출 수 있다.

간단한 용어를 사용한다.

한 음절로 끝날 문장이라면 절대로 두 음절 문장을 사용하지 않는다. 가능한 짧고 일반적으로 더 많이 쓰이는 단어를 사용할수록 반향은 더 크며, 더 잘 이해되고 기억된다. '지금 이 시점에서' 보다는 '지금' 이 낫다. '투표에 참가하는 대다수' 보다는 '대부분의 유권자' 가 더 낫다.

짧은 문장을 사용한다.

한 문장이 끝나기 전에 호흡을 해야 하는 문장이라면 긴 문장이라고 할 수 있다. 한 문장에 한 개 이상의 종속절이 포함되어 있다면 너무 긴 문장이다. 그런 경우 긴 문장이 끝나기도 전에 청중들은 처음에 들은 내용을 잊어버리게 된다. 긴 문장은 몇 가지의 짧고 힘찬 문장으로 나누어라. 예를 들면, 다음의 문장은 문법적으로는 맞지만 너무 길다.

"효율적인 경영을 하기 위해서는 일 단위와 주 단위의 운영과 현금 흐름을 확실하게 파악해야 하는 것 뿐 아니라, 몇 주, 몇 달, 그리고 몇 년 동안의 수익과 비용을 감시해야 하며 새로운 상품, 서비스, 설비 등에 대한 투자계획을 세워야 한다."

이 문장을 다음과 같이 알찬 몇 가지 문장으로 분리할 수 있다.

"효율적인 경영은 어렵다. 여러 가지를 동시에 해야 한다. 일 단위의 운영실태를 확실히 파악해야 한다. 주 단위의 현금흐름을 파악해야 한다. 동시에 비용과 수익을 감시해야 한다. 새로운 상품, 새로운 서비스, 새로운 설비에 대한 계획도 수립해야 한다."

하고 싶은 말을 반복하여 말한다.

청중들은 연설내용의 삼분의 일 정도만 소화한다. 그러므로 중요한 말은 적어도 세 번 이상 말해야 한다. 중요한 부분의 단어와 단어를 명확하게 반복하여 말하면 완벽하게 정상적으로 들릴 것이지만, 수필을 낭독할 때 사용하는 기법이므로 바보스럽게 들릴 수 있다. 축약 단어를 반복하여 말하기보다는 중요한 부분에 대해서는 동일한 내용을 다른 단어를 사용하여 다시 말하는 것이 좋다. 중요한 생각을 약간 다른 단어를 사용해서 반복한다. 그렇게 하면 청중들도 잠시동안 마음속으로 연설내용을 요약할 수 있게 된다. 이 방식을 사용하면 당신도 자신이 어디까지 말을 하고 있는지를 기억하게 되고 이해가 느린 청중들도 당신이 한말을 따라 잡을 수 있게 된다.

표지판을 사용한다.

표지판이란 청중들에게 연설의 방향이 바뀐다는 것을 말하거나 발표내용이 어디까지 진행되고 있는지를 알려 주는 전환을 위한 단어나 경구이다. 작성한 내용에 포함된 소 표제나 문장의 들여쓰기 부분을 구두로 표현하는 것이다. 표지판은 모호할 수도 있고 분명할 수도 있다. 일반적으로 말해서 분명할수록 더 좋다.

"이제 우리는…에 대해 말하려 합니다."

"내가 말하고자 하는 세 번째 요점은…."

"다시 말하면…."

"지금!"

"주목하시오. 지금부터 하는 말은 복잡합니다."

"첫째…둘째…셋째…"

"결론적으로…"

"지금까지 말한 내용을 요약하면…"

"이 문제의 다른 예는…"

인격에 관련된 단어를 선택한다.

자신을 '나는' 이라고 하고 청중을 '당신은' 이라고 지칭한다. 일반적인 사람을 말할 때는 '우리는' 이라고 한다. 이런 단어를 사용해야 할 부분에서는 반드시 사용한다. 당신과 청중의 인격적 본질을 강조하게 됨에 따라 교감을 가지게 된다. 또한 모호한 입장을 명확하게 만들 수도 있다. 다음의 과장되고 모호한 문장이 보다 인격적 용어를 사용하여 다시 작성됨으로써 얼마나 생기 있고 명확한 문장으로 변하게 되는지를 확인해 보라.

비인격적 문장 : "자유근무시간제도를 공정하게 시행하기 위한 유일한 방법은 모든 사람들이 사용할 수 있는 시간 기록 시계를 도입하는 것뿐이라고 논의했습니다. 그러나 무 감독 제도로도 잘 운영될 수 있을 것으로 보입니다."

인격적 문장 : "나는 자유근무시간제도의 공정성을 보장하기 위한 유일한 방법은 시간 기록 시계를 사용하는 것이라고 들었습니다. 그러나 나는 무 감독 제도를 도입해도 우리는 잘 지킬 수 있을 것으로 생각합니다."

_ 보조 자료

연설의 목적을 한 문장으로 작성했다. 한 문장에 말할 내용을 요약해 넣었다. 쉬운 단어와 짧은 문장을 사용하는 문제도 해결했다. 그러나 이제 문장이 시간을 채우기는 너무 짧을 지도 모른다. 그러기 때문에 보조 자료가 필요하다.

가장 중요한 보조 자료들은 실례, 예증, 일화, 농담 등이다. 이런 보조 자료들은 이야기하려는 추상적인 내용을 무미건조한 뼈대라고 한다면 여기에 살을 제공하는 역할을 한다. 가장 좋은 실례란 특정 사람이나 그룹이 특정 시간에 특정장소에서 특정한 일을 했다는 분명한 내용을 이야기를 하는 것이다. 시각, 청각, 후각, 촉각 등의 감각적 자료를 이용하면 이야기가 더욱 생기 있게 들리게 된다. 그렇지만 실례는 간단하고 주제에 관련된 내용이어야 한다. 일반적인 규칙은 한 주제를 말하고 두 가지 사례를 든 다음 다시 원 주제를 요약하는 것이다.

통계도 인기가 있는 보조 자료이다. 연설에 쓰이기 가장 좋은 통계치는 어떠한 경향을 나타내거나 분산정도를 나타내는 이해가 쉬운 수치들이다. 너무 자세한 수치나 분명하지 않은 특성의 표현은 연설의 효과를 반감시키게 된다. 청중들은 34.657 퍼센트가 성인 남자이며 성인 중에서 10.587 퍼센트가 대머리이다 라는 것은 기억하지 못한다. 그러나 성인 남자 세 명 중 한 명은 대머리가 된다 라면 기억할 것이다.

설득을 위한 토론 장소인 경우, 사용할 수 있는 보조 자료는 의견, 인용 내용, 전문가의 증언, 목격담 등이다. 다른 사람의 말이나 의견을 빌려서 이야기 할 때는 다음의 사실을 분명하게 확인하라. 정확하게 인용하고 있는가. 토론내용과 분명한 관련성이 있는가. 청중들이 대상자의 권위를 인정하는가.

슬라이드, 테이프, 영상물, 칠판, 도면, 차트 걸이, 유인물 등은 당신의 주제를 더욱 빨리 이해하게 만들 수 있는 청각적/시각적 보조 기구이다. 이런 도구를 사용하기로 결정한 경우 원하는 자료가 들어 있는지와 사용법을 알고 있는 지를 반드시 사전에 실습해 본다. 다루기 힘든 청각 및 시각 보조 기구들은 차라리 없는 것이 낫다.

_개요

다음은 이혼중재를 위한 5분 연설의 개요로 지금까지 제시한 내용의 실례이다.

이혼중재를 위한 연설
목적 : 이혼소송을 제기한 부부에게 중재를 신청하라고 설득하려 함.

도입부
소송보다는 이혼 중재를 요청하는 것이 낫다. 왜냐하면,

1. 가족의 자산을 보호할 수 있고
2. 자녀들을 보호할 수 있고
3. 부부들은 감성적인 안정을 얻을 수 있다.

본론
• 비용

1. 이혼소송을 하면 가족 자산 중에서 600만원에서 1,000만원이 소요된다.
2. 중재비용은 60만원에서 180만원이면 충분하므로 가족 자산을 보호할 수 있다.

• 아이들
1. 미국 아이들 중에서 천 3백만 명이 부모의 이혼을 경험했으며 결국 어느 한 쪽 부모는 잃어버리게 된다.
2. 이혼 중재를 경험한 부모들은 자녀들에 대한 동등한 책임감에 대해 배우게 되고 공동의 자녀 양육 기술을 더욱 많이 알게 된다.
3. "부모는 이혼하지만 아이들은 아니다." (미국 이혼중재 위원회)

• 감정 상태
1. 예시 : 남편은 변호사의 조언에 의해 모든 신용카드를 해지했다. 부인은 그녀의 변호사의 조언에 따라 공동예금 계좌의 돈을 모두 인출했다. 일주일이 지난 지금 서로 소리 지르는 일이 줄어들었다.

결론

이혼중재를 신청하면 이혼하려는 부부들로서는 비용도 저렴하고, 자녀들에 대한 양육도 계속할 수 있으며, 감정적 대립도 완화된다. "미워하지 말고 중재를 신청하라."

이 연설문은 "말하고자 하는 내용을 이야기하라. 이미 말했던 내용을 다시 이야기하라." 라는 격언대로 도입부, 본론, 결론을 구성하고 있다.

그리고 연설의 목적과 내용은 이해하기 쉬운 문장으로 표현되어 있다. 연설의 본론부분은 비용문제, 자녀문제, 감정문제에 대해 문제/해결방법 형태로 구성되어 있다. 소송하는 경우와 중재하는 경우에 대해서도 같은 방법을 쓰고 있다. 연설의 결론 부분에서는 논쟁부분을 요약했으며 행동실행을 요청하는 "미워하지 말고 중재를 신청하라."는 말로 끝내고 있다.

예 : 잘 알고 있는 한가지 화제를 선택한다. 취미, 직업, 학과목이든 평소 익숙한 주제면 된다.

5분 동안 이 주제에 대해서 청중들 앞에서 연설을 해 달라는 요청을 받았다고 상황을 상상해 보라. 청중의 수준과 상황을 고려하여 연설의 목적을 설명할 수 있는 문장을 작성해 본다.

5분 연설할 내용의 요점을 정리해 본다. 도입부와 본론, 결론 부분을 분명하게 구분한다. 본론부분은 명확한 원칙에 의해 구성한다. 예시, 인용, 사실, 수치 등을 적절하게 포함한다. 전체 문장의 길이는 한 두 장 정도의 길이가 적당하다.

작성한 연설문을 앞에서 기술한 예시와 비교해 보라. 연설을 한다고 상상해 보고 어떠한 부분이라도 필요하다면 모두 수정을 한다. 이 장의 마지막 부분에 연설문의 활용방법이 있다.

_전달

전달할 때 가장 중요한 부분은 목소리다. 메시지를 분명하게 전달하기 위해서는 적절한 크기, 속도, 명확성, 높낮이의 목소리를 사용해야 한다.

정확한 목소리란 연설하는 목소리가 청중의 가장 뒷줄까지 전달되는 목소리를 의미한다. 만약 그들이 안 들린다고 한다면 가장 뒤쪽 벽이나 길 건너의 상상의 지점까지 연설을 전달한다고 상상하여 말해야 한다. 들리는 지를 확인하기 위해 가장 뒤에 있는 사람들에게 들리는지를 물어 본다. 마이크 사용을 피한다. 마이크를 통하지 않는 목소리가 훨씬 자연스럽다. 마이크를 반드시 사용해야 하는 상황이라면 연설하기 전에 먼저 당신의 위치와 청중들과의 거리가 얼마 정도일지를 생각해서 사전에 연습해 본다. 거리가 너무 멀면 그들이 말하는 것을 들을 수 없고 너무 가까우면 야유나 피드백을 너무 쉽게 듣게 될 것이다.

대부분의 연설자는 말을 빨리 한다. 의식적으로 천천히 말을 하도록 한다. 각 문장이 끝날 때마다 잠시 말을 멈춘다. 당신이 느끼기에 고통스러울 정도로 느린 속도는 오히려 청중들에게는 적당할 속도일 가능성이 있다.

명확성이란 똑똑한 발음으로 음절을 명확히 구분하여 말하는 것이다. 자음은 분명하고 힘있게 발음하라. 자음은 길게 발음하라. 말을 흐리지 말고 각 단어마다 음절로 나누어서 말하라. 연설을 할 때는 일상적인 대화에서 사용하는 나른한 말투는 사용하지 않아야 한다.

목소리의 높낮이를 문장에 따라 적정하게 사용해야 한다. 수사적인 질문을 할 때는 문장 끝을 올려야 한다. 즐거움, 비판, 경악, 흥분, 염려 등의 감정을 말의 억양에 포함한다.

목소리를 적정하게 사용하고 있다면 이번에는 신체에 대해서, 특히 눈의 사용에 대해서 주의해야 한다. 좋은 연설을 하려면 청중들과의 눈의 접촉을 적절하게 유지해야 한다. 이렇게 하면 성실, 흥미, 친근감, 솔직함, 기타 긍정적인 특질을 전달할 수 있다. 눈과 눈을 마주보기 불안하다면 이마를 본다. 효과는 같을 것이다.

자연스러운 몸짓과 표정을 지어야 하며 연설내용과 일치해야 한다. 자주 손을 내젓는다던가 히죽거리며 웃는 것은 찬양사를 낭독할 때는 적절하지 않으며 응원연습에나 적당하다. 뒷짐을 지거나 주머니에 손을 넣지 마라. 당신이 말하는 내용에 도움이 될 때만 사용하라.

몸을 움직여라. 주제를 바꾸려고 할 때 몸을 앞으로나 뒤로 움직여서 알려 주는 것은 좋은 방법이다. 몸을 움직이면 변화 있게 보이므로 어떠한 연설에서도 환영받는다. 이러한 이유 때문에 연단에서 꼼짝도 하지 않고 서 있는 것은 피해야 한다.

_무대공포증을 없애는 방법

무대 공포증은 예상 가능한 불안감 때문에 발생한다. 다른 사람들 앞에서 말을 해야 한다는 생각 때문에 '싸우거나 도망(fight-or-flight)' 각성 증후군을 일으키게 되는 것이다. 긴장하고, 손은 차고 땀이 난다. 입술은 마르고 가슴은 두근거린다.

대중연설에 대한 두려움은 아마도 가장 많은 사람이 겪는 일반적인 불안감일 것이다. 이에 관하여 많은 연구가 진행되고 있으며 이를 해결하기 위한 여러 가지 효과적인 전략이 개발되고 있다. 연설하기 전과 연설 중에 발생하는 불안감을 견딜만한 수준으로 완화할 수 있는 방법은 여러 가지가 있다.

일주일 전

연설이 확정되었다면 두려움 없이 연설하기 위하여 예행 연습(Covert Modeling)을 해 본다. 연설을 멋지게 하는 자신의 모습을 묘사하는 몇 가지 간단한 문장을 작성한다. "무대에 올라가서 청중들에게 미소를 짓는다. 중앙으로 걸어가서 큰 숨을 쉰다. 크고 강한 목소리로 이야기한다. 천천히, 확실히, 유쾌하게 이야기한다. 개인들이 나와 눈이 마주친 것은 그들이 나의 말에 귀를 기울인다는 의미이므로 그들에게 미소를 짓는다. 긴장을 풀고 마음을 편하게 가진다. 나는 즐거운 시간을 보내고 있다. 나는 내가 하는 말은 좋아하며 청중들도 좋아한다. 연설을 끝내면 그들은 오랫동안 박수를 보낸다."

묘사한 내용을 기억해 둔다. 아무도 방해하지 않는 조용한 장소에서 자리에 앉는다. 눈을 감고 깊은 숨을 쉰 다음 기억한 것을 생각해 본다. 연설을 할 장소의 벽, 의자, 책상, 색깔과 형태를 형상화해본다. 장소에 대해 명확히 기억하게 되었으면 이번에는 동일한 연설을 당신과 아주 다른 사람이 행한다고 상상해 본다. 당신보다 나이가 많거나 젊거나 이성의 사람을 선택한다. 이 사람은 처음에는 약간 긴장하지만 곧 안정되고 자연스러운 태도로 당신이 해야 하는 연설을 하고 있다. 미소를 짓고 박수를 치는 청중을 보라. 이러한 장면을 한번 더 상상해 보면서 다른 모델이 하는 부분 중에서 거슬리는 부분이 없으면 그대로 시행한다.

이번에는 당신과 동일한 나이, 성, 보통의 모습을 가진 사람이 연설을 하게 되었다고 상상해 본다. 처음에는 좀 긴장을 하지만 곧 이어 정상궤도에 진입하여 훌륭한 연설을 한다. 이제 당신과 비슷한 사람이 하는 연설을 하고 있는 모습을 두 번 상상해 본다.

이제 당신이 연설을 하고 있다고 상상할 차례이다. 처음에는 좀 머뭇거리지만 곧 자신감과 권위를 가지고 말하기 시작한다. 몇 가지 실수를 하긴 했지만 연설이 끝나자 청중들은 정말 즐거워하며 당신도 최고의 기분을 느낀다. 자신감이 증대될 때까지 자신이 연설하는 모습을 그려본다.

마지막으로 거울 앞에서 연습을 해 본다. 그 방법은 이 장의 끝에 나와 있다.

한시간 전

연설을 시작하기 전에 다음과 같은 순차적 긴장완화 과정을 두 번 시행하여 긴장된 전체 몸을 풀어 주는 것이 도움을 줄 것이다.

1. 편안한 자세로 앉는다. 정강이부분에 힘을 주면서 발과 발가락을 얼굴 쪽으로 잡아당긴다. 5초 동안 그 자세로 멈춘 다음 자세를 푼다. 발가락을 비틀면서 종아리와 허벅다리와 엉덩이에 힘을 준다. 7초간 그 자세로 멈추었다가 11초간 긴장을 푼다. 다리의 긴장이 풀리고 있는지를 확인한다.

2. 양 주먹을 쥐고 보디빌딩 선수처럼 팔뚝과 이두박근에 힘을 준다. 7초간 그 자세로 멈추었다가 11초간 긴장을 푼다. 팔의 긴장이 풀리고 있는지 주시한다.

3. 가슴까지 숨을 들이마시면서 허리를 활처럼 굽힌다. 5초간 멈춘다. 긴장을 푼다. 이번에는 위장까지 깊게 숨을 쉰다. 7초간 그 자세로 멈추었다가 11초간 긴장을 푼다. 가슴과 배의 긴장이 풀리고 있는지 주시한다.

4. 이마를 찡그린다. 동시에 머리의 가장 뒤쪽 부분을 손가락으로 압박한다. 머리를 시계방향으로 원을 그리면서 돌린다. 이번에는 반대편으로 돌린다. 이번에는 얼굴의 근육부분을 호두처럼 보일 때까지 주름을 만들어 본다. 찡그린 표정을 짓고, 눈을 샐쭉하게 뜨고, 입술은 오므리고, 혓바닥으로 입천장을 압박하고 어깨를 둥글게 한다. 7초간 그 자세로 멈추었다가 11초간 긴장을 푼다. 머리의 작은 근육들의 긴장이 풀리고 있는지 주시한다.

연설 중간

연설을 시작하기 전에 천천히 깊게 숨을 들이쉰다. 그리고 서서히 내쉰다. 이 방법은 짧은 시간 내에 긴장을 풀 수 있는 가장 좋은 방법이며 말하기 전에는 허파를 완전히 채워야 좋다는 것을 상기시켜 줄 것이다. 연설을 하는 중간에도 잠시 말을 멈추고 긴장을 풀기 위해 숨을 깊게 내쉬어도 된다. 청중들은 당신이 멈춘 이러한 시점을 자연스러운 중단시점으로 받아들일 것이다.

긴장이 더 커지는 경우 역설적 승인(Paradoxical Admission) 방법을 사용할 수 있다. 이 방법은 청중들에게 솔직하게 "너무 긴장되어서 전체 연설을 망쳐 버릴 것 같습니다."라고 말하는 방법이다. 긴장하고 있다는 것을 숨기는 것이 아니라 오히려 드러내고 인정하는 방법이다. 긴장했다는 것을 솔직히 드려 내면 오히려 긴장감이 사라지거나 줄어 들것이라고 한다면 역설적으로 들리지만 정말이다.

(연습)

전신거울 앞에 서서 녹음하면서 연설을 해 본다. 말하는 동안 자신의 몸짓, 시선처리, 표정을 살펴본다. 녹화한 내용을 들어 보면서 목소리 크기, 속도, 명확성, 높낮이를 살펴본다. 단어나 문장 중에서 줄여야 하는 부분이 있는지, 다음 단으로 넘어 갈 때 적절하게 신호를 보내는지, 연설의 주제를 반복하여 말하고 있는지, 인격적인 말을 사용하는지를 검토한다. 주제에 대해 전혀 모르는 사람이 들어도 이해할 수 있을지를 확인한다.

다시 거울 앞에 서서 녹음기의 마이크를 이용하여 실제 가장 멀리 있는 청중들도 모두 들을 수 있을 정도의 목소리로 연설을 해 본다. 잘못된 부분은 발견되는 즉시 기록한 후 수정한다. 완벽한 연설이라고 생각될 때까지 연습을 해 본다. 연습을 거듭하더라도 가속도는 내지 않아야 한다.

4. 면담
···→ Interviewing

한 달 동안 이력서를 작성하여 발송했다. 가침내 다음 주에 인터뷰에 참가하라고 연락이 왔다. 이 순간부터 더 긴장이 된다. 종교재판처럼 느껴지는 이러한 인터뷰에 대해 어떻게 대비해야 하나? 그들은 무엇을 물어 볼까? 면담자들에게 좋은 인상을 주려면 어떻게 해야 하나? 이 직업이 자신에게 맞는지를 알려면 어떠한 질문을 해야 하나?

부엌 수리가 반이 진행되었다. 이제는 전자레인지에 요리를 하고 식기를 욕실에서 씻는 일에도 지쳤다. 공사를 맡은 수리공들과는 문제가 생겨서 그들은 공사를 그만 둔다고 한다. 수리를 완수하기 위해서는 성실한 공사담당자를 어떻게 찾을 수 있을까?

항상 지각하는 직원의 감독관이다. 그를 정시에 출근하도록 동기부여하기 위하여 그와 면담을 하기로 했다.

면담을 보게 되었는데 면담자는 당신이 성적 성향, 마약복용경험, 범죄 경력에 대해서 묻는 등 이상한 질문만 한다. 자신에게 말한다. "너무 개인적인 질문들이군. 도대체 이 직업과 무슨 관련이 있지?" 어떻게 대응해야 하는가?

탁아소를 시작하려고 한다. 옆집의 엄마들에게 공립 탁아시설에 대한 견해를 물어 보려고 한다.

이러한 예시에서 보듯이, 면담에 참가하는 사람들에게는 심각한 대화 목적이 있다는 점에서 일상적인 대화와는 다르다. 면담에 참가하는 사람은 자신의 이해관계가 얽혀있는 주제에 대해 대화하자고 제안을 하게 된다. 그들의 목적은 정보를 주거나, 정보를 얻거나, 다른 사람의 행동이나 태도를 변화시키거나 의사결정을 하기 위해서이다.

성공적인 면담이란 면담의 양 당사자가 모두 자신이 원하는 것을 얻게 되는 경우를 말한다. 예를 들면, 감독관은 직원을 정시에 출근하게 만들었고 직원은 직업을 계속 유지하는 경우이다. 그러나 어떤 때는 면담에 참가한 당사자들의 이해 관계가 상이하여 서로 다른 목적을 위해 참가하는 경우가 있다. 예를 들면, 당신은 당신의 자금사정에 가장 맞는 차를 사려고 했는데 불량품을 처분하려는 알지도 못하는 사람이 낸 광고에 의해 차를 사게 되었다. 물론 양 당사자 모두 자신의 기대를 충족했다고 할 수 있다. 누구는 불량품을 적정한 가격에 처분했고 당신은 꿈에 그리던 차를 사게 된 것이다. 그러나 당신은 자동차에 대해 더 많은 지식을 가지거나 그런 지식을 가진 사람의 도움을 받아야 하며 또한 면담기술도 가져야만 했다.

면담에서 자신이 원하는 바를 얻기 위해서는 어떠한 요소들을 고려해야 할까? 상호 작용시 더 많은 통제권을 가지고 있는 쪽이 목적을 달성 할 수 있는 확률이 높다. 대부분 높은 지위에 있는 사람이 통제권을 더 많이 가지게 되므로, 면담 대상자들은 일반적으로 불평등한 상태에 놓여 있게 된다. 구직자가 경영자를 만나고, 환자가 의사를 만나고, 학생이 선생을 만나고, 신문기자가 정치가를 만나고, 지식을 원하거나 도움이 필요한 사람이 지식을 가지고 있거나 도움을 줄 수 있는 사람을 만난다는 것은 모두 불평등의 관계에서 만나는 것이다. 종속자는 자신의 통제권을 포기함으로써 상대방에게 주도권을 주며, 조심스럽게 듣기를 하며, 공격하지 않도록 조심하며, 상대방의 지위에 대한 존경심을 보이기도 한다. 그러나 면담에 참가할 종속자도 자신의 목적을 사려 깊게 정리해 보거나 미리 질문내용을 생각하거나 상대방의 질문내용에 대해 연습해 봄으로써 상당한 수준의 통제권을 가질 수 있다.

당신이 면담자의 입장이어서 질문만 하는 입장이든지 혹은 면담 대상자로써 질문에 답해야 하는 입장이든지 상관없이 각자의 목적을 달성하기 위한 대화의 조정기술을 배울 수 있다. 양측의 역할을 모두 이해하게 되면 상대방의 협조를 구해내거나, 유용한 정보를 교환하거나, 양측이 모두 만족하는 결과에 도달할 수 있는 당신의 능력이 강화되게 된다.

면담을 하는 사람들은 질문을 이용하여 통제권을 행사하게 된다. 1차 면담(Screening Interview)이란 많은 수의 지원자에게 미리 정해진 표준 질문을 함으로써 부적격자를 가려내는 엄격한 체계를 갖추고 있는 면담 방법이다. 이 질문들은 주로 지원자의 성장배경, 교육수준, 직장경험, 보유 기술 등의 객관적인 정보를 확인하는 내용으로 구성되어 있다. 1차 면담에 의하여 업무에 가장 적합한 지원자들을 선택했다면 이번에는 보다 자유스러운 2차 면담(Selection Interview)을 하게 된다. 이 면담단계에서는 경영자들은 지원자의 특성을 파악하기 위해서 보다 개인적인 정보를 얻으려고 한다. 자유로운 분위기에 의한 면담단계 이므로 노련한 면담자는 "당신을 소개해 보시오." "당신이 이 직업에 적합하다고 생각하나요?" "만약 당신이 이 업무를 맡게 되었을 때 X라는 일이 벌어진다면 어떻게 하겠어요?" 같은 광범위하고 답이 정해지지 않은 질문들을 하게 된다. 이런 질문에 답을 하는 지원자들은 자신의 내면적 인격체에 의해 정한 선호도, 견해, 판단 등을 반영하고 있는 답변을 하게 된다.

면담 대상자들은 질문에 대해 어떻게 답을 하는가에 따라 면담의 통제권을 가질 수도 있게 된다. 체계적인 면담에 참가하게 되었을 때, 면담 대상자는 자신의 긍정적인 측면을 부각하고, 면담자가 나쁜 방향으로 왜곡할 수 있는 말을 하지 않으면서, 직접적이고 분명하게 답변을 잘 함으로써 통제권을 가질 수 있게 된다. 체계적이지 못한 면담에서는 질문에 대한 답변방법에 따라 면담의 흐름을 통제할 수 있다. 예를 들면, 정치가가 정보에 대한 인터뷰에서 자신의 정치 견해를 벗어나는 질문에 대해서는 답을 하지 않거나 반응하지 않겠다고 결심할 수 있다. 면담참가자의 생각에 질문내용이 자신의 목적과 배치된다면 방향 선회를 요청할 수 있다. 예를 들면, 만약 면담이 거의 끝나 가는데도 아직 면담 대상자는 자신의 장점과 과거의 성공적인 경력, 업무를 어떻게 잘 맡을 수 있을 것인가에 대한 설명을 하지 못했다면 이러한 정보를 제시할 수 있는 주도권을 가져야 할 것이다. 면담 대상자에게 가장 중요한 일은 면담에 참가한 목적을 분명히 정의하여 자신의 목적에 부합되는 방향으로 면담이 흘러 갈 수 있도록 만반의 준비를 해야 하는 것이다.

_ 면담 방법

과거에 참가했던 면담 중에서 적어도 세 가지 이상의 면담경험을 상기하여 다음의 질문에 답을 해 본다. 대상으로 선택하는 면담에는 긍정적인 결과가 나왔던 면담과 부정적인 결과가 나왔던 면담을 한가지씩 포함해야 한다.

1. 그 면담에 참가한 목적은 무엇인가? 한번 이상 참가했는가?
2. 다른 참가자의 목적은 무엇이었는가?
3. 당신은 면담자였는가? 면담 대상자였는가?
4. 면담자는 면담에 대한 통제권을 어떻게 행사했는가?
5. 면담 대상자는 면담에 대한 통제권을 어떻게 행사했는가?
6. 지금 이 순간에는 그 당시의 면담을 어떻게 생각하는가?

_ 원하는 내용을 명확히 한다

자신이 원하는 것을 알게 되면 의문점이 줄어들게 되고, 자신의 목적을 추구하기 위한 동기부여를 할 수 있으며, 엉뚱한 목적을 수립하지 않게 하며, 다른 사람과 대화할 때 자신의 목적을 좀 열적으로 이야기 할 수 있게 된다. 요구는 야망이 되고 실현가능성이 높아지게 된다. 자신의 꿈을 적극적으로 성취하려 할 것이며 또한 가능하게 된다.

영주는 자동차를 구입하려고 하는데 그녀는 수 분동안 원하는 것을 상상해 보았다.

안전하고 고장이 잘 나지 않는 옅고 푸른색의 소형차를 타고 학교와 직장에 가는 나의 모습을 보고 있다. 온도조절이 잘 되고 음향시설도 우수하다. 차 내부는 나의 3명의 친구와 카 풀을 할 수 있을 정도로 넓다. 차는 믿을 수 있고 운전하기가 쉽다. 나와 친구는 멋진 음향시설에 만족하고 있다. 가격도 300만원 정도니 나의 재정상태에 적당하다.

영주는 그녀가 필수적으로 포함되어야 하거나 협상 불가능한 부분이 어떤 부분인지를 자신에게 물어 보았다.

안전하고 고장이 나지 말아야 한다. 학교졸업하고 정식직장을 구하기 전까지 시급한 큰 수리가 있어서는 안 된다. 히터와 라디오는 필수다. 4명의 어른이 타도 편안해야 한다. 운전하기에 자신감을 가질 수 있고 쉬어야 한다. 주유 비용이 저렴해야 한다. 300만원 이상이면 안 된다.

영주는 마지막으로 옵션으로 선택할 부분이 어떤 면인지를 자신에게 물어 보았다.
옅은 파란색, 냉방기, 고급 음향시설이 추가 비용 없이 달려 있으면 좋겠다.

잠시동안 눈을 감고 깊게 숨을 쉰 다음 긴장을 푼다. 원하는 것이 무엇인지 생각해 본다. 목적을 달성한 자신의 모습을 상상해 본다. 어떻게 보이는가? 느낌이 어떤가? 무엇을 하고 있는가? 전체 모습은 어떻게 보이는가? 누구와 같이 있는가 혼자인가? 옆에 누가 있다면 그들과 무엇을 이야기하고 있는가? 당신이 원하는 모습을 모든 감각을 이용하여 작성해 보라.

1. 당신이 원하는 것을 기입한다.

----

2. 필수적인 사항과 협상 불가능한 사항이 있는지 적어본다.

----

3. 필수는 아니지만 있으면 좋은 부분(그래서 협상 가능한 부분)을 적어 본다.

면담내용, 특히 결론 부분이 원래의 목적과 다른 방향으로 가도록 유도 받게 되어 실망하게 되면 여기 써 놓은 내용을 참조하라.

_ 면담자의 준비사항

관련정보의 수집

시간을 내어 자신이 원하고 있는 것이 무엇인지를 알게 되면 자신의 목적을 보다 세련되게 만들 수 있고, 면담을 위해 누구를 만나야 하고, 어떤 질문을 할 것인가를 결정하는데 도움을 줄 것이다. 먼저 가족, 친구, 동료 등에 대한 '즉흥 면담' 으로부터 시작해 보자. 이런 사람들은 이미 당신과 관계를 유지하던 사람이었기 때문에 그들과 허심탄회하게 이야기 할 수 있을 것이다. 지역 도서관도 수많은 책, 잡지, 신문기사, 정부 간행물, 여행 저널, 소비자 보고서, 경영 보고서들을 찾을 수 있는 정보의 보고이다.

당신을 전혀 모르는 사람에게 잠깐 시간을 내어 달라고 부탁한 후 질문을 해 달라고 부탁하는 것도 많은 정보를 얻을 수 있는 좋은 방법이다. 모르는 사람과의 즉흥 면담은 대부분 공공 모임에서 일어나며 만약 좀더 체계적으로 모르는 사람의 의견과 느낌을 알고 싶다면 질문 목록을 만들어서 순서대로 하는 것이 좋다. 이러한 정보를 얻기 위한 면담(Informational Interview : 현직 종사자로부터 해당 직업에 대한 설명을 듣기 위해 시행하는 면담) 은 도서관에서 쉽게 수집할 수 있는 상태에서 활용하는 것이 아니라 당신이 관심을 가지고 있는 주제에 대한 '내부자의 견해' 를 알려고 할 때 활용된다.

정보 면담시 준비 사항

모르는 사람과 정보면담을 하기 위한 약속을 하려고 하는 경우 다음의 단계대로 한다.

1. 간단하게 자신을 소개하는 원고를 작성하고 난 뒤, 면담 대상자를 정하고, 목적과 소요될 시간은 얼마인지를 정한 다음, 만날 시간과 장소를 정하거나 전화를 통해서 할 것인지를 약속한다.

   ----

2. 5개 이상의 질문을 묻고 싶은 순서대로 쓴다. 먼저 쉬운 질문부터 시작하고 대상자가 주제에 대해 호의를 보이는 경우 중간의 어려운 질문으로 넘어 간다. 정한 시간이 다 지나서 원하는 질문을 모두 할 수 없을 경우에는 덜 중요한 질문 대신에 중간에 있는 보다 중요한 질문을 먼저 한다.

   ----

3. 면담을 끝낼 무렵에는 요점을 요약한 내용을 말하고 감사를 표한다. 그리고 다음 만날 수 있는 여지를 남겨둔다. 방을 나오면서 당신과 대화할 수 있는 다른 사람을 추천해 줄 수 있는지 물어 본다. 대화하는 동안 상대방이 당신을 더 잘 알 수 있게 함으로써 당신 자신이나 능력을 이용할 필요가 있겠다고 느끼게 만들어야 한다.

　　사회복지사인 경미는 자신의 경력을 재평가하고 싶어한다. 그녀의 친구로부터 병원에서 일하고 있는 다른 사회복지사의 이름과 전화번호를 얻게 되어 전화를 이용한 정보 면담을 하기 위하여 원고를 준비하고 있다.

자기 소개

　　안녕하십니까, 김철수씨, 내 이름은 박경미입니다. 나는 이 도시에서 사회복지사로 일하고 있습니다. 우리는 김영희라는 친구를 알고 있지요. 그 친구가 당신을 만나 보라고 추천하더군요. 나는 지금 새로운 일자리를 알아보고 있는데 당신의 병원업무에 대해 30분 정도 이야기를 나누어 보고 싶어요. 실례가 되지 않는지요. 제가 사무실로 갈 수 있어요. 언제 시간이 괜찮으신가요?

5 가지 질문

1. 병원에서의 일상적인 일과는 어떤가요?
2. 당신 일 중에서 가장 좋은 점과 나쁜 점은 무엇인가요?
3. 내 친구가 그러는데 당신이 근무하는 부서에서 새로운 프로그램을 시작한다는데 어떤 프로그램인가요?
4. 이 프로그램의 채용담당이라고 들었습니다. 어떤 사람을 필요로 하십니까?
5. 내 친구가 말하기를 이 병원에서는 부서 재조정이 있다고 하던데 그렇다면 당신의 부서는 어떻게 됩니까? 당신은 어떤 일을 하게 되나요?

종료

시간을 내어 당신의 직업에 대해 말해 주셔서 감사합니다. 매우 도움이 되었습니다. 당신의 부서에서 새로운 프로그램을 시작한다니 정말 흥분이 되는군요. 새로운 프로그램이 잘 진행되는지를 묻기 위해 전화해도 됩니까? 그리고 누군가 나의 경력관리를 위해 대화할 수 있는 다른 사람을 소개해 줄 수 있나요?

우호관계의 수립

당신의 목적은 아주 짧은 시간 내에 처음 만나는 사람으로부터 당신의 질문에 대한 솔직한 답변을 얻어내는 것이다. 누군가를 당신에게 마음을 열고 면담에 임하게 하려면 먼저 우호적인 관계를 수립함으로써 당신은 자기와 공동의 관심사를 가지고 있고, 당신이 현재 하려고 하는 일이 무엇인지를 잘 알게 되었으며, 당신을 신뢰할 수 있는 사람이라고 느끼게 만들어야 한다. 모든 면담은 서로 다르지만 우호관계를 수립하기 위해서는 몇 가지 공동 원칙이 있다.

1. 면담 대상자를 따뜻하게 맞이한다. 미소 짓고, 악수하며, 시선을 교차하고, 이름을 부른다. 만약 면담이 당신의 사무실이나 집에서 이루어진다면 불편하지 않게 잘 배려한다.
2. 면담의 목적을 알려 준다. 이 목적에 관심을 가지게 된 이유를 설명하고 예상되는 소요시간을 알려 준다. 당신이 제안하는 체계에 대해 이해하고 동의를 받도록 해야 한다.
3. 면담 대상자에 대해 진실된 관심을 보여 준다. 그를 좀더 잘 알기

위한 질문을 한다.

4. 상호 관심사항, 태도, 친구, 경험에 대해 이야기하여 관계를 형성한다.

5. 면담 대상자가 어떻게 반응하는지 주의 깊게 살펴본다. 상대방을 안심시킬 수 있도록 자신의 행동을 조절하고 상대방이 편안하게 느끼고 있다는 것이 확실하다고 느끼면 곧바로 면담 단계로 넘어간다.

우호관계를 맺기 위한 시간을 짧게 가지려고 하면 안된다. 당신을 믿지 않는 사람에게 질문을 하는 것은 아무런 의미가 없다. 그렇지만 당신이 원하는 정보를 얻기 위한 시간이 많지 않기 때문에 우호관계수립을 위해서 너무 많은 시간을 허비하고 있다는 느낌을 주어서도 안 된다.

면담의 흐름을 주도 : 질문과 답변

면담 대상자가 편안한 상태가 되면 이제 당신의 목적과 직접 관련된 질문을 해본다. 면담을 수행하면서 시간에 주의하며 면담 대상자의 비언어적 신호를 인식해야 한다. 당신은 중요하게 생각하는 모든 질문을 하고 싶고, 솔직한 답변을 얻고 싶고, 정해진 시간을 넘기지 않고 싶을 것이다.

상호 대담은 다음과 같은 순서에 의해 진행된다. 면담 대상자가 답변할 질문을 한다. 답변에 대해 반응하거나 추가 질문을 한다. 다음질문을 하기 전까지 서로 대화를 교환한다. 당신이 계획했던 질문에 의해 원하는 정보를 얻으려면 면담 대상자의 답변에 대한 당신의 반응이 무엇보다 중요하다. 다음은 여러 가지 반응하는 방법이다.

1. 고개를 끄덕이거나 "그렇군요."라고 말하면서 동의해 주고 계속

말하도록 북돋아 준다.

2. 부가 질문을 하면 더 많은 정보를 규명할 수 있다. ("병원의 부서 조정에 대해 개인적으로 어떻게 생각하시죠?")

3. 금방 한 대화내용을 이해했는지 확인하기 위해 요점을 정리한다. 그러기 위해서는 말하는 사람에게 부가적인 설명을 요청하거나 보다 명확한 설명을 요청하는 경우가 발생할 수 있다. 요약은 준비된 다음의 질문으로 넘어가겠다는 종료 신호로 사용될 수 있다 ("당신이 설명한 일상적인 일과는 환자들과 보내는 시간만큼 서류작성과 행정회의를 주재한다는 것을 알려 주는군요").

4. 동의의 표현을 한다("당신이 가장 좋아하는 부분이 잘 돌아가는 부서의 구성원으로 일하는 것이라고 답한 것 때문에 내가 입원환자병동에서 일할 때의 경험이 생각나는군요. 정말 한 가족 같았죠").

5. 관련 있는 영역에 대한 주제로 말을 바꾼다.("같은 식구라고 항상 잘 지내는 것은 아니죠. 어떤 문제가 있나요? 서로간의 의견차이를 어떻게 해결합니까?")

6. 새로운 영역에 대한 주제로 말을 바꾼다. ("어떤 환자를 돌보나요?")

면담을 진행하는 사람으로 당신이 원하는 목적을 이루기 위한 대화로 이끌 수 있도록 면담 대상자에게 대응할 수 있다. 현재의 대화가 원하는 방향과 다르다고 생각되면 주제를 바꾸는데 주저하지 말아야 한다. 최소의 말로도 바꿀 수 있다. "다른 것에 대해 질문하겠습니다." "…에 대해 살펴볼까요." 라고 하면 된다. 면담 대상자는 당신이 질문하기를 기다리고 있으며 당신의 주제 변화를 거의 방해하지 않을 것이다.

(연습)

면담 대상자의 다음 문장에 대해 5가지 반응을 써 본다.

내년이 시작되기 전에 이사회에 인력이 보강된다면 현재보다 두 배의 환자를 돌 볼 수 있게 된다. 새로운 형태의 임상도 할 수 있고 한 명 한 명 에 대한 임상도 가능해 질 것이다.

정보를 규명

동의의 표현

요약

관련 영역으로 주제를 변경

새로운 영역으로 주제를 변경

종료

어떤 방식으로 이 면담을 종료할 지에 대한 계획을 작성하라. 면담의 흐름에 따라 종료 방법이 달라질 것이다. 그러나 정중하고 명확한 종료의 말을 준비하는 것이 좋다.

1. 면담 대상자의 시간과 도움과 견해 등에 대해 고마움을 표시한다.
2. 중요한 부분을 요약해 본다.
3. 마지막으로 할 말이 있는지 물어 본다.
4. 일어서서 악수를 청한다.

면담결과보고

아직 기억이 생생할 때 면담에서 일어난 일들을 다시 한번 살펴보는 것은 아주 좋은 일이다. 면담 대상자가 말한 내용을 면담을 했을 때 기록했던 내용보다 더 상세하게 써 본다. 사실과 가정을 분리한다. 면담 대상자가 당신이 기록한 내용에 대해 동의를 할 것인지를 생각해 본다. 말한 내용에 대해 의문이 생기면 면담 대상자에게 전화를 걸어 확인을 해 보거나 상대방이 검토할 수 있도록 요약한 문장을 보낸다. 만약 면담의 목적이 상대방의 행동이나 태도를 변경시키는 것이라면 성취한 결과를 정확하게 기록한다. 상대방이 동의한 부분은? 당신이 동의한 부분은?

면담 때 발생한 일들을 적고 난 후, 당신의 얻은 성과는 무엇인지 평가해 보라. 만족스럽지 못한 부분이 있다면 다음 면담에서 같은 실수를 하지 않기 위해서는 어떻게 해야 할 것인가? 다음의 질문을 해 보라.

1. 충분히 면담을 준비하였는가? 더 잘 준비하기 위해서는 어떤 일을 했어야 하는가?
2. 면담 대상자의 마음을 편안하게 하고 당신을 신뢰하게 하고 질문에 대해 흥미를 가지게 하고 협조하게 만들었는가? 우호관계를 수립하기 위해 더 할 수 있었던 일들은 무엇인가?
3. 면담의 흐름을 통제함으로써 당신이 원하는 것을 얻었는가? 당신의 목적을 달성하기 위해서 어떻게 면담을 구성했으면 더 나은 결과를 얻을 수 있었는가?
4. 시간을 효과적으로 사용했는가? 더 잘 사용할 수는 없었는가?
5. 면담의 종료방법에 대해 만족했는가? 다른 방법은 없었는가?
6. 이 면담에 대한 후속 조치는 취하기를 원하는가? (예를 들면, 면담 대상자에게 감사의 편지를 보내면서 불확실한 부분에 대해 물어보거나, 장점을 강조하거나, 면담결과를 서술해 주는 것)

면담자의 검색목록

정보 면담은 정보를 얻기 위해서 뿐만 아니라 정보를 주거나 태도나 행동의 변화를 초래하고 결정에 이르도록 하기 위해서도 사용된다. 면담자는 목적이 기사에 난 유명인의 정보를 수집하기 위해서 인지, 고객에게 새로운 상품을 소개하기 위해서 인지, 사람을 새로 고용할 것인지 아니면 특정 상품을 구매할 결정을 하기 위해서 인지, 노동자의 만성적인 게으름을 해결하기 위해서 인지, 두 집을 분리하는 허물어진 담을 고치기 위해서 인지 등 면담의 목적을 확실히 정의해야 한다. 어떠한 경우이든지 다음의 기본적인 단계를 거치게 된다.

1. 원하는 것을 명확히 한다. 필수적인 부분은? 선택 가능한 부분은?
2. 원하는 것에 대해 연구한다.
3. 누구를 면담할 것인지 결정하고 가능한 많은 정보를 얻는다.
4. 면담을 개시하면서 세부적인 목적을 정의하다.
5. 전달할 정보와 가장 좋은 제안방법을 결정한다.
6. 질문할 내용을 적는다(다른 방법으로는 알 수가 없는 질문을 포함해야 한다).
7. 질문의 순서를 정한다.
8. 면담 대상자의 예상질문을 생각해 보고 그 대응방안을 준비한다.
9. 면담시간을 정한다.
10. 면담을 주선한다.
11. 면담 대상자를 환영하고 목적과 시간을 반복하여 말한 뒤 우호관계를 수립한다.

12. 목적을 달성할 수 있는 정보를 교환한다. 정보를 제공하고, 계획한 질문을 하고, 질문에 답을 한다.
13. 종료할 때, 면담 대상자에게 고마움을 표시하고 합의한 내용과 다음 단계에 대한 중요한 부분을 요약한다.

김 선생은 집을 임대할 때 다음의 검색목록을 사용한다.
1. 임대인이 어떤 사람이면 좋겠다고 명확하게 정리한다. 비흡연자이며 애완동물이나 자녀가 없는 부부, 정규직업을 가진 맞벌이 부부로써 임대료를 잘 낼 수 있어야 하는 사람이다. 신원이 확실해야 하며 적어도 일년이상 계약을 해야 한다. 비흡연자, 직업, 확실한 신원, 일년이상의 계약기간, 임대료를 잘 내야 하는 부분은 필수사항으로써 협상이 불가능한 부분으로 결정했다. 부부, 자녀나 애완동물이 없어야 함, 정규직원 등은 선택사항으로, 협상 가능한 부분으로 결정했다.
2. 주변의 임대시장을 잘 살펴본 다음 가장 공정하고 매력적인 임대 비용을 결정했다. 임대하기 가장 좋은 방법은 지방 신문에 광고를 내는 것이라는 것도 알게 되었다.
3. 광고를 보고 찾아오는 모르는 사람과 면담을 가기 전에, 전화를 이용한 처음 접촉에서 가능한 많은 정보를 얻어내기로 결심했다.
4. 1차 면담의 특별한 목적은 이 임대 물건에 대해 진정한 관심이 없는 사람을 가려내는 것이다. 사실요소에 대한 확인만 하는 것이다. 가장 적절한 후보라고 판단되면 자신의 임대 장소에서 그를 얼굴을 맞대고 만나서 그를 좋아하게 될 것인지를 결정할 것이다.
5. 임대 물건과 주변 이웃에 대한 설명서를 작성해서 전화로 면담할

때 활용하려고 한다.

전화를 건 사람을 걸러내기 위해서 다음의 질문목록을 작성하고 차례대로 물어 본다.

1. 당신의 이름과 저녁에 전화할 수 있는 전화번호를 말하시오.
2. 독신인지, 동거인이 있는지? 동거인이 있다면 다음의 질문에도 해당된다.
3. 지금 사는 곳은 어디이며 이사하려는 이유는?
4. 우리 집을 임대하려고 결정한다면 당신이 최근 3번 동안 거쳤던 집주인과 통화해 봐도 되는지?
5. 흡연자인가?
6. 애완동물은?
7. 직업은 무엇이며 사장의 이름은?
8. 월급을 확인하기 위해 사장에게 전화해도 되는지, 당신의 평판은 좋은 편인지?
9. 임대기간은?

면담 대상자의 예상 질문에 대해 다음과 같이 적어 본다.

1. 임대 가능한 기간은? (협상에 따라 달여있다. 얼마나 있기를 원하는가?)
2. 차고가 있는가? (아니, 하지만 길가에 충분히 할 수 있다.)
3. 도시가스나 전기는? (히터와 가스레인지, 건조기는 가스이며 나

머지는 전기임.)

4. 학교에서 가까운가? (걸을 수 있는 거리에 초등학교와 중학교가 있음. 고등학교는 3킬로 정도 가야 함. 학교버스가 길모퉁이에 정차함.)

5. 면담시간은 10분내로 함.

6. 이제 신문에 광고를 내고 전화가 울리기를 기다린다.

7. 신문에 난 광고를 보고 임대하기 위해 전화하면 그는 자신을 소개하고 문의자의 이름을 묻고 집을 보여 주기 전에 먼저 면담을 해야 한다고 설명한다. 그는 우호관계를 수립하기 위한 시간을 가지고 있다.

8. 집과 이웃에 대해 짤막하게 설명한다. 계획된 질문을 한다. 질문자의 문의에 답을 한다.

9. 그가 얻은 정보에 의하여 과연 이 사람이 자신이 원하는 자격을 갖추고 있는지 잠시 생각한다. 적절한 사람이라고 판단하고 상대가 면담 후에도 아직 임대에 관심을 가지고 있다면 만날 약속을 한다. 적절하지 않다고 생각하면 "미안해요. ___한 사람에게는 임대를 하지 않는 편이 나아요. 더 좋은 집을 찾아보시오" 라고 하거나 "우리 집을 임대하고 싶은 사람이 이미 많아요. 그 중에 한 명을 고를 것입니다. 관심을 가져주어서 고맙고 좋은 집을 찾도록 행운을 빕니다." 라고 말한다.

10. 전화로 행한 면담에 대해 카드를 만들어서 각 사람의 기본정보와 인상과 결과를 기록한다.

(연습)

면담기술을 발전시키기 위해서 면담자의 검색목록을 작성하고 면담을 해 본다.

_ 면담 대상자의 준비 사항

면담 대상자의 검색목록

1. 면담의 목적을 명확히 정리한다.
2. 면담자의 목적을 명확히 정리한다.
3. 면담할 내용에 대한 전문가가 아닌 경우 공부를 한다. 구직을 위해 면담을 해야 한다면 면담자와 회사에 대해 조사하라. 미래의 경영진은 각자 무슨 일을 하는가? 어떻게 하는가? 성공적으로 일 하는가? 그들의 경쟁상대는? 그들의 성공요인은? 당신이 지원한 업무는 그들의 성공과 어느 정도 관련되어 있는가?
4. 조사결과에 의하여 여러 가지 질문을 적어 본다.
5. 말하고 싶은 자신의 중요한 요소들에 대한 목록을 만들어 본다. 예를 들면, 당신이 과거에 했던 일 중에서 당신의 미래의 경영진의 성공에 기여할 수 있는 것들을 세 가지 이상 생각해 본다. 당신의 가치를 면담자에게 확신시켜 줄 수 있는 교육, 업무경험, 탁월한 성과, 기술, 흥미, 개인 성격, 미래계획, 혁신적인 생각 등을 이용한다.
6. 질문을 받을 수 있는 내용을 예상하고 어떻게 반응할 것인지를 신중하게 생각하며 준비한다.

7. 면담자가 당신에게 거부의사를 밝힐 것을 예상하여 적정한 방어 계획을 세운다. 예를 들면, 당신은 애완동물을 키우고 있고 아파트 임대광고를 보고 전화하였을 때 "애완동물은 안 되요."라고 말할 집주인에게 어떻게 대응할지를 준비해야 한다. 애완동물이 있다고 솔직하게 말한 다음, "내 고양이는 집밖에서만 살아요. 엘러지가 있어서 집에 동물을 키울 수 없어요. 더구나 이 녀석들은 더럽거든요." 그러면 집주인은 훨씬 더 부드러워 질 것이다.

8. 면담자에게 좋은 인상을 줄 수 있는 계획을 세운다.

9. 면담자가 질문을 시작하기 전에 우호적인 관계를 빠른 시간 내에 수립할 수 있는 방법을 생각한다.

10. 거울 앞에서 녹음기나 친구를 옆에 두고 면담에 대한 역할 연기를 해 본다. 그렇게 하면 실제 상황에서 보다 편하게 진행 할 수 있으며 원하는 방향으로 개선도 할 수 있다.

11. 면담 결과에 대해 명확하게 말해 달라고 물을 수 있도록 준비한다. 긍정적인 결과를 기대하고 있지만 면담자는 당신을 거부할 것처럼 보인다면 결과를 말해 달라고 요청한다. 당신은 잃을 것이 없다. 그리고 그의 거절에 대해 반박도 할 수 있게 된다. 만약 긍정적으로 생각하지만 의사결정의 다음 단계를 말해 주지 않는다면 어떻게 될 것인지를 물어 본다. 언제 2차 면담을 할 수 있을 것인가? 임대물건을 보거나 중고차를 언제 실제 보게 되는가?

12. 면담자가 제공하는 선택 안에 대해 명백하게 관심이 있다면 열의를 가지고 그렇다고 말을 하라. 당신이 제공할 수 있는 선택 안을 요약한다. 적절한 선택 안을 제시하고 면담자로 하여금 하나를 선택하라고 한다. 결정하라고 재촉한다. 예를 들면, 면담자가 결정을 하지

못하면 그렇게 할 수 있는 사람이 누구인지를 말해 달라고 요청한다.

13. 면담이 끝나자 마자 다시 내용을 생각해 본다.

14. 면담일자, 면담의 기본 요소인 면담자, 회사, 당신의 입장, 당신이 관심을 가지고 있는 내용을 기록한다.

15. 당신이 가장 강조한 부분은 무엇이며 그에 대한 면담자의 반응은 어떠했는가?

16. 면담자가 가장 염려하는 부분은 무엇이며 그에 대한 당신의 반응은?

17. 다음 단계는 무엇인가?

18. 원한다고 말할 것이라고 준비하지 않았지만 말한 내용이 있는가?

19. 원한다고 말할 것이라고 준비했지만 말하지 않은 내용이 있는가?

20. 면담에 대한 후속 처리는 어떻게 할 예정인가? (예를 들면, 면담자에게 시간을 내어 주어서 고맙다는 편지를 보낸다. 당신이 말한 요점을 살펴보고 업무와 어떤 관련이 있는지 살펴본다. 다음 단계는 어떠하면 좋겠다고 말한다. 편지는 재미있고 관련성이 있어야 한다. 새로운 것이나 도전하고 싶은 내용을 포함할 수도 있다.)

가능하다면 면담을 한 다음 주에 면담자에게 의문을 가진 것에 대한 질문 목록을 만든다. 그리고 질문을 한다. 의문점을 해소하지 못한 부분에 대한 당신의 생각을 담은 질문지를 보낸다. 당신의 의견을 지원하는 기사들을 보낸다. 그리고 면담자에게 당신이 보낸 질문지나 기사를 받았는지, 그에 대한 견해가 어떤지를 확인해 본다. 만약 당신이 면담에서 끔찍한 결과를 얻을 것 같은 생각이 든다면 전화를 걸고 다시 한번 기회를 줄 수 있는지 물어 볼 수 도 있을 것이다.

(연습)

면담 대상자의 검색목록을 이용하여 면담을 준비해 본다.

좋은 첫인상

모든 상황에서 첫인상은 중요하다. 연구결과에 따르면, 구직자에 대한 면담에서 부정적인 인상이 형성되는 시점은 일반적으로 면담 시작 후 5분 내라고 알려져 있다. 부정적인 인상으로 정해진 경우의 90%는 일을 얻지 못한다고 한다. 만약 면담 5분내에 긍정적인 인상을 주게 되었다면 이런 경우의 75%는 직업을 얻게 된다. 첫인상이란 두 번의 기회를 가질 수 없다.

면담자에게 좋은 인상을 주기 위한 다음의 10가지 방법은 2차 면담 때 주로 사용되는 것이지만 긍정적인 결과를 얻기 위한 어떠한 면담에도 적용될 수 있다.

1. 시간을 지킨다. 면담 장소와 시간을 확실히 알아둔다. 길을 잃거나 교통혼잡에 의해 늦는 일이 없도록 일찍 나선다.
2. 면담자의 이름을 알아야 한다. 사람들은 자기 이름을 기억해 주면 좋아한다.
3. 면담 상황을 생각하여 면담자를 즐겁게 할 수 있는 알맞은 복장을 갖춘다. 만약 어떤 상황일지 모르는 경우 경험적으로 가장 좋은 방법은 전문적이고 보수적으로 입는 것이다. 최신 경향의 패션이나 정치적 선언을 발표하는 자리가 아니다. 당신을 돋보이게 하는 색상과 스타

일의 옷을 입는다. 옷차림을 다듬고 머리를 단정히 깎고, 광이 나는 새 구두를 신어라.

4. 마음은 마구 흔들리더라도 침착하게 보여야 한다. 호흡하는 것을 잊지 마라. 면담자를 알기 위해 노력하면서 정신을 똑바로 차린다. 자신은 성공을 위해 지금까지 준비했고 옷을 입었다고 말하며, 면담자는 당신이 긴장하고 있다는 것을 알고 있으며 용서해 줄 것이라는 것을 기억하라. 이번 면담을 망치면 일어 날 수 있는 가장 나쁜 일은 현 상태를 유지하는 것이며 이미 가지고 있는 것은 아무 것도 잃지 않는다는 것을 명심하라.

5. 예의 바르게 행동한다. 면담자에게 당신은 상대를 존중할 줄 아는 사람이며 적절하게 친화력을 발휘할 수 있는 사람이란 것을 보여 주라. 예의가 있다는 것을 보여주는 것은 말도 있지만 비언어적 대화도 있다. 따뜻하고 힘찬 악수, 자연스럽고 직접적인 눈 마주침, 앉을 곳을 안내할 때까지 기다리는 것, 자세에 신경을 쓰는 것, 의자에 약간 앞으로 앉는 것 등이 그것이다. 비언어적 대화에 대해서는 제4장의 '신체 언어'를 보라.

6. 유연하고 재치 있게 행동한다. 반드시 반대해야 하는 때만 반대한다. 동의하지 않는 부분에 대해서는 면담자의 견해를 먼저 이해하고, 당신의 견해를 말하기 전에 당신이 생각하는 장점부터 이야기한다. 마음을 열고 참가한다. 면담자가 묻는 도든 질문에는 의도가 있다고 생각한다.

7. 솔직하고 일관되게 말한다. 그 어떤 것도 거짓말한 것이 밝혀진 때처럼 빠르게 신뢰관계를 파괴하지는 못한다. 거짓된 표정도 용서받지 못하게 된다.

8. 면담자가 염려하는 부분에 대해 진솔한 관심을 보여 준다. 그가 말한 내용을 집중하여 듣고 긍정적인 비언어적 반응을 보낸다. 면담자가 하는 말을 듣거나 말을 하도록 유도할 준비를 한다. 면담자가 보내는 비언어적 피드백에 관심을 가지고 대하여 자신의 행동을 그에 맞춘다. 예를 들면, 면담자가 불안해하거나, 대화중간에 먼 산을 보거나, 시계를 본다면 당신이 면담을 끝내려고 하거나 주제를 바꾸는 대에 대해 기꺼이 동의하겠다는 의미이다.

9. 면담자의 관심을 끈다. 질문을 기다리기만 한다면 다른 사람에 비하여 자신을 돋보이게 만들 수 없다. 면담자의 단조로운 하루를 깨뜨릴 수 있는 무엇을 해야 한다. 당신을 기억할 수 있는 무엇인가를 하라. 재미있는 이야기도 좋을 것이다.

10. 서로간에 다리를 놓는다. 면담 초기에 서로가 공동으로 가지고 있는 사람이나 흥밋거리에 대해 비공식적인 작은 대화를 주고받을 수 있다면 그렇게 하라. 면담자가 당신에 대해 좋은 느낌을 가지고 있는 상태에서 면담을 끝내도록 한다. 면담자가 당신을 중요한 대상으로 기억하게 된다면 당신은 그를 이긴 것이 된다. 면담이 끝난 후 누구를 채용할 것인지를 결정해야 할 때 당신에 대한 사실요소보다는 면담자의 직감이 더 중요하게 작용하기 때문이다.

좋은 인상을 주는 것은 면담자에게도 역시 중요하다. 어찌 됐든, 면담 대상자도 면담자에 대한 의견을 가지게 되기 때문이다.

구직 면담에서의 예상질문

구직 면담의 경우에는 1차 면담 요소와 2차 면담 요소가 모두 포함되어 있는 경우가 많기 때문에 면담자의 목적은 상황에 따라 변화하게 된다. 1차 면담의 목적은 여과이다. 주어진 조건과 맞지 않는 사람을 걸러내는 기능을 수행한다. 그러므로 정직, 일관, 간결하게 답변을 해야 한다. 그리고 자발적으로 정보를 제공하는 것은 당신에 대한 면담자의 의견을 왜곡할 수 있으므로 피해야 한다.

2차 면담은 구직자의 성격을 탐색하기 의해 일반적으로 사용되는 면담 형태이다. 1차 면담이 주로 사실요소를 알아내기 위해 노력하는 단계라면, 2차 면담은 대상자의 내면을 알아내기 위해 실시되는 단계이다. 면담자는 지원자와 원하는 직무가 잘 어울리는 지를 알아내려고 한다. 면담자가 아무리 그 업무를 얻으려고 하더라도 면담 후에 면담자가 면담 대상자에게 가지게 된 느낌에 의하여 최종 결정이 내려지게 된다. 그렇기 때문에 면담 대상자는 면담자에게 좋은 인상을 주기 위한 준비를 반드시 해야 한다.

면담 대상자는 근본적으로 영업 사원이다. 당신이 파는 상품은 당신 자신이다. 당신의 자산은 경험, 기술, 성격이다. 당신의 경력에 대해서는 이미 이력서에 나타나 있기 때문에 면담에서 드러낼 수 있는 유일한 부분은 당신의 특성이다.

업무에 대해 면담을 할 때 면담자가 가지는 의문은 기본적으로 한 가지 뿐이다. "왜 내가 당신을 채용해야 하지?" 이 질문에 대한 가장 좋은 답변은 당신은 비용에 비하여 더 많은 가치를 생산해 낼 수 있는 상품이라고 말하는 것이다. 이것은 당신의 성과에 의해서 보여 줄 수 있다. 어떠한 질문을 받든, 당신이 지원하는 업무에 대해 자산이 될 것이라는 것을 알려줄 수 있는 답변을 하도록 노력해야 한다. 당신은 지도를 많이 받지 않아도 빨리 배우기 때문에 빠른 시일 내에 생산적인 직원이 될 수 있을 것이다. 다재다능하고 융통성이 있어서 변화에 기민하게 대처할 수 있으므로 항상 생산적일 수 있다. 당신은 일에 대해 열의가 있고, 약속을 잘 지키며, 책임감 있는 직원이므로 문제를 잘 해결하고 업무를 완수할 수 있다. 당신은 회사의 문화와 잘 맞으며 같이 일하기에 재미있고 편한 사람이다. 채용만 되면 반드시 그럴 것이다.

면담자가 원하는 것이 무엇인지를 찾아야 한다. 당신이 지원하고 있는 업무에 대한 면담자의 견해를 물어 보라. 면담자는 어떠한 과업의 완수를 원하고 있는지 물어 보라. 그 업무에 맞는 사람은 어떤 성격의 사람인가? 면담자가 밝힌 열망에 대해 당신의 경험과 기술이 정확하게 맞을 것이라고 설명한다. 만약 그 업무에 대한 면담자의 견해를 이해하기도 전에 자신의 배경에 대해 설명하기 시작한다면 당신은 처녀지에 머무르는 것과 다름없다. 면담자가 성취되기를 바라는 측면과 관련하여 당신의 성과를 말하라.

각 질문을 신중하게 들어본다. 답변을 하기 전에 문제를 이해했는지를 확인한다. 질문의 일부분이 어려운 내용이면 답변하기 전에 잠시 생각하는 시간을 가져야 한다. 당신이 하는 말을 면담자가 이해했는지 확인하라. 면담자의 개방형 질문을 이용하여 당신이 채용되면 어떻게 이 회사의 자산이 될 것인지 제시하라. '예' 아니면 '아니오' 라는 답변만을 요구하는 폐쇄형 질문에 대해서는 솔직하게 답변하라. "아니오. 워드프로그램을 사용할 줄 모릅니다. 하지만 다른 문서작성 프로그램은 잘 다루기 때문에 빨리 배울 수 있습니다." 만약 면담자의 모든 질문이 단순한 답변만을 요구하는 질문이어서 당신의 성과나 채용될 경우에 자산이 되는 방법을 표현하지 못하게 되는 경우 대화의 방향을 선회시킬 방법을 찾아야 한다.

면담 대상자의 권리 : 불법적 질문에 대한 대처방법

과거와는 달리 법제화와 태도의 변화로 인하여 직원 채용의 차별은 많이 줄어들고 있다. 다음의 내용은 면담의 범위를 벗어나는 것들을 질문하는 것이다.

1. 인종, 민족적 배경, 출신 국적
2. 혼인 여부
3. 가족 구성
4. 특정지역이나 도시에서는 성별과 성적 성향
5. 나이와 관련 없는 직업인 경우에 나이
6. 키와 몸무게
7. 사회모임이나 조직가입여부
8. 종교
9. 범죄기록

피부색이나 출신 국적, 종교나 기타 영역에 대한 어떠한 질문도 불법이라는 것은 분명하지만 대부분의 영역에는 미묘한 부분이 있다. 여성에게 결혼여부에 대한 질문은 합법이지만 미세스나 미스 혹은 미즈 (Ms) 중 어떻게 불리기를 원하는 지 묻는 것, 결혼했는지, 독신인지, 이혼상태인지, 별거상태인지, 약혼상태인지, 과부인지를 묻는 것은 차별대우라고 여겨진다. 배우자, 자녀, 가족계획, 남녀 평등법에 대한 견해를 물어 보는 것도 불법적 행동이다. 지원자가 기소된 적이 있는지를 물을 수는 있지만 체포 된 적이 있는지, 범죄사실을 인정한 적이 있는지, '법적으로 문제가 발생 한 적' 이 있는지를 묻는 것은 불법이다.

　일반적으로 경영자는 해당 업무에 대해 지원을 한 지원자의 기술, 능력, 동기, 성격 등을 물을 수 있다. 이러한 질문에는 과거의 업무 경험뿐 아니 라 그 외의 관심사항에 대해서도 묻게 될 수 있다. 예를 들면, 지원자가 가 입한 조직이 지원하는 업무와 관련된 일을 하고 있는 조직이라면 그에 대 해 묻는 것은 합법이다. 지원자에게 업무수행과 관련된 장애부분이 있는 지 묻는 것은 합법적이지만, 장애가 있는지, 과거 특별한 병을 앓은 적이 있는지, 위해에 의해 보상받은 적이 있는지, 지난 이년 동안 병으로 인한 휴지기간이 있는지를 묻는 것은 불법이다. 지원자에게 면담 후 회사의 건 강진단을 받으라고 요청하거나 의사의 건강진단 소견을 제출하라는 것은 합법이다. 지원자의 나이와 생일, 지금 그 나이에 이 직업에 응모하게 된 이유를 묻는 것은 불법이다. 지원자가 직업을 가질 충분한 나이가 되는지 를 묻는 것과 18세에서 65세 사이가 아닌 경우 그의 나이를 밝히도록 요 청하는 것은 불법이 아니다.

　특별한 질문이 차별적인 요소가 들어 있는지 확실히 알 수 없을 경우에 는 면담자에게 질문과 그 업무가 연관이 되어 있는지를 물어 본다. 불법 적인 질문이라고 생각되면 이러한 질문을 하거나 대답을 하지 않으면 된 다. 그러나 당신이 차별적인 질문이라고 느낀다고 해서 면담자가 항상 당 신을 차별하기 위해 질문을 하고 있다는 것은 아니라는 것을 명심해야 한 다. 대부분의 면담자들은 섬세하게 따져 보지 않고 머리에 떠오르는 대로 질문을 한다. 채용담당자는 당신이 자신의 폴란드 친구와 닮았다고 해서 당신에게 폴란드인이냐고 물어 볼 수도 있다. 그러므로 이 질문에 대한 답변은 당신의 채용여부와는 아무런 관련이 없다.

어떤 면담자들은 당신이 불법질문이라고 지적하는 것을 고마워하기도 한다. 어떤 사람들은 당신에게 위협을 느끼게 되어 당신을 채용하지 않을 수도 있다. 차별적이라고 생각되는 질문에 대해 응답하지 않겠다고 결정했다면 가능한한 재치 있게 그렇게 하라. 단순히 그 질문은 차별적인 질문이므로 답변을 하지 않겠다고 대답할 수도 있다. 그렇지만 가능한 덜 위협적인 방법으로 답변하는 것이 좋다. 예를 들면, "나는 귀하의 어떠한 합법적인 질문에 대해서도 기꺼이 답변을 하겠습니다. 그러나 업무와 관련 없는 질문을 하는 것은 적절하지 않다고 생각합니다. 그 질문은 업무와 관련 없다고 생각합니다. 귀하의 의견은 어떻습니까?"

불법적 질문에 대해 답변을 하더라도 채용과는 관계가 없을 것이라고 생각된다면 위험요소에 대해 방어하거나, 면담자를 위협하여 면담을 망쳐버리기 보다는 답변을 하는 것이 좋다. 불법적인 질문이라고 해도 답변하기를 거부한다면 면담자는 당신이 무엇인가를 숨기고 있다고 생각할 수도 있으며, 불법적인 질문에 대해 고소하여 수년을 허비하는 것보다는 지금 직업을 구하는 것이 더 만족을 줄 것이다. 불법적인 질문에 대해 답변을 하는 경우 면담자가 마음속으로 염려하는 것이 무엇인지를 알아내어 그에 맞추어 답변하라. 예를 들면, 면담자가 당신이 결혼반지를 끼고 있지 않는 것을 주목하는 경우 당신은 이렇게 말할 수도 있다. "나는 아직 독신입니다. 그렇지만 나의 남자친구는 이 직업에 대해 100% 지원하고 있어요." 또한 면담자에게 당신은 법조문을 잘 알고 있다고 살짝 알려 줄 수도 있다. 예를 들면, 이렇게 말한다. '나는 그러한 형태의 질문은 채용면담시에는 적절하지 않다는 내용을 읽은 적이 있습니다."

당신이 차별적인 질문에 대한 답변을 거부했거나, 불법적인 질문에 답변을 했기 때문에 직업을 얻지 못했다는 느낌이 들면 당시의 권리를 보호받기 위해 적절한 사무국에 편지를 보낼 수 있는 선택 안이 있다. 각 주에 있는 인권 사무국이나, 미국시민 자유동맹(American Civil Liberties Union), 평등보장고용위원회 (Equal Employment Opportunity Commission) 지역 사무소가 그것이다. 만약 조사과정이 만족스럽게 진행되지 않는 경우 당신의 권리와 선택 안에 대해 변호사와 논의할 수도 있다.

참고 문헌

Bibliography ···>→ *

1. 듣기(Listening)
Barker, L. L. 1990. Listening Behavior. New Orleans: SPECTRA.
Wolvin, A., and C. G. Coakley. 1992. Listening. 4th ed. Dubuque, IA: W. C. Brown.

2. 자기 공개(Self-Disclosure)
Jourard, S. M. 1971. The Transparent Self: Self-Disclosure and Well-Being. 2nd ed. New York: Van Nostrand Reinhold.

3. 자기 표현(Expressing)
Cavanaugh, M. E. 1980. Make your Tomorrow Better. New York: Paulist Press. McKay, M., M. Davis, and P. Fanning. 1981. Thoughts & Feelings: The Art of Cognitive Stress Intervention. Oakland, CA: New Harbinger.

4. 신체언어(Body Language)
Birdwhistell, R. L. 1970. Kinesics and Context: Essays on Body Motion Communication. New York: Ballantine.
Fast, J. 1994. Body language is the Workplace. New York: Penguin.
Hall, E. T. 1990. The Hidden Dimension. New York: Doubleday.

5. 준언어와 음성메시지(Paralanguage and Metamessages)
Davitz, J. R., et al. 1976. The Communication of Emotional Meaning. New York: McGraw-hill.

6. 숨겨진 주제(Hidden Agenda)
Berne, E. 1985. The Games People Play. New York: Ballantine.

7. 인간교류분석(Transactional Analysis)
Harris, T. A. 1976. I'm OK, You're OK. New York: Avon.
James, M., and D. Jongeward. 1971. Born to Win. Reading, MA: Addison-Wesley.
Meininger, J. 1974. Success Though Transactional Analysis. New York: Dutton.

8. 명확한 언어사용(Clarifying Language)

Bandler, R., and J. Grinder. 1975. The Structure of Magic I. Palo Alto, CA: Science and Behavior Books.

1979. Frogs Into Princes. Palo Alto, CA: Science and Behavior Books.

Lankton, S. 1980. Practical Magic: A Translation of Basic Neuro-Linguistic Programming into Clinical Psychotherapy. Cupertino, CA: Meta Publications.

9. 문화와 성(Culture and Gender)

Ellis, A., and G. Beattie. 1986. The Psychology of Language and Communication. New York: Guilford Press.

Pearson, J. C., L. H. Turner, and W. Todd-mancillas. 1991. Gender and Communication. 2nd ed. Dubuque, IA: W. C. Brown.

Tannen, D. 1986. That's Not What I Meant! How Conversational Style Makes or Breaks Your Relations with Others. New York: Morrow.

1990. You Just Don't Understand: Women and Men in Conversation. New York: Morrow.

10. 자기주장 훈련(Assertiveness Training)

Alberti, R. E., and M. Emmons. 1990. Your Perfect Right. 6th ed. San Luis Obispo, CA: Impact Press.

Bower, S. A. 1991. Asserting Your Self. Reading, MA: Addison-Wesley.

Davis, M., M. McKay, and E. R. Eshelman. 1995. The Relaxation & Stress Reduction Workbook. 4th ed. Oakland, CA. New Harbinger.

Fensterheim, H., and J. L. Baer. 1975. Don't Say Yes When You Want to Say No. New York: Davis McKay.

Phelps, S., and N. Austin. 1987. The Assertive Woman. 2nd ed. San Luis Obispo, CA: Impact Press.

Smith, M. J. 1985. When I Say No, I Feel Guilty. New York: Bantam.

11. 공정한 싸움(Fair Fighting)

Bach, G. R., and P. Wyden. 1976. The Intimate Enemy. New York: Avon.

McKay, M., P. D. Rogers, and J. McKay. 1989. When Anger Hurts: Quieting the Storm Within. Oakland, CA: New Harbinger.

Travris, C. 1989. Anger: The Misunderstood Emotion. 2nd ed. New York: simon & Schuster.

12. 협상(Negotiation)

Fisher, R., and W. Ury. 1991. Getting to Yes: Negotiating Agreement Without Giving In. 2nd ed. New York: Viking Penguin.

Scott, G. G. 1990. Resolving Conflict: With Others and Withing Yourself. Oakland, CA: New Harbinger.

13. 조급한 판단(Prejudgment)

Hamachek, D. E. 1982. Encounters with Others: Interpersonal Relationships and You. New York: Holt, Rinehart and Winston.

McKay, M., and P. Fanning. 1991. Prisoners of Belief: Exposing & Changing Beliefs That Control Your Life. Oakland, CA: New Harbinger.

14. 교제하기(Making Contact)

Brassell, W. 1994. Belonging: A Guide to Overcoming Loneliness. Oakland, CA: New Harbinger.

Crowell, A. 1995. I'd Rather Be Married: Finding Your Future Spouse. Oakland, CA: New Harbinger.

Kahn, M. 1995. The Tao of Conversation. Oakland, CA: New Harbinger.

Markway, B, G., et al. 1992. Dying of Embarrassment: Help for Social Anxiety and Social Phobia. Oakland, CA: New Harbinger.

Wasmer, A. C. 1978. Making Contact. New York: Dial Press.

15. 성과 관련된 대화(Sexual Communication)

Bach, G. R., and R. M. Deutsch. 1971. Pairing. New York: Avon.

Barbach, L., and L. Levine. 1981. Shared Intimacies: Women's Sexual Experience. New York: Bantam.

Goldberg, H. 1977. The Hazards of Being Male: Surviving the Myth of masculine Privilege. New York: Signet Books.

Hite, S. 1987a. The Hite Report: A Nationwide Study of Female Sexuality. New York: Dell.

1987b. The Hite Reporton Male Sexuality. New York: Ballantine.

McKay, M., P. Fanning, and K, Paleg. 1994. Couple Skills: Making Your Relationship Work. Oakland, CA: New Harbinger.

Wile, D. B. 1992. Couples Therapy: A Nontraditional Approach. New York: Bantam.

Williams, W. 1988. Rekindling Desire: Brining Your Sexual Relationship

Back to Life. Oakland, CA: New Harbinger.

Womack, W., and F. Strauss. 1991. The Marriage Bed: Renewing Love,
Friendship. Trust, and Romance. Oakland, CA: New Harbinger.

Zilbergeld, B. 1992. The New Male Sexuality. New York: Bantam Books.

16. 자녀들과의 대화(Communication With Children)

Durrell, D. 1989. Starting Out Right: Essential Parenting Skills for Your
Child's First Seven Years. Oakland, CA: New Harbinger.

Faber, A., and E. Maylish. 1982. How to Talk So Kids Will Listen. New
York: Avon.

Gordon, T. 1970. Parent Effectiveness Training: The Tested New Way to
Raise Responsible Children. New York: Peter H. Wyden.

17. 가족 구성원간의 대화(Family Communications)

Bandler, R., J. Grinder, and V. Satir. 1976. Changing with Families. Palo
Alto, CA: Science and Behavior Books.

Blevins, W. 1993. Your Family, Your Self. Oakland, CA: New Harbinger.

McKay, M., P. Fanning, and K. paleg. 1994. Couple Skill: Making Your
Relationship Work. Oakland, CA: New Harbinger.

Newman, M. 1994. Stepfamily Realities. Oakland, CA: New Harbinger.

Satir, V. 1982. Conjoint Family Therapy. 3rd ed. Palo Alto, CA: Science and
Behavior Books.

18. 다른 사람을 변화시키는 방법(Influencing Others)

Axelrod, R. 1984. The Evolution of Cooperation. New York: Basic Books.

Rusk, T. 1993. The Power of Ethical Persuasion. New York: Viking.

19. 소그룹 내에서의 대화기술(Small Groups)

Bennis, W. G., K. D. Benne, and R. Chin, eds. 1985. The Planning of
Change: Readings in the Apllied Behavioral Sciences. New York: Holt,
Rinehart and Winston.

Luft, 1984. Group Process: An Introduction to Group Dynamics. 3rd ed. Palo
Alto, CA: Mayfield Publications.

Ouche, W. 1993. Theroy Z. New York: Avon.

20. 대중연설(Public Speaking)

Desberg, P., and G. Marsh. 1988. Controlling Stagefright. Oakland, CA: New Harbinger.

Haynes, J. L. 1981. Organizing a Speech: A Programmed Guide. 2nd ed. Englewood Cliffs, NJ: Prentice-Hall.

McCroskey, J. C. 1986. An Introduction to Rhetorical Communication. 5th ed. Englewood Cliffs, NJ: Prentice-Hall.

Wolpe, J. 1988. Life Without Fear. Oakland, CA: New Harbinger.

21. 면담(Interviewing)

Donaghy, W. C. 1984. The Interview: Skills and Applications. Glenview, IL: Scott, Foresman.

Hirsch, A, S. 1994. National Business Employment Weekly Interviewing. New York: John Wiley & Sons.

Jackson, T. 1993. Interview Express. New York: Times Books.

Medley, H. A. 1992. Sweaty Palms: The Neglected Art of Being Interviewed. Berkeley, CA: Ten Speed Press.

Sack, S. M. 1991. The Employee Rights Handbook: Answers to Legal Questions from Interview to Pink Slip. New York: Facts on File.